现代汉语副词研究

（修订本）

张谊生　著

2018 年·北京

本书获得"上海高校一流学科(B类)建设计划规划项目"(118-0501)的资助。

原 版 序

科学研究总是要利用前人已有的成果。理工科如此,文科也是如此。如何利用？我认为重要的是善于提出问题。问题从哪里来？一是从比较中得来,二是从发现的新材料中得来。例如研究副词,涉及虚实的划分。学者的说法很不一致,或者认为属于实词,或者认为属于虚词,也有称之为半实词或半虚词的。相比之下,亦各有所偏。本书的作者提出的问题是:难道必须划分虚实吗？他的回答是此路不通,另辟蹊径。这种想法不只表现在处理虚实划分的问题上,而且几乎贯穿全书。

分析新材料,这并不是一件容易的事。我们每天都在使用汉语,即使有可以补充、修正原有的理论和规律的语言事实出现,我们往往视而不见。原因有两个:一是缺乏明确的研究方向,二是没有敏锐的眼光。本书作者多年来一直从事副词研究,作为一个有心人,积累了大量的资料,从中发现了许多新的语言现象。这里所谓"新",不是指语言事实原来不存在,现在才出现,而是指发掘出隐藏的语言规律,并加以恰当的说明。例如副词的基础形式与重叠形式有哪些差别,副词的连用有哪些规律,副词的预设又有哪些表现,诸如此类的问题或者尚未有人注意到,或者虽然有人做过分析,但嫌简略。本书提出了这些问题,并进行了多角度的考究,能给人以启迪。

我向大家介绍这一本值得一读的语法专著。

张 斌

1999 年冬

目　　录

前言 ·· 1

第一篇　性质与类别

第一章　现代汉语副词的性质、范围与分类 ················ 3
第二章　描摹性副词与限制性副词的区别 ·················· 24
第三章　评注性副词与限制性副词的区别 ·················· 48
第四章　多功能副词"才"的综合研究 ······················ 78

第二篇　结构与关系

第一章　副词的特殊句法功能——充当补语 ············· 139
第二章　副词的超常搭配功能——修饰名词 ············· 157
第三章　副词的重叠形式与基础形式 ······················ 184
第四章　副词的连用类别与共现顺序 ······················ 213

第三篇　否定与连接

第一章　副词的预设否定功能 ······························ 239
第二章　表预设否定的"白""白白" ······················ 280
第三章　副词的篇章连接功能 ······························ 299
第四章　表连接功能的"非 X 不 Y" ······················ 321

第四篇 生成与变化

第一章 副词的生成及其相关的虚化机制 ………………… 345
第二章 从"难免"看副词的生成与虚化 ………………… 379
第三章 从"永远"看副词的发展与变化 ………………… 408

原版后记 ……………………………………………………… 426
修订本后记 …………………………………………………… 429

前　　言

　　与印欧语系诸语言相比,汉语的副词是一类比较特殊的词类:既具有实词的某些语法特点,比如可以充当句法成分,部分副词可以表示一定的指代功能,有些还可以独用甚至单独成句;又具有虚词的某些个性特征,比如黏着、定位、虚化、封闭,个性强于共性,大都词汇意义空灵,语法意义突出。尽管现代汉语副词的绝对数量并不是很多,但其功能和用法纷繁多样,相当复杂,而且使用范围广,频率高;尤其是汉语本身缺乏严格意义上的形态变化,许多在印欧语言中分别由别的词类承担的语法任务,在汉语中往往要靠副词来完成。正因为汉语的副词具有如此突出的特殊性和重要性,所以,要想全面而深刻地揭示汉语语法的规律,就必须下大力气对汉语的副词进行深入细致的研究。

　　对于汉语副词的研究,大致可以从两个方面进行:微观的分析和宏观的探索。所谓微观分析,就是指对每一个副词的功能、意义和用法进行详尽的描写和归纳,揭示其各个方面的功用和特征;所谓宏观探索,就是从整体或局部的角度对汉语副词的功能、意义和特点进行全面的探讨,当然也包括对汉语副词的性质、范围和分类等带有全局性的基本问题的探求。

　　自从《马氏文通》问世以来,在相当长的一段时间内,有关副词的研究主要就是对一些常用副词的意义和用法进行整理和归纳,以及对某些副词的特殊用法进行解释和说明。总的说来,早期的研究大都带有训诂学的随文释义的色彩。尽管这种微观的研究在一定的背景下确实具有相当的实用价值,但是,由于对一些常用副词在不同格式中的意义和用法的描写和归纳过于细致,有时就显得缺乏条理和烦琐冗长;而且,由于义项的划分常常缺乏明确的原则和标准,因而也就难以避免主观性和任意性。

有关这方面的研究,20世纪80年代以来,已经取得了显著的进展。主要表现在:随着研究理论和方法的改进,人们对副词的研究已不再满足于以一种孤立主义的立场来对一个个的常用副词,做出就事论事的分析,词典式地列举各个义项;而是尽可能在高度概括各种义项的基础上,沟通其基本义和派生义之间的内在联系,力求寻找副词的语法意义和语法形式之间的对应规律。同时,也不再满足于单纯的句法结构分析,而是尽可能地把句法同语义、语用研究融为一体,力求把动态的研究和静态的分析结合起来,在更高的层次上、更大的语境中多角度、多侧面地考察副词的功能、意义和用法。

然而,在宏观研究方面,由于缺乏行之有效的理论指导和直接可资借鉴的国外研究成果,又由于汉语副词内部的各个成员之间因虚化程度的不同而存在着种种差异,再加上绝大多数常用副词都具有独特的个性——副词本来就是一种个性大于共性的功能词,所以,迄今为止,尽管已经有人从不同的角度对现代汉语副词的一些局部问题,即某些小类或某些方面进行过卓有成效的探讨,尽管以往的研究业已取得了一系列重要的进展;但总的说来,汉语副词的宏观研究一直处于一种缺少条理、缺乏系统,亟待开拓、亟须改进的状态之中。至于有关汉语副词的一些基本问题——性质、范围和分类,虽然长期以来始终是副词研究的重点和热点,但迄今为止,仍然众说纷纭,莫衷一是。

毫无疑问,要在一本专著中对汉语副词的各种亟待解决的问题进行全面深入的探讨显然是不可能的。因此,本书不拟对现代汉语副词的功能和用法进行全方位的描写和论述,而是准备在句法、语义、表达三维研究的总原则的指导下,分别从不同的角度切入,通过对现代汉语副词中的一些尚未被充分认识而又带有普遍意义的问题的多角度的探讨,从不同的侧面进一步揭示汉语副词的基本特征和内在规律。本书力求做到:以现代语言学各种相关理论为指导,以广泛的语言实例调查为基础;共时描写和历时探索相结合,共性研究和个性分析相印证;不求全面系统,但求深刻透彻。

本书主要讨论四个方面的问题:首先从总体上讨论副词的性质、范围和类别;着重分析汉语副词的三个大类——描摹性副词、评注性副词与限制性副词的区别和联系;并且对多功能副词"才"进行多角度的综合考察。其次从句法结构和搭配关系的角度探讨副词充当补语和修饰名词的种种表现形式及其组合的深层原因;比较副词的重叠形式和基础形式在语义、功能、表达诸方面的异同;揭示副词各大类及小类的连用类别和共现顺序。再次从否定和连接的角度探讨副词的表达功用;从共时和历时,共性和个性两个方面详细地阐释汉语中特殊的预设否定副词在近代汉语和现代汉语中的表义特点和个性特征;并且从篇章衔接和句子关联的角度描写副词的篇章连接功能,分析否定副词"非 X 不 Y"的配合连接功能。最后从副词的虚化和发展的角度讨论副词的生成与变化;尤其是通过对"难免"和"永远"这两个典型的多功能副词的全方位的研究,对现代汉语副词的一系列基本问题提出自己的看法,并且多方面地总结副词研究的方法论问题。

第一篇

性 质 与 类 别

第一章　现代汉语副词的性质、范围与分类

0. 前言

0.1 在现代汉语中,副词的句法功能相对比较简单,然而,一些常用副词不仅使用频率很高,而且用法丰富多样;尤其是作为一种个性强于共性的词类,其内部各成员在组配方式、语法意义、语义指向、语用特点、篇章特征等各个方面都存在着显著的差异,情况相当复杂。因此,自从《马氏文通》以来,副词一直是汉语词类研究中引起争议和存在问题最多的一类。这种状况,即使到了21世纪的今天,仍然没有明显的改观,就连有关副词的一些最为基本的问题——性质、范围、分类等,也还难以取得相对一致的共识。

0.2 在本章中,我们将在总结前辈和时贤的研究成果的基础上,借鉴现代语言学的理论和方法,结合本人多年的研究心得,对上述基本问题——副词的性质与归属、标准与范围、系统与分类等,进行力所能及的探索,并尝试提出初步的看法。

1. 副词的基本性质与虚实归属

汉语副词究竟是虚词还是实词,这是我国语法学界长期以来议无定论的一个问题。其所以会产生如此严重的分歧,而且多年来一直悬而未决,大致有三个方面的原因:A.汉语副词自身的特点,B.各家分类

标准的差异,C.历史传统观点的影响。

　　首先,从副词本身看。同印欧语系诸语言的副词相比,汉语的副词是一种相当特殊的词类。主要表现为四个方面:A.由于虚化程度不一,汉语的副词从总体上看,是一个比较湑杂而模糊的集(set)。一方面其外延不甚清楚,范围不易确定。同形容词、区别词、时间名词、连词、助词、代词、语气词等都存在着交叉纠葛的现象,需要划界分辨。另一方面其内部又不是一个均匀(homogeneous)的整体,其内部各小类,甚至各成员之间在功能、意义和用法等诸方面都存在着相当的差异。B.在句法功能方面,副词都可以充当句法成分,而且有相当一部分可以重叠,还有一部分副词可以单独成句和回答问题,在一定条件下,还可以充当谓语。[①]在搭配功能方面,大多数副词具有定位、黏着的倾向,但也有一部分副词,尤其是评注性副词,较为自由、灵活。C.在所表示的意义方面,副词的意义有的相当实在,有的则相对比较空灵,少数则是相当虚化。有的以表示语法意义为主,有的以表示词汇意义为主;有的以表示概念意义为主,有的以表示逻辑意义为主。具体说来,有的主要表示限制与区分,有的主要表示描摹与修饰,有的主要表示传信与情态。D.从绝对数量看,以比较宽泛的标准界定,副词总共有一千个左右,比起介词、连词、助词等严格意义上的封闭类词,数量要多得多,情况也更加复杂,但比起名词、动词、形容词这三类开放类词又要少得多,副词似乎是介于开放与封闭之间的一类词。

　　其次,从分类标准看。多年来,人们在确定副词虚实归属时,提出了一系列互相矛盾的分类标准。大致有四个方面:1.以功能为主的标准;2.以意义为主的标准;3.功能意义兼顾的标准;4.其他综合性标准,譬如自由与黏着,定位与不定位等等。凡是比较重视句法功能的,一般都将副词归入了实词,凡是比较重视意义虚实的,则往往把副词归入了虚词。问题还不限于此,即使同样都重视功能,有人认为只要能充当句法成分的,就应该归入实词;有人则认为,只有那些能做句子基干成分,或者能单独成句的,才可以归入实词。即使同样从意义出发,也会产生分歧:有人根据一部分副词意义较实,将副词归入了实词;又有人根据一部分副词意义较虚,将副词归入了虚词。而采取功能和意义相结合的标准,要想都兼顾,又难以做到;结果往往只好顾一头弃一头。此外,又有人提出了自由与黏着,定位与不定位,开放与封闭以及使用频率、语音虚化等一系列相关的参照标准,以此作为确定副词虚实的依据,然而,由于副词本身的情况过于复杂,这些标准很难真正解决问题。②总之,不同的标准可以得出不同的结论,甚至,相同的标准也可能引出不同的结论,这就使得这个问题更加复杂了。

最后,从历史影响看。在我国传统的语文学当中,虚词研究一直占有相当的地位,尽管古人的虚词研究还不能算真正的语法研究,主要是出于训释古籍和指导作文的需要,但人们很早就开始了对所谓的"词""辞"及"语助"等虚词进行研究了。根据现有文献的记载,在语言使用中,把词区分为实词和虚词两大类的,在中国最早见于宋人的著作,当时叫"实字"与"虚字"。所谓"实字"大致相当于我们现在所说的名词,而"虚字"则大致相当于现代的代词、副词、连词、介词和叹词等。到了清代,人们对虚字的认识已有了相当的发展,清人王鸣昌在他的《辨字诀》中,已经将虚字细分为"起语虚字、按语虚字、转语虚字、衬语虚字、束语虚字、歇语虚字"等六类。就研究虚字的专书而言,从元至清主要有四本:元代卢以纬的《语助》、清代袁仁林的《虚字说》、清代刘淇的《助字辨略》、清代王引之的《经传释词》。由于当时的研究主要是为了讲清经文中那些辅助性词语的意义和用法,而副词在这方面又是最为复杂的,所以,副词研究在自古以来的虚词研究中一直占有举足轻重的地位。与此相应的,在总结和继承古代虚词研究的基础上编纂的各种类型的虚词词典,无论是近现代的还是现当代的,几乎都是包括副词的。

而且,自《马氏文通》以来的早期语法书,包括《新著国语文法》《中国文法要略》《中国现代语法》《语法修辞讲话》等,也都是以意义作为划分虚实的主要标准的。这样一来,"副词属于虚词",这一严格地讲还只是当时语文学的分类观点,长久以来却已经深入人心,很难改变了。

正是由于上述三方面的原因,使得我们在确定副词性质与虚实归属时,常常陷入了两难的境地。

一方面,词的分类是指词在语句结构中表现出来的句法功能类别,分类的目的就在于了解词的句法特点,掌握用词造句的结构规律,分类的标准自然应该是词的句法功能。而汉语中词的语法功能主要表现在词与词的组合能力和充当句法成分的能力这两个方面,所以,能否单独充当句法成分完全有理由成为划分虚实的主要标准,副词理所当然应该归入实词。从理论上讲,这是比较符合结构主义分布理论的唯一正确的做法。

另一方面,词的分类又离不开意义,意义标准必然要成为划分词类的一个重要的参考项。如果所分出来的类同意义不相吻合,一般说来就较难被广泛地认可。而汉语副词中确实有相当一部分词义比较虚化,比如"就""才""刚""还""都""更""便""又""再"等。将这些词划归实词总使一些人感到不合语感,难以接受。再加上一旦把副词归入实词,势必同传统的虚词研究和通行的虚词词典产生分歧,从而使得现代语法分析同传统的虚词研究相脱节,与一般的虚词辞书相抵牾。这不仅会使广大学习者感到困惑,而且还会影响到今后的副词研究与教学。

反过来,如果我们不顾副词的句法功能特点,仅仅考虑一部分副词的意义比较虚,历史上副词都是归入虚词的,并参照其他一些相关的标准,将副词都归入虚词,以便同历史传统和虚词词典的编纂相接轨,那么,这样做不仅会打乱语法体系的严密性和一致性,而且,这种同副词本身语法功能不相符合的归类,对于真正认识副词、掌握副词的规律也不会有多大的意义。

由此看来,要想避开上述矛盾,彻底解决副词归属的分歧,"光在'虚''实'二字上琢磨,不会有明确的结论"③。因为副词本身的虚实两面性是客观存在的,要想顾此就必然会失彼。总之,鉴于副词本身的特点以及"虚词""实词"这对名称本身所带有的历史积淀,我们认为,必须给汉语副词寻找一个新的归属,而不宜继续纠缠于虚实之争。固然,名不正则言不顺,可有时仅仅纠缠于名称,对语法研究和教学似乎并没有多少实际的意义。唯一的办法就是走出虚实两分的老传统,另辟切实可行的新途径。我们觉得,考虑到汉语副词研究的历史与现状,结合汉语副词的对内和对外教学实际情况,大致有两种方法可以采用。

一种分类方法是仍然根据词类的句法功能,结合参照其他八项区别性标准:a. 意义的虚化与实在,b. 搭配的黏着与自由,c. 句位的定序与变序,d. 数量的封闭与开放,e. 用频的较高与较低,f. 读音的变化与不变,g. 内部的参差与整齐,h. 发展的缓慢与迅速。将汉语的词分成两大类:一类是以表示词汇意义为主的内容词(notion word),一类是表示语法意义为主的功能词(function word)。前者包括名、动词、形容词、区别词、数词、量词、代词;它们一般都可以充当句法成分,并且大都符合参照标准的后项;后者包括连词、介词、助词、叹词、语气词、方位词,它们一般都不能充当句法成分,并且大都符合参照标准的前项。与此同时,将汉语的副词再一分为二,那些以表示词汇意义为主的描摹性副词可以归入内容词,称之为状词(或方式词),那些以表示功能意义为主的限制性副词和评注性副词应当归入功能词。

另一种分类方法是完全不顾词类的句法功能,主要根据数量的开放和封闭,将汉语的词分成两类:一类是可以列举的、仍在不断增加的开放类词(open-class word),一类是不可以列举的、一般不再增加的封闭类词(close-class word)。前者包括名词、动词、形容词、区别词;它们都可以充当句法成分,都符合参照标准的后项。后者包括数词、量词、代词、副词、连词、介词、助词、叹词、语气词、方位词,它们有些可以充当句法成分,有些不能;大都符合参照标准的前项。

在这方面,前辈学者已经做过有益的尝试。赵元任、吕叔湘两位先生曾分别提出可以尝试把汉语的词分为开放类词和封闭类词两个大类。④

根据赵先生以及其他一些学者的研究,开放类词和封闭类词(指典型的、严格意义上的封闭类词)大致有以下五个方面的区别:a. 开放类词大都信息量大,基本上都是内容词,封闭类词大都信息量小,基本上都是功能词;b. 开放类词都是不定位的、自由的,封闭类词有相当一部分是定位的、黏着的;c. 开放类词的语法功能主要体现在词与词的组合能力上,封闭类词的语法功能主要体现在词与词的相互关系上;d. 开放类词大都发音清晰,声调固定,封闭类词则有相当一部分发音较轻,声调易变;e. 开放类词大都出现频率低或中等,封闭类词大都出现频率高或较高。⑤

需要指出的是,上述"开、闭"两分的方法,在归类时,有时也会遇到一些参差不齐的甚至难以定夺的情况。比如数词、量词、代词、副词这四类词与其他诸封闭类词在数量、功能和意义诸方面都存在着一定的差距,只是由于它们都具有可列举的特点,才被归入封闭类词的。

所以,为了使开放和封闭两分法更切合实际,我们将它们做了再次切分:开放类分成全开放和半开放两个小类;封闭类也分为全封闭和半封闭两个小类。全开放的是名词、动词、形容词三种,半开放的有区别词和副词;全封闭的有连词、介词、助词、叹词、语气词、方位词,半封闭的有数词、量词和代词。

我们的理由是:区别词和副词都可以充当句法成分,尽管目前的数量尚可列举,但仍在不断增加之中,所以是半开放类词;数词、量词和代词,虽然数量是确定的,而且也不会有较大的增加,但是同上述五项标准不很吻合,所以是半封闭类词。这样的分类方法可以避免上述难以克服的矛盾,相对说来比虚实二分也更有实用价值,应该讲也不失为一种可行的解决办法。

上面两种方法各有优缺点,比较而言,我们更倾向于前一种分类方法,因为这种方法更符合副词的实际,更便于学习和掌握副词。不过,这样分类的前提是必须将副词两分,而且要增加新类,其可接受性可能要差一些。所以,我们在本书中暂时没有将那些以表示词汇意义为主的描摹性副词从副词中分离出去。[6]

2. 副词的鉴别标准与兼类情况

在现代汉语中究竟哪些词可以归入副词,历来就有不同的看法。而对于那些兼有其他功能的兼类或同形副词,更是众说纷纭,莫衷一是。其所以会出现这种情况,关键就在于确定副词的原则和标准不够明确,难以统一。

20世纪50年代以来,结构主义根据词的分布(distribution)确定词性的理论日见盛行,人们逐渐倾向于接受这种观点:凡是只能充当状语的词都是副词。然而这一普遍流行的"唯状虚加词"的观点同汉语实际并不完全相符。我们认为,副词是多功能词。其实,汉语的名词、动词、形容词、数词、量词,甚至包括区别词,都是多功能词。划分汉语的词类,必须区分:基本功能与特殊功能,高频分布与偶现分布,定型搭配与临时搭配,传统用法与新兴用法。

我们给现代汉语副词下的定义是:副词是主要充当状语,一部分可以充当句首修饰语或补语,在特定条件下,一部分还可以充当高层谓语和准定语的具有限制、描摹、评注、连接等功能的半开放类词。确定汉语副词的基本原则应该是:以句法功能为依据,以所表意义为基础。同时,在确定一些有争议的副词的归属时,应该尽可能做到:分析和调查其句法功能时,不但要考虑其基本的、常态的分布,而且还要对其在一些特定语境中的临时的、特殊的用法做出科学、合理的解释;不但要统计其在常规语体与某一阶段的静态分布频率,而且还要考虑其在特殊语体和不同阶段的动态分布频率。唯有如此,才能相对准确地界定这些边缘词的合理归属。

在现代汉语中,副词同形容词、连词、时间名词、区别词、助动词、代词、语气词,甚至动词都存着一定程度的纠葛和交叉的现象,需要认真分辨。下面提出一些区分的原则和标准:

2.1 副词与形容词

a. 凡是只能充当状语和只能充当状语及补语,但不能充当基式谓语和修饰性定语的是副词。如:曾经、统统、万分、绝顶。

b. 凡是在一般情况下只能充当状语,但是在特定条件下可以充当高层谓语或句首修饰语、后置状语的也是副词。如:也许、大概、果然、反正。

c. 凡是不能充当状语,只能充当补语,也不能在不改变语义的情况下充当主语、宾语和谓语、定语的,也是副词。如:透、慌、透顶、绝伦。

d. 凡是既能充当状语,又能在不改变意义的情况下充当谓语或定语的,是形容词而不是形副兼类词。如:突然、偶然、必然、一致。

e. 凡是既可以充当状语,又可以充当谓语和定语;但充当状语时同充当谓语、定语时语义不同的,是同形同音的两个词——形容词和副词。如:快^1-快^2、白^1-白^2、直^1-直^2、老^1-老^2。

2.2 副词与区别词

a. 凡是不能充当主语、谓语和宾语,只能充当状语和定语,其充当状语时同充当定语时语义不同的,也是同形同音的两个词——区别词和副词。如：一定[1]－一定[2]、大概[1]－大概[2]、非常[1]－非常[2]、本来[1]－本来[2]。

b. 凡是不能充当主语、谓语和补语，只能修饰动词充当状语和准定语，有的可以带上"的"后充当合成谓语，绝大多数必须紧贴被修饰语的，是描摹性副词。比如：稳定、大力、公然、蜂拥。

c. 凡是不能充当主语、谓语、宾语和补语，只能充当定语和状语，一般必须紧贴被修饰语的，是区别词兼副词，而不是形容词兼副词。如：永久、真正、直接、共同。

2.3 副词与时间名词

a. 凡是只能充当状语和句首修饰语，不能充当主宾语（包括介宾），并且不受其他词语修饰的，是时间副词。如：刚刚[1]（刚刚[2]为时间名词，不在研究之列）、通常、经常、常常。

b. 凡是经常充当状语和句首修饰语，但同时又可以充当定语或主语、宾语及介词宾语的，是时间名词。如：刚才、往常、同时、原本。

2.4 副词与连词

a. 凡是无论单用还是合用都只能位于句中谓词性成分之前，既有限定功能又有连接功能的是连接性副词。如：就、才、也、却。

b. 凡是既能单独位于句首又能位于句中，既有评注功能又兼具连接功能的，也是连接性副词。如：其实、也许、当然、的确。

c. 凡是既可以位于句首，也可以位于句中，既可以单用，也可以合用，既有连接功能又有限定功能的，是副连兼类词。如：只有、只是、就是、不过。

2.5 副词与助动词

a. 凡是不能单独充当基式谓语，一般不受程度副词修饰，又不能用"X不X"方式提问题的是副词。如：不、别、必定、必须。

b. 凡是可以单独充当基式谓语，可以受程度副词修饰的，并且可以用"X不X"方式提问的是助动词。如：会、能、可以、应当。

2.6 副词与代词

a. 凡是既具有限制、评注、修饰功能又具有替代功能或指称功能的是代词。如：这样、那样、这么、那么。

b. 凡是具有限制、评注、修饰等功能，虽有指称功能但不能充当谓语、定语及主宾语的是副词。如：如此、何其、何等、每每。

2.7 副词与语气词

a. 凡是既能位于句中或句首，有时也能位于句末，主要充当高层谓语，表示传信与情态功能的是评注性副词。如：难道、反正、敢情、当真。

b. 凡是只能位于句中或句末，不能位于句首，主要用于表示情态或口气、语气的是语气词。如：也好、也罢、着呢、而已。

2.8 副词与动词

凡是在某一意义上只能充当状语，在其他意义上可以充当谓语的，其充当状语时是副词，充当谓语时则是同形同音的动词。如：没、无、非、没有。

在确定副词的范围时，除了上述划分原则，我们还须考虑以下三项标准：A. 词形标准，B. 通用标准，C. 规范标准。

A. 所谓词形，包括四个方面：

a. 某些成分是副词还是副词性语素。如：频、屡、切、力、历。

b. 某些成分是副词还是副词性短语。如：果不其然、很显然、尤其是。

c. 某些同素异序的同义副词，是一个词还是两个词。如：比较-较比、反倒-倒反、益愈-愈益。

d. 某些意义用法十分接近的基式和叠式同义副词是一个词还是两个词。如：最-最最、光-光光；常-常常、刚-刚刚。

我们的看法是：a 还是词，b 是短语，c 是两个词，d"最""光"类是一个词,"常""刚"类是两个词。

B. 所谓通用,包括三个方面:具有书面语色彩还是具有口语色彩,用于方言的还是用于共同语的,是近现代用例还是现当代的用例。我们的标准是:

a. 书面语词和口语词兼收并蓄。比如:"甚、颇、倍加、愈益"和"挺、特、好不、顶顶"等都应该归入现代汉语副词。

b. 以"五四"至90年代的用例为标准。比如:"伤、漫、恶、浪、颇颇、垂垂、咫尺、聿其"等只在近代汉语中出现的副词当然不收。

c. 文言色彩过分浓重的不收。比如:"佥、胥、咸、良、孔、泰、遽、倏、夙"等。都不在讨论之列。

d. 带有明显方言色彩的不收。比如:"贼(~亮)""稀(~烂)""蛮(~好)""精(~瘦)""忒(~好)""溜(~平)"等都不收。

C. 所谓规范,就是指下面几种非规范用例不会影响我们对副词的确认:

a. 个人用例。比如"一律"是副词,但鲁迅先生将"一律"用作了谓语:

(1) 我因为常见些但愿不如所料,以为未必竟如所料的事,却每每恰如所料的起来,所以很恐怕这事也一律。(鲁迅《祝福》)

b. 特殊用例。比如一般情况下行为动词和指人名词是不受副词修饰的,但有时为了特殊的表达需要就必须这样组合:⑦

(2) 人与人不可不交心,也不可太交心,太哥们儿了没好果子吃。(《青年报》1992年8月11日)

c. 修辞用例。比如曹禺为了塑造顾八奶奶这个人物,故意造出一些超越常规的表现手法:

(3) 顾八奶奶：所以我顶悲剧，顶痛苦，顶热烈，顶没有法子办。(曹禺《日出》)

d. 错误用例。比如"再""又"是典型的限制性副词，有人却将它们用作了动词，带上了宾语：

(4) 幸福就像倾盆大雨泻落在我有点毛病的心脏上：股票！股票！银行大门开开！中签！中签！股票！再股票！又再股票！(张黎明《猴年七月》)

综合以上标准和原则，我们确定了现代副词的范围，见附录一。

需要指出是：从发展的角度看，现代汉语的副词实际上是一个动态的、可变的范畴，只能有一个模糊的、大致的、带有一定主观性的范围。任何明确地规定现代汉语副词范围的尝试都只能得到一种近似的、暂时的结果。

下面我们着重辨析一下与副词有关的兼类、同形、活用的情况，并进而解释副词范围之所以是相对和可变的原因。

现代汉语中，兼有实词用法的副词大致有三种情况：A. 词形相同，语义不同；在某个义位上可以充当谓语、定语或主宾语，在另一个义位上只能充当状语；这两个义位尽管在语源上具有一定的联系，但现代已没有什么关系了。譬如"非常[1]"和"非常[2]"：

(5) 巨量的食粮可以立刻积屯起来，拿来应付中日战争的非常时期的需要。(杨朔《雪花飘在满洲》)

(6) 这使他非常的痛快，因为别的没有什么可怕的了；……(老舍《骆驼祥子》)

前句略等于"不平常"，是区别词；后句相当于"十分"，是副词。

B. 同一个词，在某个义位上面既可以充当状语，又可以充当谓语

或定语等,但是另一个义位上只能充当状语;这两个义位现在还存在着明显的联系,譬如"特别[1]"和"特别[2]":

(7) 这话倒也是实在话,在将军看来,当时那样做是自然的,丝毫没有什么特别之处。(王愿坚《普通劳动者》)

(8) 他的意见也特别多,一会儿嫌装料的人少了,窝工;一会儿叫:"别乱扔空筐子,砸着人!"(王愿坚《普通劳动者》)

(9) 她似乎很不满意李家兄弟,特别是对黑李。(老舍《黑白李》)

前两个"特别"略等于"不同寻常 de",是形容词;后一个"特别"相当于"尤其",是副词。

C. 同一个词,其基本功能是充当状语,但是一些特定的情况下,在少数作者笔下,又可以在语义不变的情况下偶尔充当定语或谓语。譬如"大约":

(10) 我已经将你到家的大约日期通知他,他也许就要来了。(鲁迅《故乡》)

其他副词如"一向、一律、向来、偶尔、历来、从来"等,我们在现当代的文艺作品中,也都发现了被当作区别词或形容词的用例。例如:

(11) 一向的诗人就只晓得用诗歌来歌颂朝廷的功德。(郭沫若《屈原》)

上面的情况表明,现代汉语的副词实际上仍然处在由实转虚的过程中,从发展和进化的角度看,现代汉语副词的范围永远是相对的。就以辞书的收词来看,《现代汉语规范词典》(2004)和《现代汉语词典》(第 5 版,2005)已分别对所收录的副词标注了词性。两本词典都收录的有 904 个,前者收录后者不收的有 258 个,后者收录前者不收的有 217 个,三项总计为1379个(具体词条,请参看张谊生(2010)的附录"现代汉语副词范围统计对照表")。

3. 副词的内部层次与分类系统

吕叔湘先生(1979)曾经指出:"副词的内部需要分类,可是不容易分得干净利索,因为副词本身就是个大杂烩。"吕先生这话有两层意思,一是强调划分次类是必要的,二是说给副词划分次类又是十分困难的。

要做好副词次类划分工作,首先必须有明确的确定副词的标准。目前,学术界对什么是副词、副词有哪些功能特征、如何划分汉语副词的次类,还没有相对一致的意见。

近一百年来,各种语法著作在论述副词时,一般都要给副词划分出次类。《马氏文通》在"状字别义"一节中将"状字"分为六类,黎锦熙(1924)也分为六类,杨树达(1930)分十类,王力(1943)分八类,吕叔湘(1944)的"限制词"分七类。丁声树等(1961)分五类,赵元任(1979)分九类,吕叔湘等(1980)分八类,朱德熙(1982)分四类,另有一类"重叠式副词"。在影响较大的现代汉语教材中,胡裕树(1979)、黄伯荣、廖序东(1991)、北大中文系(1991)均分六类,邢福义(1991)分七类。

各家所分次类中,大体都有"程度副词""范围副词""时间副词""否定副词"这些次类。此外还有一些次类,各家多寡不一,名目也不相同。如"语气副词""频率副词""关联副词""情态副词""疑问副词""表数副词"等。从这些类的名称可以看出,各家所分的次类主要是根据语义来划分的;虽然各类之间实际上也存在着或多或少的功能上的差别,但问题最严重的地方在于:不但各家所分次类的数量不同,名目不同,而且各次类所包括的副词也不完全相同,同一个副词,不同的人往往归入了不同的次类。这样,就使人难以认识副词究竟可以分出多少次类,各次类之间的差距究竟在哪些方面。当然,以往各家的分类,对于描写和研究副词还是很有益的,自然应该作为我们进一步研究的基础,但是,以往的语义分类对全面系统地认识汉语的副词却是不够的。

对一种语言做出词类的划分,这是语法研究所必需的。而对各词类再做次类划分,是因为各个词类所包含的各次类在语法特征和语义特征上并非完全相同,同一词类内部各成员存在着各种差异。划分次类的目的,就是要更好地认识各个词类内部所具有的不同特征,更好阐述同一词类及其内部相互之间的差异,从而更好地认识各词类的特征,全面深入地阐述与之有关的各种规律。

毫无疑问,副词的次类划分,仅仅以语义为标准是不够的,还应该兼顾功能、分布、位序等各方面的特征。尤其是要结合语义和功能两方面的特点,互相补充,互为印证,以确定每个副词应归入哪个次类。要在语义分类的基础上,找出各次类在功能特征方面的共性,加以验证从而证明所分次类的合理性。

确切地讲,我们的观点是,副词的分类标准应该以句法功能为主要标准,以相关的意义为辅助标准,以共现顺序为参考标准。

本章所说的句法功能,既包括副词的主要句法功能,也包括副词的次要句法功能;既包括句子层面的功能,也包括句法层面的功能;既包括静态的组合功能,也包括动态的搭配功能。本章所说的意义,包括四个不同层面的意义:既包括词汇意义,也包括语法意义,既包括逻辑意义,也包括概念意义。本章所说的共现顺序,既包括相邻级位顺序,也包括隔位递降顺序,还包括多项综合顺序。根据我们上面所列举的三个方面的标准,我们认为,汉语的副词可以首先分为三个大类:描摹性副词、限制性副词和评注性副词,其中限制性副词内部差异很大,还可以再分为八个小类。描摹性副词在句法上可以充当动词的准定语;句中位序比较固定,一般只能紧贴中心语;主要是用来对相关行为、状态进行描述、刻画的。限制性副词是副词的主体,在句法上一般只能充当状语或句首修饰语;句中位序有一定的自由;主要是用来对动作行为、性质、状态加以区别和限制的。评注性副词在句法上可以充当高层谓语;句中位序比较灵活,可以在句中,也可以在句首;主要是表示说话者对事件、命题的主观评价和态度的。

首先凡是既可以充当表示陈述义的动词的状语,又可以充当表示指称义动词准定语的副词是描摹性副词。试比较:⑧

a. 正在抢救/正在进行抢救～*进行正在抢救

b. 全力抢救/全力进行抢救～进行全力抢救

其次,凡是不能在严格意义上的是非问句中充当状语的副词都是评注性副词。试比较:⑨

c. 她毕竟是一个标兵～*她毕竟是一个标兵吗?

d. 她仍然是一个标兵～她仍然是一个标兵吗?

限制性副词都是典型的副词,其内部相当复杂,差异很大,根据连用时的共现顺序和所表示的意义,可以再分为八个小类:关联副词、时间副词、频率副词、范围副词、程度副词、否定副词、协同副词、重复副词。

严格地讲,关联副词并不能作为一个独立的限制性副词的次类与其他副词次类并列。因为与其他次类都不同,关联副词是从句法功能、逻辑功能、篇章功能的角度划分出来的一种特殊的副词次类。而且,在现代汉语中,几乎每一个关联副词都是一个兼属其他次类甚至大类的兼类副词,纯粹意义的关联副词是不存在的。

我们发现,汉语中的那些典型的关联副词,本来就是一些常用的时间(才、就)、程度(更、还)、范围(都、只)、否定(不、非)、重复(再、也)类限制性副词,甚至还可以是一些评注性副词(连、倒)。当这些副词在一个较大的语言单位中充当状语时,它们往往会具有两重性:就其限制或评注的成分而言,它们仍保留原来的功用,就整个句子或句段而言,它们就具有了连接功能。例如：

(12) 旧历的年底毕竟最像年底。村镇上不必说，就在天空中也显出将到新年的气象来。(鲁迅《祝福》)

(13) 王茂林惶然而且悚然，他不仅一时找不到反驳尤力的话，更意识到自己对车间的工艺流程和管理体制，远没有尤力了解得清楚。(陈冲《会计今年四十七》)

(14) 这媳妇长得很好看，高高的鼻梁，弯弯的眉，额前一溜蓬蓬松松的刘海。穿的虽是粗布，倒都是新的。(茹志鹃《百合花》)

随着这种连接功能的经常化和固定化，这些副词就会成为兼表关联的兼类副词。其实，限制性也好，评注性也好，汉语中可以这样用、兼表关联功能的副词是很多的，只不过在使用频率上，不如那些典型的关联副词而已。我们认为，所谓关联副词，实际上是一个动态的、不定的副词小类，它同其他副词之间并没有一个明确的界限，只要某个副词在句子中、篇章中起到了关联作用，它就是关联副词。所以，本书所说的关联副词，比一般所说的关联副词的范围要广得多：既包括在单句和复句中连接短语和分句的副词，也包括在句段和篇章中衔接句子和篇段的副词；既包括固定或经常地充当连接性状语的副词，也包括临时或偶尔地充当连接性状语的副词。

我们认为，现代汉语中的关联副词都是兼属的，所以，虽然关联副词在我们的副词分类系统中尚有一席之地，但是在对每一个具体的副词进行归类时，却没有关联副词这一次类。综上所述，我们得到了一个现代汉语副词的分类系统(见附录二)。

附注

① 参看陆俭明《现代汉语副词独用刍议》，《语言教学与研究》1982年第1期。

② 参看赵元任(1979)、朱德熙(1982)。
③ 参看吕叔湘(1979)。
④ 参看赵元任(1979)、吕叔湘(1979)。
⑤ 参看赵元任(1979)。
⑥ 参看本书第一篇第二章。
⑦ 参看本书第二篇第二章。
⑧⑨ 分别参看本书第一篇的第二章和第三章。

参考文献

北京大学中文系主编(1991)《现代汉语》,商务印书馆,北京。
丁声树等(1961)《现代汉语语法讲话》,商务印书馆(1979再版),北京。
高顺全(2012)《多义副词的语法化顺序和习得顺序研究》,复旦大学出版社,上海。
郝琳(2009)《现代汉语副词语义指向及其计算机识别研究》,中国社会科学出版社,北京。
胡裕树主编(1979)《现代汉语》,上海教育出版社,上海。
黄伯荣、廖序东主编(2002)《现代汉语》(增订版),高等教育出版社,北京。
季薇(2011)《现代汉语程度副词研究》,光明日报出版社,北京。
黎锦熙(1924)《新著国语文法》,商务印书馆(1992再版),北京。
吕叔湘(1944)《中国文法要略》,商务印书馆(1979再版),北京。
吕叔湘(1979)《汉语语法分析问题》,商务印书馆,北京。
吕叔湘主编(1980)《现代汉语八百词》,商务印书馆,北京。
齐春红(2008)《现代汉语语气副词研究》,云南人民出版社,昆明。
史金生(2011)《现代汉语副词连用顺序和同现研究》,商务印书馆,北京。
王力(1943)《中国现代语法》,商务印书馆(1984再版),北京。
邢福义(1991)《现代汉语》,高等教育出版社,北京。
杨德峰(2008)《面向对外汉语教学的副词定量研究》,北京大学出版社,北京。
杨荣祥(2005)《近代汉语副词研究》,商务印书馆,北京。
杨树达(1930)《高等国文法》,商务印书馆(1984再版),北京。
尹洪波(2011)《否定词与副词共现的句法语义研究》,外语教学与研究出版社,北京。
张亚军(2002)《副词与限定描状功能》,安徽教育出版社,合肥。
张谊生(2004)《现代汉语副词探索》,学林出版社,上海。
张谊生(2010)《现代汉语副词分析》,三联书店,上海。
赵元任(1979)《汉语口语语法》,吕叔湘译,商务印书馆,北京。

周小兵、赵新等(2002)《对外汉语教学中的副词研究》,中国社会科学出版社,北京。
朱德熙(1982)《语法讲义》,商务印书馆,北京。

附录一 现代汉语副词分类表

1. 描摹性副词(见本篇第二章)。

2. 评注性副词:切、万、偏[2]、竟、并、岂、倒、反、亏、似、是、却[1]、恐、怕、别[2]、盖、正、许、委、或、约、直、真、可、恍、若、像、该、准、定、诚、硬、愣、实、决、绝、好、多、太[2]、断、也[2]、又[3]、还[5]、才[3]、就[3]、都[2]、非[2]、刚、老[3]、总、连、难怪、难道、究竟、索性、到底、简直、莫非、亏得、多亏、幸亏、幸而、幸好、反正、反倒、倒反、确然、确乎、显然、居然、竟然、诚然、当然、固然、断然、断乎、果然、果真、或许、也许、兴许、恰恰、恰好、恰巧、正巧、正好、刚巧、偏巧、偏生、偏偏[1]、好歹、确实、委实、着实、其实、实在、绝对、甚至、甚而、乃至、约莫、大约、大概、八成、宁肯、宁可、宁愿、左右、高低、横竖、准保、管保、终究、终竟、终于、总算、似乎、倒是、还是、敢是、可是、硬是、算是、就是、真是、真的、好像、仿佛、依稀、俨然、看似、貌似、万万、千万、非得、必定、必须、的确、定然、一定、想必、务必、分明、明明、何必、何不、不妨、不愧、不免、未免、未必、未始、无非、无妨、当真、敢情、根本、只好、只得、本来、原来。

3. 关联副词:却[2]、又[2]、就[4]、也[3]、才[4]、还[2]、更[3]、既、再[2]、一[2]。

4. 否定副词:不、没、勿、未、别[1]、甭、休、毋、非[1]、莫、白、空、干、瞎、徒[2]、虚、枉、没有、不堪、不消、不屑、不由、白白、徒然、枉然、空自、枉自、徒自。

5. 时间副词:正、便、才[1]、刚、已、在、就[1]、永、将、曾、要、先、初、从、顿、乍、快、既、且、暂、权、时、本、姑、久、方、突、都，马上、顷刻、顿时、少顷、立刻、永远、登时、然后、旋即、然而、早就、暂且、已经、曾经、早已、将要、行将、新近、一向、一直、起先、起初、向来、历来、从来、随即、终于、业已、迟早、早晚、霎时、刚刚、猛然、徒然、老早、原来、当即、正在、立即、立时、即刻、快要、从此、先后、平时、应时、自来、至今、随后、将次、就要、仍然、仍旧、一朝、一旦、早早。

6. 频率副词：通常、往常、老是、总是、终日、方才、一时、每常、久久、久已、还[2]、常、连、渐、屡、频、老[2]、屡次、不断、陆续、常常、经常、往往、每每、不时、有时、时时、偶尔、一度、依次、渐次、相继、继而、接连、频频。

7. 重复副词：又[1]、也[1]、再[1]、重、更[2]、还[1]、一再、再三、再度、重新、重行、从新。

8. 程度副词：很、最、太[1]、极、更[1]、顶、挺、过、怪、较、越、稍、略、甚、愈、颇、大、好、多、老[1]、满、蛮、够、殊、特、几、至、不胜、无此、大为、多么、非常、格外、分外、过于、过分、倍加、好不、顶顶、何其、何等、极其、极度、极为、极端、颇为、深为、甚为、十分、特别、万分、相当、异常、至为、最为、不大、不太、不很、不甚、略略、略微、略为、稍稍、稍许、稍微、稍为、微微、些微、有些、有点儿、大大、比较、较比、较为、更加、更其、更为、越发、越加、尤其、尤为、几乎、益发、愈加、愈益、愈、愈为、愈发、透、坏、死、煞、慌、绝顶、绝伦、透顶、极顶、到顶、至极、之至。

9. 范围副词：都[1]、总、全、净、皆、俱、凡、就[2]、才[2]、足、绕、悉、一[1]、尽、专、纯、概、遍、另、唯、惟、只、仅、光、单、独、偏[1]、但、徒[1]、止、通通、统统、统共、全都、全然、凡是、大凡、但凡、举凡、通共、唯有、唯独、总共、单独、大半、多半、大体、大致、一共、一概、一律、大都、几乎、光光、只有、只顾、只消、只管、只是、仅仅、尽管、足足、就是、无非、不过、起码、独独、单单、仅仅、偏偏[2]、不仅、不止、不但、非独、至多、至少、最多、最少、顶多、徒然。

10. 协同副词：一并、一总、一道、一起、一齐、一同、一例、一块儿。

附录二　现代汉语副词分类系统表

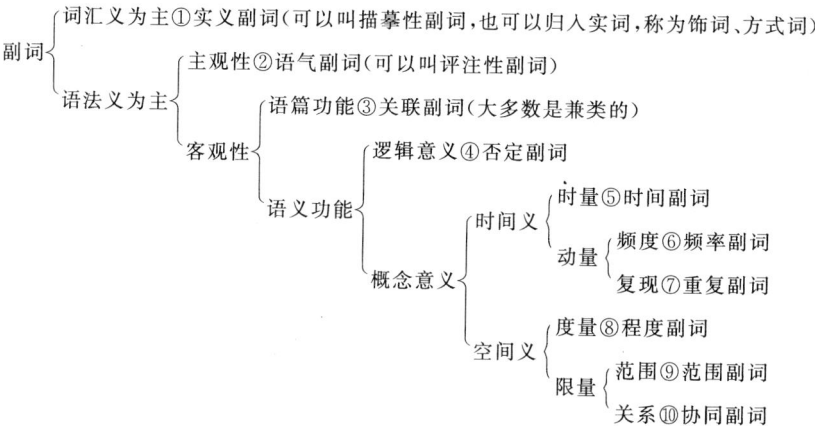

第二章 描摹性副词与限制性副词的区别

0. 前言

0.1 在汉语中,究竟哪些词是副词,哪些词不是副词,历来就有不同的看法。早期的语法书,譬如《马氏文通》和《新著国语文法》等,由于混淆了副词和状语这两个不同范畴和层次的语法概念,致使副词内部相当庞杂,范围难以确定。这种状况,在草创阶段自然是难以避免的,不过,这样势必会影响汉语副词的研究和教学的进展。

这些年来,国内的绝大多数语法书、教科书和虚词词典,虽然也都强调"只能充当状语的词才是副词"[①],但是在具体归类时,大都采取这样的做法:凡是在一般情况下只能或者基本上只能充当状语的词,都归入了副词。随着现代汉语中专职的谓词前加词的日益增多,副词的范围正在日趋扩大。

0.2 我们发现,那些被归入副词的双音节词当中,有相当一些主要用描摹情状和方式的副词,譬如"亲自、大肆、大力、公然、擅自、轻易、一手"等,其词汇意义相当实在;同那些主要用于限制和区别的典型副词,譬如"曾经、常常、非常、稍微"等,在句法功能和搭配功能等许多方面都存在着明显的区别和对立。而且,这类副词的数量还不少,远远不止现行辞书所收的那些,似乎是一个半开放的类。我们曾经考虑将这些从副词中分离出去,另立一类,称之为状词或者方式词、状态词[②]。然而,随着近年来汉语副词研究的深入,大家的共识是,过多的分类有时反而不利于对词类的认识和掌握,只要能把现象分析清楚,并不一定非要增加新类别和新名目,况且,汉语副词的内部本来就存在着较大的差异,所以,本书姑且还是将这些专职的谓词前加词留在副词之内。

0.3 为了便于比较分析,我们将这些以表示词汇意义为主的副词称之为描摹性副词,将那些以表示语法意义为主的副词称之为限制性副词。下面,我们首先尽可能详尽地列举各类描摹性副词,然后在实例分析的基础上,运用变换分析、对照比较等方法,从句法功能、搭配功能和其他领域三个方面逐一辨析描摹性副词和限制性副词的异同。

1. 描摹性副词的分类

1.0 限制性副词是汉语副词的主体,内部比较复杂,差异较大;而描摹性副词内部比较单一,差异不大。根据其构成语素、表义特点和形成来源,大致可以分成四类。

1.1 表方式。表方式的描摹性副词几乎都是双音节的复合式合成词,主要表示与相关行为有关的人体五官和思维活动的方式。大致有:"一步、放步、举步、安步、寸步、故步、徒步、疾步、正步、健步、信步、徐步、快步、平步、稳步、阔步、纵步、高声、大声、小声、尖声、低声、轻声、厉声、曼声、细声、齐声、连声、悄声、柔声、同声、应声、随声,一口、大口、信口、极口、亲口、交口、矢口、空口、顺口、随口、绝口、缄口、一手、白手、出手、就手、妙手、束手、拱手、信手、联手、携手、亲手、袖手、垂手、措手、徒手、顺手、随手,一眼、亲眼、正眼、冷眼、放眼、另眼、一目、怒目、纵目、刮目、侧目、闭目、定睛、凝睛、充耳、亲耳、侧耳、只身、舍身、随身、纵身、侧身、挺身、卖身、洁身、全神、定神、凝神、前脚、后脚、失脚、拔脚、抬脚、顺脚、撒腿、拔腿、振臂、攘臂、扼腕、俯首、翘首、昂首、企足、捷足、促膝、屈膝、盘膝、并肩、比肩、摩肩、一头、当头、迎头、劈头、蒙头、顺嘴、张嘴、屏息、停息、好言、巧言、直言、一言、婉言、恶言、严词、厉词、托词、一语、好语、恶语、一心、潜心、精心、居心、苦心、悉心、成心、存心、倾心、满心、齐心、衷心、无心、真心、假心、肆意、特意、恣意、蓄意、执意、刻意、曲意、锐意、有意、着意、决意、随意、无意、任意、任情、纵情、酌情、一发、一见、一气、一哄、一呼、一应、劈脸、劈面、劈胸、由衷、矢志、决计、拦腰、正色、厉色、屈指、放胆、舍命、死命、屈尊、懒得"等。例如：

(1) 我<u>翘首</u>远望，竟看不见一点灯光。(张贤亮《男人的一半是女人》)

(2) <u>信手</u>翻去，<u>信口</u>来读，希望从古人的诗句中得到一点安慰。(沈从文《烟斗》)

1.2 表状态。除了少量的单音节词和三音节附加式合成词外，表状态的描摹性副词大都也是双音节的复合式合成词。主要表示与相关行为有关的时、地、数、序以及呈现的状态。大致有："随处、随时、随地、就便、就近、就地、顺便、顺次、顺路、顺势、顺理、趁机、趁便、趁势、趁热、乘机、乘便、乘势、乘虚、乘隙、乘兴、悉数、如数、全数、全速、快速、急速、从速、慢速、明码、明令、明文、横向、纵向、全盘、通盘、分头、分批、居间、居中、居家、居功、凭空、凭栏、凭险、并排、并行、定向、定点、定量、定时、批量、尽量、当众、当面、当场、当机、当庭、当下、时下、私下、即兴、即席、即景、破门、破格、互相、互为、交互、相互、负隅、向隅、托病、托故、好生、好歹、好在、借故、借题、借机、逐一、逐个、逐步、逐条、逐日、逐月、逐年、日渐、日益、日趋、日见、日臻、终天、终日、终古、终年、终岁、连日、连夜、连年、平素、平日、率先、事先、优先、预先、相率、相机、相提、相安、相映、相依、擅自、径自、竟自、独自、私自、亲自、暗自、各自、紧自、照价、照样、照实、照常、照例、照章、按时、按期、按理、轮班、轮流、轮番、无以、无端、无私、无故、一力、竭力、鼎力、并力、极力、戮力、奋力、死力、全力、大力、悉力、尽力、肆力、通力、专力、一晃、暗中、暗里、及早、趁早、夹道、中道、如实、如期、特地、特为、一笔、随笔、着实、着重、彻夜、日夜、抢先、动辄、纯粹、长年、适度、循序、巡回、放任、联名、多方、被迫、扶病、秉公、挂牌、仗势、超额、冒名、大肆、精诚、隐约、哄堂、驱车、驾机、应运、附带、轻易、专程、次第、交替、成天、事前、微服、抽空、偷空、实地、大举、难免、厉行、误、力、历、迭、擅、径、互、照、有意识、无意识、无形中、无意中、大幅度、大面积、大批量、大踏步、大规模、多渠道、多层次、多角度、多视角、多方位、多侧面、全方位、高速度、长时间、小批量、粗线条、远距离"等。例如：

(3) 洪珊老师虽然照样是恶言厉色地把书茵斥骂一顿,但态度已经和缓下来了。(高云览《小城春秋》)

(4) 张三爹说："会选的选儿郎,不会选的选田庄。"一力主张把侄女嫁给这个年轻力壮的雇农。(周立波《桐花没有开》)

1.3 表情状。 除了少数联绵词外,表情状的描摹性副词几乎都是"X然"加缀式合成词以及双音节叠音词,主要是刻画与相关行为有关的情貌的。大致有："毅然、悻然、慨然、怆然、惨然、傲然、昂然、断然、淡然、悄然、黯然、默然、安然、飘然、悠然、岿然、翩然、骤然、油然、凄然、荡然、喟然、嫣然、爽然、颓然、寂然、哑然、霍然、迥然、怅然、俨然、猝然、倏然、勃然、超然、蔚然、豁然、公然、决然、巍然、悍然、截然、翻然、幡然、恍然、怡然、涣然、焕然、潸然、惘然、蕴然、赫然、斐然、粲然、黯然、遽然、肃然、漠然、泰然、定然、昭然、偷偷、斤斤、比比、踽踽、落落、脉脉、耿耿、碌碌、岌岌、悻悻、惴惴、怅怅、淳淳、姗姗、婷婷、冉冉、隐隐、源源、循循、侃侃、津津、喋喋、沾沾、快快、扬扬、历历、孜孜、荧荧、翩翩、依稀、仓皇、辗

转、囫囵"等。例如:

(5) 去年冬天,我从英德到连县去,沿途看到松树郁郁苍苍,生气勃勃,傲然屹立。(陶铸《松树的风格》)

(6) 爸爸正在津津有味地吐烟圈,他满足而又平静。(王蒙《深的湖》)

1.4 表比况。 严格地讲,比况也是"方式"或"状态",似乎不能与之并列,不过,与一般表方式和状态的方法不同,这些词都是以比喻或夸张的方式来比况并突出相关行为的形象的。这类词数量不多,构成不一。大致有:"鱼贯、鱼跃、蜂拥、龟缩、拂袖、借尸、盲目、唾手、洗耳、裹足、联袂、联翩、屈架、穿梭、埋头、击节、火速、飞速、冰消、肝胆、连锁、赤膊、偷眼、粉墨、拼命、死活、斗胆、弹指、百般、万般、漫天、一窝蜂、一溜烟、一阵风"等。例如:

(7) 大家都在一个阴暗的圆洞门下武装了起来,从狭窄的戈谛克式阶级蜂涌而上。(鲁迅《凯绥·珂勒惠支版画选集·序目》)

(8) 第一件事即将行李交与家人之外火速乘一辆汽车奔往杜先生狱中去见他。(邹韬奋《患难余生记》)

1.5 交叉、兼类与演化。 对于上面所列的描摹性副词,尚有以下三点需要进一步说明。

首先,上列诸词中有一部分词只是在某个特定的义项上才是描摹性副词。也就是说,这些词的义项差别同其语法功能和词类归属是密切相关的。例如:

(9) 觉得译文译得很拙笨,而且怕是有错字、脱字,望看的时候随笔代为改正一下。(鲁迅《〈铁流〉编校后记》)

(10) 我们几个人在选我的随笔,从《坟》起到《二心集》止。

(鲁迅《书信集·致李小峰》)

上面前一"随笔"是描摹性副词,表示"用笔随意地(写)";后一"随笔"则是名词,指一种短小的散文体裁。③再例如:

(11)我的千军万马就要去杀敌!就要去拼命!就要去流血!(《新华文摘》1983年第1期)

(12)果然谢家骥正佝偻着腰拼命地往上爬,眼看就要爬到山的鞍部。(魏巍《东方》)

同样,前一"拼命"是动词,意谓"豁出性命",后一"拼命"是描摹性副词,意谓"竭尽全力"。这种同某一特定义项有关的描摹性副词,我们称之为特定义项描摹性副词(前面1.1至1.4节中用仿宋体表示)。

其次,在现代汉语中,描摹性副词的特点是修饰谓词性词语,区别词的特点是修饰体词性词语,两者都是专职的前加词;所以有不少地方是互补或相通的,有不少词可以兼类。例如:

(13)你却把寂寞当作宝贝,还要它做你永久的伴侣。(巴金《撇弃》)

(14)对了,到了这里倒真是永久地太平了。(张洁《沉重的翅膀》)

在现代汉语中,这种经常兼跨两类的词有六七十个。对于这些词,我们没有将其归入描摹性副词,而是作为一个特殊的小类附于后。不过,对于一些一般情况下总是用作描摹性副词,但偶尔也可以充当区别词的临时兼类词,则仍将其归入描摹性副词(前面1.1至1.4节中用仿宋体表示)。

最后,语言是在不断发展进化的,上述描摹性副词当中有很大一部分在现代汉语中是修饰谓词性词语的副词,但是在古代、近代汉语,甚至现代汉语的特定场合中都是可以充当谓语或主宾语的动词或名词，有些甚至是一个尚未定型的短语。试比较下面三例：

(15) 及琼卒归葬，稚乃负粮徒步到江夏赴之，设鸡酒薄祭，哭毕而去，不告姓名。(《后汉书·徐稚传》)

(16) 时已薪水不继，余伴为雇骡以安其心，实则囊饼徒步且食且行。(清·沈复《浮生六记·坎坷记愁》)

(17) 我们一部分人组织了一个湘黔滇旅行团，徒步西来，沿途分门别类收集了不少材料。(闻一多《西南采风录·序》)

在前后两例中，"徒步"显然是动词，不过，由于我们的研究和归类是在现代汉语的共时系统内进行的，所以，这类情况可以不予考虑。有时，即使是今人的用例，只要是带较强的仿古色彩的，也可以不予考虑。例如：

(18) 不管风吹浪打，胜似闲庭信步。(毛泽东《水调歌头·游泳》)

总之，我们确定描摹性副词的标准是以现代一般用例为依据的。需要指出的是，上面所列举的描摹性副词，也有学者称之为专职的动词前加词(陈一，1989)、方式词(李铁范，2006)、实副词(杨一飞，2007)和情状副词(刘琉，2011)等。当然，名称不同，各家对这些词的性质与归属的认识也不同。而且，各家认定的词也有所不同；总体而言，越是后出的研究成果，列举的词条就越多。

2. 句法功能的区别

2.0 尽管现代汉语限制性副词同描摹性副词的基本句法功能都是修饰谓词充当状语。但是两者在一系列非基本句法功能方面还是存在着虽然细微但却相当重要的区别。概括起来，主要有三个方面：1.能否修饰名化动词,2.能否进入介宾结构,3.能否充当判断宾语。

2.1 能否修饰名化动词。限制性副词和描摹性副词都可以修饰充当谓语中心的动词,然而,当某些动词充当了虚化动词的宾语,由陈述转变为指称时,就不能再受限制性副词修饰了,但却仍然可以受描摹性副词的修饰。换句话说,在修饰虚化动词带宾语时,限制性副词只能位于虚化动词前充当状语;而描摹性副词则有两种情况:有的既可以位于名动词之前充当定语,也可以位于虚化动词之前充当状语,有的只能位于名动词之前充当定语。④先看前一种情况:

(19)省市各级领导业已组织有关部门正在进行全力抢救。(《人民日报》1987年6月8日)

(20)我感到她简直是在把我当成了一个瞎子、一个聋子,一再加以公然的愚弄。(梁晓声《这是一片神奇的土地》)

上面两句中,描摹性副词"全力""公然"都充当了名动词的定语。其实,它们也可以位于动词前充当状语;而限制性副词"正在""一再"则只能充当状语,不能充当定语。试比较:

a. 全力抢救→全力进行抢救～进行全力抢救
   正在抢救→正在进行抢救～*进行正在抢救
b. 公然愚弄→公然加以愚弄～加以公然愚弄
   一再愚弄→一再加以愚弄～*加以一再愚弄

再看下面两例,情况也是如此:

c. 亲口承诺→亲口做出承诺～做出亲口承诺
   已经承诺→已经做出承诺～*做出已经承诺
d. 迎头痛击→迎头予以痛击～予以迎头痛击
   接连痛击→接连予以痛击～*予以接连痛击

另一种情况是:限制性副词只能充当状语,而描摹性副词只能充当定

语,或基本上只能充当定语。试比较:

  a. 正色拒绝→*正色遭到拒绝～遭到正色拒绝
   当即拒绝→*当即遭到拒绝～*遭到当即拒绝
  b. 悉心照顾→*悉心受到照顾～受到悉心照顾
   常常照顾→*常常受到照顾～*受到常常照顾
  c. 无私援助→?无私给予援助～给予无私援助
   始终援助→始终给予援助～*给予始终援助
  d. 明文规定→?明文做过规定～做过明文规定
   业已规定→业已做过规定～*做过业已规定

总之,绝大多数描摹性副词都可以充当名动词的定语,而典型的限制性副词是绝对不可能充当定语的。由此可见,限制性副词和描摹性副词的非基本句法功能是不一样的。

2.2 能否进入介宾结构。在现代汉语中,"在……下""在……上""在……中"等框架中的介宾的中心语一般必须是名词性成分。如果动词进入这类框架之中,那么,这些动词所表示的就不再是陈述义,而是指称义了,其本身也就获得了名词的部分语法特征。所以,凡是进入上述介词结构的动词,就不能再受限制性副词的修饰了,但却可以受大多数描摹性副词的修饰。例如:

  (21)在当地群众的大力支持下,王总带着打井队的小伙子们只用了不到半年的时间,就打出了十一口深水井。(《解放日报》1991年7月22日)

  (22)在骑兵战士的悉心辅导下,我们不但学会了骑马,还能掌握指挥马"直立"、"卧倒"以及"马上射击"等技巧……(《文汇报》1987年8月12日)

尽管"支持""辅导"本身是可以受限制性副词修饰的,但是上面两例中的"大力""悉心"却不能换成相应的限制性副词。请看：

  a. 大力支持→在当地群众的大力支持下

   总是支持→*在当地群众的总是支持下

  b. 悉心辅导→在骑兵战士的悉心辅导下

   不断辅导→?在骑兵战士的不断辅导下

同样，下面两例的情况也是如此：

  c. 亲自带领→在部队首长的亲自带领下

   曾经带领→*在部队首长的曾经带领下

  d. 通力合作→在有关方面的通力合作下

   重新合作→?在有关方面的重新合作下

除了"在……下"以外，描摹性副词有时也可以进入"在……中"和"在……上"这两个框架之中，而限制性副词则不行。试比较：

  a. 在与同志们的并肩战斗中（，他受到了很好的教育和锻炼。）→*在与同志们的一起战斗中

  b. 在社会主义建设事业的飞速发展中（，人民生活水平有了很大的提高。）→*在社会主义建设事业的很快发展中

  c. 在这些项目的事先安排上（，我们也有考虑欠周之处。）→*在这些项目的起先安排上

  d. 在这幢危楼的定向爆破上（，他可真是动足了脑筋。）→*在这幢危楼的立即爆破上

从另一个角度看，其实，进入上述框架的描摹性副词同前面充当名动词定语的描摹性副词在功能上是一致的，都是充当了名化动词的定语。而这种限制性副词、描摹性副词句法功能的差异，正是我们区别和划分限制性副词和描摹性副词的重要的形式依据。

  2.3 能否充当合成谓语。同区别词一样，部分描摹性副词也可以同"是……的"一起充当合成谓语。例如：

(23) 他跟你初次见面说话不多,这也是难免的,决不是故意冷淡你。(吕叔湘《现代汉语八百词》)

而限制性副词在任何情况下不能充当合成谓语。试比较：

　　(23′) 他跟你初次见面,说话不多,这也是*不免的,决不是故意冷淡你。

再请看下面的变换与对照：

　　a. 有意漏报→一再漏报恐怕就是有意的
　　　　偶尔漏报→*一再漏报恐怕不是偶尔的
　　b. 真心募捐→他们参加募捐倒是真心的
　　　　常常募捐→*他们参加募捐倒是常常的
　　c. 被迫参加→参加体育锻炼不是被迫的
　　　　全都参加→*参加体育锻炼不是全都的
　　d. 任意使用→具体使用哪个词是任意的
　　　　间或使用→*具体使用哪个词是间或的

　　总的说来,可以充当合成谓语的描摹性副词,数量并不很多,常用的有:"特意、蓄意、有意、无意、随意、任意、成心、存心、真心、假心、齐心、无心、精心,顺便、顺路、按时、按期、如期、如实、定点、定向、难免⑤、即兴、纯粹、无故、破格、长年、轮流、交替,有意识、无意识、高速度"等,这些词意义实在,在功能上同形容词最为接近。值得注意的是,凡是由描摹性副词充当合成谓语的句子,其主语必然是主谓短语、动宾短语或相应的复指代词等。当然,由于限制性副词充当合成谓语的现象并不普遍,所以,这方面的功能差异只能作为辅助的参考标准,关键还是看其能否充当名化动词的定语。下面将描摹性副词和限制性副词及区别词、形容词的功能差异归纳如下：

	充当宾语	充当定语	充当谓语	修饰名动	修饰介宾	前面加"很"	否定用"非"
描副	−	(+)	(+)	(+)	(+)	−	(+)
限副	−	−	−	−	−	(+)	−
形容	+	+	+	+	+	+	−
区别	−	+	(+)	+	+	−	+

注：外加括号的为特定条件下的组合功能，而且较少出现。

3. 搭配功能的差异

3.0 尽管限制性副词和描摹性副词在组合搭配方面都具有一定的限制性，但比较而言，描摹性副词比限制性副词所受的限制更严，或者说，描摹性副词比限制性副词更具有黏着性和定位性。这种差异主要表现在四个方面：1.顺序的先后，2.黏合的松紧，3.定位的强弱，4.选择的宽狭。

3.1 顺序的先后。所谓顺序的先后，就是指当限制性副词和描摹性副词修饰同一个中心语时，在共现顺序上，描摹性副词必须位于限制性副词之后，以便紧贴中心语。例如：

(24) 听到这一消息，当时在京应试的举人当即联名上书光绪皇帝……(任大年《戊戌变法》)

(25) 把札文反复细看，看了十来遍，忽然豁然贯通，竟悟出个道理来。(《官场现形记》第五十四回)

上面两例，都是限制性副词和描摹性副词连用，一般说来，这一顺序是强制性的，绝不能说成"联名当即上书"和"豁然忽然贯通"。同样，下面四组中的限制性副词和描摹性副词也必须遵循这一共现顺序：

a. 肆意攻击→*肆意不断攻击

不断攻击→不断肆意攻击

b. 擅自离开→*擅自忽然离开

忽然离开→忽然擅自离开

c. 存心捣乱→*存心时常捣乱

时常捣乱→时常存心捣乱

d. 舍身相救→*舍身立即相救

立即相救→立即舍身相救

需要指出的是,如果有两个或两个以上描摹性副词连用时,它们的排列顺序是任意的,根据表达的需要可前可后。例如:

(26) 最后,总又照例偷偷四顾,放胆拾起一册,装做好像信手拈来的神气,慢慢翻阅起来。(沙汀《意外》)

在这例中,限制性副词"总""又""好像"必须位于描摹性副词"照例""信手"之前,"偷偷"则可以位于"照例"之后或之前。

3.2 黏合的松紧。所谓黏合的松紧,就是指当限制性副词和描摹性副词分别修饰某个动词时,限制性副词同其中心语之间的关系是比较松散的,中间可以插入其他成分,甚至是较长的介词结构;而描摹性副词同其中心语之间的关系则是较紧密的,中间一般不能插入其他成分,尤其是较长的介词结构。例如:

(27) 晚上七点,发烧友们从体育馆各个大门蜂拥而入,大家都怀着焦急的心情,期待着一睹这位歌星的风采。(《新民晚报》1993年10月2日)

(28) 清晨的花园里,一片鸟语花香,蜜蜂正在来来回回地忙着采蜜,蝴蝶在五彩缤纷的花丛中翩然飞舞。(王小鹰《春之声》)

这两例显然不宜说成:

? 发烧友们蜂拥从体育馆的各个大门而入

? 蝴蝶翩然在五彩缤纷的花丛中飞舞

再请看下面四组对照变换式：

a. 畏罪潜逃→趁着茫茫夜幕畏罪潜逃→*畏罪趁着茫茫夜幕潜逃
   立即潜逃→趁着茫茫夜幕立即潜逃→立即趁着茫茫夜幕潜逃
b. 秉公处理→按照交通法规秉公处理→*秉公按照交通法规处理
   马上处理→按照交通法规马上处理→马上按照交通法规处理
c. 横向联系→同国棉七厂横向联系→*横向同国棉七厂联系
   单独联系→同国棉七厂单独联系→单独同国棉七厂联系
d. 巡回演出→和他们一起巡回演出→*巡回和他们一起演出
   不断演出→和他们一起不断演出→不断和他们一起演出

总之,描摹性副词在语义上只能修饰中心词,而不能修饰带上介词结构的整个短语。而限制性副词在语义既可以修饰中心词,也可以修饰带上介词结构的整个短语。相对说来,各类限制性副词中,表示人体活动方式的那些黏合度较低,位置不很固定的限制性副词,有时后面可以插入由介词"往、向、对、把、将、为、朝"等组成的较短的介词结构。比如:

a. 成心为她开脱   b. 亲手把他杀死
c. 快步向前走去   d. 悄声将她唤醒

从另一个角度看,黏合的松紧和顺序的先后,实际上只是同一个问题的两个方面。概括地讲,就是限制性副词的词义辖域比描摹性副词要宽,描摹性副词一般只能修饰中心语,而限制性副词则可以修饰带有各种修饰语的状中短语。

3.3 定位的强弱。所谓定位的强弱就是指尽管限制性副词和描摹性副词在句中都存在着一定的定位化倾向,但其强弱程度是不同的,尤其是表现在脱离谓语充当句首修饰语方面。限制性副词当中有相当一部分既可以附谓,也可以离谓充当句首修饰语。例如:

(29) 周大勇,你们要抓紧时间做工作,我们马上就要打仗了!

（杜鹏程《保卫延安》）

(30) 小芹去洗衣服，马上青年们也都去洗；小芹上树采野菜，马上青年们也都去采。(赵树理《小二黑结婚》）

而描摹性副词则基本上只能附谓，当然也谈不上充当句首修饰语了。试比较：

a. 无端争吵→他们无端争吵了起来→*无端他们争吵了起来
   忽然争吵→他们忽然争吵了起来→忽然他们争吵了起来
b. 矢口否认→他们一致矢口否认→*矢口他们一致否认
   幸亏否认→他们幸亏一致否认→幸亏他们一致否认
c. 就地枪决→犯人被就地枪决了→*就地犯人被枪决了
   终于枪决→犯人终于被枪决了→终于犯人被枪决了
d. 破格提拔→他被破格提拔了上来→*破格他被提拔了上来
   很快提拔→他很快被提拔了上来→很快他被提拔了上来

从变换式中不但可以看到限制性副词和描摹性副词之间定位性的强弱，而且，通过助词"被"和形容词"一致"的位置，还可以进一步看出限制性副词、描摹性副词之间黏合度的松紧。

3.4 选择的宽狭。 所谓选择的宽狭，就是指限制性副词和描摹性副词选择修饰对象的范围有宽狭之分。限制性副词的搭配对象范围广泛，结合面较宽，选择性不强；而描摹性副词的搭配对象范围有限，结合面较狭，选择性很强。从总体上讲，限制性副词可以修饰动词、形容词、副词，部分名词、介词、连词，甚至小句、句子、句组；而描摹性副词只能修饰动词。即使同样修饰动词，两者的区别也是很明显的。

比如限制性副词"就、又、才、刚、还"，无论具有什么样语义特征的动词，几乎都能修饰；而"稳步、信步、阔步"等"X步"类描摹性副词只能修饰具有"行走"或"位移"语义特征的动词，"高声、大声、尖声"等"X

声"类描摹性副词只能修饰具有"言语""声响"语义特征的动词。举例来说,限制性副词"相继"和描摹性副词"鱼贯"的基本义都是"一个接一个地",但选择的宽狭相差很大。一般说来,除了少数几个成语外,凡是用"鱼贯"的地方,都可以用"相继"替换,而用"相继"的地方,则大都不可能用"鱼贯"替换。请看下面四例:

(31) 随后,其他美国客人始鱼贯(相继)下机,周总理将前来欢迎的中方人员向他们逐一作了介绍。(魏史言《尼克松访华纪实》)

(32) 于是他们一行四人鱼贯(相继)地走出房间,又从过道转进了花园的外门。(巴金《春》)

(33) 北京城内的大茶馆已先后相继(*鱼贯)关了门,"裕泰"是硕果仅存的一家了……(老舍《茶馆》)

(34) 自从天雄、大姑相继(*鱼贯)被杀后,这部分人群龙无首,遂散了。(司马文森《风雨桐江》)

"鱼贯"修饰对象必须是一个接一个挨着的,而"相继"没有这样的限制。这种选择性的强弱,通过下面的对照比较,就更清楚了:

a. 潜心研究　批量生产　实地考察　百般刁难
　 如实汇报　就近入学　冒名顶替　超额完成
b. 曾经研究　已经生产　正在考察　一再刁难
　 刚刚汇报　尚未入学　马上顶替　立刻完成

很显然,前组各偏正短语的状中之间的搭配关系基本上是特定的、紧密的;而后组各偏正短语的状中之间的搭配关系则基本上是任意的、松散的。所以,前面八个描摹性副词都必须各司其职,相互之间一般不能互相替换,而后面八个限制性副词则都可以兼司他职,相互之间大都可以互相替换。

由于描摹性副词同它所修饰的中心语之间的关系特别紧密,总是经常一起共现,所以,有相当一部分已经形成了半定型化的准凝固短语。比如"大肆挥霍、就地取材、冉冉升起、漫天要价"等。还有一部分由于长期共存,则已凝固成为定型化的成语了。比如"健步如飞、趁热打铁、安然无恙、拂袖而去"等。⑥而这种凝固化倾向在限制性副词同其中心语之间可以说是绝无仅有的。

4．其他方面的差别

4.0 除了上述句法和搭配两个方面在形式上可以辨认的区别和差异外,限制性副词同描摹性副词至少还在其他六个方面存在着一定程度的不同。

4.1 从词义和表义功用看。限制性副词的词汇意义往往比较抽象空灵,而描摹性副词的词汇意义大都比较具体实在。比如下面的描摹性副词＋VP短语就要比相应的限制性副词＋VP短语更为具体形象、更加鲜明生动:

  a. 联袂演出～一起演出 b. 轮番轰炸～反复轰炸

  c. 鱼贯进入～相继进入 d. 击节称赞～大为称赞

  e. 携手前进～一道前进 f. 即席赋诗～当即赋诗

  g. 矢口否认～一再否认 h. 火速前往～很快前往

从总体上讲,限制性副词和描摹性副词的表义功用各有侧重,各不相同。一般说来,限制性副词所表示的主要是程度、范围、时间、频率和否定等,而描摹性副词所表示的主要是方式、状态、情状、描绘、比况等。可以这么说,限制性副词的表义功用主要在于使表述更为准确、严密,重在相关行为外延的确切性,而描摹性副词的表义功用主要在于使表述更为生动、鲜明,重在相关行为内涵的形象性。所以,虽然都是副词,但限制性副词重在限制与区别,充当的是限定性状语,描摹性副词重在摹状与刻画,充当的是修饰性状语。

4.2 从音节和结构形式看。限制性副词和描摹性副词都是以双音节为主体的,但限制性副词很少有三音节的,单音节的却不少,尤其是一些最常用、最活跃的限制性副词。比如:"就、才、也、都、又、还、刚、更、很、最、正、不、太、只"等。而描摹性副词则很少有单音节的——总共只有十来个,相反,却有相当数量的三音节的。比如"大幅度、大批量、大踏步、多渠道、多角度、多层次、远距离、高效率"等。限制性副词和描摹性副词中都有部分重叠式和加缀式。但限制性副词的重叠式主要是叠素词,都是由构形重叠向构词重叠转化而来的。比如"常常、刚刚、仅仅、稍稍、白白、单单、微微、偏偏、大大、渐渐"等;而描摹性副词的重叠式主要是叠音词,比如"冉冉、淳淳、快快、婷婷、姗姗、侃侃、脉脉、落落、耿耿、津津"等。限制性副词的带缀式都是后附式,主要有"X然""X为""X其""X乎""X地""X是""X且""X自"等。描摹性副词则既有后附式,也有前附式。后附式种类不多,只有"X然""X自"两种;而前附式较多,主要是前加类前缀"大、多、远、高、双、非、无"等,所构成的大多是三音节词。

4.3 从读音和语体风格看。限制性副词一般以表示语法意义为主,有相当一部分常用限制性副词的语音形式是不很稳定的,在一定的语流中经常会出现一些轻化、重读、变调、变音等音变现象。⑦而描摹性副词一般以表示词汇意义为主,就单个描摹性副词而言,无论其常用与否,也无论其出现于何种语言单位之中,其读音都相对比较稳定,很少出现音变现象。

从文体风格看,限制性副词内部差异很大,既有相当数量带有明显口语色彩的口语词,也有不少带有一定文言色彩的文言词,还有不少带有相当地域色彩的方言词。而描摹性副词内部差异较小,绝大多数描摹性副词都带有一定程度的书面语色彩。显得比较严谨、正规,还有一部分描摹性副词带有较强的文言风格色彩,显得比较庄严、典雅。带有口语或方言色彩的描摹性副词比较少见,即使有,也是一些特殊的描摹性副词。

4.4 从数量和使用频率看。从我们的统计看,在现代汉语中,限制性副词和描摹性副词的绝对数量相差不多,都有近五百个。不过,限制性副词能产性不强,相对稳定,描摹性副词的能产性较强,比较活跃。所以,从发展的角度看,描摹性副词的数量必将超过限制性副词。需要特别指出的是,近十几年来在各种辞书及相关的统计中,副词的数量似乎有日益增长的趋势,其实,这些增长的副词大多数是描摹性副词。

从使用频率看,限制性副词内部各成员之间情况不一,差距较大,一部分常用限制性副词,使用频率相当高,而一些非常用限制性副词,尤其是一些带有一定文言色彩的限制性副词使用频率较低。而描摹性副词内部比较均匀,各词的出现频率差距不大。大多数描摹性副词由于受其搭配对象出现频率的制约,各词的使用频率并不算高。从另一个角度观察,描摹性副词在书面语中的出现频率要大大高于口语中,而常用限制性副词的出现频率则不受语体的影响,只是一些带有文言色彩的限制性副词不在口语中出现。

4.5 从来源和发展趋势看。限制性副词的来源大多较早,除了少数是"五四"以后新近虚化的以外,绝大多数限制性副词都具有悠久的历史。不少限制性副词在汉魏,甚至在先秦已经基本形成了;而且许多限制性副词在古代汉语和近代汉语中的意义和用法同现代汉语限制性副词基本一致,即使有区别和变化,也不是根本性的。而描摹性副词的来源有早有晚,在四类描摹性副词中,那些叠音式、后附式和联绵式情状类描摹性副词大多起源较早,历史悠久。其他几类描摹性副词起源和形成较迟,大多是在"五四"以后随着白话书面语的推广和普及,表达方式的日趋精确、严密,由名词短语和动词短语充当状语的专职化和定型化逐渐演化而成的。其中还有一小部分是由于翻译外语的需要,模仿比附,相沿习用而成的。

从发展趋势看,由于语法是相对稳定的,所以,在一个相当长的时期内,汉语限制性副词的整体面貌不会发生根本性的变化,尽管将来必然还会产生或淘汰一些限制性副词。但词汇义是比较活跃的,随着社会生活的飞速发展,各种新事物新概念的不断涌现,描摹性副词在未来的岁月必将大量增加。

4.6 从系统和词类归属看。限制性副词是一种个性明显大于共性、内部缺乏一致性的半封闭的副词,描摹性副词则是一种共性明显大于个性、内部比较一致的半开放的副词。虽然两者都可以有条件地充当句法成分,一般都不能单独成句;但限制性副词主要表示限制、评注、连接等,语法功能突出;而描摹性副词主要表示修饰、描绘、刻画等,语义功用突出,所以限制性副词应该归入功能(function)词,而描摹性副词应该归入内容(notion)词。

从整个词类系统看,限制性副词和描摹性副词虽然都可以归入副词,但限制性副词以表语法意义为主,具有搭配范围广泛、表义功能多样的特点,在功能上同虚词比较接近。而描摹性副词以表词汇内容为主,具有搭配对象专一、表义功用一致的特点,在功能上同实词比较接近。

5. 结语与余论

5.1 通过上面的分析可以看出,限制性副词和描摹性副词确实存在着一系列既容易忽视又非常实在的区别。正因这两类副词具有各不相同的种种特征,所以,无论是研究还是教学,都应该区别对待:对于限制性副词,必须一个一个地研究,分别弄清每一个限制性副词的意义和用法;所以,编纂虚词词典都应当逐一分析。对于描摹性副词,可以一类一类地研究,从整体上把握其特点和用法;编纂虚词词典时可以列出一个搭配关系的总表,从整体上说明其用法。⑧从语法研究的角度看,对于每一个描摹性副词的词义当然可以不管。

5.2 尽管我们对限制性副词和描摹性副词从不同的角度进行了辨析,但是,由于语言本身是一个错综复杂的综合系统,由于语言中的词汇始终在不断的虚化演变之中,又由于词类本身只是一个原型范畴,所以,我们也必须承认,在实际语言中,限制性副词和描摹性副词之间的确存在着一系列舛互难分的交叉现象。尤其是落实到对每一个具体的副词进行归类时,必然会有一些词处于"两可"或"两难"的境地,在对这些词的归类中,自然会带有一定的主观倾向,肯定会有一些不同的看法。

5.3 在区别限制性副词和描摹性副词的过程中,我们感到,在确定汉语词类和进行内部分类时,必须充分注意到汉语是一种缺乏严格意义上形态变化的语言,词类和句法成分之间并不存在严格的对应关系;句法结构中的同一成分,完全可以由不同词类的词来充当,简单地以词的分布来划分小类,显然是行不通的。我们认为,在研究汉语副词时,不但应该考虑句法功能,而且也应该考虑语义功用以及其他各种因素,不但应该考虑基本句法功能,而且也应该考虑非基本句法功能。唯有如此,才能真正得到符合汉语实际的副词分类系统,才能准确地限定副词的范围,才能有效地推进汉语副词的研究与教学的进展。

5.4 本书初版曾将"敢于、善于、擅于、勇于、急于、乐于、便于、苦于"等词也归入了描摹性副词。现在看来,这样归类显然混淆了"述语+谓宾"与"状语+谓语"(张谊生 2010a)。其实,具有主观意愿性和能动性的"X 于",应分析为动词性述语,后面的"VP"是谓词性宾语;而那些已经没有主观能动性、只有修饰与描摹性功能的副词,才是摹状性的状语。正因为具有这一重要的功能差别,所以,"述语＋谓宾"的述语都可以用"X 不 X"格式提问,而"状语＋谓语"的状语都不能这样提问。就以黏宾动词"敢于、擅于、乐于、急于"与描摹性副词"亲自、擅自、执意、急速"为例,两组单词对"X 不 X"格式的变换适应度,是完全不一样的。例如：

(35) 敢于不敢于过问　擅于不擅于理财　乐于不乐于助人　急于不急于离开

*亲自不亲自过问　*擅自不擅自决定　*执意不执意相助　*急速不急速前进

由此看见,由原介语"于"前附谓词进而导致分界转移、逐渐与前谓词凝固为双意节谓词的"X 于",目前绝大多数都还处在黏宾动词阶段,其副词化历程正在形成中,都还没有最终完成。

附注

① 参看丁声树等《现代汉语语法讲话》,商务印书馆,1979 年;赵元任著,吕叔湘译《汉语口语语法》,商务印书馆,1979 年;朱德熙《语法讲义》,商务印书馆,1982 年。

② 参见张谊生《状词与副词的区别》,《汉语学习》1995 年第 1 期。

③ 当然,像"随笔"这样意义上缺乏联系的两个词,也可以分化为两个同形同音词。

④ 参看朱德熙《现代汉语里的虚化动词和名动词》,见《语法丛稿》第 114—125 页,上海教育出版社,1990 年。

⑤ 充当合成谓语的"难免"有时也可以分析为形容词,两者在语义上略有差异。参看本书第四篇第二章。

⑥ 这种定型化成语中的修饰成分,严格地讲,已不再是词而是语素了,但考虑到这些成分有时还可以同其他成分搭配,而汉语中词和语素的界限本来就不很清楚,所以我们仍将这些修饰成分作为可以独立运用的限制性副词处理。

⑦ 参看赵元任著、吕叔湘译《汉语口语语法》第八章。

⑧ 由张斌先生主编的《现代汉语虚词词典》(商务印书馆)对描摹性副词(该词典称为情态副词)进行统一归类,并出了一个搭配关系表。

参考文献

陈一(1989)试论专职的动词前加词,《中国语文》第1期。
戴浩一、薛凤生(1994)《功能主义与汉语语法》,北京语言学院出版社,北京。
李铁范(2006)《现代汉语方式词研究》,上海师范大学硕士学位论文。
刘琉(2011)《现代汉语情状副词研究》,上海师范大学博士学位论文。
陆丙甫(1983)词性标注问题两则,《辞书研究》第5期。
吕叔湘、饶长溶(1981)试论非谓形容词,《中国语文》第2期。
王政红(1989)方式词及方式词作动词修饰语,《江苏教育学院学报》第2期。
文炼(1982a)漫谈语言单位的归类问题,《语文学习》第7期。
文炼(1982b)词语之间的搭配关系,《中国语文》第1期。
文炼(1993)与分类有关的几个问题,《汉语学习》第3期。
杨一飞(2007)《现代汉语实义副词研究》,上海师范大学硕士学位论文。
张谊生(1995)状词与副词的区别,《汉语学习》第1期。
张谊生(2010a)从错配到脱落:附缀"于"的零形化后果与形容词、动词的及物化,《中国语文》第2期。
张谊生(2010b)语法化现象在不同层面中的句法表现,《语文研究》第4期。
赵元任(1979)《汉语口语语法》,吕叔湘译,商务印书馆,北京。
朱德熙(1982)《语法讲义》,商务印书馆,北京。

附录 描摹性副词和区别词兼类词表

正式、硬性、头等、同等、大量、少量、大批、专门、初步、额外、即兴、局部、高价、平价、议价、廉价、长期、短期、定期、中期、高度、高速、有益、必然、直接、间接、自发、人为、天生、成片、成倍、成批、永久、临时、适时、超龄、超期、真正、共同、快速、整个、急剧、一贯、非法、当时、历次、历年、加倍、亲笔、终身、忘我、无限、无偿、最后、最初、最终、相对、任意、满心、就近、一应、居间、通盘、当下、当面、终天、终日、终年、时下、私下、即兴、即席、平日、平素、预先、急速、全盘、定点、定量、慢速、横向、纵向、连锁，有意识、小批量、无意中、多视角、多渠道、多角度、多方位、多层次、大批量、长时间、多侧面、全方位、粗线条、非正式、无条件、单方面、多方面、大规模、大面积、大范围、高效率、高水平。

第三章 评注性副词与限制性副词的区别

0. 前言

0.1 长期以来,像"索性、反正、简直、也许、显然、难道、果然"这一类词,一直都是被当作语气副词处理的。然而,如果对它们进行深入考察的话,就会发现,充当状语和表示语气其实并不是这些词的主要功能。虽然它们有时确实可以充当状语并表示各种语气,但其基本功能却在于充当谓语进行主观评注。严格地讲,这一类词同典型的副词在句法功能和表义功用等各方面都存在着本质的区别,似乎可以另立一类。不过,由于汉语副词内部本来就存在着相当的差异,而且,过细的分类有时并不利于对词类的认识和掌握,所以,我们姑且称之为评注性(evaluative)副词。

0.2 本篇将分别从分布与组合、传信与情态、语用与篇章三个角度对现代汉语评注性副词的功能——句法功能、表义功能、语用功能等进行多角度的考察和分析。

0.3 现代汉语中,有些词在不同的分布中具有不同的意义和功能,也就是说,它们可以兼属不同的词类或小类。既然本章只讨论评注性副词,那么下面就权且将兼有评注性功能和意义的副词径直当作评注性副词。

1. 分布与组合

1.0 与限制性副词主要用于对谓词进行限制或区别完全不同,评注性副词的基本功用是对相关命题或述题进行主观评注,因此,它们在句法功能方面必然也会呈现出一系列特点。

1.1 句法分布。从评注性副词的分布特征看,主要有两个明显不同于一般副词的特点——述谓性和灵活性。所谓述谓性,就是指同典型的副词总是在句中充当状语不同,评注性副词主要是充当高层谓语。例如:

(1) 现在看了先生的文章,再自己深省;的确,从事教育的人至少要有这些认识。(叶圣陶《倪焕之》)

从表达的角度看,这句的后分句其实包含了两层表述,低层是"从事教育的人至少要有这些认识",而高层则是"从事教育的人要有这些认识是的确的"。所以,句中的"的确"所充当的其实并不是严格意义上的状语,而是高谓语(或者说双谓语中的前谓语)①。下面这一例正好从反面证明了这一点:

(2) 别人我不论,若是自己,则曾经看过许多旧书,是的确的,为了教书,至今也还在看。(鲁迅《写在〈坟〉后面》)

这句的"的确",是以直接充当谓语的方式表示主观评注的;其实,这句也可以说成"的确曾经看过许多旧书";这样,"的确"就由复合谓语转化为高层谓语了。同样地,评注性副词"是"也可以充当高谓语表评注。例如:

(3) 不错,鞋匠是不是个好差使。(方方《七户人家的小巷》)

吕叔湘先生对上面这个句子曾做过精辟的分析:"这个句子有两个层

次:'鞋匠不是个好差使'是一个否定命题,是一个层次;在'不是'前头再加一个'是',对这个命题加以肯定,又是一个层次。"②

其实,这种高谓语在印欧语系诸语言中也是普遍存在的。比如 R. P. 斯托克威尔在《句法理论基础》中分析英语的全句副词时就认为:

She is obviously intelligent. = It is obvious that she is intelligent.

He is apparently stupid. = It appears that he is stupid.

He is probably right. = It is probable that he is right.

Admittedly, I might be wrong. = I admit that I might be wrong.

并且明确地指出:"这些副词——obviously, apparently, probably, admittedly""构成了对整个命题的表述","是命题的谓语"。③

关于评注性副词的述谓性,我们还可以从以下三个方面得到进一步的证明:

首先,有些评注性副词在充当高谓语进行评注时,可以直接带上语气词。例如:

(4) 也许有之,却又人言可畏,怕挨批判,不敢公然揭示,慨然晓喻,毅然倡导,也就无人知之,无人纪了。确实的,雪芹嫡真不假是位创教之人。(周汝昌《"情教"创者曹雪芹》)

(5) 假若祥子想不起孔圣人是什么模样,那就必应当象曹先生,不管孔圣人愿意不愿意。其实呢,曹先生并不怎么高明。(老舍《骆驼祥子》)

其次,有些评注性副词本身还可以受其他副词或形容词的修饰。例如:

(6) 我没有必要把气氛弄得悲悲戚戚,我只明确地告诉大家,妹妹已经冻死了。很明显,她怀里不会不抱着她的那几件衣裳。那些衣裳很破旧,打了补丁,同样显然,那件被大哥撕破又被姐姐连缀起来的花布衫也在这些衣裳之中。(洪峰《瀚海》)

再次,有些评注性副词不但可以充当高层谓语,而且还可以单独成句。例如:

(7) 一个黑影渐近。南琥珀估计是指导员。果然。(朱苏进《第三只眼》,《1986年中篇小说选》2)

(8) 瞧!大裤裆胡同又迅速一百八十度大转弯儿了……本来嘛!姓刘的为什么不请在座的诸位,却单请一个驴财神?(冯苓植《落凤枝》,《1987年中篇小说选》1)

关于部分副词可以后接语气词、充当谓语、单独成句的现象,陆俭明先生曾经做过详尽的描写和分析,④尽管着眼点与我们并不完全相同。

所谓灵活性,就是指因为评注性副词在句中主要充当高谓语,所以其分布十分自由灵活——绝大多数双音节评注性副词都可以根据表达的需要,或者位于句中,或者位于句首,或者位于句末。例如:

(9) 他也不管自己的视野是不是狭隘,认为不管怎么写。反正都为了革命的利益,自信心很强。(严文井《印度,我们永远不会忘记你》)

(10) 反正,他让每月都来探望他一次的那个与他同样讨厌的老婆,替组里每人都代买了一个。(张贤亮《绿化树》)

(11) 这是怎么回事?周华想。又想:不关自己的事,反正。(王朔《爱你没商量》)

(12) 每天一清早就去溜鸟儿,至少要走五六里路。(老舍《正红旗下》)

(13) 至少,我们过分严肃了,需要有所调节,这个故事或许正好承担这个任务。(洪峰《瀚海》)

(14) 老范,我认为你就应该评二级——至少!(王朔《爱你没商量》)

当然,这种灵活性也要受到两个方面的限制。首先是韵律节奏的限制:凡是单音节的评注性副词,一般都只能位于句中。例如:

(15)"这可真是好心做了喂猫食啦!"奶奶自怨自艾地说。(马烽《刘胡兰》)

(15′)*可这真是好心做了喂猫食啦!

*这真是好心做了喂猫食啦,可!

不过也有例外,少数单音节评注性副词在口语中可以位于句末:

(16)也不是,我常年在外,这次回来休假。这房子也是我们单位刚分的我,过去没家都,都。(王朔《刘慧芳》)

其次是评注辖域的限制:凡是既可以位于句中也可以位于句首的评注性副词,都是全幅评注,也就是对整个命题进行评注;凡是只能位于句中的评注性副词,都是半幅评注,也就是只对述题部分进行评注。前者以句外因素作为评注的基点,后者以句内因素(也就是话题)作为评注的基点。从所表信息的角度看,全幅评注时,整个句子,连同话题(主语),都是新信息,而半幅评注时,只有述题是新信息,句子话题则是旧信息,如上面例(3)。值得注意的是,有些评注性副词既可以用于全幅评注,也可以用于半幅评注。例如:

(17)所以过了几天,掌柜又说我干不了这事。幸亏荐头的情面大,辞退不得,便改为专管温酒的一种无聊的职务了。(鲁迅《孔乙己》)

(18)我们楚国幸亏有三闾大夫,平常我们的国王也很听信三闾大夫的话。(郭沫若《屈原》)

同样都是表示由于某种有利条件,使得不希望发生的后果得以侥幸避免,但前句是全幅评注,这有利的条件是对句外因素"我"而言的;

而后句是半幅评注,这有利的条件是对句内话题"楚国"而言的。

究竟是选用哪一种评注方式,当然要根据具体的表达需要。不过,也不是所有的双音节评注性副词都可以选用两种评注方式的——现代汉语中有相当一些评注性副词,只能进行半幅评注。例如:

(19) 为了美化营地,他们简直(*简直他们)成了传说中炼石补天的女神。(魏巍《依依惜别的深情》)

(20) (*何必人)人何必增添末路人的苦恼,为她起见,不如说有罢。(鲁迅《祝福》)

其他如"分明、明明、恰恰、到底、竟然、反倒、何尝、何其、何妨"等也都只能进行半幅评注,因为这些评副或者是受所表语义的制约,或者是受所现情态的限制,一般都只适用于对句内述题进行评注。

总的说来,凡是位于句首或者位于句末的评注性副词,不管其是否还能位于句中,都可以认为是全幅评注。至于少数可以位于句末但不能位于句首的评注性副词,无论它们是在句中还是在句末,都应该认为是半幅评注——位于句末只是以追补的方式表示半幅评注而已。试比较:

(21) 于德利朝沸沸扬扬的众人嚷。"我这跟作者还没交流完呢[ ]——我刚才说到哪儿了?"(王朔《修改后发表》)

(22) 李东宝:"往往多数婚姻都[ ]没爱情呢——还!"(王朔《修改后发表》)

1.2 组合特征。 从评注性副词的组合特征看,也有两个明显不同于一般副词的特点——动态性和前置性。

所谓动态性,就是指由于评注性副词充当的大都是评注性高谓语,所以,它同其成分之间的组配关系,只能是动态的句子层面上的组合,而不能是静态的短语层面上的组合。也就是说,凡是含有评注性副词

的谓词性短语,一般只能充当表述性成分——谓语和补语,而不能或者说一般不能充当修饰性成分——定语和状语。例如:

(23) 赵守义果然老奸巨猾……(茅盾《霜叶红于二月花》)
(24) 今天鸽子飞得真高啊!(曹禺《北京人》)

这两句一般不能转换成:

*那个果然老奸巨猾的赵守义　?那只飞得真高的鸽子

但可以说成:

那个有点老奸巨猾的赵守义　那只飞得很高的鸽子

再比如:

(25) 高志云着实喜欢莎耶罕娜的这股倔强劲儿,就说……(玛拉沁夫《花的草原》)
(26) 新娘打扮得委实漂亮,一袭雪白的婚纱,上面点缀着朵朵小花……(叶群梦《向往》)

这两句也不能转换成:

*高志云着实喜欢地说　*新娘委实漂亮地披着一袭婚纱

但也可以说成:

高志云无比喜欢地说　新娘非常漂亮地披着一袭婚纱

再比如,下面画线部分也都是动态的句子层面的组配关系,因此也都不能充当定语和状语:

*一间<u>也许干净</u>的教室　*一个<u>的确可爱</u>的孩子
*一项<u>显然可行</u>的计划　*一次<u>竟然失去</u>的机会
*一手<u>果真不凡</u>的好字　*一句<u>何必认真</u>的笑话
*一件<u>大概太短</u>的裙子　*一位<u>居然不来</u>的客人
*<u>反正一样</u>地努力工作　*<u>未免担心</u>地走在路上
*<u>简直发疯</u>地大声喊叫　*<u>断然否认</u>地摇了摇头

*确乎违心地退出比赛　　*实在迅速地做出改变
*分明错误地得出结论　　*幸亏及时地进行抢救

关于评注性副词的动态性,我们还可以从另一个角度加以证明。众所周知,由评注性副词"是"和语气词"的"配合形成的"是……的"格式是用来对句中某个成分进行强调的。我们发现,那些本来既可以位于句中,也可以位于句首的评注性副词,一旦同"是……的"格式合用,就只能位于句首,不能位于句中。因为"是……的"作为强调格式,其内部只能是静态的句法成分;而评注性副词一旦进入"是……的"之中,其内部就会变成动态的句子成分;这就导致了双重评注,"是"评注话题,评注性副词评注述题,整个句子自然就不能成立了。试比较:

居然是局长批准的。　　*是局长居然批准的。
幸好是老王处理的。　　*是老王幸好处理的。
果然是小李拿走的。　　*是小李果然拿走的。
恰恰是他送给我的。　　*是他恰恰送给我的。

所谓前置性,是指由于评注性副词所充当的多是高谓语,所以它同其他副词共现时,一般总是位于最前列。根据我们考察,除了关联副词位置相对自由、描摹性副词必须紧贴中心语之外,限制性副词在共现时的排列顺序依次是:时间副词、频率副词、范围副词、程度副词、否定副词、协同副词、重复副词,而这些副词同评注性副词共现时,除特殊原因之外,一般都必须位于评注性副词之后。⑤下面就以"似乎"为例:

(27) 白三爷又赶紧捂住了耳朵,可是这回更邪门儿了,嘈杂的人声儿听不见了,却似乎猛地(*猛地似乎)听到一声小瘸驴儿乍起的惨叫。(冯苓植《落凤枝》)

(28) 这些天来,他似乎常常(*常常似乎)心不在焉,而且屡屡出错,以致引起了同学的议论和猜测。(魏崇《十月》)

(29) 当他找到骆驼们的时候,他的心似乎全(*全似乎)放在它们身上了。(老舍《骆驼祥子》)

(30) "爸！明天你不再走了吧!"小顺儿似乎很(*很似乎)不放心爸爸的安全。(老舍《四世同堂》)

(31) 年轻光头的愣了一会儿,似乎不(*不似乎)知怎么样才好了。(老舍《骆驼祥子》)

(32) 从种种迹象看,他们似乎一起(*一起似乎)走的,而且现在走得还不算太远。(魏崇《十月》)

(33) 看他那沮丧的样子,似乎再(*再似乎)也没希望了。(向东《我们这一代人》)

那么,为什么与其他副词共现时,评注性副词必须前置呢？很显然,这也是同它的表义功用和句法特征密切相关的。评注性副词的作用主要是对整个命题或述题进行评注,其本身自然不会再像其他副词那样,充当该命题或述题内部的限制性或修饰性成分,所以它的排列位序必定要在其他副词之前。

有时候,我们也发现少数评注性副词位于其他副词之后的情况,似乎同我们所说的前置性不符,其实,这种越位现象都是另有原因的,也是有规律可循的。主要有两种越位：一种是兼类同形式,例如:

(34) 我其实是已经大概知道的了,但还是问。(鲁迅《孤独者》)

这例中的"大概"是同形的范围副词,相当于"大体上、大致上",本来就不是评注性副词。另一种是局部评注式。例如:

(35) 我的决不邀投稿者,其实也并不完全因为谦虚,其中含着省事的分子也不少。(鲁迅《为了忘却的记念》)

这例中的"其实"是全幅评注,是对整个命题进行评注,充当的是高谓语;而"并"既不是全幅评注,也不是半幅评注,而是局部评注,是对"不"进行强调,充当的是表述性状语;所以,"并"必须位于重复副词"也"之后。

2. 传信与情态

2.0 传信范畴(evidentiality)是近年来西方语法学界根据人们对事件现实性的认识所提出来的一种新兴的语法范畴,它同情态范畴(modality)密切相关。以往的研究虽然也涉及有关传信范畴的现象和问题,但一般都是将其归入情态范畴内讨论的。其实,传信范畴所关注的是客观信息来源的可靠性和真实性,其典型的语义表现反映了人们对相关命题的现实依据的关心;而情态范畴主要表达说话人对相关命题和情景的主观感受和态度;两者的关注角度和侧重点不同——情态范畴具有一定的主观性,而传信范畴更具有客观性。[⑥]现代汉语的评注性副词,同这两个范畴都有密切的关系。

2.1 传信范畴可以分为广狭两种:狭义的传信重在信息来源同说话人客观真实性概念之间的关系;广义的传信还兼顾说话人的态度及其对现实的肯定强度。[⑦]张伯江(1997a)认为,汉语中的传信表达主要有三种:A.对信息来源的交代,B.对事实真实性的态度,C.对事件的确信程度。我们认为,其中的第二种和第三种的相当一部分,都可以通过评注性副词来完成;当然,有时也需要语气词等其他手段的配合使用。据考察,评注性副词的传信功能主要有四种方式:断言功能、释因功能、推测功能、总结功能。

断言。断言就是对客观事实的肯定与否定。加强肯定的评注性副词主要有"确、诚、真、实、的确、确实、委实、诚然"等。例如:

(36) 创造条件,引诱敌人犯错误,不仅有利于营救战友,而且

确实可以打乱敌人的部署和行动。(罗广斌等《红岩》)

(37) 四叔一知道，就皱一皱眉，道："这不好。恐怕她是逃出来的。"她诚然是逃出来的，不多久，这推想就证实了。(鲁迅《祝福》)

加强否定的评注性副词主要有"决、绝、万、并、万万、千万、根本、压根儿"等。例如：

(38) 它的干呢，通常是丈把高，像是加以人工似的，一丈之内绝无旁枝。(茅盾《白杨礼赞》)

(39) 她能够和张仪合作，我却万万不能够和张仪合作。(郭沫若《屈原》)

此外，一些表反问的评注性副词，如"岂、何不、何必、难道、究竟"等，也可以通过疑问式来加强肯定或否定——肯定式表否定，否定式表肯定。例如：

(40) 前天赵家的狗，看我几眼，可见他也同谋，早已接洽。老头子眼看着地，岂能瞒得我过。(鲁迅《狂人日记》)

(41) 其实我岂不知道这老头子是刽子手扮的。(鲁迅《狂人日记》)

释因。释因就是阐释已然事实的形成原因。表理解性释因的主要有"难怪、无怪、无怪乎、怪不得、怨不得"等。例如：

(42) 她突然发现，阿虎睡觉的姿势很特别，身体向右侧弯曲着，胳膊支撑着全身的重量，仿佛悬空一般。向小米觉得脊梁上有个冷颤，难怪他的胳膊经常发麻。(江灏《纸床》)

(43) 我仿佛也听见说局里派了兄弟们到石峪一带去，没想到你老兄也辛苦了一趟，怪不得几天没看见。(王统照《刀柄》)

表溯源性释因的主要有"盖、原来、本来、敢是、敢情"等。例如：

(44) 清人题壁,则自乾隆以后绝对没有了,盖因这里的洞,自那时候起,为泥沙淤塞了的缘故。(叶圣陶《记金华的两个岩洞》)

(45) 他以为自己是铁做的,可是,敢情他也会生病。(老舍《骆驼祥子》)

同类的这两种评注性副词常常可以合用：

(46) "当啷啷",苏五一把手铐掏出来了,怪不得他的裤兜儿老那么鼓鼓囊囊的,原来揣的是这玩意儿。(陈建功《前科》)

推测。推测就是对事件的结果或发展进行推断估测。表确定性推测的主要有"非、准、定、该、准保、管保、想必、一定、必定、定然"等。例如：

(47) 他准知道,只要国家一乱,他的生意就必然的萧条。而他的按部就班的老实的计划与期望便全都完事。(老舍《四世同堂》)

(48) 金旺撇撇嘴说："咦！装什么假正经？小二黑一来,管保你就软了！"(赵树理《小二黑结婚》)

表揣度性推测的主要有"恐、怕、恐怕、也许、或许、兴许、大概、大约"等。例如：

(49) 假如《新青年》里,有一篇和别人辩地球方圆的文字,读者见了,怕一定要发怔。(鲁迅《我之节烈观》)

(50) 他是别克。不过,不再是那个快快活活的大力士别克了。而我也不再是那个初恋中的汉族丫头了。也许,我改变得比他还厉害。(张蔓菱《唱着来唱着去》)

总结。总结就是对事实和现象提出概括性的结论。表推断性总结

的主要有"终归、终竟、终究、毕竟、显然、当然、自然、其实"等。例如:

(51) 兴趣,从来都不能持久。山盟海誓,终究也会衰变。(徐迟《写了〈猜想〉之后》)

(52) 她很含蓄地冲我微笑着,一点也不动我的慰问品。"其实呆在南温河倒并不觉得寂寞,但我还是愿意到前面去。"显然,我在这儿已经不能阻止她,我觉得不舒服。(苗长水《我的南温河》)

表排他性总结的主要有"反正、左右、高低、横竖、长短、好歹"等。例如:

(53) 他在山坡上蹲了一下午,哆哆嗦嗦地也没有把钱数清楚。反正是很多很多的钱。(张贤亮《男人的一半是女人》)

(54) 眼下东山坞的人,还能说旁的事情?左右都是分麦子。(浩然《艳阳天》)

毫无疑问,评注性副词的传信功能肯定还不止上面这四类。只是因为有些评注性副词的个性比较突出,不易分类、归纳,逐一列举不免凌乱、琐碎,所以本章只好暂时付诸阙如。⑧

2.2 Lyons 认为,情态是句中命题之外的成分,也是句中的非事实性成分;是说话人主观态度的语法化,也是说话人对句子命题和情景的观点和态度。情态可以分为知识(epistemic)情态和义务(deontic)情态两部分。前者涉及说话人对命题的知识和信仰、态度和观点等,后者涉及说话人的指令和承诺、愿望和评价等。⑨ 在汉语中,表示情态可以用词汇手段,也可以用语法形式。而使用评注性副词无疑是表示汉语情态的一条重要的途径。据考察,评注性副词所表的情态大致包括十个方面:强调与婉转、深究与比附、意外与侥幸、逆转与契合、意愿与将就。

强调与婉转。强调态表示说话人对相关命题的高度重视和坚定的态度。除了那些表断言的评注性副词可以兼表强调态之外,其他评注

性副词,比如"切、的、是、就、正、才、简直、硬是、绝对、恰巧、分明、恰恰、明明"等也都可以表强调。例如:

(55)托尔斯泰正因为出身贵族,旧性荡涤不尽,所以只同情于贫民而不主张阶级斗争。(鲁迅《"硬译"与"文学"的阶级性》)

(56)再往上仔细看时,却不觉也吃了一惊;——分明有一圈红白的花,围着那尖圆的坟顶。(鲁迅《药》)

婉转态表示说话人对相关命题的主观估测和含蓄的态度。除了那些表推测的评注性副词可以兼表婉转态之外,其他评注性副词,比如"或、许、也、约、未免、未尝、无非、不妨、莫非、约莫"等也都可以表婉转。例如:

(57)只要混过这一关,就许可以全局不动而把事儿闯过去。(老舍《骆驼祥子》)

(58)还有一种坏处,是一做教员,未免有顾忌;教授有教授的架子,不能畅所欲言。(鲁迅《读书杂谈》)

深究与比附。深究态所表示的是一种疑惑的、反诘的、责难的情态,常用的评注性副词有"竟、可、倒、还、岂、难道、究竟、到底、莫非、倒是"等。例如:

(59)你二位老人家,可曾听见那纪贼父子竟被朝廷正法了?可见天网恢恢,疏而不漏。(文康《儿女英雄传》)

(60)"你倒是去不去?若不去,我们就走了。"她略显焦急地问道。(向东《我们这一代人》)

比附态所表示的是一种不很清楚的、不很明确的近似性委婉情态,主要有"恍、若、像、似、似乎、好像、仿佛、依稀"等。例如:

(61)听见嘹亮的钟声,走进圣彼得教堂,恍如对着一座高山,

觉得人是那样的渺小。(刘白羽《罗马》)

(62)祥子心中仿佛忽然的裂开了,张着大嘴哭了起来。(老舍《骆驼祥子》)

意外与侥幸。意外态是一种主观意愿同客观事实相反的、出乎意料或略感惊讶的情态,常用的评注性副词有"竟、偏、竟然、竟至、居然、偏偏、偏生"等。例如:

(63)以中国古训中教人苟活的格言如此之多,而中国人偏多死亡,外族人偏多侵入,结果适得其反,可见我们蔑弃古训,是刻不容缓的了。(鲁迅《北京通信》)

(64)在冰如简直梦想不到会有这一回风潮。迁去几具棺木竟至震荡全镇的心。(叶圣陶《倪焕之》)

侥幸态是一种由于避免某种不如意之事而具有的庆幸的、欣喜的、感激的情态,主要有"亏、幸、幸亏、幸而、幸好、幸喜、多亏、亏得、好在"等。例如:

(65)今幸无事,可释远念。然而三告投杼,贤母生疑,千夫所指,无疾而死,生丁今世,正不知来日如何耳。(鲁迅《致李秉中》)

(66)又停了两天,连里全部考核完了。幸好,还有三个班也出现了不及格。我和李上进都松了一口气。(刘震云《新兵连》)

逆转与契合。逆转态所指的是,由于对某种情况或现象的主观否定而形成的对立或转折,主要有"倒、反、反倒、倒反、反而、倒是、其实、当然、自然"等。例如:

(67)大家不但没有疲惫,倒反精神焕发起来。(曲波《林海雪原》)

(68)台下一片掌声,好,这位新市长爽气,不说废话。其实,

这几句也属废话之列,只不过比长篇废话节约点,节约总是好事体。(陆文夫《故事法》)

契合态所指的是,某种情况或现象的发生恰到好处,不期而遇,不谋而合,主要有"正、恰、刚、恰好、恰巧、偏巧、刚好、刚巧、正好、正巧、碰巧"等。例如:

(69) 尚炯的银子正像雪中送炭,来得恰是时候。(姚雪垠《李自成》)

(70) 正在这时,恰巧有一群小孩也来看花,一个个仰着鲜红的小脸,甜蜜蜜地笑着,唧唧喳喳叫个不休。(杨朔《茶花赋》)

意愿与将就。意愿态是指比较了两种情况之后而有所选择的意向性情态,主要有"宁、非、偏、宁可、宁肯、宁愿、偏偏、偏生、死活、非得"等。例如:

(71) 我宁看《红楼梦》,却不愿看新出的《林黛玉日记》,它一页能够使我不舒服小半天。(鲁迅《怎么写》)

(72) 自从来了八路军,花子就回到娘家,死活也不到男人家去了。(冯德英《苦菜花》)

将就态是指由于某种原因或条件的限制,致使主观意愿不能完全实现而形成的凑合、容忍而略感遗憾的情态,主要有"就、只好、只得、只是、只有、不得不"等。例如:

(73) "女的就女的吧,在哪里呀?"我说。(孙犁《吴召儿》)

(74) 命里注定,只有卖给这一家万盛米行。(叶圣陶《多收了三五斗》)

需要指出的是,传信和情态本来就是紧密相关的。汉语评注性副词在表达传信功能时,必然也会显示各种相关的主观情态。两者之间往往你中有我,我中有你,只是侧重点各有不同而已。譬如,那些表示揣度性推测的评注性副词,必然同时也会带有委婉的情态和语气。同样,上面我们分析的那些评注性副词所表的各种情态和语气,有相当一部分也都在一定程度上同传信有关。

3. 语用与篇章

3.0 如果我们将评注性副词放入具体的、动态的、相互联系的、比句子更大的语言体——篇章(text)中进行语用考察的话,就会发现,这些副词无论在信息结构,还是在交际功用,抑或在篇章连贯中,都具有不同于一般副词的独特作用。

3.1 评注性与信息结构。 从评注性副词的语用功能看,最明显的主要有三个方面:突出焦点的作用,指明预设的作用,限定指称的作用。

所谓突出焦点,是指一部分含有评注性副词的句子或句段,由于评注性副词的出现,整个表述的重点显得明确而突出。本章所说的焦点(focus),是信息焦点(information focus),它指的是一个语言单位的意义重心,或者说是给听话人/读者带来新信息的那些语言成分。在一般情况下,信息焦点的位置同句子的结构密切相关。在口头上,则可以通过重音表示。在书面上,典型的突出信息焦点的评注性副词,首推评注性副词"是",[⑩]"是"的主要功用就在于标示句中焦点之所在,以引起听话人/读者的注意。譬如,原命题为"张三昨天去了外滩",就可以根据需要用"是"分别标示、突出如下:

是张三昨天去了外滩/张三是昨天去了外滩/张三昨天是去了外滩。

之所以不能标示"外滩",是由于在常规的情况下,句子的末尾总是焦点之所在,所以,"张三昨天去了是外滩"不仅在句法结构上不合法,而且在信息结构上也是冗余的。至于说成"张三昨天去的是外滩"倒是可以的,但其中的"是"不再是评注性副词,而是动词了。

其实,除了"是"之外,其他一些评注性副词在进行评注时,也都兼有突出和强化焦点的作用。譬如"偏偏""还是""连"都可以分别突出话题或述题:

a. 偏偏校长也想去。　　　　校长偏偏也想去。
b. 看来,还是校长有办法。　看来,校长还是有办法。
c. 连校长也一句话没说就走了。校长连一句话也没说就走了。

比较而言,突出信息焦点的作用更多地还是由那些表半幅评注的评注性副词承担的。比如表深究的评注性副词:

(75) 不过,比较的,马老太太到底比别人都更清醒、更冷静一些。(老舍《四世同堂》)

(76) 在这里我究竟缺少一件最宝贵的东西,那就是自由。(巴金《海的梦》)

再比如表否定或强调的评注性副词:

(77) 船长根本就不认识他,没有义务替一个茶馆里卖唱的照料三弦和大鼓。(老舍《鼓书艺人》)

(78) 东战场百万"中央军"仓皇撤退,老百姓这才如梦初醒,知道一个月来报章上大吹的……原来压根儿是骗人的。(茅盾《子夜》)

所谓指明预设,是指一部分含有评注性副词的句子和句段,由于评注性副词的出现,整个表述的"预设"更加显豁而明晰。本章所说的预设(presupposition)是语用预设,它指的是话语非断言部分的背景意义,涉及交际者所处的语言环境及交际双方的相互关系,与交际对象在具体语境中所关注的特定信息有关。例如:

(79) 他觉得这个曹世昌毕竟是个老谋深算的有见识的人,确实可以当县太爷那样的官。(吴强《堡垒》)

(80) 她就正告我,"先生还是写一点罢:刘和珍生前就很爱看先生的文章。"(鲁迅《纪念刘和珍君》)

前句的"毕竟"在表示推断性总结的同时,还指明这样一种信息:尽管"曹世昌"有着一系列缺点和种种不足(但还是胜任的)。

后句的"还是"在表示恳切的婉转态的同时,还指明一种信息:既然别人曾经很关心你(,那么,你就应该做出相应的回报)。

据观察,近义的评注性副词,所指明的预设也相似或相近:

(81) 他终于明白了,自己过去所追求的东西,自己一心一意想走的路,实际上是空中楼阁,决不可能实现的。(焦祖尧《总工程师和他的女儿》)

(82) 今晚若有采莲人,这儿的莲花也算得"过人头"了;只不见一些流水的影子,是不行的。这令我到底惦着江南了。(朱自清《荷塘月色》)

这两句的"终于"和"到底"尽管略有不同,但是都指明了这样的信息:在经过较长一段时间的发展、变化之后(出现了相应的结果)。

而反义的评注性副词,所指明的预设也相对或相反:

(83) 大家顺着"老肥"的手指看,果然,远处有一簇黑森森的树棵子,旁边还有一条河。(刘震云《新兵连》)

(84) 下午便得到噩耗,说卫队居然开枪,死伤至数百人,而刘和珍君即在遇害者之列。(鲁迅《纪念刘和珍君》)

"果然"和"居然"都可以用来指明说话人的预期信息,但是"果然"所指明的信息是:远处有树林和小河与说话人(及在场的其他人)的预期完全相符。"居然"所指明的信息是：卫兵开枪打死刘和珍等人与说话人（及一切正直的人）的预期正好相反。

所谓限定指称，是指一部分含有评注性副词的句子和句段，由于评注性副词的出现，语篇中名词性主语的"指称"受到一定的限制。本章所说的指称(referent)，指的是具体使用中的句子或句段中的名词与实际语境中存在的事物的关系，它同说话人说话时所持的意图和所做的假设等因素密切相关。

据考察，凡是含有评注性副词的句子，其名词性主语（指施事主语）大多是有指（referential）的、定指（identifiable）的，很少是无指（nonreferential）的、不定指（nonidentifiable）的。尤其是在汉语的无定NP句中，更不可能出现表半幅评注的评注性副词。例如：

(85) 一群娘们儿（居然/*反倒）惊叫起来。[这是一群正在湖中擦身子的异国女人。]（张廷竹《支那河》）

试比较：那群娘们儿居然/反倒惊叫起来……

(86) ["嘚嘚嘚"，一阵马蹄声。]一个哈萨克（*索性/*宁愿）骑马穿过那辽阔的原野。[在旷野旁边的那条路上，有一个孩子哭着，找他的妈。]（张蔓菱《唱着来唱着去》）

试比较：那个哈萨克索性/宁愿骑马穿过那辽阔的原野……

我们考察了范继淹《无定 NP 主语句》（《中国语文》1985 年第 5 期）一文中的近 70 句无定 NP 主语句，没有发现一句句中使用评注性副词的。反过来，像下面这样的含有评注性副词的句子，其主语也都不能换成不定指的形式。例如：

(87) (*有几个)做叔叔的竟然不知道[，十六岁的后生大抵也是饱含了某种情趣的]。（刘桓《伏羲伏羲》）

试比较:有几个做叔叔的不知道……

(88)停了几天,(*某一个)连里果然要发展党员。〔指导员在会上宣布,经支部研究,有几个同志已经符合党员标准,准备发展。〕(刘震云《新兵连》)

试比较:某一个连里要发展党员……

究其原因,很可能是:无定 NP 主语句多为描述性的客观报道句,而评注性副词主要是用于表述性的主观评注句,两者互不相容。

3.2 评注性与交际功用。从评注性副词传递信息的交际功用看,所谓评注性副词,从本质上讲,其实都是一些带有或强或弱的倾向性的表述性成分,这就决定了绝大多数评注性副词都必须用于陈述句。除此之外,评注性副词在交际功用方面,还有两个明显的句类特征:A.可以用于部分感叹句和祈使句,B.不能用于真性的是非疑问句。

感叹句当然要表达主观情感,但同时也要传递明确的信息,而这两点同评注性副词的表义功能都是吻合的。评注性副词在感叹句中的作用大致有三个方面。首先,"太、真、好、可、多、多么"等评注性副词作为典型的感叹标志,可以构成一系列典型的感叹格式。那就是:

A. 太+感叹中心 VP+了! B. 真+感叹中心 VP+啊!
C. 可+感叹中心 VP+呢! D. 好+感叹中心 VP+啊!
E. 多+感叹中心 VP+啊! F. 多么+感叹中心 VP+啊!

(89)疯哥,你是好人,真有你的,不记前仇,反倒把我扶到这儿来,你的心眼太好了!(老舍《龙须沟》)

(90)几千年来披枷带锁的土地,一旦回到人民的手里,变化是多么神速呵!(秦牧《土地》)

其次,部分用于半幅评注的评注性副词,譬如"还、都、才、可,居然、竟然、简直、到底"等可以用在一些非典型感叹句——陈述性感叹句中。

例如：

(91) 经屈大夫这样一提，南后便大生其气，她说：简直是疯子，简直是胡说八道！（郭沫若《屈原》）

(92) 东西虽说不多，但到底是表达了孩子们的一片心意啊！（武克忠《现代汉语常用虚词词典》）

最后，少数能够单独成句的评注性副词，可以直接充当感叹句：

(93) 在这迟疑之中，双喜可又看出底细来了，便又大声的说道："我写包票！船又大；迅哥儿向来不乱跑；我们又都是识水性的！"

诚然！这十多个少年委实没有一个不会凫水的，而且两三个还是弄潮的好手。（鲁迅《社戏》）

祈使句主要是发出命令和提出劝诫，不过，既然是祈使，总会含有明确的主观意愿，所以，有些评注性副词，譬如"切、可、千万、万万、必须、切切、何不"等，也可以进入祈使句。例如：

(94) 我正要告诉你呢：你这几天切莫到我寓里来看我了。（鲁迅《孤独者》）

(95) 教太太快收拾东西；别的都不要紧，就是千万带着小孩子的东西，和书房里的那几张画！（老舍《骆驼祥子》）

疑问句的内部分类，迄今存在着不同的看法。根据张伯江(1997b)的研究，可以依据疑问域的大小来划分：A. 疑问域为一个点（某项事实）的特指疑问句，B. 疑问域为一个局部（析取集合）的选择疑问句，C. 疑问域为一个整体（整个命题）的是非疑问句。评注性副词的功用是针对一个命题或述题进行评注，其评注域的大小同疑问句疑问域的大小呈对立互补：疑问域较小的特指问句中可以使用一些表半幅评注的评注

性副词:

(96) 我问你,你的意思,忽而软,忽而硬究竟是怎么回事?(曹禺《雷雨》)

(97) 这个地窖里藏的到底是什么?(武克忠《现代汉语常用虚词词典》)

疑问域中等的选择问句中也可以使用这类评注性副词:

(98) 她走近两步,放低声音,极秘密似的切切的说,"一个人死了之后,究竟有没有魂灵的?"(鲁迅《祝福》)

(99) 这四个关系统战的办公室到底是听他的还是听我们的?(张辛欣等《北京人——一百个普通人的自述》)

但是,疑问域较大的是非问句(尤其是"吗"字是非问)是不能使用评注性副词的。[①]例如:

(100) 您(*到底/*究竟)知道我住在哪儿吗?(侯宝林《侯宝林相声选》)

(101) 大婶,你(*大概/*也许)问我的来历么?(杨朔《三千里江山》)

再比如:

 *他幸好没有去吗? *他恐怕不会了解吗?
 *他简直发疯了吗? *他大概是广东人吗?
 *他倒不算什么吗? *他难怪这么爽快吗?
 *他总算知道了吗? *他毕竟是个学生吗?

之所以不相容,是因为评注性副词无论是表示主观评价,还是显示某种情态,必然要求该命题所表信息相对明确,而真性是非问所表示的是对整个命题的怀疑和不知,并不含有明确的信息,这就造成了评注域和疑问域的冲突。当然,假性是非问——反问和中性是非问——揣度问除外。在反问句中问话人所表达的信息是确定的,所以,像"岂、可、难道、到底、究竟、何必"等就可以而且经常用于反问句,以帮助加强主观情态。例如:

(102)难道我们还欢迎任何政治的灰尘、政治的微生物来玷污我们清洁的面貌和侵蚀我们的健全的肌体吗?(毛泽东《论联合政府》)

(103)因为我已经深知道自己之讨厌,连自己也讨厌,又何必明知故犯地去使人暗暗地不快呢?(鲁迅《在酒楼上》)

揣度问句虽然存有一定程度的疑虑,但总的说来,问话人的主观态度还是相对明确的,所以,像"怕、许、也许、或许、大概、恐怕"等就可以用于某些揣度问句。例如:

(104)你看,你大概是没有关好窗户吧?(曹禺《日出》)

(105)这也许是两种制度的两个基调吧?(张辛欣等《北京人——一百个普通人的自述》)

3.3 评注性与篇章衔接。 从前后关联的角度看,大多数评注性副词,除了表示各种评注义之外,大都还兼有承上启下的连贯和衔接的功能。⑫其衔接的方式和连贯的模式也很有特点,可以概括为多层性与多样性。

多层性是指由评注性副词衔接的语言单位在结构形式上可以有多个层次。大致有三类:

A. 连接句子成分以组成单句。例如:

(106)在竞争这么激烈情况下,他岂能容你捷足先登?(苏成《你好,小伙子》)

(107) 在如今经费极端紧缺的情势下,有关方面居然拿出三个亿去修建高规格的疗养院,实在令人费解。(向东《我们这一代人》)

从语义关系看,上面两句中的评注性副词,都是因前面的句首修饰语而使用的,然而,从结构关系看,评注性副词同时又起到了连接两个相关的句子成分的作用。

B. 关联前后分句以组成复句。例如:

(108) 天白明明在老乔家门口跟人聊天儿,他却视若无睹,疯了似的朝干部家跑去。(阎连科《两程故里》)

(109) 她笑道:"你就不用管了,反正在前线这东西又不光是你一个有。"(苗长水《我的南温河》)

上面两句中的评注性副词,在表示评注的同时,也都兼有承上启下的照应功用;在结构上则起到了关联前后分句、组成一个复句的作用。

C. 衔接一组句子以组成篇段。例如:

(110) 因为这个,他派祥子去催煤气灯,厨子,千万不要误事。其实,这两件事绝对不会误下。(老舍《骆驼祥子》)

(111) 只见犬养少佐毒眼圆睁,一柄指挥刀直取咽喉。老和尚扑通一声跪下,昏天黑地。幸好,援兵已到。一个弯腰俯背的英吉利皇家军官扬手一枪,犬养砰然倒地。(张廷竹《支那河》)

衔接篇段的评注性副词,一般都是那些双音节的可以用于全幅评注的评注性副词。这些副词,相对于其后面的句子而言,是一种评注性成分;相对于整个篇段而言,则是一种连接性成分。毫无疑问,衔接篇段也是汉语评注性副词的一项重要的功能。

多样性是指评注性副词在衔接句段时,可以有多种方式。大致可以分为三种方式：句首与句中，复现与共现，连用与合用。

一、句首与句中。前面已经指出，评注性副词位于句首还是句中，其区别就在于，是全幅评注还是半幅评注。然而，这是就该句子而言的，如果从整个篇段的角度看，就会发现，评注性副词的位置前后常常同话语链的安排有关。例如：

(112)张科长穿着一身灰布人民装，里面的白衬衫的下摆露了一截在外边，脚上穿了一双圆口黑布鞋子，鞋子上满是尘土，对周围的环境与事物都感到陌生和新鲜。他显然是头一次到上海来。(周而复《上海的早晨》)

这段的末句，似乎也可以说成："显然，他是头一次到上海来。"然而，从整个篇段的话题选择看，"显然"必须位于"他"之后，只有如此，链主题才能前后一致，一脉相承。而下面的"显然"之所以放在句首，一方面是为了更加突出说话人的推断性总结和评注性副词的承接性功能，另一方面是因为话题选择没有严格的限制。例如：

(113)"你是不是不相信我，怕我跟了别人？"她说，口气和神色都带着少有的严肃。显然，她把我今天迫不及待地要求结婚领会错了。(张贤亮《绿化树》)

二、复现与共现。复现就是指同一个评注性副词在句内的重复出现，共现就是指语义相近的评注性副词前后配合共现。例如：

(114)我高中实际未读完，智商也一般。虽一辈子难有大任可担，但七弄八弄，居然就成了专业作家，居然就发表出版了包括十几本书在内的四五百万字的文学作品。(正言《感谢苦难》)

(115)原来是这样！难怪永泰会那么虔诚地拜佛求神。他是那样可怜，又是这么冤枉啊！(何洁《落花时节》)

后一个"居然就"似乎可以省略而不会影响理解;"原来"和"难怪"都表示有所领悟,有所发现,语义重复;但复现与共现之后,篇段的语义更加连贯顺畅,衔接更加紧凑协调。

三、连用与合用。连用就是连续使用语义相关的评注性副词,以组成具有内在联系的篇段;合用就是指评注性副词和相关连词互相配合,交替使用,以衔接一组句子,组成相对完整的篇段。例如:

(116)不错,今天中华民族的文化正在复兴崛起。但走向繁荣与高峰要假以时日。需要几代人的积累。诚然,今天和今人的很多缺憾并非我们的罪过,但历史的后效应毕竟仍作用于今天和今人,它未清的债务仍在向我们讨还。(郑也夫《上山下乡运动给我们什么》)

(117)有人说:如果都用白话文,人们便不能看古书,中国的文化就要灭亡了,其实呢,现在的人们大可不必看古书,即使古书里真有好东西,也可以用白话来译出的,用不着那么心惊胆战。(鲁迅《无声的中国》)

无论是连用还是合用,其作用都在于配合,或者是呼应配合,或者是协同配合,需要不同方式也就不同。

总之,从篇章的角度看,那些在评注的同时兼有衔接功能的评注性副词,都具有双重的表达功能:既是句段的评注语,又是篇章的连接语;既是语义转换的调节器,又是篇章组织的黏合剂;既是读者和听者的向导,又是篇章顺序发展的路标。

4. 余论

4.1 以往的词类研究,受传统印欧语法的影响,几乎都认为只有谓词才具有表述性,才可以充当谓语,其实,在现代汉语中,有些名词和部分副词也具有表述性,也可以充当谓语。近年来,有关名词的可谓性已经引起了一定程度的重视,⑬而有关副词的可谓性迄今没能得到应有的承认。而我们认为,现代汉语的评注性副词,最本质的特征就在于它们的表述性,如果囿于"副词只能充当状语"的成说,对此视而不见,那么,要想真正揭示汉语副词的特点和规律,显然是不可能的。

4.2 以往的句法研究,对于语言成分的组合关系,很少区分是静态的短语层面的组合,还是动态的句子层面的组合。其实,这两种组合关系存在着本质的差异:前者可以转化为动态的句子,后者不能转化为静态的短语。而汉语的评注性副词,同其他副词最根本的区别就在于:它们只能出现在具体的动态的句子中,而不能出现在抽象的静态的短语中。其实,类似的差异在现代汉语句法结构中并不罕见,只是没有引起应有的重视罢了。⑭

4.3 以往的副词分类,无论是将副词归入实词的,还是归入虚词的,无论是分类多达九类的(如赵元任《汉语口语语法》),还是少到四类的(如朱德熙《语法讲义》),在进行副词的内部分类时,几乎都是根据副词的意义进行归类的。其实,现代汉语副词各小类的分布与组合,还是存在着一系列细微而重要的区别的。譬如现代汉语的评注性副词,同其他限制性、描摹性副词相比,虽然看似也都经常出现在谓词的前面,其实它们之间的句法功能迥然不同,而这不同的功能,完全可以作为划分次类的标准。总之,我们觉得,根据分布总和与各种功能划分汉语副词的小类,不但很有必要,而且也有可能。⑮

附注

① 参见李临定(1983)、黄国营(1992)。
② 参见吕叔湘《叠用"是"和"不知道"》,《中国语文》1986年第4期。又,张斌先生认为实际上有两个"是",一个是句子的"是",一个是短语的"是"。前者可以进入句子,后者不能进入短语(陈望道先生逝世20周年纪念会上的讲话,1998年,

上海)。张先生所说的句子的"是",也就是我们所说的评注性副词"是"。

③ 参见 R. P. 斯托克威尔《句法理论基础》第 55 页。

④ 陆俭明《现代汉语副词独用刍议》,《语言教学与研究》1982 年第 2 期。

⑤ 参见本书第一篇第三章。

⑥ 参见廖秋忠(1989)、张伯江(1997a)。

⑦ 参见张伯江(1997a)、张伯江(1998)。

⑧ 比如"不妨""无妨"还兼有劝导功能,"明明""分明"还兼有争辩功能,"甚至""甚而""乃至"还兼有推衍功能,等等。

⑨ 参见廖秋忠(1989)。

⑩ 参见杨成凯(1995)。

⑪ 参见黄国营(1992)。

⑫ 参见拙文《副词的篇章连接功能》,《语言研究》1996 年第 1 期。

⑬ 参见马庆株《顺序义对体词语法功能的影响》,《中国语言学报》第四期,商务印书馆,1991 年。以及拙文《名词的语义基础及功能转换与副词修饰名词》,《语言教学与研究》1996 年第 4 期、1997 年第 1 期。

⑭ 我们认为,像"(这家伙)太流氓、(他们俩)特知音"这一类状中组合,"一次头(也没洗)、一下门(也没敲)"这一类定中组合,也都是句子层面的组合。与"太下流、特亲密""一本书、一扇门"这类短语层面的组合完全不同。

⑮ 我们认为,现代汉语的副词首先可以根据其不同的分布和功能,分为评注性副词、限制性副词、描摹性副词三个大类,然后再根据功能、位序、意义分成各若干小类。请参见本书第一篇第一章和第四篇第一章。

参考文献

安珊迪、张伯江(1998)从话语角度论证语气词"的",《中国语文》第 2 期。
段业辉(1995)语气副词的分布及其语用功能,《汉语学习》第 4 期。
范开泰(1988)语义分析说略,《语法研究和探索》(4),北京大学出版社,北京。
黄国营(1992)语气副词在"陈述-疑问"转换中的限制作用及其句法性质,《语言研究》第 1 期。
李临定(1983)"判断"双谓语,《语法研究和探索》(1),北京大学出版社,北京。
廖秋忠(1989)《语气与情态》评介,《国外语言学》第 4 期。
罗耀华、刘云(2008)揣测类语气副词的主观性与主观化,《语言研究》第 3 期。
彭兵转(2011)从情态角度看语言意义的主观性,《外语学刊》第 3 期。
R. P. 斯托克威尔(1986)《句法理论基础》,吕叔湘、黄国营译,华中工学院出版社,武汉。

宋玉柱(1995)非修饰性"副+形"结构,《中国语言学报》第七期。
王敏、杨坤(2010)交互主观性及其在话语中的体现,《外语学刊》第1期。
魏在江(2011)语用预设主观性的认知识解,《解放军外国语学院学报》第5期。
杨彩梅(2007)关系化——一种识别句子主观性语言实现的形式手段,《现代外语》第1期。
杨成凯(1995)高谓语"是"的语序及篇章功能研究,《语法研究和探索》(7),商务印书馆,北京。
张伯江(1997a)认识观的语法表现,《国外语言学》第2期。
张伯江(1997b)疑问句功能琐议,《中国语文》第2期。
Halliday, M. A. K., Hasan, Ruqaiya(1976) *Cohesion in English*. Longman.
Palmer. F. R.（1986）*Mood and Modallity*. Cambridge：Cambridge University Press.

第四章　多功能副词"才"的综合研究

0. 前言

　　副词"才"是汉语中很有特色的常用副词,不但句法功能纷繁复杂,搭配的关系广泛多样,而且,其不同的表义功用常常同该词本身的语义指向和所在句子的信息焦点有关。

　　本篇在共时描写和历时分析相结合的基础上,对副词"才"的语法意义、句法功能、语义指向、语用特点进行多角度的研究。首先区分汉语历史上的"才"和"纔"的异同,其次辨析近代汉语"才"的种种特殊用法,然后着重考察现代汉语"才"的语法意义和句式搭配,最后从六个方面对副词"才"进行共时比较。

1. 汉语历史上的"才"与"纔"

　　魏晋以降,直到 20 世纪 50 年代初,副词"cái"一直两种写法——"才"与"纔"。比如:

　　(1) 山有小口,仿佛若有光。便舍船,从口入,初极狭,纔通人;复行数十步,豁然开朗。(《陶渊明集·桃花源记》)

　　(2) 唯正月才生魄。(《晋书·夏侯湛传·昆弟诰》)

　　(3) 床前两小女,补缀才过膝。(杜甫《北征》)

　　(4) 常作二铁板,一板印刷,一板已自布字,此印者纔毕,则第

二板已具。(沈括《梦溪笔谈·技世艺》)

(5) 上古八千岁,才是一春秋;不应此日,刚把七十寿君侯。(辛弃疾《水调歌头·寿韩南涧尚书七十》)

(6) 只落下春梅,拜谢了贲四嫂,纔慢慢走回来。(《金瓶梅》第四十六回)

对于这两个字,目前通行的辞书,从各自的标准出发,做了不同的处理:《现代汉语词典》和《辞海》认为是繁简字,而《辞源》和《汉语大词典》,则认为是通假字。那么,它们究竟是什么关系呢?

"才"的本义是"草木之初",象形字,上古属从母、之部,似音为[dz]。"纔"的本义是"帛,雀头色",从糸,毚声,形声字"纔",上古属崇母,谈部,拟音为[dam]。两者之所以可以互用,段玉裁认为是"同音通用",朱骏声则认为"纔、才一声之转"是假借;而桂馥、江沅却认为"纔""今用如才,乃浅义之引申";裴学海也认为"纔""才"韵部相差较远,恐非通假。

既然"才""纔"上古读音相差较远,无论对转还是旁转,都不太可能。合理的解释应该是:殊途同归、借音通用。"才"由"草木之初""引申为本始之义,又引申为仅暂之义"(朱骏声);"纔"由浅青色(雀头色)或微黑色的颜色之浅而引申为一般的"浅",再"引申之,则甫尔为纔"(王筠)。当"才""纔"都可以修饰谓词、数量词,意义基本相同,可以通用后,"纔"在表示浅色之时仍保留原有读音的基础上,又逐渐获得了"才"的读音。(其实,"才"的读音也在逐渐演变之中)这一点,在《广韵》中可以得到证明:《广韵》"才",昨哉切;"纔"既有昨哉切一音,又有所街切一音。《辞源》的"纔"也是这样处理的:既有 shān 一音,又有 cái 一音,两者用法也各不相同。

从实际用例看,作为副词,"纔"比"才"出现得早:

(7) 陛下不救,则边民绝望而有降敌之心;救之,少发则不足;多发,远县纔至,则胡又已去。(《汉书·晁错传》)

(8) 今吾子幸得遭明盛之世,处不讳之朝,与群贤同行,历金门、上玉堂有日矣。……然而位不过侍郎。擢纔给事黄门。(扬雄《解嘲》)

与"纔"同时并用的,是"才"的通假字"财"与"裁":

(9) 光为人沈静详审:长财七尺三寸,白皙,疏眉目,美须髯。(《汉书·霍光传》)

(10) 比至郁成,士财有数千,皆饥罢。(《汉书·李广利传》)

(11) 燕王曰:"寡人蛮夷僻处,虽大男子,裁如婴儿。"(《战国策·燕策》)

(12) 今虏使到裁数日,而王广礼敬即废;如令鄯善收吾属送匈奴,骸骨长为豺狼食矣。(《后汉书·班超传》)

而"才"作为副词,直到魏晋才出现:

(13) 山岫层深,侧道褊狭,林鄣邃险,路才容轨。(郦道元《水经注·湿余水》)

(14) 才小富贵,便豫人家事。(《晋书·谢安传附谢混传》)

从"才""纔"并行的一千多年的使用情况看,它们在语法功能和语法意义方面并没有什么差异,唯一的差别就是:凡是比较正规庄重的文体均以用"纔"为正统,几乎不用"才";而一些比较接近当时口语的文体,则"才""纔"混用;当然这也同作者、刻者个人的用字习惯有一定的联系。比如:

(15) 孤志在立事,不得不屈意于公路,求索故兵。再往纔得千余人耳。(《三国志·吴志·太史慈传》注)

(16) 其所存者,四分纔一。(韩愈《黄家贼事宜状》)

(17) 及锋刃纔交,埃尘且接,已亡戟弃戈,土崩瓦解。(《资治通鉴·梁记·武帝太元年》)

以上这些作品中,都是通篇用"纔"不用"才",下面这些作品,则"纔""才"混用:

(18) 纔经一月,诸州颁下;汉帝有敕晓示,告言道:"刘家太子逃逝他州,谁人捉得,封邑万户。"(《敦煌变文集·前汉刘家太子传》)

(19) 说者酒未饮之时一事无,才到口中,脑烈(裂)身死。(《敦煌变文集·韩擒虎话本》)

(20) 纔说命,则气亦在其间矣。(《朱子语类》卷四)

(21) 才有天命,便有气质,不能相离。(《朱子语类》卷四)

(22) 月娘众人一块石头纔落地,好好安抚他睡下,各归房歇息。(《金瓶梅》第十九回)

(23) 春梅道:"他见爹恼了,才慌了,就脱了衣裳,跪在地平上……"(《金瓶梅》第二十回)

总之,从严格意义上讲,"才"与"纔"既不是繁简字,也不是通假字,而是一对由同义字逐渐融合同化的异体字。长期以来,由于"才"还有其他实词用法,而"纔"基本上只充当副词,从表达谨严的角度出发,一般文人都倾向于用"纔"而不用"才",尤其在正规的场合。然而,由于"才"的笔画比"纔"少得多,从简便的角度出发,人们又自觉不自觉地用"才",从而导致这两个字一直混到20世纪50年代初期。

由于1956年文字改革委员会已经把"纔"作为"才"的繁体字简化了,所以,《现代汉语词典》和《辞海》从着眼于现代的角度出发,把它们当作繁简字处理,也是可以的。而《辞源》作为一部阅读古籍的工具书,仅仅把"才""纔"作为通假字处理,似乎有点不够全面,至于《汉语大词典》,问题主要是自乱了体例,一方面在"才"的副词义项旁注了"同纔"两个字,作为通假处理;另一方面在举例时,却把原文是"纔"的例子改成了"才"。比如:宋柳永《西平乐》词:"嘉景清明渐近,时节轻寒乍暖,天气才晴又雨。"《全宋词》(第一卷 24 页)作"纔"。《汉书·贾山传》:"秦始皇计其功德,度其后嗣,世世无穷,然身死才数月,天下四面攻之,宇宙灭绝矣。"中华书局标点本《汉书·贾邹枚路传》(卷五十一 2332 页)及《说文通训定声》引文均作"纔"。《红楼梦》第三十一回"才鸳鸯送了好些果子来,都湃在水晶缸里。"《脂砚斋重评石头记》影印本(第三十一回 434 页)作"纔"。作为一部权威性的语言大词典,在引文时必须按照统一的标准,依据较早、较可靠的善本,应该讲是起码的要求。

上面,我们对"才"与"纔"的异同分合做了大致的交代,下面,为了便于行文,除特殊需要外,一般不再区分,一律写作"才"。

2. 近代汉语副词"才"的特殊用法

2.0 本节所说的近代汉语,指的是从晚唐五代到清代中期的跟文言相对、以口语为基础的通俗的书面语,即古白话。包括敦煌变文,翻译佛经,禅宗语录,词、曲、话本,宋儒语录,白话史料,明清小说等。

现代汉语副词"才"的基本用法和引申用法近代汉语"才"都已具备;两者一脉相承、相差无几。本节将要讨论的是与近代汉语副词"才"有关的一些比较特殊的语言现象:名词化、假设句、进行体、凝固式。

2.1 名词化

2.1.1 现代汉语"才"的一个重要的用法就是主观上强调行为动作发生之后的时间短暂,这种用法在近代汉语中也是"才"的基本用法之一。例如:

(24) 舜子才得上仓舍,西南角便有火起。(《敦煌变文·舜子变》)

值得注意的是,近代汉语"才"还可不带任何主观色彩,以名词化的形式仅表示说话以前不久的时间。如:

(25) 宝玉道:"我才也不是安心。"袭人道:"……刚才是我淘气,不叫开门的。"(《红楼梦》第三十回)

这里宝玉和袭人说的是同一件事——宝玉误踢了袭人,一个用"才",一个用"刚才",可见这种名词化的"才"同"刚才"完全同义,句法功能也相似。

这种名词化用法大致产生于宋元,一直延续到清末。下面是各个时代的用例:

(26) (外末云:)贫道吕岩便是。才见一个狱卒,将一个人去油锅内煤,我去问阎王抄化做徒弟。(《新校元刊杂剧三十种·岳孔目借铁拐李还魂》)

(27) 小二道:"我的鸡才在笼子里,不是你偷了是谁?"(《水浒传》第四十六回)

(28) 金莲道:"……三姐,你在那里去来?"玉楼道:"才到后面厨房里走了走来。"(《金瓶梅》第十一回)

(29) 宝玉听了,方知才和湘云私谈,他也听见了。(《红楼梦》第二十四回)

(30) 那傻狗接着问白脸儿狼:"你才说告诉我个什么巧的儿?"(《儿女英雄传》第四回)

2.1.2 与非名词化副词"才"(下作"才^f")相比,名词化"才"(下作"才^n")在语法功能方面有四个明显的特征:

A. "才^f"一般不能离开谓语而位于句首主语之前,但"才^n"可以。例如:

(31) 贾母听说道:"好,好!让他们姐妹们一处玩玩儿罢。才他老子拘了他这半天,让他松泛一会子罢。"(《红楼梦》第十七回)

(32) 才鸳鸯送了好些果子来,都湃在那水晶缸里呢。(《红楼梦》第三十一回)

B. "才^f"不能直接充当定语,"才^n"可以。如:

(33) (宝玉)一面又叫:"秋纹来,把才那果子拿一半送与林姑娘去。"(《红楼梦》第三十五回)

(34) (牛王)对玉面公主道:"美人,才那雷公嘴的男子乃孙悟空猢狲,被我一顿棍打走了,再不敢来。"(《西游记》第六十回)

C. "才^f"一般不带后缀,"才^n"可以。如带后缀"子":

(35) 他才子闪着身,笑了一声,我见他就露出个雷公嘴来。(《西游记》第七十五回)

(36) 才子那妖精败阵,必然向他祖翁处会话。(《西游记》第八十九回)

再比如带后缀"然":[①]

(37) 行者道:"……才然这风,是那树上吊的孩儿弄的。"(《西游记》第四十四回)

(38) 早间我们错惹了唐朝来的和尚,才然被他徒弟拦在池里……(《西游记》第七十二回)

D. 由于受自身的语法意义的制约,"才^f"一般很少同"只""就""又""都"等副词连用,但"才^n"具有名词性,不受限制。例如:

(39) 宝玉笑向莺儿道:"才只顾说话,就忘了你了……"(《红楼梦》第五十回)

(40) 凤姐儿笑道:"我才就把年例给了他们去了……"(《红楼梦》第三十五回)

(41) 王夫人因回问贾母说:"这里风大,才又吃了螃蟹,老太太还是回屋去歇歇罢。"(《红楼梦》第三十八回)

(42) 贾母道:"我们才都吃了酒肉,你这里头有菩萨,冲了罪过。"(《红楼梦》第四十一回)

2.1.3 从表示的语法意义看,"才^n"同"才^f"也有细微而又重要的区别。同样都是修饰谓语表示该行为不久前刚刚发生,但两者的着眼点不同。借用英语语法术语来说,"才^n"表示的是一般过去时(the past indefinite),"才^f"表示的是现在完成时(the present perfect)。这种区别可以从两方面来分析。

A. 凡是能够持续的行为或状态,被"才^n"修饰的到说话时已不再持续——着眼点是过去,被"才^f"修饰的到说话时仍然在持续——着眼点是现在。试比较:

(43) 宝玉笑道:"……林妹妹才在背后以为是我撒谎,就羞我。"(《红楼梦》第二十八回)

(44) 贾琏笑道:"你别兴头,才学着办事,到先学会了这把戏。"(《红楼梦》第十六回)

宝玉说话时,"林妹妹"早已不"在背后"了,而是已到了王夫人面前;而贾琏说话时,"你(贾蓉)"刚开始学办事,自然还要断续"学"下去。

B. 凡是不能持续的行为或状态,被"才^n"修饰的到说话时其结果已不存在,被"才^f"修饰的到说话时其结果依然存在。试比较:

(45)(贾母)遂问众人:"李奶子怎么不见了?"众人不敢直说

他家去了,只说:"才进来了,想是有事,又出去了。"(《红楼梦》第八回)

(46) 只听贾蓉先回说:"……叔叔才回家,未免劳乏,不用过我们那边去,有话明日一早再请过去面议。"(《红楼梦》第十六回)

"进来"这一行为的结果,在众人说话时已不复存在,"李奶子"此时"又出去了";而"回家"这一行为的结果在贾蓉讲话时则仍然存在。此时,"叔叔(贾琏)"正在家里,贾蓉就是在贾琏家里同他当面讲这番话的。

2.1.4 "才"的这种名词化用法,一直没有引起语言学界的重视,甚至《汉语大词典》也出现了错误,把"才^n"当作了"强调确定语气"的语气副词了。所举例句是:

(47) 林姑娘才也不认得。别说姑娘们,就是宝玉他倒是外头常走出去的,只怕也还没见过呢。(《红楼梦》第五十七回)

其实,原文是说湘云不认得当票为何物,众婆子说林姑娘刚才也不认得。"才"表示的是过去的时间,而绝不是语气。

2.2 假设句

2.2.1 在现代汉语中,副词"才"可以同前面的连词"只有""如果"等配合,构成条件或假设复句。然而,在近代汉语中,副词"才"本身就可以表示条件或假设关系,引导先行分句,组成条件或假设复句。这种用法大致产生于宋初,元明以后就较少使用了。例如:

(48) 天地人只一道也;才通其一,则余皆通。(《二程语录》卷十一)

(49)《大学》一篇却是有两个大节目:物格、知至是一个,诚意、修身是一个。才过此二关了,则便可直行将去。(《朱子语类》卷十五)

(50) 丑小二便去,怕知县点追;才点着,定吃十五大棒。(《永

乐大典·张协状元》)

(51)一早有父母在堂者,才调出征,虽至孝不得奉养。(《皇明诏令》卷三)

2.2.2 由"才"构成的假设复句在形式上有两个特征:

A. 后续结果句往往有"则"或"即"与前句呼应。例如:

(52)意才不诚,则心下便有许多忿懥、恐惧、忧患,好乐而心便不正;心既不正,则凡有爱恶等,莫不倚於一偏。(《朱子语类》卷十六)

(53)盖仁是此心之德,才存得此心,即无不仁。(《朱子语类》卷六)

B. 这一假设复句本身往往又是整个复句或句组中的后接句,也就是说,这类假设句大多是承上的。上面所举诸例,大多如此。再举两例:

(54)《大学》曰:"物格而后知至,知至而后意诚。"才意诚,则自然无此病。(《朱子语类》卷六)

(55)人只要存得这些在这里。才存得在这里,则事君必会忠;事亲必会孝;见孺子,则怵惕之心便发;见穿窬之类,则羞恶之心便发;合恭敬处,便自然会恭敬;合辞逊处,便自然会辞逊。(《朱子语类》卷十七)

2.2.3 为什么副词"才"可以表示假设呢?我们认为,这一用法是由"才"的基本用法——强调动作行为发生之后的时间短暂——发展演变而来的。从交际的语用角度看,人们之所以要强调某个行为发生之后时间短暂,主要是为了引出另一个紧相承接的行为或情况。从语言的实际使用情况看,绝大多数含有"才^1"的分句后面也确实总有一个与

之相呼应的分句。例如:

(56) 长大成人,才辩(辨)东西,便即离乡别邑。(《敦煌变文·庐山远公话》)

(57) 才犯人苗稼,即鞭挞。(《五灯会元·百丈海禅师法嗣》)

这些句子都是描绘过去的已发生的情况。如果描绘的是将来的未发生的情况,那么,"才"的语法意义就会带有不确定性和条件性。例如:

(58) 才入维扬郡,乡关此路遥。(祖逊《泊子津门》)

(59) 敬是个扶策人底物事。人当放肆怠惰时,才敬,便扶策得此心起。(《朱子语类》卷十二)

这两例的"才"既可以看作强调时间之短暂,也可以看作强调条件之必须,或者两者兼而有之。②下面两例似乎更偏重于条件:

(60) 心才不正,其终必至于败国亡家。(《朱子语类》卷十五)

(61) 读者不可有欲了底心,才有此心,便心只在背后的白纸处了,无益。(《朱子语类》卷十)

这样,"才"就有了"一""一旦"的语法意义了。在表条件的基础上再向前发展一步,就是表假设了,"才"也就由表示"一旦"进一步转化为表示"如果"了。

2.2.4 需要指出,尽管"才"可以表示假设,但它同真正的连词还有着相当的差异。首先,由"才"引导的假设复句都必须是对未然的设想,一般不能是对已然的回顾。比如下面这句是未然假设,用"若"用"才"都行:

(62) 所以都在那敬事上。若(才)不敬,则虽欲信不可得。(《朱子语类》卷二十一)

而下面这句是虚拟假设,就只能用"若":

(63) 若(*才)无太极,便不翻了天地。(《朱子语类》卷一)

其次,由"才"引导的假设复句都必须是带有条件性的假设,一般不能用来表示纯粹的打比方。比如下面这句的"如"就不宜改为"才":

(64) 且如(?才)有两人焉,自家平日以一人为贤,一人为不肖;若自家执政,定不肯舍其贤而举不肖,定是举其贤而舍其不肖。(《朱子语类》卷七十二)

总之,这种表示假设关系的"才"还没有完全转化为连词,只是一种比较特殊的连接性副词。

2.3 进行体

2.3.1 "体"(aspect)是表示动作或状态的过程的语法范畴。一般说来,副词本身不能单独表示"体"。然而,作为一种非形态语言,许多印欧语靠屈折形式表达的语法范畴,汉语必须借助于分析手段,而前加副词自然也是一种分析手段。在近代汉语中,一部分动词或动词短语受副词"才"修饰后所具有的语法功能同印欧语动词的进行体(the continuous aspect)的语法功能具有相似之处。当然,由近代汉语"才"表示的"进行体"有着自己的独特个性,主要指这样两种情况:

A. 某行为正在进行,与之有关的另一种情况出现了。例如:

(65) 八众僧人,连司宾的魏相公,共九位,坐了两席。才吃着,长班报:"有客到!"(《儒林外史》第四回)

(66) 三公子在内书房写回复蘧太守的书。才写着,书僮进来道:"看门的享事。"(《儒林外史》第十回)

B. 某行为正要进行,与之有关的另一种情况出现了。例如:

(67) 月娘道:"他爹吃酒来家,到我屋里,才待脱衣裳,我就说你往他们屋里去罢,我心里不自在,他才往你这边来了。"(《金瓶

梅》第三十一回)

(68) 宝玉才要说话,袭人便忙笑说道:"原来留的是这个,多谢费心。"(《红楼梦》第十九回)

2.3.2 A类用法中的"才"同副词"正"非常接近,下面两例中的"才"都可以换成"正":

(69) 西门庆才(正)数子儿,被妇人把棋子扑撒乱了……(《金瓶梅》第十一回)

(70) 才(正)商量怎的个聚法,只听至公堂上早喊了一声"下场的老爷们归号!快收卷了!"(《儿女英雄传》第三十五回)

正因为"才"与"正"是同义副词,所以常可连用。例如:

(71) 八戒正才感叹,只见那帐幔后有火光。(《西游记》第五十回)

(72) 一时宝钗取了衣服回来,只见宝玉在王夫人旁边坐着垂泪。王夫人正才说他,因见宝钗来了,却掩了口不说了。(《红楼梦》第三十二回)

同"正"一样,"才"除了表示"正在"之外,偶尔也可以表示"正好"。例如:

(73) 这一来不是才如了你的心愿,一辈子不离开我了吗?(《儿女英雄传》第四十回)

比较起来,"才"同"正"的细微差异在于:虽都表示某种行为正在进行而被打断,但用"才",暗示这一行为进行时间不长,用"正"则没有这一层隐含的意思,试比较:

(74) 黛玉写毕,湘云大家才评论时,只见几个丫鬟跑进来道:"老太太来了!"(《红楼梦》第五十回)

(75) 二人正说着,只见秋纹走进来,说:"三更天了,该睡了。"(《红楼梦》第十九回)

"才"的 A 类用法,现代已经消失。比如下面例子中的"正"就不能改成"才":

(76) 人们正(*才)挤着,突然一阵锣鼓声响着从大门外进来……(西戎、马烽《吕梁英雄传》)

2.3.3 B 类用法中的"才"也可以换成"正":

(77) 才(正)要去时,忽又有贾妃赐出糖蒸酥酪来;……(《红楼梦》第十八回)

(78)(潘金莲)才(正)待撇了西门庆走,被西门庆一把手拉住了,说道……(《金瓶梅》第二十九回)

但是,与 A 类用法不同的是,B 类用法的"才"与后面的行为动词之间常常有"要""待"等词,上面几例都是如此。下面再举两例:

(79) 刘姥姥见平儿遍身绫罗……便当是凤姐儿了,才要称"姑奶奶",只见周瑞家的说:"他是平姑娘。"(《红楼梦》第六回)

(80) 才待收拾完毕,号口边值号的委员早已喊接题纸。(《儿女英雄传》第三十四回)

严格地讲,在这些句子中,"才"所修饰的是"要 V"或"待 V"短语,而"要""待"本来就含有"打算""准备"的词汇意义,所以整个短语所表示的意义——某种行为正要进行,与之有关的另一种情况出现了——似乎是语法意义和词汇意义的综合作用的结果。此外,有时也可以在"才"与动词之间插入衬字"得":③

(81) 只见他一手扶了桌子,把胸脯儿一挺,才待说话,不防这边"噔"的一声把桌子一拍,邓九公先翻了说:"喂!尹先生!你这

人好没趣呀!"(《儿女英雄传》第十七回)

"才"修饰"要V""待V"的B类用法在现代汉语中仍然存在,尽管不算常用。例如:

(82) 我才要去找你,你就来了。(吕叔湘《现代汉语八百词》)

有时也可以用"刚"。例如:

(83) 我推着自行车刚要上桥,忽然有一个人向我高声喊道:"唉,你是老马吗?"(马烽《太阳升起来了》)

不过,像下面这样不含"要""待",纯粹由"才"来表示将要进行而未进行的用法,现代已消失了。例如:

(84) 莺儿应了才去时,蕊官便说:"我和你去。"(《红楼梦》第五十九回)

(85) 二人才叫宝玉时,宝玉已醒了,忙起身披衣。(《红楼梦》第五十二回)

2.4 凝固式

2.4.1 从晚唐至清末,在长期的使用和发展过程中,副词"才"同一些经常在一起使用的词语逐步凝固,形成了一些凝固式复合词。大致可以分为两种,一种是因同义连用而凝固的,一种是因关联虚化而凝固的。由同义或近义连用而形成的凝固式大都是联合型复合词,又可以分为"才X"与"X才"两类。

2.4.2 "才X"类主要有"才始""才乍""才此""才刚""才时"等几个。还可以再分为三种情况:

A. "才始""才方"属于准凝固式,其内部的语素义尚未完全融合;加起来仍相当于"才"。例如:

(86) 孩童才始睡着,未得觉来,伏乞尊仙,莫生疲圈(倦)。

(《敦煌变文·太子成道变文》)

(87) 才方来到,始皇敕问:"湘君何神?"(《秦始皇传平话》卷下)

值得注意的是,在近代汉语中,还存在着未凝固的"才始"和"才方",分别相当于"才开始""才正好",这是须要分辨的。例如:

(88) 行者教令僧行闭目,行者作法。良久之间,才始开眼。(《大唐三藏取经诗话》)

(89) 说犹未了,屏风背后走出娘子来,乃是卢员外的浑家,年方二十五岁,姓贾,嫁与卢俊义,才方五载。(《水浒传》第六十一回)

B. "才乍""才此""才刚"已基本凝固,内部的语素义已融合;大致相当"刚才"。例如:

(90) 金莲道:"怪囚根子,你叫他进去,不是才乍见他来。"(《金瓶梅》第五十八回)

(91) "你还不知道?才此这杯酒有肯酒,这红褡膊是红定。"(康进之《李逵负荆》)

(92) 探春道:"……老太太要养活,才刚已经定了。"(《红楼梦》第四十九回)

C. "才时"是偏正型复合词,可以表示两种语义——"才"和"刚才"。例如:

(93) 三娘和众官、诸亲衙内向筵间,苦把安抚频劝谏,知远才时息怒颜。(《刘知远诸宫调》卷十二)

(94) 公主道:"郎君啊,我才时睡在罗帏之内,梦魂中,忽见个金甲神人。"(《西游记》第二十九回)

2.4.3 "X才"类主要有"方才""却才""适才""将才""刚才"等几个。又可以分为两种情况:

A. "方才""恰才""却才"都有两种含义,有时相当于"才"。

(95) 要好趁这个遗漏,人乱时,今夜就走开去,方才使得。(《京本通俗小说·碾玉观音》)

(96) 恰才饮得三杯,只见女使锦儿慌慌急急,红了脸,在墙缺口边叫道……(《水浒传》第七回)

(97) 和尚又道:"你家这个叔叔好生利害。"妇人应道:"这个睬他则甚!又不是亲骨肉。"海黎道:"恁地小僧却才放心。……"(《水浒传》第四十五回)

有时则相当于"刚才"。例如:

(98) 屠户被众人局不过,只得连斟两碗酒喝了,壮一壮胆,把方才这些小心收起。(《儒林外史》第三回)

(99) 两廊下走出二三十个庄客,并恰才马后带来的,都是做公的。(《水浒传》第四十九回)

(100) 鲁智深想道:"……俺却才正要打他,只怕打不着,让过去了。"(《水浒传》第五十八回)

B. "适才""将才""刚才"都是单义的,都相当于现代的"刚才"。例如:

(101) 老爷,恭喜高中了,适才欢喜的有些引动了痰,方才吐出几口痰来好了。(《儒林外史》第三回)

(102) 黛玉一面让宝钗坐,一面笑说道:"……将才做了五首,一时困倦起来,撂在那里,不想二爷来了就瞧见了。"(《红楼梦》第六十四回)

(103) 爹刚才来家,因问娘们吃甚酒,教我把这一坛茉莉花酒拿来,与娘们吃。(《金瓶梅》第二十三回)

值得注意的是,除了凝固式"刚才"外,还有未凝固的"刚才"的存在。例如:

(104) 刚才去吹时,只见跟邢夫人的媳妇走进来向邢夫人前说了两句话。(《红楼梦》第七十六回)

上面的"刚才"是"正将要"的意思。

上述这些凝固式复合词经过语言自然淘汰。只剩下"方才"和"刚才"两个。"方才"仍可表示两种含义,"刚才"则已转化为时间名词。但也有例外情况,尤其是早期的现代汉语中。下例就相当于"刚刚才只有":

(105) 难道他失业刚才两三个月,就一贫至此么?(鲁迅《孤独者》)

2.4.4 由关联组合虚化而成的固式都是表示情态的复合语气词。④例如:

(106) 子兴道:"邪也罢,正也罢,只顾算别人家的帐,你也吃一杯酒(才好)。"(《红楼梦》第一回)

(107) 或有委屈之处,只管说,别外道了(才是)。(《红楼梦》第三回)

这两句中的"才好""才是"条件关系已经虚化,实际上只起到了表示情态和语气的作用,省去以后也不影响表达。这种虚化现象在现代汉语中仍然存在,不过,近代汉语的"才好"的用法要比现在复杂得多,大致可以用于下面四种语境:

A. 表示按照实际情况客观需要应该如此、必须如此。例如:

(108)平安道:"……小的见来安一个跟着轿子,又小,只怕来晚了,路上不方便,须得个大的儿来接才好,小的才来了。"(《金瓶梅》第三十四回)

(109)玉楼众人说道:"……你就赖他做贼,万物也要有个着实才好,拿纸棺材糊人,成个道理!"(《金瓶梅》第二十六回)

B. 表示请求,委婉地敦促或规劝对方做某事。例如:

(110)(月娘)说道:"你也吃三大杯才好,今晚你该伴新郎宿歇。"(《金瓶梅》第二十一回)

(111)我们这些奴才白陪着挨打受骂的;从此也可怜见些才好!(《红楼梦》第九回)

C. 表示主观意愿,仅仅表达一种愿望或情态。例如:

(112)月娘道:"不看世人面上,一百年不理才好!"(《金瓶梅》第二十一回)

D. 表示与事实相反的虚拟假设,大多用于事后的追悔。例如:

(113)刚才我打与淫妇两个耳刮子才好,不想他往外走了。(《金瓶梅》第二十二回)

(114)刚才把毛搞净了他的才好!平白放了他去,好不好拿到衙门里,交他且试试新夹棍着!(《金瓶梅》第五十四回)

综上所述,近代汉语"才"是一个用途广泛而又很有特色的副词,它有着一系列不同于现代汉语副词"才"的语言特征。我们相信,分析和探讨这些特殊的语言现象,无论是对于汉语语法史的探索,还是对于现代汉语虚词的研究;无论是对于近代文献的整理,还是对于相关辞书的编纂,都是很有必要的。

3. 现代汉语副词"才"的语法意义

3.0 在现代汉语副词中,"才"是一个比较活跃的词,不仅使用频率高,而且义项比较多。迄今为止,各种论著对"才"的描写尽管很详细,但由于缺乏明确的原则和方法,一直未能对其语法意义做出提纲挈领的分析。其实,名词、动词等实词的词义有基本义和派生义,与此平行,副词也有基本义和派生义。(邵敬敏等,1985)本节试图从"才"的众多义项中尽可能地概括出它的基本义,并通过对"才"的句式选择、语义指向及语境制约等因素的分析,力求沟通其基本义和派生义的内在联系。

根据副词"才"所能出现的各种句法环境,可以把"才"分化为三个:表示基本义的"才^1"和表示派生义的"才^2"与"才^3"。"才^1"又可以分化为减值强调的"才^A"和增值强调的"才^B"两个方面。

3.1 基本义

3.1.0 几乎所有的辞书和语法书都认为"才^1"是表示时间或数量的,然而,如果我们把"才^1"的各种用法联系起来考察,从更高的层次上加以归纳,那么,就会发现,现代汉语的"才^1"与其说是一个时间副词,不如说是一个表示主观评价的评注性副词。它的基本语法意义是强调说话人对所陈述的事态在时间、数量、范围等方面的主观评价。这种主观评价可以有"减值"和"增值"两种相反的倾向,所以"才^1"又可以分为相对的两个方面——减值强调和增值强调。

3.1.1 表示减值强调的"才^A"可以表示一系列既有联系又有区别的主观评价。用于表示时间,就是强调时间短。例如:

(115) 这一年的清明,分外寒冷,杨柳才吐出半粒米大的新芽。(鲁迅《药》)

(116) 李成娘才教训过金桂,气色还没有转过来。(赵树理

《传家宝》)

用于表示数量,就是强调数量少:

(117) 在汉江北岸,我遇到一个青年战士,他今年才二十一岁,名叫马玉祥,是黑龙江青岗县人。(魏巍《谁是最可爱的人》)

(118) 打扮好了,一共才花了两块二毛钱。(老舍《骆驼祥子》)

用于表示范围,则强调范围狭:

(119) 虎妞没想到事情破的这么快,自己的计划才使了不到一半,而老头子已经点破了题。(老舍《骆驼祥子》)

(120) 体制改革现在才在少数单位试点,等取得了经验以后再全面推广。(转引自曲阜师大编《现代汉语常用虚词词典》)

用于表示等级,则强调等级低:

(121) 凭我这个法政专业毕业的大学生,才不过当上个办事员;……(老舍《女店员》)

(122) 一个离异过的、有两个小孩的且文化程度才小学的乡下男子居然得到为数不少的女大学生的青睐,似乎有点不可思议。(冬人《反思》)

用于表示比较,则强调差距小:

(123) 他比我才早到一天。(吕叔湘《现代汉语八百词》)

(124) 她比我才大三岁,我也有这样可爱的祖国,可是我为它做了些什么呢?(老舍《春华秋实》)

显然,所谓时间短、数量少、范围狭、等级低、差距小等都是"才[1]"在不同的语言环境中的表现形式,从高层次看,这些语义都是相通的,是同一种主观评价——减值强调——在不同的语言环境中的直接体现。

所谓相通,就是指"才¹"的不同的表现形式之间往往是相互联系、相互交叉的。比如:

(125) 生了第二个,才过了三天,忽然周少爷不要她了。(曹禺《雷雨》)

(126) 才七岁的一个孩子,就有这么大的气性。(杨朔《海天苍苍》)

例(125)既是数量少,又是时间短;而例(126)的数量少里面又隐含了等级低——心理发展水平低。

3.1.2 表示增值强调的"才^B"也可以表示一系列既有联系又有区别的主观评价。用于表示时间,就是强调所需的时间长:

(127) 我横竖睡不着,仔细看了半夜,才从字缝里看出字来,满本都写着两个字,"吃人"。(鲁迅《狂人日记》)

(128) 他这才似乎知道了雪还没有住,摸一摸头上,毛线织的帽子上已经很湿。(老舍《骆驼祥子》)

用于表示数量,则强调数量多:

(129) 一年、二年,至少有三四年;一滴汗、两滴汗水,不知道多少万滴汗,才挣出那辆车。(老舍《骆驼祥子》)

(130) 他懒得去点灯,直到沿路的巡警催了他四五次,才把它们点上。(老舍《骆驼祥子》)

用于表示间隔,则强调距离远和时间久:

(131) 长老道:"此去沧州地界,一路甚是荒僻,总得二三百里地,才有一家客店,你们二人路上千万小心,不要误了投宿。"(《古代白话小说选》)

(132) 这祭祀,说是三十多年才能轮到一回,所以很郑重;……(鲁迅《故乡》)

同减值强调一样,所谓时间长、数量多、距离远、间隔久等也都是"才¹"在不同的语言环境中的表现形式,从高层次看,这些语义也是相通的,是同一种主观评价——增值强调——在不同的语境中的直接体现。

同样,上述不同的表现形式,也是互相关联、互相沟通的。比如:

(133) 他神情恍惚,漫无目的在走廊上转了好几圈,才慢慢走向食堂。(赵丹涯《我本该是一棵树》)

(134) "是呀!也许她为了这条被子,在做姑娘时,不知起早熬夜,多干了多少零活,才积起做被子的钱……"(茹志鹃《百合花》)

前句既强调数量多,又表示时间长;同样,后句也是在数量中包含了时间。

综上所述,"才¹"的低层次语义呈现出一个既相反相对,又相互联系的网络系统,整个格局既整齐又参差,而这个网络的核心,就是"才¹"的高层次语义——强调说话人的带有倾向性的主观评价。

3.1.3 为什么同一个"才¹"既可以用于减值强调,又可以用于增值强调? 决定其评价倾向的关键因素是什么呢? 从语义结构看,就是"才¹"的语义指向。当语义上的直接成分处于"才¹"之后时,"才¹"是减值强调;当语义上的直接成分处于"才¹"之前时,"才¹"是增值强调。从交际的角度看,句子的信息焦点(focus)位于"才¹"之后是减值强调,位于"才¹"之前,是增值强调。比如《现代汉语八百词》有这样两个例句:

你怎么才来?

你怎么才来就要走?

《八百词》认为前句"表示事情发生或结束得晚",即时间长;后句"表示事情在不久前发生",即时间短。这无疑是正确的。但为什么同样是疑问句,同样都是"才"修饰"来",前面又都有疑问代词"怎么",而表达的语义正好相反呢?这是《现代汉语八百词》所没有回答的。其实,这两句中的"才"的语义指向是不同的,前句指向前,信息焦点在于"来"之前,所以是增值强调;后句指向后,信息焦点在于"来"之后,所以是减值强调。换一句话说,这两句话所出现的语言环境是截然不同的。前句的问话者所关心的是"来"这个动作实现之前发生了哪些情况,以致来人竟然比预定的时间来得迟;而后句的问话者所关心的是"来"这个动作实现之后发生的情况,想要知道为什么来人竟然刚来不久又要走。以语用的角度看,前句含有责备的口吻,后句则表示了意外和不解。再进一步分析,前句中"才"的语义上的直接成分由于是面对面的对话而省略了,补出来就是"你怎么现在才来?"而后句实际上是一个紧缩复句,可以转换成:"你才来,怎么就要走?"由此可见,两句中的"才"之所以会表达正好相反相对的语义和情态,关键就在于"才"的语义指向和句子的信息焦点不同,下面再举一个实例进一步证明这一点:

> (135)他便把他父亲怎的半生攻苦,才得了个榜下知县;才得了知县,怎的被那上司因不托人情,不送寿礼,忌才贪贿,便寻了错缝子参了,革职拿问,下在监里,带罪赔修;……对那女子哭诉了一遍。(《儿女英雄传》第五回)

前后两个"才"都修饰"得了知县",指的是同一件事情,表示的客观事实是一致的。但前句的语义指向前,信息焦点在于未当知县之前,强调的是"半生攻苦"——时间之长;而后句的语义指向后,信息焦点在于当了知县之后,强调的是刚当官就"遭忌获罪"——时间之短。所以前"才"是增值强调,后"才"是减值强调。

3.1.4 在语用平面上进一步观察,"才^1"是增值还是减值,总是以说话人的主观认识为依据的,一般说来,同客观事实并无必然的联系。

譬如:

(136) a. 他倒退了几步,才翻身走出去。(鲁迅《离婚》)

这句话,我们既可以把"才"抽掉,也可以把"才"换成"就",句子的基本语义不变。如:

b. 他倒退了几步,[ ]翻身走出去。
c. 他倒退了几步,就翻身走出去。

显然,这三句所叙述的客观事实完全相同,但表达的主观情态却各不相同。b是纯客观的叙述,不附带主观评价色彩;a含有强调的意味,主观认为"翻身走出去"比想象的要慢;c的主观情态则趋于淡化,如果说有的话,那就是表示主观上觉得前后两个动作紧相承接。

正因为表示主观评价的,所以,在许多情况下,"才^1"的功用与其说是语法上的,不如说是语用上的。换一句话说,"才^1"的使用在语法上可以是任意的,而在语用上往往是必须的。试比较下面两个例句:

(137) 这回很卖了些力气给他弄到了个委员……(老舍《蛤藻集·且说屋里》)

(138) 这回很卖了些力气才给他弄到了个委员……(老舍《月牙儿·且说屋里》)

加不加"才^1"从句子语法结构上看并无多少差别,所以是任意的;而从句子语用的角度看,则又是必须的,因为增加一个"才^1",就可以进一步突出说话者对"弄到"之不易的增值强调。

同样,减值强调也是从主观情态出发的,主观上认为小,即使"一万件"也是少,"六十六岁"也不老。例如:

(139) 是呀!可是,经理才应下一万件定活来,说什么怕设备不够!(老舍《春华秋实》)

(140) 其实,他年纪并不老,才六十六,不过是个老党员,过去这个地区"拉锯"时,还做过交通。(茹志鹃《剪接错了的故事》)

有时,甚至对于一些毋庸置疑的事实,也可以加上"才[1]"以强调说话者的主观评价:

(141)(凤姐儿笑道:)若按私心藏奸上论,我也太行毒了,也该抽回退步,回头看看;再要穷追苦克,人恨极了,他们笑里藏刀,咱们两个才四个眼睛两个心,一时不防,倒弄坏了。(《红楼梦》第五十五回)

这里强调太少,除了表示主观评价外,也隐含着同"他们"人多的比较和对照。

从另一方面看,主观评价也必须有一定的客观基础,至少不能同一般人的常识相悖。如:

a. 他去北京五天前,才买好了飞机票。
b. 他去北京五天前,就买好了飞机票。

这两句都可以说,只不过 a 主观上认为买得迟,b 主观上认为买得早。但下面两句中的"才"与"就"不能互换,因为同常理不符:

c. 他去北京几分钟前,才买好了飞机票。
d. 他去北京几个月前,就买好了飞机票。

又比如下列各句都是减值强调,但序号相邻的例句,后接分句都可以互换,序号不相邻的则未必可以。例如:

a. 他才去了几分钟,就检查出了原因。
b. 他才去了几小时,就打来三个电话。
c. 他才去了没几天,就跑了五六个点。
d. 他才去了几个月,就病倒了好几次。
e. 他才去了没几年,就变得认不出了。

总之,在强调主观评价时,尽管主观评价同客观事实并无必然联系,但又不能不受客观现实的制约。

3.2 派生义

3.2.0 由基本语法意义——强调说话人的带有倾向性的主观评价——出发,"才¹"产生了两个派生义,一是用来强调排他性逻辑联系的"才²",一是用来强调申辩性语气的"才³"。

3.2.1 "才²"主要用于三种句式——条件、原因、目的,此外还可以用于承接、对比等句式。例如:

(142) 向三元:你把她找来,我才准你开场!(老舍《方珍珠》)

(143) 经过这一次谈话,我才真正地了解了他。(李季《马兰》)

(144) 张乐仁:为了抗旱备荒,我们才拼命赶做水车!(老舍《春华秋实》)

按照一般的解释,上面三句的"才²"分别表示条件、原因、目的,其实这种说法并不确切,因为如把三句中的"才²"抽掉,句子所具有的条件、原因、目的关系并未随之消失。如:

(142′) 向三元:你把她找来,我[ ]准你开场!

(143′) 经过这一次谈话,我[ ]真正地了解了他。

(144′) 为了抗旱备荒,我们[ ]拼命赶做水车。

实际上,"才²"的作用在于:一方面使句子内在的逻辑联系由隐而显;另一方面强调了关联组合的排他性。所谓强调排他性,实际上就是强调唯一性,它是由"才¹"强调主观评价的倾向性发展引申而来的。倾向性也可以理解为偏重性,在偏重某一方面时,自然也就排斥了其他方面。

下列诸句的条件、目的、原因等逻辑关系正是借助于"才²"而得到了强调:

(145) 不忘旧社会的阴森可怕,才更能感到今日的幸福光明的可贵。(老舍《骆驼祥子·后记》)

(146) 罗瑞卿自己本来不谙水性,为了能够在毛主席游泳时紧随左右亲自保证主席的安全,才以近五十岁的年纪刻苦习水学会了游泳。(郝冶平《磨难虽多心无瑕》)

(147) 有了四季春夏秋冬的轮换交替,人们的生活才变得既丰富多彩又安定有秩序;……(严文井《春夏秋冬》)

正因为"才²"是强调唯一性的,所以,用了"才²"之后,还可以在句子前面再加上"只有""就""正"等词语与之相呼应,从而使语义更加显豁,语气更加肯定。例如:

(145′)(只有)不忘旧社会的阴森可怕,才更能感到今日的幸福光明的可贵。

(146′) 罗瑞卿自己本来不谙水性,就为了能够在毛主席游泳时紧随左右亲自保证主席的安全,才以近五十岁的年纪刻苦习水学会了游泳。

(147′)(正因为)有了四季春夏秋冬的轮换交替,人们的生活才变得丰富多彩而又安定有秩序;……

在承接和对比句式中,"才²"的排他性趋于淡化。例如:

(148)(老人)弯腰从路边掐了枝野菊花,插到车上,才又推着车慢慢走了,一直走进火红的霞光里去。(杨朔《雪浪花》)

(149) 对干部有意见要批评,不能动打,咱们对反动派才不讲客气。(冯德英《迎春花》)

不过,从整个句子的语义深层分析,无论是承接还是对比,其中的"才²"都是相通的。

3.2.2 "才³"可以用于多种句式,强调一系列既有联系又有区别的申辩性语气,一般要同语气词"呢"合用。主要有三种。

A. 反驳对方:

(150)"你血口喷人!"金妹急了眼,"你知道个屁!我吃过的盐比你吃过的米都多!""你才知道个屁!"翟光也恼了,"你和'老伙职'穿一条裤子,什么阶级立场?!"(达理《亚细亚》的故事》)

(151)达玉琴:我也崇拜过他,可是我崇拜谁就永远爱护谁,不象你反复无常!我看,你的思想才有问题呢!(老舍《西望长安》)

B. 深化程度:

(152)昨天那场球才精彩呢!(吕叔湘《现代汉语八百词》)

(153)王先生,您的话才厉害呢,刺心窝子!(老舍《方珍珠》)

C. 加强否定:

(154)我才不感谢你这好心呢!(方之《在泉边》)

(155)还说是看东西,这班浮尸,才不给他们看呢!(茅盾《赵先生想不通》)

值得注意的是,加强否定有时可以省去"不":

(156)"哼,我才怕呢!"她恶意的笑了,可是不由她自己似的把声稍放低了些。(老舍《骆驼祥子》)

(157)她才管那个,她一急了,也许还逼金喜卖身呢!(老舍《方珍珠》)

在我们掌握的语料中,只有老舍作品中存在这种情况。有人认为,这是老舍作品中特有的"语急省"现象,反映了口语中因语速过快而造成的"吞词"。

此外，凝固格式"不……才怪"也可以用来加强推断。比如：

(158) 该死！别看我！招人家疑心，不开枪才怪！（老舍《四世同堂》）

(159) 我要不说你们是一对电影明星才怪呢！（老舍《方珍珠》）

整个格式以假设的不可能从反面强调了推断的不容置疑，必然无疑。

总之，无论是用于反驳对方，还是深化程度，是加强否定，还是强化推断，"才³"所表示的基本语气是相通的——都是在强调申辩性的语气，尽管语气轻重缓急不同。也就是说，所谓反驳对方、深化程度、加强否定等都是"才³"在不同的语言环境中的直接体现而已。

3.2.3 顾名思义，派生义当然是由基本义引申发展而形成的。据我们考察，"才²"是由"才¹"的强调增值引申而来的。

在"才¹"表示增值强调的诸用法中，最主要的是用来强调时间长——主观上认为某一动作行为实现之前所需的时间长。在这类句子中，"才¹"的语义上的直接成分必定是一些表示时间长度的词语。这些词可以是体词性的。如：

(160) 我和詹牧师的儿子半天才缓过劲儿来，我们向他说明，是真的能发表。（史铁生《关于詹牧师的报告文学》）

而更多的是谓词性的。如：

(161) 祥子吭吃了半天才说出来。（老舍《骆驼祥子》）

当"才"前面具有谓词性成分时，"才"实际上连接着先后发生的两件事或者两个动作。语义上强调的事情发生在前，语法上修饰的动作发生在后。两件事情先后出现，可能是偶然的，也可能是非偶然的；前者纯粹是时间关系，后者就有逻辑联系了。在更多的情况下，两者的关系既具有时间上的先后顺序,又具有逻辑上的必然联系。尽管仍然使用副词"才",但是从不同的角度去观察,角度不同,感觉效果就不一样。比如:

(162) 后来八路军来了,打垮溃兵土匪,他两人才又回到了刘家峧。(赵树理《小二黑结婚》)

(163) 向三元:李将军的命令,见着珍珠才放下这个花篮。(老舍《方珍珠》)

这两个例句都可以分别从时间或逻辑的角度加以观察。如果从时间角度看,"打垮"在前,"回到"在后;"见着"在前,"放下"在后。这里的"才"是"才¹",强调的是动作行为实现得晚或实行得迟。从时间角度着眼,可以有下面的替换式:

(162′) 后来八路军来了,打垮溃兵土匪,他们两人便又回到了刘家峧。

(163′) 李将军的命令,见着珍珠再放下这个花篮。

如果从逻辑角度看,例(162)是对已然的叙述,表示因果关系,例(163)是对未然的描述,表示的是条件关系。这里的"才"是"才²",强调的是前提条件的排他性和唯一性,尽管也隐含着时间上的先后关系。从逻辑角度着眼,两句都可以添上表示因果或条件的标志词语:

(162″) 后来(因为)八路军来了,打垮溃兵土匪,他两人才又回到了刘家坳。

(163″) 李将军的命令,(只有)见着珍珠才放下这个花篮。

当然,就语感而言,从逻辑角度分析,似乎更合乎语言环境实际。

上述两个例句可以从不同的角度分析,这说明了:当人们把注意的焦点由时间的先后转移到内在的逻辑联系之后,"才¹"的第一派生义——"才²"就产生了。

3.2.4 "才²"由"才¹"派生,"才³"则是由"才²"演化而来的。如前所述,"才²"在表示逻辑联系时,主要是强调前提条件的排他性、唯一性,而唯一性被推到了极端,就起到了纯粹强调语气的作用,于是"才"的第二派生义——"才³"就形成了。这一引申过程,可以在一种过渡句式——特殊限定式中找到轨迹。前面说过,"只有……才"可以强化句子内在的条件关系,然而,当这一格式内嵌入主语、状语时,整个格式的作用就不再是显示条件关系,而是表示专项限定。例如限定主语:

(164) 只有穿长衫的,才踱进店面隔壁的房子里,要酒要菜,慢慢地坐喝。(鲁迅《孔乙己》)

(165) 只有堂堂正正,一步一个脚印的妇人,才能负此重任。(老舍《四世同堂》)

当然也可以限定状语:

(166) 只有在这种严肃的负责的实践过程中,才能一步一步地懂得正确的立场是什么东西,才能一步一步地掌握正确的立场。(毛泽东《在延安文艺座谈会上的讲话》)

在限定句式中,"只有"也是可有可无的,有了"只有",语义更确定,语气更强烈。如:

(167) 有人说他拾了个金表,有人说他白弄了三百块大洋,[ ]那自信知道得最详确的才点着头说,他从西山拉回来三十匹骆驼!(老舍《骆驼祥子》)

这种特殊限定式,尤其是限定主语的句式,再进一步发展虚化,语气再进一步增强,"才³"就形成了。试比较下面三句:

a. 只有兽类才不会想到自己是野兽。

b. 兽类才不会想到自己是野兽。

c. 兽类才不会想到自己是野兽呢!

a 是特殊限定式,但已隐含着潜台词:"人类是应该有自知之明的","才"仍属于"才^2";c 是表示反驳的句式,带着强烈的申辩性语气,"才"已转化为"才^3";b 则介乎两者之间,既可以理解为限定式,也可以理解为语气式,必须在更大的语言环境中才能确定。这样"才"又从表示逻辑联系的关联副词重新回归到表示口气情态主观性评注。

3.3 结语

3.3.1 本节讨论了副词"才"的基本语法意义、派生语法意义及其内在的联系。我们认为,"才"的基本语法意义是强调说话人的带有倾向性的主观评价(才^1),这种倾向性可以有"增值""减值"两个相反的方向。由"增值"的方向进一步语法化,产生了"才"的第一派生义——强调排他性的逻辑联系(才^2)。由"才^2"再进一步情态化,产生了"才"的第二派生义——强调申辩性的语气(才^3)。

3.3.2 我们认为,副词研究在对副词的各种格式和各种语义进行详尽细致地描写的同时,还应该尽可能地进行归纳和概括,在把握副词的基本作用的基础上,归纳出副词的基本语法意义,副词的基本义是一种高层次的语法意义。某一副词的基本语法意义一旦被确定,就可以对该副词纷繁的义项和用法起到提纲挈领的作用,从而使各义项能够互相贯通,脉络清晰。

4. 现代汉语副词"才"的句式与搭配

4.0 副词的语法意义同该副词所出现的句法的环境之间存在着依存关系,研究副词——尤其是一些义项纷繁、用法灵活的常用副词,就应当尽可能详尽地描写该副词的分布,包括该副词的不同义项所依赖的各种句式和经常与之配合、呼应的固定搭配。

前节已经指出副词"才"在现代汉语中的句法功能和表义功用,可以分化为三个:表示基本义的"才^1",表示派生义的"才^2"和"才^3"。根据句子的信息焦点和语义指向的不同,"才^1"又可以分化为两个方面:表示减值强调的"才^A",和表示增值强调的"才^B"。下面,我们依次描写"才^A、才^B、才^2、才^3"的句式与搭配,并做必要的阐释与辨析。

4.1 "才^A"的句式与搭配

4.1.0 "才^A"的特点是启后,语义上的直接成分总是位于"才"的后面。主要用于三种句式中。

4.1.1 在表示时间的句式中,"才^A"直接修饰谓词性词语,可以是光杆动词,也可以是动词短语。例如:

(168)他才走,说,请你来之后,打个电话给他,此刻打吗?(夏衍《考验》)

(169)前天早上,我上地里去,才上到岭上,碰到个骑驴的媳妇,穿了一身孝,我就知道坏了。(赵树理《小二黑结婚》)

在"才^{A}V"短语中,"才^A"的语义指向同结构关系是一致的,因此,这类短语常常单独充当定语。例如:

(170)小小的南风把新割的稻草的芳香,才翻的田土的气息,吹进人的鼻子里。(周立波《山乡巨变》)

(171)天空的浮云,被才起的夜风吹散了。(武克忠等《现代汉语常用虚词词典》)

这些做定语的"才^{A}V"短语有两个共同的特点:其一是它所修饰的中心语其实就是动词逻辑上的宾语或主语;其二是该动词一般不能再带宾语,也不受其他状语、补语的修饰,大都是单双音节的光杆动词。

4.1.2 在表示数量关系的句式中,"才^A"直接修饰充当谓语的数词、数量词组,或数量名短语。例如:

(172) 他妈的,我才十七,就常想还不如死了呢!(老舍《茶馆》)

　　(173) 那时我妹妹才五岁,可怜可爱的样子,还在眼前。(鲁迅《狂人日记》)

也可以修饰含有数量词组的动宾、动补短语。例如:

　　(174)"你灌了几斤?""嘿嘿,才喝了四两。"(柳青《创业史》)

　　(175) 我的水,美又甜,一挑儿才卖您五十元。(老舍《龙须沟》)

　　4.1.3 在表示比较的句式中,"才^A"可以出现在两种位置上——居"比"前和居"比"后:

　　(176) 你看你,才比我大三岁,就倚老卖老起来了。(孔捷生《大林莽》)

　　(177) 今天早上,她比我才早到几分钟,我进去时,她就一脸的不高兴。(张炜《秋天的思索》)

居"比"前和居"比"后在语义上并没有明显的区别,上面两句也可以说成:

　　(176′) 你看你,比我才大三岁,就倚老卖老起来了。

　　(177′) 今天早上,她才比我早到几分钟,我进去时,她就一脸的不高兴。

　　一般说来,"才^A"不能修饰形容词,"才^{A}美丽""才^{A}伟大"都是不能接受的。("她才漂亮呢!"中的"才"是"才^3",表示语气,同"才^A"不同类)不过,当量度形容词带上数量宾语后,就可以受"才^A"的修饰。所谓量度形容词,就是指那些成对的表示量度关系的形容词。比如:"大-小、长-短、高-低、宽-窄、厚-薄、深-浅、粗-细、重-轻、远-近、快-慢、迟-

早、松-紧、贵-贱、多-少"等。"才高、才大、才深、才宽"等不能单说,加上数量宾语后,"才高半个头、才大两三岁、才深一尺多、才宽几公分"都是很常见的。这类短语出现的条件是:前面必须有比较的两个项,"才^A"表示主观上认为差距小。

4.1.4 从搭配关系和固定格式看,由于"才^A"在语义上是启后的,因此后面往往有与之呼应的分句。经常与之搭配的词语有"就、便、又、倒"等关联副词。

"才^A……就"A式表示两件事情是紧相承接的。例如:

(178) 海云才走,美兰就来了。(王蒙《蝴蝶》)

(179) 至于顾客接受了商品,回去受用也好,半途丢失也好,甚至才到手就打烂也好,那是顾客自己的事,商店可以不负责任。(叶圣陶《倪焕之》)

"才^A……就"B式则表示前后两件事情在说话人看来不相称、不协调。这是A式的引申用法。例如:

(180) 忘了你是共产党员了?家也不能舍,才娶了亲,就忘了本。(周立波《暴风骤雨》)

(181) 这才当个生产组长,就忙得不知东南西北;要当上社主任,那还不累死!(《1995年独幕剧选》)

两式都强调前后两件事情衔接很紧,但A式的"就"表顺接,B式的"就"表逆接。

"才^A……便"同"才^A……就"A式相近,多用于书面:

(182) 然而,要做这一篇速朽的文章,才下笔,便感到万分的困难了。(鲁迅《阿Q正传》)

"才^A……又"表示一件事情紧接着另一件事情发生;一种情况加

上另一种情况。例如：

(183) 只是我总觉没有春和秋……夏才了，冬又开始了。（鲁迅《鸭的喜剧》）

(184) 不想今儿才有些消息，又遭秋纹等人一场恶意咒骂，心内早灰了一半。（《红楼梦》第二十回）

"才……又"同"才……就"A式是同义格式。区别是：前者强调重复性，后者强调连贯性；前者是加合关系，后者是承接关系。

"才^A……却/倒"用在跟一般推理和预料相反的句式中：

(185) 他身量高大，身板结实，今年还只有三十二岁，却已有了十六年的工龄。（周立波《砖窑和新屋》）

(186) 今年他才十六岁，可是个头倒像个大人了。（玛拉沁夫《篝火旁的野餐》）

"才……倒"同"才……就"B式也是同义格式，都表示转折；区别在于：前者强调出乎意料，后者强调很不相称；前者多用于赞叹或夸耀，后者多用于不满和埋怨。

4.2 "才^B"的句式与搭配

4.2.0 "才^B"的特点是承前，其语义上的直接成分总是位于"才"的前面。主要用于两种句式。

4.2.1 表示时间迟是"才^B"最主要最常用的句式，在这类句式中，"才^B"前面总有一个表示时间长度的词语。这个词语可以是时间名词、时间代词，也可以是数量短语、介词短语、动词短语等。下面各举一例：

(187) 我不在家，你半夜才回来，你干什么来着？（曹禺《雷雨》）

(188) 虎妞这才想起去请大夫。(老舍《骆驼祥子》)

(189) 七点上班,哪个工人十点十分才进车间?(达理《"亚细亚"的故事》)

(190) 朱而勤从那时才开始知道,大自然净化人不是以它的花香鸟语,不是潺潺的溪流和天上悠悠的白云,不是情人眼里的诗情画意,而是严酷,让人汗流浃背但又不是坚持到底的艰苦环境。(赵丹涯《我本该是一棵树》)

(191) 说起话来,祥子才知道小马儿已死了半年多。(老舍《骆驼祥子》)

动词短语使用频率最高,动宾、动补、状动等结构形式都很普遍,含动词短语的句式与前面诸式的重要区别是,它是一个复合句。这个短语的主语可以同后面的分句一致(经常承前或蒙后省略),也可以不一致。例如:

(192) 邱霆愣了半晌,似乎才揣度出来。(孔捷生《大林莽》)

(193) 我跟她说了半天,她才红了脸,同意了。(茹志鹃《百合花》)

4.2.2 "才^B"用于表示数量关系时,数量词语也必须位于"才^B"之前。例如:

(194) 一年、二年,至少有三四年,一滴汗、两滴汗,不知多少万滴汗,才挣出那辆车。(老舍《骆驼祥子》)

(195) 他拿了方子去寻,又寻了二三年,花了有上千两的银子,才配成了。(《红楼梦》第二十八回)

"才^B"前面的表示数量的短语,其动词可以出现,如例(195)的"花了";也可以隐含,如例(194)的"流了"就没出现。再比如,下面前句隐含了

"过",后句隐含了"泡":

(196) 这祭祀,说是三十多年才能轮到一回,所以很郑重。(鲁迅《故乡》)

(197) 早起沏了碗枫露茶,我说过那茶是三四次后才出色,这会子怎又斟上这个茶来?(《红楼梦》第八回)

4.2.3 从搭配关系和固定格式看,"才^B"同"才^A"正好相反;由于其语义是承前的,因此在它的前面常常有与之相呼应配合的词语,形成固定的习惯用法和定型格式。主要是:"到、等、等到、临到、直到、一直到、直至、及至"等。这些词和"才^B"配合后,都是表示时间的,都是表示主观上认为动作行为的发出比想象的要迟要晚。例如:

(198) 她到这时候才摸出来一毛钱。(老舍《骆驼祥子》)

(199) 祥子故意的磨烦,等自行车走出老远才抄起车把来。(老舍《骆驼祥子》)

(200) 直到四叔上香的时候,教她走开,她才走开。(鲁迅《祝福》)

(201) 及至说起话来,他才晓得她是冠家的姑娘,而对她相当的客气。(老舍《四世同堂》)

比较而言,"直至、及至"带有文言色彩,多用于书面语。

此外,还有"一……才^B"和"一连……才^B"两个格式:

(202) 这样一说,才觉得"想"是比"说"重要许多。(老舍《四世同堂》)

(203) 他们醒来,听着村里地里到处喊叫,起先还以为出了什么事,仔细一听,才知道是唱不是喊。(赵树理《李有才板话》)

"一……才^B"同"才^A……就"A 式都是表示前后两个动作紧接着发出,

但表达的主观情态正好相反。前者表示后面的动作实现得比想象的要迟要难，必须以前面的动作为前提；后者表示后面的动作实现得既快又易，前一动作刚完成，后一动作也跟着发出了。"一连……才"同"一……才^B"大同小异，主要是前者更强调动作行为的连续性和重复性。例如：

(204) 他先从金旺领着土匪到他家绑票说起，一连说了四五款，才说道："我歇歇再说，先让别人说几款。"（赵树理《小二黑结婚》）

(205) 王胡似乎不是君子，并不理会，一连给他碰了五下，又用力的一推，至于阿Q跌出六尺多远，这才满足的走了。（鲁迅《阿Q正传》）

4.3 "才^2"的句式与搭配

4.3.0 "才^2"既具有连接作用——帮助承上启下，又具有情态作用——强调排他性的逻辑联系，主要用于条件句中，也可以用于原因、目的句式中。

4.3.1 在条件句中，经常出现在"才^2"前面，与之呼应搭配的词语有三种情况。

A. 连词"只有、除非、错非"等。例如：

(206) 只有人们的社会实践，才是人们对于外界认识的真理性的标准。（毛泽东《实践论》）

(207) 除非塌得无法再住人，才来一两个泥水匠，用些素泥碎砖稀松的堵砌上——预备着塌。（老舍《骆驼祥子》）

(208) 错非真正在群众里树立起好的骨干，才能搞好一个运动。（梁斌《红旗谱》）

B. 副词"非、幸亏、多亏、必须"等。例如：

(209)若是半夜走班,我非给他做他爱吃的饭菜,热汤热水的,让他高高兴兴地走了,我心里才好受。(陈桂珍《钟声》)

(210)幸而宝钗起来,大家谈笑,那黛玉方不欲睡,自己才放心了。(《红楼梦》第二十回)

(211)他的钱必须借着姨太太的手才会出去。(老舍《骆驼祥子》)

C. 助动词"应该、应当、得、要"等。例如:

(212)事实上,我应当多写两三段才能从容不迫的刹住。(老舍《骆驼祥子·后记》)

(213)师母,刚才商会长来,确实说师傅好好的在那里,并没有吃苦;不过总得花几个钱才能出来。(茅盾《林家铺子》)

以上这些词语,尽管词性不同,在句中所起的语法作用也各不相同,但从总体上看,它们都是用来表示或加强评注性和必要性的,这同"才^2"的表义功用正好是互补的。

4.3.2 在表示原因的句式中,同"才^2"配合使用的词语,在偏句中有"因为"和"由于"(连词或介词)。例如:

(214)因为没有地方去,才越觉得自己的窘迫。(老舍《骆驼祥子》)

(215)而多数朝代的更换,都是由于农民起义的力量才能得到成功的。(毛泽东《中国革命和中国共产党》)

在本句中有"所以""因此",而且常同"才"连用:

(216)不但沟水的颜色变成红红绿绿,而且气味也教人从老远闻见就要作呕,所以才俗称为"臭沟沿"。(老舍《龙沟须》)

(217)她非常思念丈夫,因此才特别注意她腹中的胎儿。(孔

捷生《大林莽》)

4.3.3 在表示目的句式中,同"才²"配合的是"为、为了",这两个词是必不可少的。例如:

(218) 他就是为这件事才赶回来的。(老舍《春华秋实》)
(219) 自然您是为好,才给我说这门子亲。(老舍《离婚》)
(220) 红军的打仗,不是单纯地为了打仗而打仗,而是为了宣传群众、组织群众、武装群众,并帮助群众建设革命政权才去打仗的。(毛泽东《关于纠正党内错误思想》)
(221) 为了抗旱备荒,我们才拼命赶做水车。(老舍《春华秋实》)

值得注意的是,"为、为了"的词性在不同的句子中是不同的。上面(218)中的"为"是介词,例(219)中的"为"是动词,例(220)中的"为了"是介词,例(221)中"为了"是连词。

此外"因为、由于、为、为了"的前面还可以加上"正、正是、只、只是、就、就是",以进一步突出原因句式和目的句式的限制性和排他性。例如:

(222) 正因为你是个英雄,你才最容易得罪人。(老舍《西望长安》)
(223) 只为肚子才出来受罪,肚子饱了就去睡。(老舍《骆驼祥子》)

4.4 "才³"的句式与搭配

4.4.0 "才³"主要表示语气,经常用于感叹句式,一般情况下,后面多跟语气词"呢"配合。

4.4.1 "才³"可以表达一系列既有联系又有区别的语气,主要有四种：

A. 用于反驳对方。例如：

(224) 我看，你的思想才有问题呢！（老舍《西望长安》）

(225) 咳，你才瞎说！（杜鹏程《保卫延安》）

B. 用于强调程度。例如：

(226) 昨天那场球才精彩呢！（吕叔湘《现代汉语八百词》）

(227) 王先生，您的话，才厉害呢，刺人心窝子！（老舍《方珍珠》）

C. 用于强调否定。例如：

(228) 我才不愿意闻这臭味呢！（老舍《龙须沟》）

(229) 我知道！可是，我才不怕！（老舍《龙须沟》）

D. 用于推断必然，通常同"怪"连用。例如：

(230) 该死！别看我！招人家疑心，不开枪才怪！（老舍《四世同堂》）

(231) 官面上交待不下去，要不把你垫了背才怪。（老舍《骆驼祥子》）

4.4.2 在表示语气的句式中，除了使用"呢"之外，有时也可以使用"哩"。早期白话中，还可以用"哇、哪"。例如：

(232) 他老想："写的信妈妈大约收到了吧？哈，她才高兴哩！"（冯德英《苦菜花》）

(233) 这才是就叫作"吉凶悔吝生乎动"了哇！（《儿女英雄传》第十一回）

(234) 啧啧！嗳！你瞧，人家这才叫修了来的哪！（《儿女英

雄传》第四十回）

一般情况下，"呢"的使用与否是任意的，用了以后语气就更强烈，效果更突出，试比较：

（235）等共产党来抢了去，我才不那么傻呢！（老舍《方珍珠》）

（235'）等共产党来抢了去，我才不那么傻！

（236）天天说英雄，这才是英雄呢！（魏钢焰《忆铁人》）

（236'）天天说英雄，这才是英雄。

很显然，不用"呢"，所表的语气和口气明显减弱。不过，带有明显的感叹或夸张的语气和强烈的反驳或否定语气的句子，"呢"是必不可少的，否则句子煞不住尾，站不住脚，更不要说语气的不协调了。例如：

（237）别提了，二妹子，这年头养女儿才麻烦（呢）！（老舍《离婚》）

（238）"有人骂我二百五"刘宝说，"可梅老头喜欢我。他怕骂人，喜欢听我骂，我骂他才难听（呢）！"（哲夫《谁坐一把交椅》）

（239）她才不说（呢）！她现在连一声徐阿姨都不叫了。（曹禺《明朗的天》）

（240）作科长，会议是多的，一来一迟的，才不合算（呢）！（老舍《春华秋实》）

这种情况，同音节搭配也有一定的关系，"才³"加上双音节形容词或"才³"加"不"再加单音节动词，都是三音节的，念起来当然没有再加个"呢"构成四音节上口通顺。

4.5 结语

认真分辨同"才"搭配的词语是很有必要的，因为能同"才"搭配的词语很多。有时候,在一个句子里,可以同"才"搭配的词语往往不止一个,这就要求我们认真分析,仔细辨别,如果找错了搭配词语,自然也就不可能对"才"做出正确的解释。譬如《现代汉语常用虚词词典》就犯有这样的错误。该词典"才"的第五大项第三小项是"用来表示目的",例句有:"为了避免教会的迫害,哥白尼直到临死前才发表他的太阳系学说。"其实,这个例句中的"才"同前面的介词"为了"无论在语法上和语义上都没有直接的联系。这个"才"是"才^B"而不是"才^2",它同"直到"一起构成了"直到……才^B"的固定搭配,强调动作行为发生得迟。如果要用"为了……才"的格式,那么句子要用如下调整:"为了避免教会的迫害,哥白尼才一直没敢在生前发表太阳系学说。"

5. 现代汉语副词"才"的共时比较

5.0 陆俭明、马真(《现代汉语虚词散论》)曾指出:要想正确把握虚词的意义,最有效的办法是进行具体的比较分析。自然,要想全面透彻地了解并把握副词"才"的个性特点,有必要将它同那些意义和用法相近或相对的副词做一番比较与分析。

5.1 "才"与"就"

从总体上看,"才"与"就"在表达时空关系、逻辑关系方面是一对反义副词,但有时两者却又是同义的。

5.1.1 当语义都指向左面时,"才"表示增值强调,"就"表示减值强调,两者正好相对,比如:

1) a. 这个包三个人就能抬动。
   b. 这个包三个人才能抬动。
2) a. 三个钟头就能回来。
   b. 三个钟头才能回来。

3) a. 稍作迟疑就向下跳去。
   b. 稍作迟疑才向下跳去。
4) a. 三言两语就把他打发走了。
   b. 好说歹说才把他打发走了。

1)a 表示三个人少,1)b 表示三个人多;2)a 表示三个钟头时间短;2)b 表示三个钟头时间长;3)a 强调很快就跳了下去,比想象的要快,3)b 强调略作耽搁才跳下去,比想象的要慢;4)a 强调轻而易举,4)b 强调非常艰难。总之,当语义左向时,"就"表示"少、短、快、易","才"表示"多、长、慢、难"。下面这个例子清楚地说明"就"与"才"的语义差别:

(241) 我要是拉白天,一早儿出去,三点钟就回来;要是拉晚儿呢,三点才出去,夜里回来。(老舍《骆驼祥子》)

有时候,似乎用"才"或用"就"都行,但句子的蕴涵义不同。比如:

(242) a. 这张支票明天才到期,你能给我兑一兑吗?(老舍《方珍珠》)
   b. 这张支票明天就到期,你能给我兑一兑吗?

(242)a 用"才",主观上强调时间太迟,这是从自己的角度说的,其蕴涵义是:"我现在就想买东西,可惜这张支票还不能用,要明天才到期,太迟了。"(242)b 用"就",主观上强调时间很短,这是从对方的角度说的,其蕴涵义是:"你今天把这张支票兑给我,明天就能拿回来,时间很短。"(242)a 表示不到期的状态一直要延续到明天,着眼点是"不到期";(242)b 表示到期的状态明天就能开始,着眼点是"到期"。

5.1.2 表示逻辑关系时,"就"表示充分条件,"才"表示必要条件;"就"表示条件松、要求低、标准宽,"才"表示条件紧、要求高、标准严。比如:

1) a. 有困难就派我们去。

　　b. 有困难才派我们去。

2) a. 只要不是缺胳膊少腿的就行。

　　b. 五官端正英俊潇洒的才行。

3) a. 随便浏览了一遍就送去了。

　　b. 仔细校对了三遍才送去。

4) a. 这种手术，普通医生就能做。

　　b. 这种手术，主任专家才能做。

仔细分析起来，"松、低、宽"与"紧、高、严"各自内部也是相通的——前者淡化，后者强化；前者随便，后者认真；前者是开放性的，后者是限制性的。

5.1.3 表示语气情态时，"就"具有肯定的语气、态度坚决，"才"带有申辩的语气，态度激切；"才"往往要同"呢"合用，"就"不需要。比如：

1) a. 她就喜欢看小说！

　　b. 她才喜欢看小说呢！

2) a. 我就不去！

　　b. 我才不去呢！

3) a. 你就死心眼儿呢。

　　b. 你才死心眼儿。

4) a. 我就不信我学不会。

　　b. 我才不信我学不会呢。

仔细分析起来，a、b 各句虽然都表示语气，都有带强调的口气，但是存在着相当的差异：1)a 带有贬义，略含责备的口吻；1)b 带有褒义，略带赞扬的口气。2)a 表示不可更改，言外之意是，"你们再劝也没用"；2)b 表示不屑一顾，言外之意是："你们要去你们去。"3)a 重在肯定与责备；3)b 重在申辩与反驳。4)a 表达主体强烈的意志和意向，强调的是

"不信";4)b 表达主体坚定的信念与态度,强调的重点是"我"。

5.1.4 以上是"就"与"才"相对的一面,但"就"与"才"也有相同相近的一面,那就是当语义都右向时,都可以表示减值强调。比如:

1) a. 他就喝了一杯酒。
   b. 他才喝了一杯酒。
2) a. 我就有五块钱,不够买这些书。
   b. 我才有五块钱,不够买这些书。
3) a. 你就看了一遍,怎么记得这么清楚。
   b. 你才看了一遍,怎么记得这么清楚。

白梅丽(1987)认为在这种情况下,"就"与"才"具有"共同的意义","显然同义"。乍一看来,上面这些句子表达的意思确实差不多,然而,相同之中还是有着微妙的差异的:1)a 着重限制范围,排斥其他;1)b 着重强调数量,表示量少。"他就喝了一杯酒"意味着他只喝了一杯酒,没有吃其他任何东西;"他才喝了一杯酒"意味着他酒喝得很少,至于是否吃其他东西则不一定。2)a 与 2)b 的关系也是如此,表层语义一致,但深层含义不同。2)a 是表示我只有这点钱,另外没有钱了;2)b 则表示我身边的钱太少了,以致不够买书。3)a 带有赞叹的口气,"就"不带有明显的主观倾向,表示仅仅看了一遍而不是两遍三遍,看一遍就记得这么清楚,自然是不简单;3)b 带有不信任的口气,"才"含有明显的主观倾向,表示说话人认为看得遍次太少了,本来需要多看几遍的东西,居然看了一遍就记得这么清楚,实在令人怀疑。此外,"才"与"就"还有一个区别:

4) a. 这个星期他就来过两回。
   b. 这个星期他才来过两回。

4)a 是一个歧义句,如果"就"重读,那么"就"和"才"表示的语义大致相同。如果"就"不重读,那么表示的语义正好相反,即来的次数多。而

"才"语义后指时,一般都要重读。

以上我们分析了"才"与"就"的相异相似之处,尤其是一些细微的差别。这些差别,应该讲是清楚的、明确的,但是在实际使用中,"才""就"用混的情况还是时有所见的,甚至在一些大家的手下也出现过。比如:

(243) 此时,就是他看见只狗,他也会流泪;满心的委屈,遇见个活的东西才想发泄;他想跟她说说,想得到一些同情。(老舍《骆驼祥子》)

从上下文看,这里应该用"就"而不是"才",祥子在虎妞死了以后,心中极为难受和委屈,这时候,他见到任何人都想流泪,甚至是狗也行——只要是活的东西;这时的条件是很宽的,标准也是很松的,要求再低也没有了,自然是充分条件而不是必要条件,所以应该用"就"而不是"才"。由此可见,要想完全掌握这两个词的含义及用法并非轻而易举。

5.2 "才"与"刚"

5.2.1 "刚"与"才"在一定程度上是一对同义词,有时可以互换,不过也存在着一些细微的差别。试比较下列各句:

1) a. 他才从这里走过,骑车还能赶上。

   b. 他刚从这里走过,骑车还能赶上。

2) a. 天才亮,社员就下地了。

   b. 天刚亮,社员就下地了。

3) a. 他才六岁,就上学了。

   b. 他刚六岁,就上学了。

4) a. 人家都快看完了,我才看了一半。

   b. 人家都快看完了,我刚看了一半。

1)a 带有较强的主观色彩,主要强调他"走过这里"离说话时间很短;
1)b 较少带有主观色彩,只是表示他不久前从这里走过;尽管两句表达的意思是完全一致的——"才……就"式和"刚……就"式都表示两个动作或事件紧接着发生。2)a着重指出社员下地同天亮之间相隔的时间短;2)b则重在表示就在天由未亮转亮的那小一段时间内,社员就下地了。3)b"刚六岁"是说他正好满六岁,3)a"才六岁"则着重表示他年龄小。4)a只表示看了一半,至于看得慢的信息和语气,必须通过与前面分句对照才能显示出来;而4)b即使不加对照,后一分句也表达了看得太慢的主观情态。

5.2.2 在下面这些句式中,"刚"与"才"的差别就比较大了:

1) a. 不大不小,刚好。

   b. 不大不小,才好呢。

2) a. 身高一米六五刚达标。

   b. 身高一米六五才达标。

3) a. 他刚把车拉到窗下,虎妞就从里头出来了。

   b. 他才把车拉到窗下,虎妞就从里头出来了。

4) a. 去年嫁闺女,今年又娶媳妇,不赔不赚刚够本。

   b. 去年嫁闺女,今年又娶媳妇,不赔不赚才够本。

1)a与1)b都表示语气情态,1)a表示大小程度正合适,略含满意之态;1)b不但表示大小程度合适,而且表示很强的满意的口吻。2)a的着眼点就是一米六五,正好达标;2)b的着眼点是一米六五以上,表示勉强达标。3)a表示两个分句的动作几乎同时发生;3)b则表示两个动作一前一后,相隔时间很短。4)a与4)b的表达效果相差较远,"刚够本"是不吃亏不折本,正好;"才够本"则强调结果,前提是"不赔不赚"。

总之,"刚"和"才"尽管有相同的一面,但相同之中的差异还是不容忽视的。"刚"重在"正好","才"强调减值;"刚"用法简单,"才"用法复杂;"刚"的客观性强,"才"的主观性重。

5.2.3 在近代汉语中,"刚"和"才"作为同义词时,语义区别细微,

经常可以换用、合用。在"刚才"正式凝固前,"才刚"的使用也很普遍。比如:

(244) 宝钗笑道:"我告诉你个笑话儿,才刚为那个药,我说了个不知道,宝兄弟心里就不受用了。"(《红楼梦》第二十八回)

值得注意的是那些同现代汉语"刚才"貌合神离的"刚+才":

(245) 村口林冲等,引军接应,刚才敌得住。(《水浒传》第六十回)

这句的"刚才"必须分开来理解,表示刚刚才能抵敌得住,两个副词连用,相互间并不发生关系,都能修饰后面的动词,语义也都是后指的,这种分用的"刚才"很容易同时间名词"刚才"相混,现在已很少使用了,代之而起的是分用的"才刚"。比如:

(246) 天已慢慢长起来,他又转晃了两三趟,才刚(=才刚刚)到五点钟,他交了车,在茶馆里又耗了会儿。(老舍《骆驼祥子》)

(247) 人家快上山顶了,我才刚(=才刚刚)爬到半山腰。(吕叔湘《现代汉语八百词》)

5.3 "再"与"才"

5.3.1 "再"既可以表示一个动作或状态在某种情况下的重复和继续——"再¹",也可以表示一个动作或状态将在某种情况下出现——"再²","再²"同"才"在语义上有相近之处。比如:

1) a. *我明天才去看一个朋友呢。

b. *我明天再去看一个朋友。

1) a′. 我明天才去看那个朋友呢。

b′. 我明天再去看那个朋友。

上面两句含有"才"和"再"的句式,有一点是完全一致的,即宾语必须是定指的。也就是说,宾语所指的人或事物必须是对方预设中已有的内容。

5.3.2 "再"与"才"的一个重要的区别是,"再"字句大多是祈使句,而"才"字句大多是陈述句。比如:

1) a. 明天再去(吧)。

　　b. 明天才去(呢)。

1) a′. 看完电影再走(吧)。

　　b′. 看完电影才走(呢)。

1)a 的含义是"今天就别去了",1)b 主要表示"今天还不能去"。不过马希文(1985)认为"再^2"跟"才""最明显的区别是,有'再^2'的例句都是祈使句,有'才'的例句都是叙述句",这似乎同语言事实不尽相符。比如:

2) a. 必须先把问题调查清楚然后再研究解决的办法。

　　b. 必须先把问题调查清楚然后才研究解决的办法。

这两句话都是陈述句应该是没问题的。区别在于 2)a 从时间角度着眼,强调顺序的先后;2)b 从逻辑角度着眼,强调查清的必要。

总的说来,"再"与"才"的语义和用法相差还是比较远的,但是有些句子,似乎用"再"或"才"都行,试比较:

(248) a. 一会子离了这里,我才和你算帐!(《红楼梦》第四十三回)

　　　b. 一会子离了这里,我再和你算帐!

(249) a. 明儿我好了,一个个的才揭了你们的皮!(《红楼梦》第五十二回)

　　　b. 明儿我好了,一个个的再揭了你们的皮!

一般说来,袭人的这两句话,似乎改成"再"反而文通气顺,不过,细细玩味起来,用"才"也有用"才"的道理。"才"的语义前指,强调"一会子离了这里"和"明儿我好了",表示一旦等到那时,我就要如何如何,更突出前提条件的重要性,反过来也强调自己目前不是不想这样做,而是条件不成熟。如果用"再"当然也可以,语义重点就变成强调时间的先后了。下面这句的情况与上两例相似,"才"不宜改作"再":

  (250)张顺道:"安兄,你可借衣服与小弟穿;小弟衣裳却换与兄长穿了,才去趁船。"(《水浒传》第六十五回)

5.4 "才"与"只"

5.4.1 当"才"语义右向,表示减值强调时,同"只""仅"的语义有相似之处。

  1)a. 教室里只有三四个人。
   b. 教室里才有三四个人。

这两句表达的表层语义是一致的,但深层语义是不同的。1)a 强调数量少;1)b 强调范围小。1)a 表示教室里人太少,1)b 表示教室里没有其他人。正因为"只"重在限制范围。下面这几句就不能或不宜改用"才":

  2)a. 他只会讲汉语,不会讲英语。
   b. *他才会讲汉语,不会讲英语。
  3)a. 这种事情只能慢慢来。
   b. *这种事情才能慢慢来。
  4)a. 只你一个人去吗?
   b. *才你一个人去吗?

"只"与"不(没)"常常对举,肯定一项,否定另一项,"才"不能这样用。3)a"只"的语义指向"慢慢来",而"才"的语义指向"这种事情",而"这种事情"并不能成为唯一的条件,因此句子不能成立。试比较:

5) a. 社会主义才能救中国。

   b. 社会主义只能采取按劳分配的原则。

现代汉语的一些范围副词可以修饰做主语的名词。如"只""仅""光""单"等,这些副词在语义上是限制名词后面的或隐或显的数量结构的。比如：

（251）他们到来,用不着说话,只那默默的目送,在火线上就会变成巨大的力量。（刘白羽《火光在前》）

"才"重在表示主观性的数量少、范围小,所以不能这样用："*才那默默的目光……"

下面 b 句虽然不算错,总归不自然：

6) a. 他长了这么大了,只害过一场大病。

   b. 他长了这么大了,才害过一场大病。

6) a 带有夸耀的口吻,b 就有些不近情理,似乎嫌他生病少了。

5.4.2 在下面的例句中,"才"同"只"的含义就相差较远了,因为"才"已不仅仅表示范围了。比如：

1) a. 你才看到问题的一个方面,别忙下结论。

   b. 你只看到问题的一个方面,别忙下结论。

2) a. 我才知道她也喜欢集邮。

   b. 我只知道她也喜欢集邮。

3) a. 她才喜欢集邮呢!

   b. 她只喜欢集邮!

1)a 主要指时间,表示刚看到一个方面,还没来得及看其他,匆匆下结论未免片面;1)b 主要指范围,表示仅仅看了一个方面,其他什么也不看就下结论,太片面了。2)a 表示我现在才知道她喜欢集邮,感叹自己知道得太迟了;2)b 表示我仅仅了解她也喜欢集邮,其他情况不知道。3)a 强调她喜欢集邮的程度深,态度是肯定的;3)b 表示她对其他的业余爱好都不感兴趣,态度是否定的。

5.5 "才"与"方才"

5.5.1 "方才"的用法不多,只有当"才"的语义前指,或表示逻辑关系时才与之同义:

1) a. 直到林大娘再三唤她,方才跑进去。

b. 直到林大娘再三唤她,才跑进去。

2) a. 一些客人听见了带哭的喊声,方才知道腋下挤着一个孩子。

b. 一些客人听见了带哭的喊声,才知道腋下挤着一个孩子。

1)a 和 1)b 都表示时间关系,强调动作发生得迟。2)a 和 2)b 都是既可以看作时间关系,也可看作逻辑关系。总的说来,a 句与 b 句的差别不大,含有"方才"的句子语气缓重,带有书面语的语体色彩。

5.5.2 下面这些句子中的"方才"与"才"在现代汉语中绝对不能互换:

1) 方才(*才)王同志来过了。

2) 我方才(*才)在电车上遇到一位多年不见的老朋友。

3) 他才(*方才)来不久,又想回去了。

4) 他到北京才(*方才)几个月,情况很熟悉了。

前两句的"方才"带有明显的名词化倾向,在语义上和语法上都接近"刚才",一个重要的特点是可以单用、可以离谓。"才"在近代汉语中也可以这样用,现在已不行了。后两句的"才"的语义是后指的,强调减值,"方才"语义指前不指后,所以不能这样用。

5.6 "不过"与"才"

5.6.1 "不过"可以当连词,表示转折,这里只比较其充当评注性副词时的用法。下面诸句含义非常接近：

1）a. 他不过是个十五六岁的孩子。
　　b. 他才是个十五六岁的孩子。
2）a. 参加培训不过十来天，他已基本上掌握了操作方法。
　　b. 参加培训才十来天，他已基本上掌握了操作方法。

"不过"和"才"都可以强调程度低、数量小，都带有轻视的意味，但还有一些细微的差别。"不过"的淡化意向更浓，常常同"罢了""而已"等语气词连用。比如：

3）a. 他不过做了自己分内的事而已，没什么可夸耀的。
　　b. 他才做了自己分内的事，没什么可夸耀的。
4）a. 她不过二十二三岁，模样还挺不错。
　　b. 他才二十二三岁，模样还挺不错。

3）a更带有轻描淡写的口吻；4）a则带有评估推断的语气，还保留着"不超过"的隐含义。

5.6.2 下面这两句中，"才"与"不过"相去甚远了，"才"已不再是减值强调了。

1）a. 我不太了解，不过随便问问。
　　b. 我不太了解，才随便问问。
2）a. 卢沟桥的挑战和平津的占领，不过是日寇大军进攻中国的开始。
　　b. 卢沟桥的挑战和平津的占领，才是日寇大军进攻中国的开始。

1）a"不过"用来冲淡语气，语义还是指向后面；1）b"才"语义前指，表示逻辑关系，限定主语。2）a与2）b的语义都是前指的，但含义正好相反，2）a是淡化，2）b是强调。2）a淡化的作用是为了做铺垫，更突出随之而来日寇大军进攻的紧迫性；2）b突出了"挑战和占领"的重要性，言外之意是在此之前的小摩擦还算不上日寇的真正进攻。

5.6.3 "才"和"不过"由于语义相近,常常可以连用,"才"可以居前,也可以居后：

(252) 吃过了饭,那太阳不过才上树梢,早见随缘儿拽着衣裳提着马鞭子兴匆匆的跑进来。(《儿女英雄传》第十六回)

(253) 凭我这个法政专业毕业的大学生,才不过当上个办事员。(老舍《女店员》)

5.7 结语

以上,我们对"才"及其他六个副词做了比较和分析。毫无疑问,通过分析,对"才"的意义和用法有了更加深入的认识,对"才"的个性特点和细微特征有了更为明确的理解。而比较与分析也进一步为前面的结论提供了有力的佐证。

附注

① "才"偶尔也可以带"然",如:"才然合眼,见一阵狂风边处禅房门外有一朝皇帝。"(《西游记》第三十七回)

② 参见张相(1979)。

③《儿女英雄传》中的"得"已基本虚化,可以算是衬字。如"才得天亮,他父女翁媳合那个孩子以及下人早已收拾了当……"(第三十二回)"内中一个喜娘儿是扬州人,才得三十来岁,倒也一点点一双小脚儿;……"(第二十八回)

④ 太田辰夫认为这种"才好"是"准句末助词",参见太田辰夫(1988);黎锦熙认为是主观的表事效的情态副词,参见黎锦熙(1955)。

参考文献

[法]白梅丽(1987)《现代汉语中"就"与"才"的语义分析》,《中国语文》第5期。

北京大学中文系1955、1957级语言班编(1986),《现代汉语虚词例释》,商务印书馆,北京。

高文达主编(1992)《近代汉语词典》,知识出版社,北京。

江蓝生(1988)《皇明诏令》里的白话勅令,《语文研究》第 4 期。
蒋静忠、魏红华(2010)焦点敏感算子"才"和"就"后指的语义差异,《语言研究》第 4 期。
黎锦熙(1955)《新著国语文法》,商务印书馆,北京。
罗竹风主编(1988)《汉语大词典》(第一卷),上海辞书出版社,上海。
吕叔湘主编(1980)《现代汉语八百词》,商务印书馆,北京。
马希文(1985)《跟副词"再"有关的几个句式》,《中国语文》第 2 期。
齐沪扬、李文浩(2009)突显度、主观化与短时义副词"才",《语言教学与研究》第 5 期。
邵敬敏、饶春红(1985)说"又"——兼论副词研究的方法,《语言教学与研究》第 2 期。
太田辰夫(1987)《中国语历史文法》,北京大学出版社,北京。
文炼(1982)词语之间的搭配关系,《中国语文》第 1 期。
武克忠主编(1992)《现代汉语常用虚词词典》,浙江教育出版社,杭州。
易正中(2009)副词"才"的基本义与义项划分,《江西师范大学学报》第 6 期。
张相(1979)《诗词曲语辞汇释》,中华书局,北京。
钟华(2009)"才"重读与非重读时语义、语用功能差异,《安徽农业大学学报》第 2 期。

第二篇

结构与关系

第一章　副词的特殊句法功能
——充当补语

0. 前言

迄今为止,几乎所有的语法书和教科书——无论是认为副词属于实词的还是虚词的,在谈到副词的句法功能时,都认为副词是只能充当状语的词。即使指出有少数例外可以充当补语的,一般也只提到"很"和"极"两个。然而,这种说法同语言实际并不相符,其实,现代汉语中有相当一些程度副词可以充当补语。我们认为,全面考察这些副词(包括一些准副词)的性质和范围,分析这些副词的句法、语义、语用特点,对于正确认识现代汉语副词的性质,乃至汉语程度结构(extent construction)的功能和特征,无疑都具有重要的意义。下面就从句法功能、结构方式、表义特征三个方面加以分析。

1. 句法功能

1.1 在现代汉语中,能够充当补语的副词都是程度副词。从句法功能看,可以将它们分为两类:兼职充当补语的可补副词与专职充当补语的唯补副词。所谓可补副词,就是指那些基本功能是充当状语,但有时又可以在语义不变的情况下充当补语的副词。例如:

(1) 华大妈跟了他的指头看去,眼光便落到了前面的坟,这坟上草根还没有全合,露出一块一块的黄土,煞是难看。(鲁迅《药》)

(2) 别的一张"老鼠成亲"却可爱,自新郎、新妇以至傧相、宾客、执事,没有一个不是尖腮细腿,像煞读书人的,但穿的都是红衫绿裤。(鲁迅《朝花夕拾·狗·猫·鼠》)

(3) 白三爷的两只眼珠子,突然死死的盯住那原汤坛子一动不动了。(冯苓植《落凤枝》)

(4) 都这么说,都约得死死的,可到头来该来的总是不来,又有几个是等到的。(王朔《给我顶住》)

现代汉语中的可补副词一共有16个,它们是:"很、极、死、甚、尽、煞、至、多、远,死死、非常、异常、万分、绝顶、无比、过分"。

从历时的角度看,这类副词在补语位置上出现得相对较早。例如:

(5) 这好的很了,只是事不宜迟,老爹就要去办。(《儒林外史》第十九回)

(6) 这贾茵少孤,其母疼爱非常,书房中与贾芸最好,所以二人同坐。(《红楼梦》第九回)

(7) 章伯看得亲切,不禁狂叫道:"这些该死的奴才!你看,这船眼睁睁就要沉覆,他们不知想法敷衍着早点泊岸,反在那里蹂躏好人,气死我了。"(《老残游记》第一回)

所谓唯补副词,是指那些只能充当补语的副词。例如:

(8) 鲁四凤:(关心地)你小心,我哥哥恨透了你。(曹禺《雷雨》)

(9) 晚上回来,寂寥透顶,心里不知怎么的总觉得不快。(郁达夫《病闲日记》)

表程度的"透",有时似乎也可以充当状语,比如"把灯擦得透亮""将有关条例背得透熟"。不过,我们认为这个"透"同唯补副词"透"并没有同一性。首先,它是一个黏着的副词性语素,不能随意同其他词语搭配;其次,它虽然也表示程度很深,但不含贬义。

唯补副词总共也有16个:严格意义上的唯补副词只有5个,它们是:"透、慌、坏、绝伦、透顶"。这些副词在补语位上的虚化过程,早在清中叶就已初露端倪了。例如:

(10) 不想虚弱透了的人,那里禁得这样抖搜?早喘成一处了。(《红楼梦》第七十七回)

(11) 老残连忙起身让坐,说:"我因为这两天困于酒食,觉得怪腻的慌。"(《老残游记》第一回)

此外还有11个正在形成中的唯补准副词:"要命、要死、不行、不成、邪乎、邪行、吓人、够呛、可以、不得了、了不得"。例如:

(12) 嘴里天天说"唤起民众",民众起来了又害怕得要死,这和叶公好龙有什么两样。(毛泽东《湖南农民运动考察报告》)

(13) 走一步路,铁器碰得叮零当啷响,热闹得不行。(杨朔《三千里江山》)

从发展的角度看,这些准副词在近代也已露出了虚化的端倪。例如:

(14) 我糊涂的要死,怎么不早来请姑奶奶的安。(《红楼梦》第一百一十三回)

(15) 弄个抚台,难为情的了不得。(《官场现形记》第四十八回)

1.2 关于可补副词和唯补副词,还有三点需要说明:

a. "过分""无比""异常"等,都是由于词义逐渐虚化而从同形的形容词中分化出来的,当它们充当程度补语组成述补短语时,与那些由同形的形容词充当谓语而组成的主谓短语,在形式上相当接近,必须加以

认真分辨。试比较:

你这样做也太过分了。——我那时真是聪明过分。

战略方针英明正确,威力无比。——蘑菇又大又肥,鲜嫩无比。

我觉得情况好像有点异常。——山峰峥嵘巍峨,雄伟异常。

除了词义不同之外,它们的区别还有三点:前者还可以充当定语,譬如"过分的反应、无比的悲痛、异常的表现",后者不行;前者有时可以受副词的修饰,譬如上面的"太过分、有点异常",后者不行;后者可以将述补结构转换成状中结构,譬如"过分聪明、无比鲜嫩、异常雄伟",而前者不行。

b. 副词"多、远、透、死、坏、慌"与同形的谓词尽管在语源上有联系,但现在已成了同形词了。它们的区别至少有:前者意义空灵虚化,后者意义明确实在;前者功能黏着定位,只能充当补语,后者功能自由灵活,可以充当谓语或定语;前者可以轻读,后者读音不变。试比较:

(16) 有的时候只能个别活动,又不能明说;叫余静她们知道,事体就坏了。(周而复《上海的早晨》)

(17) 你这一穿中国衣裳,唱中国戏曲,她非喜欢坏了不可。(老舍《二马》)

同样充当补语,那么,充当结果补语的"多、远、透、死、坏"是形容词,充当程度补语的是副词。请比较:

买多了——好多了　看透了——坏透了　走远了——差远了　摔死了——想死了　砸坏了——忙坏了

除了上述区别之外,两者的语义指向也不同:前者语义指向施事或受事,后者语义指向性状本身。

c. 我们之所以认为"要命、要死、不行、不成、邪乎、邪行、吓人、够呛、可以、不得了、了不得"等已经转化为或正在转化成准副词,是因为它们与同形的形容词、助动词、谓词短语在语义和功能上存在着本质的区别。首先,它们的意义都已相对虚化,只能表示程度的加深;其次,它们的功能都很单一,只能附着在"得"后充当光杆补语,既不能受程度副词修饰,也不能用正反式提问。试比较:

要是让他知道了更不得了。/哎呀,不得了了,要出人命了!

坐上去软绵绵的,舒服得不得了。/听到这些,我真后悔得不得了。

前面两个"不得了"表示情况严重,没法收拾;后面两个"不得了"表示程度非常深。前面的"不得了"可以充当谓语,可以单独成句,可以受副词修饰;后面的"不得了"是黏着定位的,只能附着在"得"后充当补语。再比较下面的实例:

(18) 不加批评,看着错误思想到处泛滥,任凭它们去占领市场,当然不行。(毛泽东《关于正确处理人民内部矛盾的问题》)

(19) 她说别的老婆们,都有老花镜,她也借着戴过,做起活来,得劲的不行。(魏巍《东方》)

同样,这些同形的形容词、助动词、谓词短语有些也可以充当补语,不过,它们只能充当情态补语,而不能充当程度补语。试比较:

我说得还可以吧——你真糊涂得可以　他说得也真邪乎——天热得邪乎

别把它看得多么了不得——高兴得了不得　她写得不行——她气得不行

虽然两者句法功能相同,都是充当补语,但前者是自由的,还可以受其他词语的修饰,而后者是黏着的,只能以光杆形式附在后面;而且,两者的词汇意义和语义关系也各不相同。

总之,凡是准副词,都具备了一定程度的虚化、定位、黏着的特征——尽管它们都还或多或少地保留一些原实词的词义特征和形象色彩,尽管其语法化(grammaticalization)过程仍然在进行之中,而且其内部各成员之间的语法化程度也不完全一致。而这种未完成性和不平衡性,正是准副词和真副词的差异所在。

2. 结构方式

2.1 从结构方式来看,这些由程度副词充当补语的述补结构,又可以分为两种类型:组合式和黏合式。所谓组合式,是指补语同中心语之间必须使用补语标记(marker)"得"(有时也作"的");所谓黏合式,是指补语直接后附于中心语。大致有三种情况:

a. 只能充当组合式补语的,除了"很、慌"和"死死"以外,其余就是那 11 个准副词,总共 14 个。例如:

(20) 农民的举动,完全是对的,他们的举动好得很!(毛泽东《湖南农民运动考察报告》)

(21) 她既会持家,又懂得规矩,一点也不像二孙媳妇那样把头发烫得烂鸡窝似的,看着心里就闹得慌。(老舍《四世同堂》)

(22) 听见小梅来了,他心儿扑通扑通乱跳,脸上烫得不行。(袁静、孔厥《新儿女英雄传》)

(23) 今儿大水小梅俩结婚,哪一个老百姓的心眼儿里,都欢喜得不成!(袁静、孔厥《新儿女英雄传》)

"很"和"慌"只能用于组合式,实际上已成了一种搭配定型的惯用法。除了加强表达效果和协调音节韵律之外,似乎并没有什么特别的原因。

至于准副词之所以必须以组合式的形式出现,可能是因为:一、这些准副词都有相关的同形词语,如果与中心语直接黏合,就有可能被误解为由同形词语组成的主谓短语,而"得"的插入就可以在形式上提供一个明确的补语标记。比如:"糊涂得可以-糊涂可以""热闹得不行-热闹不行"。二、这些准副词都是双音节和多音节的,如果前面的中心语是单音节的话,不用"得"就不可能构成一个自足、合格的语言单位。比如:

(菜)贵得要死——*贵要死　(天)热得够呛——*热够呛

b. 只能充当黏合式补语的,共有 15 个,其中单音节的有 7 个:"极、死、尽、甚、煞、透、坏"。例如:

(24) 晚上睡觉,"老肥"情绪坏极了。嘴里唉声叹气,在门口翻身。(刘震云《新兵连》)

(25) 埋了人回来,又是大吃,直到馍菜净尽,人们才渐渐散去。(李佩甫《红蚂蚱绿蚂蚱》)

(26) 船中热甚,一房竟夕惟我一人,也自由,也寂寞,船还停着,门窗不敢打开……(鲁迅《两地书·原信》四十四)

双音节的有 8 个:"非常、异常、无比、万分、过分、绝伦、绝顶、透顶"。例如:

(27) 屋里屋外,热闹非常。(郭澄清《麦苗返青》)

(28) 不但不能剿灭"流贼",就是保全自己,也困难万分。(姚雪垠《李自成》第三卷)

(29) 他便又忙着和他们讲价钱。我那时真是聪明过分,总觉得他说话不大漂亮,非自己插嘴不可。(朱自清《背影》)

(30) 英国一份报纸 2 月 18 日引述王室消息说,15 岁的威廉王子对父亲查尔斯表示,他不想当国王,并对王室制度痛苦万分。(《英国小王子拒绝当国王》,《文汇报》1998 年 3 月 4 日)

c. 既可以充当组合式补语,又可以充当黏合式补语的,只有"远"和"多"两个。例如:

(31) 你和郭振山比差远了。(柳青《创业史》)

(32) 他比他爹自然差得远了。(赵树理《李家庄的变迁》)

(33) 它们(这些老龟)所经历的季节更迭,栉沐的燥风豪雨比我多得多,如果它们有记性,一定记得许多我所不知道的事情。(沈嘉禄《百年老龟》,《新民晚报》1998年3月14日)

(34) 不到一年,就要了二十几顷地,比原先的地多多啦。(魏巍《东方》)

应当引起注意的是,近年来出现了一种新兴的用法,那就是形容词"多"重叠充当谓语。例如:

(35) 我们还应当看到这样一个事实……虽则成绩多多,但好多音乐工作室的所谓"成绩"无非是上榜如何如何,得这个奖获那个奖……(《音像世界》1997年8月号)

(36) 奖学金多多选你没商量——高校奖学金成为新生择校砝码。(标题,《文汇报》1997年8月19日)

然而,这个"多多"是"很多"的意思——当然比"很多"更富于感情色彩;同形容词"多"带上副词补语"多"的"多多",是同音同形关系,不能混为一谈。我们之所以认为充当程度补语的"多"是副词,而不是形容词,其理由如下:[①]

一、从句法功能看,形容词补语"多"可以正反并列提问,可以附加程度副词;而程度副词补语"多"不能。试比较:

(午饭)吃得多——吃得多不多　吃得不太多　吃得多极了

(身体)好得多——*好得多不多　*好得不太多　*好得多极了

二、从语义搭配看,同一个形容词,或者一对反义形容词,不能同时出现在"得"的前后,而程度副词"多"可以。

多得多——*少得少　*大得大　*高得高

少得多——*多得少　*小得大　*低得高

其实,上述差异在一定程度上也适用于分辨其他同形的副词和形容词。

2.2 关于组合与黏合,还有以下三点值得注意:

a. 程度副词"至"的情况比较特殊,它充当补语时,既不是黏合式,也不是严格意义上的组合式,而是使用"……之至"的形式。例如:

> (37) 这种技法利用热辐射原理,而且是由外向内、向中心辐射,使鸡与调味料所含水分充分汽化而致熟,因密包,气与味毫无外泄,还要渗入炒盐的咸香,滋味醇厚浓郁,诱人之至,是以驰名。(老凤《烹饪词语杂谈》)

这个"之至",显然是由动词"之"(达到)和名词"至"(极点)虚化而来的。发展到现代,"之至"的"之"已变成了一个结构助词;而这个"至"同充当状语的"至"一样,都表示最高程度,所以可以归入可补副词。[②]试比较:

> (38) 如果姑妈不肯走,我们暂时也不好撇下她走;而且即使要走,至早也还要过两三年,不然怕两人中间会有一个走不成。(巴金《家》)

> (39) 众人同时围了上来,纷纷为少芳庆功道贺,少芳心花怒放,得意之至,不免略略谦逊几句。(须兰《红檀木》)

"至早"就是"最早","得意之至"则相当于"得意极了"。

b. 组合式和黏合式虽然都可以充当谓语,成为表述性成分,但黏合式还可以自由地充当定语状语,成为修饰性成分,而组合式则没有这么自由。例如:

> (40) 我的女主人公无疑是一个聪明绝顶的女人,那么,她将遇到一个或一些怎样的男人呢?(蒋子舟《桑烟为谁升起》)

比较"……*无疑是一个聪明得很的女人"。

(41) 你们依赖美国势力,违反人民意志,撕毁停战协定和政治协商会议的决议,发动这次残酷无比的反人民反民主反革命的国内战争……(毛泽东《国民党进攻的真相》)

(42) "没关系,谁不认识你们?大作家大艺术家,我知道你们在这里住了几十年嘛!"余经理边说边热情无比地与大家握手。(曾应枫《装修》)

比较"……* 边热情得不行地与大家握手"。

而且,一些双音节的黏合式述补结构还可以再带宾语,而组合式结构则都不能再带宾语。例如:

(43) 皆大欢喜的仇家宝则爱煞了不少妻子和母亲。(皇甫萍《孰是孰非,由观众评说》,《新民晚报》1998年2月28日)

c. 组合和黏合并不是绝对的,譬如"过分"在一般情况下都是以黏合的形式充当补语的,但我们也发现了这样的用例——不但"过分"出现在组合式中,而且整个组合式还充当了状语:

(44) 他先是连手带脚动作大得过分地将卡西亚诺扳倒在地,后是对助理裁判大为不满,追着试图攻击,后来索性脱去球衣欲退出比赛……(《不容忽视》,《足球》1998年3月16日)

而且,如果我们将观察的视角在时空两个方面稍稍扩大一点的话,那么就更有可能发现各种非常规的用法。譬如有些现在只能充当黏合补语的副词,历史上曾经出现过组合式。例如:

(45) 两人用远镜一看,都道:"哎呀,哎呀!实在危险的极!"(《老残游记》第一回)

(46) 慧生道:"老残所说极是,我们就赶紧照样去办。不然,这一船人实在可危的极。"(《老残游记》第一回)

又譬如一些在普通话中只能充当组合补语的副词,在某些官话次方言中,常常不用"得":如普通话说"累得很、多得很",而安徽阜阳话却可以说"累很了、多很了";普通话说"大得很、长得很",而贵州贵阳话却可以说"大狠了、长狠了"。③

3. 表义特征

3.0 关于副词充当程度补语的表义特征,还可以从语用的角度就其表义功用、评价色彩、语义情态等三个方面略加分析。

3.1 从表义功用看,除了"多、远"之外,绝大多数程度副词所组成的述补结构都是不含比较义的结构。

这类非较结构,在结构方式上都是单一的——要么是黏合式的,譬如由"极、死、煞、透、坏、甚、尽、无比、过分、异常、非常、万分、透顶、绝顶、绝伦"等构成的述补结构;要么是组合式的,譬如由"很、慌、要命、要死、不过、不行、不成、邪乎、吓人、够呛、可以"等组成的述补结构。

在表达效果上,虽然都不表比较,只表程度,但不同的副词所表示的意义还是略有深浅强弱之分的。大致可以分为两类:a. 表顶级义的有:"极、透、死、透顶、绝顶、绝伦、万分、无比、要命"等。b. 表高级义的有:"很、甚、非常、异常、够呛、可以、不行"等。比如下面两对例句所表程度明显不同:

(47) 屋子非常潮湿,而且里面堆满了各种废弃的建筑工具和材料,简直混乱极了。(古建军《工地见闻》)

(48) 他这个时候的心绪,就像桌子上的物件一样,杂乱得很。(吴强《红日》)

(49) 除此之外,人还有天分的差别。弱萍聪明绝顶,终其一生,不过如此。(张欣《如戏》)

(50) 向东热情无比,充满信心,卢红聪明非常,一点就懂,两

人自然一拍即合。(于艾香《生命的咒语》)

在这方面"慌"是一个例外,它一身兼跨两类:既可以表达程度特别高的顶级义,也可以表达程度相当高的高级义,比如我们既可以说"实在累得慌",也可以说"有点累得慌",也就是说"……得慌"具有一个相当宽的量幅(extent)④。

由"多""远"组成的述补结构都是含有比较义的述补结构,这类可较结构,在结构形式的使用上,都是两可的——即使是补充同一个谓词,也可以有黏合、组合两种形式。也就是:

好[　]多了＝好得多了　　差[　]远了＝差得远了

在句法环境的分布上,无论是黏合式还是组合式,都可以同"比"字结构共现。例如:

(51) 你叫俺穷人们替你摊的兵款,比这五块钱,一口袋小麦还多得多。(梁斌《红旗谱》)

(52) 当然,比我们原来设想的差远了,不过毕竟比没有强。(田盈《初春》)

"多"和"远"的区别在于:"多"的结合面比"远"宽得多,"多"可以用在一系列形容词、心理动词、感受动词的后面,而"远"一般只能出现在"差""好"等少数几个形容词的后面。例如:

(53) 李成娘这一会气已经消下去了,回头看见床头上没有那口破箱子,的确比放上那口破箱子宽大得多,也排场得多。(赵树理《李家庄的变迁》)

(54) 因为在广大球迷的眼里,万达的分量和地位要重得多,对万达队中那些"国字号"球员,特别是像孙继海这样的后起之秀,所寄予的期望也多得多。(《"国字号",更该敲!》,《足球》1998年3月16日)

(55)倘要"对证古本",则《水浒传》里的一句"那雪正下得紧",就是接近现代的大众语的说法,比"大雪纷飞"多两个字,那神韵却好得远了。(鲁迅《花边文学·大雪纷飞》)

而下面这样的句法环境都不适宜用"远":

快多了——*快远了　比以前清楚多了——*比以前清楚远了

大多了——*大远了　这下可放心多了——*这下可放心远了

总之,在搭配关系的选择上,"多"是开放的,"远"是封闭的。

3.2 从评价色彩看,这些副词和准副词大致可以分为三种:

一种既可以表示褒义,也可以表示贬义,当然更可以表示中性义。如"很、极、多、死、坏、煞、无比、非常、异常、万分、可以、不行"等。比如:

爱煞养花人——忙煞卖花人——像煞读书人——气煞自家人

欣喜万分——热情万分——激动万分——感慨万分——痛苦万分

干净得多了——放心得多了——固执得多了——险恶得多了

高兴得不行——羡慕得不行——后悔得不行——别扭得不行

另一种通常表示贬义,偶尔可以表示中性义,但不能表示褒义。如"透、慌、透顶、过分、够呛、邪行、邪乎、吓人"等。比如:

*快透了——*大透了——坏透了——恨透了——糟糕透了——手气背透了

*亮得慌——*美得慌——累得慌——堵得慌——难受得慌——真恶心得慌

*漂亮透顶——*羡慕透顶——糊涂透顶——顽固透顶——反动透顶

*乐得够呛——*好得够呛——热得够呛——憋得够呛——气得够呛

再一种通常表示褒义,偶尔可以表示中性义,但不能表示贬义。如"绝顶、绝伦、(之)至"等。比如:

绝明绝顶——机灵绝顶——*软弱绝顶——*卑鄙绝顶
美妙绝伦——清丽绝伦——*可怜绝伦——*野蛮绝伦
得意之至——感激之至——*热闹之至——*难过之至

3.3 从语义情态看,除了一小部分副词以外,大多数副词和准副词所表示的程度都带有一定程度的情感色彩和主观评价。

譬如,与"很、极"相比,"死、坏、透、煞、慌"等虽然也同样表示程度之深,但是由于虚化还不很彻底,这些副词都会或多或少地存留一些原词的语义积淀,必然会在使用中附带某些形象色彩,表露一些主观情态。试比较:

辣极了——辣死了 忙极了——忙坏了 坏极了——坏透了
气极了——气煞了 渴得很——渴得慌 饿得很——饿得慌

很显然,"很、极"所表示的是一种相对客观的程度,而"死、坏、透、煞、慌"在表示程度的同时,还附带表示了强烈的主观情态和倾向。请看实例:

(56)陈白露:冷么?我觉得热得很(比较:热得慌)呢。(曹禺《日出》)

(57)那点别扭劲儿又忽然回来了。不愿意再思索,可是心中堵得慌(比较:堵得很)。(老舍《骆驼祥子》)

再比如同样是"羡慕",带上了不同的副词,就呈现出不同的感情色彩:

(58)当时,看到其他孩子背着书包蹦蹦跳跳地走进学堂,我真是羡慕极了。(张克终《童年》)

(59)小摊主心地好,童叟无欺,见我是常客,每每在热汤里多加少许葱花,多洒几滴香油,让周围的人看得羡慕死了。(《油条大饼阳春面》,《新民晚报》1997年12月15日)

正是由于存在着这种语义色彩的差异,它们在分布组合中也显示出不同的特征。比如可以说"气死了",也可以说"气极了";但可以说"笑死了",却不能说"笑极了"。可以说"我忙死了",也可以说"我忙极了";但可以说"忙死我了",却不能说"忙极我了"。可以说"伤心透了",也可以说"伤心极了";但可以说"伤透了心",却不能说"伤极了心"。反过来,有时只能用"极",而不能用"死、坏、煞"等带有主观色彩的副词。例如:

(60) 手风琴拉得快乐极了(*坏了),热烈极了(*死了),畅快极了(*煞了)。(曹禺《明朗的天》)

上面分析的都是单音节的副词,其实,双音节副词也存在着这种主观和客观的差异,比如"非常、异常"主要表示客观程度,而"绝顶、透顶"除了表示程度之外,还带有较浓的主观色彩。至于那些准副词,几乎每一个都带有很强的主观评价意味,所以它们一般都不能用来表示纯客观的叙述。试比较:

屋里屋外,热闹非常(*热闹得可以)。

山峰高耸,雄伟异常(*雄伟得不行)。

4. 余论

4.1 语法范畴的形成、语法类别的建立,在一定的时间内当然是明确的、稳定的,然而,从一个较长的历史时期来看,语言又是一种动态的机制,它必定会不断地发展和变化。就汉语的副词而言,其形成发展也经历了一个相当长的过程。问题是,这一虚化发展过程目前并没有停止,相反,随着社会生活节奏的加快,随着语言交往的日益频繁,其进程已经并仍在加速。

如果我们将历时的虚化过程,投射到现代汉语的共时平面上,那么,就会发现,汉语补语位置上的副词,其虚化过程实际上就是一个由实而虚的连续统(continuum)。在这个连续统的前面部分,是"很、极、非常、万分"等严格意义上的副词。其后就是"可以、不行、够呛、要命"等准副词,虽然这些准副词的语法化程度相对较低,不过,它们当中的某些成员,同某些虚化不很彻底的程度副词之间并没有不可逾越的界限。再往后面,还有相当一批可以表示程度的正在逐渐虚化的词语,比如:"凶、厉害、不过、出奇、去了、着了、够瞧的、够受的、够劲儿、什么似的"等。例如:

(61)就是想庆山想得厉害,你知道他的准信吧?(孙犁《风云初记》)

(62)媳妇生下第一个孩子运涛,她喜欢得什么儿似的。(梁斌《红旗谱》)

我们之所以暂时将这最后一类从程度副词中剔除,并不仅仅因为它们在充当补语时语义尚未完全虚化(其实,有相当一些语义尚未虚化的词,比如"公然、肆意、擅自、大肆、亲自"等,只是由于只能充当状语,人们似乎并没有考虑其语义,还是将它们归入了副词),而是因为它们在充当程度补语时,还保留了一定程度的实词的句法功能。同样,这些词语同我们所确认的准副词之间,也不可能是泾渭分明的,随着时间的推移,它们当中的一部分成员肯定也会逐渐加入现代汉语程度副词行列的。总之,词类研究应当重视共时和历时相结合,应该树立起联系的、发展的动态的观点。

4.2 现代汉语的副词绝大多数都是由古代汉语的实词逐渐虚化发展而形成的。一般说来,实词虚化的成因主要有三个方面:词汇意义的抽象化、句法功能的定型化、表达功用的专职化。汉语副词的语法化过程当然离不开这几个方面,尽管其内部存在着一定的差异。总的说来,汉语副词的形成,主要是在谓词前面的状语位置上实现的,但是也应当看到,现代汉语中部分副词的虚化是在补语位置上实现的。然而,迄今为止,人们一直不愿承认部分程度副词可以充当补语。究其原因,不外乎两个方面:其一是受了国外语法体系及其词类分工的影响,始终是以"印欧语的眼光"观察汉语、看待汉语;其二是由于人们头脑中长期形成的固定的思维模式束缚了研究的思路,扼杀了"出格"的见解。其实,词的分类,本来就是一种原型范畴,词类内部绝对不可能是整齐划一的,必然会有典型成员和非典型成员之分。汉语副词中的大多数成员确实只能充当状语,而那些非典型的成员,不但可以充当状语,而且,在一定的条件下,还可以分别充当补语、定语、谓语,甚至独立成句。⑤ 总之,现代汉语的副词,肯定不是什么"只能充任状语的虚词"⑥,其内部各小类、各成员之间存在着微妙而又重要的功能差异。我们对此必须深入观察,认真分析;既要借鉴切实可行的理论为指导,又要重视具体语言事实的调查;唯有如此,才能真正认清汉语副词的本来面目,才能建立起符合汉语实际的副词分类系统。

附注

① 参看范方莲(1983)。
② 参看武克忠主编(1992)。
③ 见黄伯荣主编《汉语方言语法类编》,青岛出版社,1996。
④ 参看马庆株(1992)。
⑤ 参看陆俭明《现代汉语副词独用刍议》,《语言教学与研究》1982年第2期;张谊生《名词的语义基础及功能转化与副词修饰名词》,《语言教学与研究》1996年第4期;张谊生《名词的语义基础及功能转化与副词修饰名词(续)》,《语言教学与研究》1997年第1期。(收入本书为第二篇第二章)
⑥ 见朱德熙《语法讲义》第192页。

参考文献

蔡丽(2010)《程度范畴及其在补语系统中的句法实现》,暨南大学博士学位论文。
范方莲(1983)程度副词的几个问题,《语法研究和探索》(1),北京大学出版社,北京。
方芳(2006)《现代汉语极限性程度补语的多维考察》,四川大学硕士学位论文。
季薇(2011)《现代汉语程度副词研究》,光明日报出版社,北京。
李临定(1963)带"得"字的补语句,《中国语文》5月号。
刘兰民(2003)现代汉语极性程度补语初探,《北京师范大学学报》第6期。
马超(2008)《基于对外汉语教学的极限性程度补语研究》,山东大学硕士学位论文。
马庆株(1992)含程度补语的述补结构,《汉语动词和动词性结构》,北京语言学院出版社,北京。
瓯齐(1983)用助词"得"连接的补语所表达的意义,《汉语学习》第4期。
彭睿(2011)临界频率与非临界频率——频率与语法化关系的重新审视,《中国语文》第1期。
武克忠主编(1992)《现代汉语常用虚词词典》,浙江教育出版社,杭州。
薛红(1985)后项虚化的动补格,《汉语学习》第4期。
叶南(2007)程度副词作状语和补语的不对称性,《西南民族大学学报》第5期。
张谊生(2008)"透顶"与"绝顶"的句法功能和搭配选择,《语文研究》第4期。
张谊生(2013)程度副词"到顶"与"极顶"的功能、配合与成因,《世界汉语教学》第1期。

第二章　副词的超常搭配功能
——修饰名词

0. 前言

0.1 长期以来,一般的语法书和教科书在谈到副词和名词的语法特征时,几乎都认为副词和名词是不能互为直接成分的——它们之间不可能存在修饰与被修饰的关系。而且,相当一部分教科书甚至把能否接受副词的修饰作为区分名词和谓词的一项重要的鉴别标准。但事实上,在语言实际运用中,尤其在口语和一些比较接近口语的文体中,副词修饰名词的现象,还是时有所见和所闻的。

有关这一问题,自20世纪60年代以来,已陆续发表了一系列文章,进行了多方面的探讨。然而,迄今为止的讨论,几乎都集中在究竟承认不承认副词可以修饰名词这一表层现象上,而对于一系列基本而又重要的问题,譬如副名组合到底有哪些类型和特点?为什么有些副词可以修饰某些名词?制约副名组合关系的决定性因素究竟是什么?副名组合在表达上究竟有哪些功用等;至今没能引起应有的重视:不是仍然付之阙如,就是缺乏深入探讨。

0.2 我们认为,副词修饰名词这一语言现象,在现代汉语中是客观存在。对于这一现象,仅仅用动词的省略或脱落来解释,显然是不够的。其实,如果我们不仅仅停留于结构平面分析这种组合关系,而是将其置于句法、语义、语用的三维系统中,加以综合研究;如果我们不仅仅静态地孤立地看待这一现象,而是将其置于动态的相互联系的更加广泛的语言环境中加以全面考察;如果我们不仅仅局限于对副词本身的研究,而是将研究的触角深入到那些被修饰的名词及其语义和功能中去;那么,我们还是可以发现一些隐藏在这些特殊的语言现象背后的规律的。

0.3 从句法平面看,副词修饰名词只是一种结构组合关系,但如果深入分析这一现象,就可以发现:副词之所以能够修饰名词,其深层的原因和制约的因素其实并不仅仅在于修饰语副词,而主要在于那些被修饰的名词——或者是具有特定的语义基础,或者是功能发生了转化。下面我们就从顺序义、类别义、量度义、动核化、性状化等五个不同的方面逐一阐释各类副名结构可以组合的原因。

1. 顺序义

1.1 顺序义是部分名词的语义构成要素,也可以说是一种语义特征。具有顺序义的名词都是各自顺序系列语言链中的一环。由于含有顺序义的名词都具有明显的不同于其他名词的功能特征。所以从语法平面看,顺序义也是一种范畴性语法意义。[①]

顺序义名词有两种:一种是词义本身具有顺序义,一种是词义本身没有顺序义,语言环境使之临时获得顺序义。本身具有顺序义的名词主要有两类:时间名词和指人名词。时间顺序义名词又可以分为两个次类:循环时间名词和延续时间名词。

所谓循环时间名词就是指该序列在时轴上周而复始,循环往复。比如:上旬、中旬、下旬→上旬;春天、夏天、秋天、冬天→春天;星期一、星期二、星期三……星期天→星期一;立春、雨水、惊蛰……大寒→立春;等等。循环时间名词中有两种情况比较特殊:不等距周期和间隔性周期。不等距是指各名词之间在时轴上间隔距离不相等或模糊不清。

比如中国国家法定假日有：元旦、春节、劳动节、国庆节→元旦；又比如表示一昼夜的时间名词主要有：凌晨、拂晓、清晨、早上、上午、中午、下午、傍晚、晚上、深夜、后半夜→凌晨。间隔性是指前一循环与后一循环之间有或长或短的一段时差。比如：20年代、30年代……90年代→　→20年代；一更、二更……五更→　→一更；初伏、中伏、末伏→　→初伏；一九、二九……九九→　→一九。

所谓延续时间名词就是指该序列在时轴上持续向前、有始无终。总的说来，这类名词数量不多，使用频率也不如循环时间名词高。几乎所有的延续时间名词都是以数词为基础而形成的，比如：一天、两天、三天、四天……；一周年、两周年、三周年……四十五周年……；1世纪、2世纪、3世纪……20世纪……。延续时间名词和循环时间名词的一个根本的区别是，前者是一个开放的系统，后者是一个封闭的系统。

指人顺序义名词也可以分为两个次类：衔位名词与年龄名词。衔位名词各序列之间既有类比关系，比如教授与研究员；也有交叉关系，比如师长与少将。较常用的有：学士、硕士、博士；小学生、初中生、高中生、大学生、研究生；助教、讲师、副教授、教授；科长、处长、局长/司长、部长；村长、乡长、县长、市长、省长；班长、排长、连长、营长、团长、(旅长)、师长、军长、司令员；准尉、少尉、中尉、上尉、少校、中校、上校、大校、少将、中将、上将(、大将、元帅)等。

年龄名词的特点是名词之间的间距和界限往往是模糊的。比如：胎儿、新生儿、乳儿、婴儿、幼儿；小男孩、小伙子、男子汉、老头儿；儿童、少年、青年、壮年、中年、老年；小姑娘、大姑娘、少妇、妇女、老太太等。

临时顺序义名词大多是处所名词，某些处所名词如果正好位于同一系列的各个点上，那么，它们就有了顺序义。比如：上海、苏州、无锡、常州、镇江、南京……；北海、故宫、美术馆、王府井……。这些名词的一个特点是，其顺序方向是可以互逆的。

此外,一些机构、组织和团体的名称也含有顺序义。比如:小学、中学、大学;支行、分行、总行;少先队员、共青团员、共产党员等。

1.2 所有具有顺序义的名词都是发展变化的序列中的一个阶段,或者说都是时间或空间坐标上的一个点。由于点与点之间的演变递进乃至周而复始都是按部就班、顺理成章的,通常不需要借助外力就可以自行完成,所以,一般顺序义名词在句法功能上都可以相当自由地谓词化。也就是说,几乎所有的顺序义名词都可以带上动态助词或语气助词,灵活自如地充当谓语或谓语性成分表示发展与变化。既然这类名词都可以直接充当谓语,那么,它们当然也就都可以直接接受时间副词的修饰了。据考察,大致有三种情况:

a. 表示尚未达到某一点。例如:

(1) 快国庆啦,大家都忙着准备文艺节目呢!(吕叔湘《现代汉语八百词》)

(2) 中秋过后,秋风是一天凉比一天,看看将近初冬;我整天的靠着火,也须穿上棉袄了。(鲁迅《孔乙己》)

b. 表示已经达到某一点。例如:

(3) 都大姑娘了,还这么疯疯癫癫地满街乱跑,像话么?(易水《枫叶红了的时候》)

(4) 我已经四十多岁的人了,死了也没关系。(杨朔《三千里江山》)

c. 表示正好或再次达到某一点:

(5) 那天正好清明,上坟祭祖的人很多……(魏崇《十月》)

(6) 又星期天了,这下可要好好玩一玩了。(向东《我们这一代人》)

如果将顺序义名词在时间（或空间）坐标上一线排开的话，那么，它们同常用时间副词的配合关系可以用下图表示：

未达到某一点	正或再达某一点	已达到某一点
将、快、都快、将近	又、正、正好	才、刚、刚刚、都、早已
就¹、将要、马上、快要	再、恰好、恰巧	就²、早就、才刚、已、已经

有时，表示已经达到和尚未达到的时间副词可以交替共现或配合使用。例如：

（7）现在都北海了，马上故宫了，过了美术馆就王府井了。（转引自马庆株，1991）

（8）时间已将深夜，路上行人稀少。（吕叔湘《现代汉语八百词》）

此外，时间副词和顺序义名词组成的谓词性副名结构也可充当其他句法成分，譬如定语：

（9）一个离异过的、有两个小孩的且文化程度才小学的乡下男子居然得到为数不少的女大学生的青睐，简直有点不可思议。（冬人《反思》）

除了时间副词外，顺序义名词偶尔也可以受"都、全、全都、大半、多半"等范围副词的修饰。例如：

（10）我校七七级毕业留校的青年教师，现在全都讲师了。（《青年文摘》1988 年第 4 期）

（11）他插队落户时期的那些哥们儿，如今也多半科长、处长的了。（冬人《反思》）

1.3 值得注意的是：有时选用同一时点的不同的副词，并不仅仅是由于客观时间的先后，而是为了主观表达的需要。比如同样都是表示

已达到某一点,下面两句就选用不同的副词:

a. 才高中生,就谈起恋爱来了。

b. 都高中生了,还这么贪玩。

同样都是强调已达到高中生这一点,而且说话人同样都认为高中生不应该谈恋爱,也不应该贪玩,但前句用"才",后句用"都",因为两句的预设(presupposition)不同。前句的预设是:高中生以上的层次,比如大学生,如果谈恋爱还可以允许,但高中生不行,因为年龄还小;后句的预设是:高中生以下的层次,比如初中生,如果贪玩,还可以原谅,但高中生不行,因为年龄大了。由此可见,同一时点内不同副词的选择,往往同语用表达需要有关。

如果从相互配合的角度看,顺序义名词间隔连用同时间副词组合后,大致有四种格式:

A. 都/已经 N_1 了,快/快要 N_2 了。

如:已经美术馆了,快王府井了。

B. X 都/已经 N_1 了,Y 还/才 N_2。

如:北京已经下午两点了,巴黎才早上八点。

C. X 都/已经/早就 N_1 了,Y 连 N_2 还不是呢。

如:人家都副教授了,可你连讲师还不是呢。

D. X 才/刚 N_1,Y/早已/早就 N_2 了。

如:黑龙江畔才刚仲春,海南岛上早已盛夏了。

1.4 这种以顺序义名词为基础的副名结构,大致有两个方面的特点:(一)绝大多数顺序义名词都必须先带上动态助词"了",才能接受副词的修饰,只有"才、正、将、正好、恰好"等少数几个副词是例外。这是因为顺序义名词所蕴涵的变动不居、相互关联的语义特征,必须进入动态的言语中,才能充分显示出来,而"了"的作用就在于使其言语化、动态化。(二)由时间副词和顺序义名词所组成的副名结构,一旦进入动态,其后面一般总有一个相应的后述分句。这是因为人们之所以要指出某时某人已达到或未达到顺序系列中的某一点,其目的就在于以此作为进一步表述的依据和佐证,并以此作为参照点来证明自己的观察和判断的正确有据。而且,从逻辑的角度分析,这些句子的前后分句之间,大都还含有或隐或现的因果关系——因为快要过国庆了,所以大家都忙着准备;因为是大姑娘了,所以不能再满街乱跑;因为是清明节,所以祭祖的人很多。总之,尽管前加时间副词的顺序义名词都可以充当谓语,但是从整个表述的角度看,它们都是不自足的。

2. 类别义

2.1 众所周知,名词主要是表示人和事物的,而人和事物都是可以分类的。无论是指人名词还是指物名词,是集体名词还是个体名词,是普通名词还是专有名词,只要是名词,总会具有一些与众不同的区别性语义特征,总会具有一些据以归类或分类的基础。总之,凡名词,就会具有类别义。

在一般情况下,名词的类别义常常是不言自明的,在表述中,通常较少作为强调的重点。但有时为了表达的需要,尤其是为了作为进一步表述的铺垫或为了与相关情况进行比较,就需要突出、强调相关名词的类别义。在现代汉语中,表示名词类别的方式当然是多种多样的,譬如可以用谓词来描述,也可以用数词来限定,但如果想要突出并强调类别的唯一性和统括性,就必须使用范围副词,用各种范围副词对相关名词进行限制与概括。

2.2 强调唯一性类别的范围副词主要有:"仅、仅仅、单、单单、光、光光、偏、偏偏、独、独独、惟(唯)、惟(唯)独、就、净、只"等。例如:

(12) 他们到来,用不着说话,只那默默的目送,在火线上就会变成巨大的力量。(刘白羽《火光在前》)

(13) 现在在林外,卖大烟、弄情报,光我交给他的大烟,也有三百斤。(曲波《林海雪原》)

(14) 梭镖——一种接以长柄的单尖两刃刀,单湘乡一县有十万枝。(毛泽东《湖南农民运动考察报告》)

(15) 内容多半是,惟才子能怜这些风尘沦落的佳人,惟佳人能识这些坎坷不遇的才子,受尽千辛万苦,终于成了佳偶,或者成了神仙。(鲁迅《二心集·上海文艺之一瞥》)

(16) 我很着急,"老肥"和"元首"也很着急。惟独王滴有些幸灾乐祸,出出进进唱着"社会主义好"。(刘震云《新兵连》)

(17) 发言很热烈,独独二排长没有吭声。(郑直《激战无名川》)

为什么强调类别义的名词可以直接接受范围副词的修饰呢?对于这一现象,必须透过表层句法结构关系,观察其深层的语义关系,才能找到其能够组合的原因。其实,从语义平面看,这些副词所修饰和限制的并不是这些名词本身,而是对名词所表示的人、物、现象从数量上加以限制。由于这些表示唯一性的副词从反面讲都是排他性的,加之名词的出现,本身已提供了数量的确定性,所以,这些范围副词实际所要限制的表示类别的数量名短语,只有在需要强调的情况下,才与名词一起同现。如例(14),在大多数情况下,都可以不在表层中出现,但副词的语义实际上还是指向这些隐含的数量名短语的。试比较下列三句:

a. 仅一个项目,就节约了十多万元。

b. 仅包装一个项目,就节约了十多万元。

c. 仅包装,就节约了十多万元。

a不明确,b不精练,c简洁明了。"包装"一词既表示了事物的类,又顺带显示了事物的量,可谓一举两得。由于副词只是对名词后面所隐含的数量义进行限制,同名词本身所具有的词汇意义,并不发生直接的修饰关系,所以,这类以名词的类别义为基础的副名结构,其内部的语义关系是相当松散的。比如同一个"光香烟"实际上包含了多种语义关系,后面可以承接多种不同的后述成分:

  a. 光香烟(这一个品种),就有几十种牌子。
  b. 光香烟(这一笔开销),就花了好几百元。
  c. 光香烟(这一种礼物),就送了他几十条。
  d. 光香烟(这一类商品),就进了二三十箱。
  e. 光香烟(这一样财产),就损失了一大半。
  f. 光香烟(这一项税收),就收回了上亿元。

由此可见,在深层语义关系中,副词"光"实际上所限制的正是名词后面所隐含的数量名短语,而"香烟"只是一种形式上的主语而已。如果我们把后面隐含的成分补写出来的话,那么,"香烟"就成了名副其实的同位语(香烟这一品种)或同一性定语(香烟一个品种)了。

  有时,副词所限制的事物似乎不是单项的。例如:

  (18) 光储秀宫的装饰和臣仆的赏赐,就花了一百多万两。(任大年《戊戌变法》)

  (19) 自从改进了栽培方法,产量逐年递增。去年一年,仅苹果、梨和橘子,就收了四十多万担。(《新民晚报》1991年3月7日)

其实,在上述句子中,"装饰""赏赐"和"苹果、梨和橘子"都是作为一个单一的整体接受"光""仅"的修饰和限制的。从具体所指看,前面的两项都是指花费,后面三项都是指水果,都是属于同一个范畴、同一个类别的。换句话说,它们所表示的还是一种单一的类别,这同唯一性范围副词的排他性原则是不矛盾的。

  2.3 强调统括性类别的范围副词主要有:"凡、凡是、大凡、举凡、但凡、是凡"等。例如:

(20) 凡讨妖怪做老婆的人,脸上就有妖气。(鲁迅《论雷峰塔的倒掉》)

(21) 大凡做走狗的,都想讨主子的欢心,因而得到一点恩惠。(鲁迅《"丧家的""资本家的乏走狗"》)

(22) 凡是闹哄哄的国家就一定不平静,如果不是外患那就必定是内乱,至少也一定是庸人自扰。(冯雪峰《蛇和蜜蜂》)

(23) 举凡一切烹调秘方,他都讲得头头是道。(曹禺《北京人》)

(24) 但凡路过的人,没有一个不在这儿打尖的。(社科院编《现代汉语词典》)

(25) 在老里山一左一右三二百里范围之内,是凡一个老的跑山户,没有不知道小屯收购站老收购员王子修的。(骆宾基《山区收购站》)

统括性范围副词修饰名词或名词性短语的语义基础同唯一性范围副词修饰名词完全一致,副词后面的名词和名词性短语也只是表示事物的类别,而副词只是从数量上对其概括。因为是整个范围内的全体成员没有一个例外,所以后面隐含的数量名短语也就没有必要,甚至根本就不宜在表层结构中出现。但统括副词的语义还是指向那个隐含项的,而副名之间的语义关系,则同样也是十分松散的。

也就是说,唯一性范围副词是排除式,从反面限制事物的量、强调事物的类;而统括性范围副词是包含式,从正面限定事物的量、强调事物的类;它们在限定类别和表达方式两个方面多有相通之处,所以都可以修饰充当主语的、需要突出类别义的名词或名词性短语。

2.4 这种以名词的类别义为基础构成的副名结构,大致有以下两个方面的特点:(一)这类副名结构在句中几乎都是充当主语或者小主语的,虽然从深层语义看,其中的名词或名词性短语只是一个形式上的主语。(二)从表达的角度看,这类副名结构都是不自足的,其后面必须有一个后续成分充当谓语,以表达对前面的个体类别和全体类别的说明与评述,而且常有"就、都、也"等副词与之相呼应。

需要指出的是,尽管汉语没有严格意义上的可数名词和不可数名词之分,但名词的数量属性在其不同的类别之间还是有一定的差异的。虽然各类名词都可以同唯一性或统括性范围副词相组合,但由于受自身语义条件的限制,其组合概率是很不一致的。如果从名词所表示的语义概念这一角度考察的话,那么,一般说来,唯一性范围副词所修饰的名词以定指、实指、单指的为常,而统括性范围副词所修饰的名词则以泛指、虚指、通指的为常。②

3. 量度义

3.1 一般都认为,在现代汉语中,只有性质形容词、量度形容词、心理动词以及一部分副词的词义中才含有可以表示一定幅度的包括深浅、大小、高低、轻重、强弱、长短、多少等各种不同范畴的量度义,因此,也只有这些词才可以受程度副词的修饰。

其实,现代汉语中的相当一部分名词及名词性短语的语义中也包含着或蕴涵着一定幅度的量度义,而且,在一定的语言环境中,部分名词还可以临时获得量度义。所以,这些具有量度义的名词同样也可以受到程度副词的修饰。

根据名词及名词性短语所含量度义的不同种类和方式,可以将其分为三类:语素包含类、语义蕴涵类和语境赋予类。下面逐一举例分析。

3.2 所谓语素包含类,就是指一些名词的前一构成语素本身就含有一定的量度义。大致有两种情况:一种是该名词的前一语素是具有量度义基础的形容语素。例如:

(26) 我的心潮，沸涌到最高度，我知道于我的病体是不相宜的，而且我更知道，我所写的都不出于你们的智慧范围之外。（冰心《寄小读者·通讯十》）

(27) 这天傍晚，来到春华山最深处的小燕村。（曲波《山呼海啸》）

(28) 郑（副县长）对小四说："你说过程，太细节的地方不必说。"（何申《穷县》，《中国作家》1994年第3期）

(29) 她又留了一个极新潮的运动头，看背影像个小伙子。（袁一强《杠夫的后人》）

(30) 你说你的生母是当时一位非常新派的女性……（王蒙《轮下》，《人民文学》1986年第4期）

除了上述几例之外，在我们所收集的语料中，可以接受程度副词修饰的含有形素的名词还有："热门、美味、专业、优势、偏见、诚意、悲剧、狼狈相"等。另一种是该名词的前一语素是具有量度义的"前、后、上、下、边、中、顶、底"等方位语素。例如：

(31) 岑颤抖着静静地抬起脚，一阶一阶地走下去，一层一层地走下去，一直走到最底层。（李岩炜《说完了的故事》）

(32) 最前沿的必定是最陌生的：超细粉末。（郑宏《跨世纪追求》）

(33) 这种规定，在最下级政权中可能须作某种变动，以防豪绅地主把持政权，但基本精神不能违背的。（毛泽东《目前抗日统一战线中的策略问题》）

(34) 他瘦骨嶙峋，怒目喷火，飘飞着长发长衫，义无反顾地站到了学生运动的最前列。（蒋巍《双子星座》）

上面诸例中的三音节组合，确实具有一定程度的凝固化倾向，但至少在目前还没有成为一个定型化的词。我们的理由是:其一,"最高层""最前沿"等组合的内部结构关系是"最/高层""最/前沿",而决不是"最高/层""最前/沿"。"最"是一个可以自由运用的副词,而"层""沿"都是不能自由运用的语素。其二,"最底层""极新潮"既可以替换成"顶底层""最新潮",也可以扩展为"最为底层、最最底层""极为新潮、极其新潮"。由此可见,这些三音节组合仍然是一种副名结构。如果说,由于这些组合内部比较紧密,具有成词倾向,那么,充其量也只能算是一种随机性的语法词。其他如"最顶端、最边沿、最中央、最后排、最上方"等,也都是副名结构,而不是合成词。

3.3 所谓语义蕴涵类,就是指一些名词的词义中本身就蕴涵着一定的量度义。也有两种情况:一种是该名词的基本义蕴涵有量度义。例如:

(35)我认为李清照绝不是单凭着她的才华就流芳千古的,这位写下了无数动人绝唱的女词人最本质的特征是多情……(蒋子舟《桑烟为谁升起》)

(36)一个语言中的语音、语法单位的交汇点,是该语法单位系统最基础的单位,也是母语者最容易意识到的单位。(王洪君《从字和字词看词和短语》)

(37)今天,许多表层的东西被生活无情地剥落了,赤裸裸面对的是生命中最根本的一部分。(张欣《如戏》)

"本质"是事物最根本的属性,"基础"是事物的基点和最初的起点,而"根本"则是事物的根源和最重要的部分。这三个名词的词义中都蕴涵有量度义素,自然可以接受最高级程度副词的修饰,以此突出其超越所有同类的内在特征。其他如"关键"(事物最关紧要的部分),"实质"(事物最本质的属性)等也是蕴涵有量度义的名词。

另一种是该词的引申义(包括比喻义)蕴涵有量度义。例如:

(38) 仿佛漫天张挂着一幅无形的宣告书,上面写着:"人是比兽类更为兽性的东西!"(叶圣陶《倪焕之》)

(39) 为了射击敌人最要害的据点,他们时而射击甲点,时而射击乙点。(曲波《山呼海啸》)

(40) 过了好一会,凌说:"岑,我这会儿觉得挺沧桑的。"(李岩炜《说完了的故事》)

"兽性"的引申义是极端野蛮、极端残忍的性情,"要害"的引申义是最为致命、最为重要的部分,"沧桑"的引申义是非常深刻、非常巨大的变化。总之,这三个词的引申义中都包含有一定程度的量度义。其他如"理性、智慧、福气"等的引申义也都是如此。这些词的引申义再进一步发展,同基本义逐渐分化而定型,就成了像"科学、民主、典型、精神、理想、形象"那样的真正的名形兼类词了。

3.4 所谓语境赋予类,就是指该名词本身并不含有量度义,只是在一定的语言环境中,尤其是受到程度副词修饰后,才获得了临时的量度义。例如:

(41) 她屋里一切物品都有领导风度,最大众的地方是床上增添了一个竹子做的痒痒挠儿。(牛伯成《水杯,就在床上》)

(42) 匀称的五官四肢,加上美妙的身段,和最款式的服装,他颇像一个华丽光滑的玻璃珠儿。(老舍《四世同堂》)

(43) "死了拉倒!"秋山很艺术地伸开手臂,如一展翅的天鹅。(张黎明《猴年七月》)

(44) 怎么搞的,你这家伙现在变得好市侩哟!(《中国青年报》1991年7月4日)

(45) 有时,我觉得劳改之前不过是场大梦,有时,我又觉得现在是场噩梦,第二天醒来我照旧会到课堂上去给学员们讲唐诗宋词,或是在我的书桌前读心爱的莎士比亚。但肚皮给了我最唯物主义的教育。(张贤亮《绿化树》)

"大众、款式、艺术、市侩、唯物主义"等词的词义中并不含有量度义,但由于受一定的上下文的影响和制约,尤其是前面加上了程度副词后,词义发生了一定程度的变化,于是就获得了不同幅度的量度义。有关这类副名组合的情况,后面第 5 节还要进一步讨论,此处不赘。

3.5 这种以名词的量度义为基础形成的副名结构,大致有以下三个方面的特点:(一)虽然都是副词加上名词,但名词的语义基础并不相同。有的明显,有的隐蔽;有的是内在的,有的是外加的;有的是固定的,有的是临时的。(二)这类副名结构的功能比较接近于体词,大多充当定语,也可以充当宾语。其内部组合大都比较紧密,中间一般不宜插入结构助词"de"。(三)除语境赋予类之外,前加的程度副词范围有限,只有"最、很、极、较、更为"等几个,其中以"最"的使用范围最广,使用频率最高。

4. 动核化

4.1 从句法平面看,同印欧语言相比,汉语缺乏严格意义上的形态变化,词类没有形式标记。不管出现在什么语法位置上,词形都没有变化。这就形成了两个显著的特点:一是词类的多功能(主要是名、动、形三类开放类词);二是词类和句法成分之间缺乏对应关系。譬如名词,不但可以做主宾语、定语,在一定条件下也可以充当状语和补语,甚至还可以充当谓语。例如下面这一句,名词短语和动词短语一起充当谓语,交替使用,相得益彰,各尽所能,各得其所:

(46)他身材高大;青白脸色,皱纹间时常夹些伤痕;一部乱蓬

蓬的花白胡子。(鲁迅《孔乙己》)

同样,汉语的谓词除了可以充当谓语、定语之外,也可以充当状语、补语,在一定条件下还可以充当主语、宾语。比如下面这一句,充当主语的既有名词,也有谓词,而且主要是谓词:

(47)我们在日常生活中所看见的统一、团结、联合、调和、均势、相持、僵局、静止、有常、平衡、凝聚、吸引等等,都是事物处在量变状态中所呈现的面貌。(毛泽东《矛盾论》)

从语义平面看,上述现象又可以解释为:汉语的名词一般表示指称义,在动核结构中充当动元,但在一定前提下也可以表示陈述义,充当动核。同样,谓词一般表示陈述义,在动核结构中充当动核,但在一定前提下也可以表示指称义,充当动元。③正因为汉语缺乏形态变化,所以,无论是名词充当动元、谓词充当动核,还是名词充当动核、谓词充当动元,在形态上都可以没有任何变化,不带任何标志。这就使得相当一部分名词及名词性短语能够在不改变词性的情况下根据不同的语用需要灵活自由地进入述位,表示陈述义。例如:

(48)他不讲究穿:冬天棉衣中山装,夏天一件白衬衫。(曹宇翔《梦想飞翔的大树》)

(49)搭理他呢!让他自个嘴上快感去。(王朔《永失我爱》)

(50)这天是星期日,上午,有一家刊物来采访,然后,朋友安迪带我去他家午饭。(王安忆《荷兰行》)

(51)台下一片掌声,好,这位新市长爽气,不说废话。(陆文夫《故事法》)

(52)虽然世事浮云、人生飞絮,变化很大,浅水湾也日渐改变昔日风貌,却改变不了它给人所刻下的心痕。(曾敏之《浅水湾之忆》)

4.2 汉语副词的基本功用就在于对谓词及整个句子进行限制或修饰,名词及名词性短语无论以什么样的方式动核化,只要进入述位,表示陈述义,就自然可以接受各种副词的修饰了。例如:

(53)您老果然好眼力,他征服过上千的猛牛和烈马,从来没有彻底失败过和认输过,不是没有失过手,而是从来没有软蛋过。(沙蠡《纳西汉子》)

(54)可我们毕竟同学过,二十年后的今天,"同学"的意味实际上不仅仅是同学。(王安忆《老康回来》)

(55)男的叫陆全枞,一袭西装领带,头发油光可鉴,横腰一只棕色翻盖皮包,分明一副上海滩少爷派头。(姜滇《小楼昨夜》)

(56)门外却有人说:"打扫卫生可不敢打死蚊子,蚊子是吸过庄老师的血的,蚊子也是知识蚊子,让我们来了叮叮我们,也知识知识。"(贾平凹《废都》)

4.3 需要注意的是,实际上存在着两种以动核化为基础的副名结构。一种是名词动核化后再受副词的修饰,一种是名词受副词修饰后再加核化。前者实际上就是一般的名词谓语句的扩展式,后者则是一种特殊的副名结构谓语句。这两种句式虽然表层形式完全一致,但深层关系却存在着根本的区别:前者的副词是后加的,句中没有副词,句子照样成立;后者的副词是先决的,句中没有副词,句子就难以成立。试比较下面两组句子:

A. 您老果然好眼力。→您老好眼力。
   王队长大概广东人。→王队长广东人。
   何大妈的确热心肠。→何大妈热心肠。
   这孩子也真小心眼儿。→这孩子小心眼儿。

B. 那一定好消息。→*那好消息。

你这家伙净废话。→* 你这家伙废话。

你小子也太小儿科了。→* 你小子小儿科了。

这不太有些儿戏了吗？→* 这不儿戏了吗？

A 组的副词是任意的，副词的功用主要在于对命题进行主观评价；而 B 组的副词是必需的，副词不但具有修饰、评注功能，而且还具有连接、成句功能。前面例(53)至例(56)都是 A 式句——名词谓语句的扩展式，下面诸例则是 B 式句——副名结构谓语句：

(57) 还留学生呢，狗屁！（曹禺《北京人》）

(58) 身上花里胡哨的净泥点点。（郭澄清《大刀记》）

(59) 要讲洋，咱都洋！你东洋，我西洋！看谁洋得过谁！（张晓东《内聚力》）

(60) 胡眼镜大背头一梳，配上一副赛璐珞眼镜，穿了一身料子制服，脚下一双米色皮鞋，整整齐齐，绝对潇洒，绝对一个学者。（辛实《大山里小屯子》）

在这几例中，正是由于副词的修饰，才促进了名词的动核化，整个副名结构才得以进入述位，才能够表示陈述义。

(61) 事实总归事实，你再去解释也是白搭，我看就算了。（魏崇《十月》）

此外，除了 A、B 两式之外，还有一种介于两者之间的 C 式句。C 式句中副词的使用，既不是任意的，也不是必须的，使用与否完全取决于整个句子的信息量是否充足。试比较：

C. 红卫兵们全都红袖章、黄军装。→红卫兵们红袖章、黄军装……

参加仪式的学生一律白衬衫、蓝裤子。→参加仪式的学生白衬衫、蓝裤子……

C组的句子,如果没有副词,句子仍能成立,但是名词由陈述转变为描摹。这样,后面自然还需要进一步的表述,所以,句子就不完整、不自足。也就是说,具有副词的句子是自由的,而没有副词的句子是黏着的。从表述的角度看,C式句中副词对名词的概括正是表义的重点、信息的焦点。请看实例:

(62)红卫兵们全都红袖章、黄军装。一个个腰间束着军用皮带,手上拿着传单、话筒;……(力波《文革漫记》)

(63)男孩子一律草绿色军服,女孩子一律天蓝色衣裤,银线镶嵌。(柯岩《特邀代表》)

4.4 这种以名词的动核化为基础的副名结构,大致有以下三个方面的特点:(一)能够动核化进入述位的名词大都是说明、描述人物的籍贯、仪表、秉性、年龄或事物的形状、性质、功用以及天气、日期等情况的;名词动核化后,一般都可以带动态助词或语气助词。(二)能够同动核化的名词搭配的副词范围较广:程度、范围、时间、频率、否定、评注等各类副词都可以,而且数量也不少;但也要受语言习惯的约束,一般不能随意类推换用其他同类副词。(三)在这类副名结构中,不少副词不但具有限制、评注功能,而且还具有黏合、连接功能;此外,在一定的情况下,副词还能够促使名词的功能发生转化,或充当完句成分,使得句子的表述变得自足。

5．性状化

5.1 一般说来,名词除了具有直接反映、概括客观事物本质的理性义之外,还有一系列附加于理性义的意义和色彩,比如语体义、评价义、搭配义、内涵义、内部形式义等。其中内涵义是指说话人对所指对象的委婉含蓄的主观认识,反映了人们对事物特征的主观态度和评价,具有不稳定、可增减、要在具体语境中方能显示的特点。具体地讲,名词一般都是指称人和事物的,而人和事物的特征是多方面的,比如人的外貌、秉性、习惯、性别、经历、籍贯、声誉等,物的性质、形状、功效、历史、影响等,都具有各自的特征。这种与众不同的特征在具体语境中自然会引起人们的联想,激发人们产生多方面的想象,这就使得名词得以在客观的理性义的基础上又产生了主观的丰富多样的内涵义。④

一般情况下,人们使用名词主要是使用其理性义,发挥其指称功能,但在特定的场合,人们为了交际和表达的语用需要,为了引起读者或听话者的联想和想象,也可以使名词的功能性状化,使用其内涵义。这种表义功能的转变,在印欧语言中,一般都是通过附加后缀,使名词转变为相应的形容词,并充当各种表述成分来实现的。但汉语没有形态变化,在名词后面附加"样、式、型、性、化、腔"等类后缀及"一样、似的"等比况助词,虽然也能表示相关的含义,但并不能真正改变名词的表义功能——使名词性状化。要想使名词的指称功能性状化,唯一可行的办法就是在名词前面附加程度副词,并且让这种副名结构充当谓语、述语或状语、补语、定语等表述成分或修饰成分。这样,以名词的性状化为基础的副名结构就形成了。

可以前加程度副词表示内涵义的名词很多,可以是普遍名词,也可以是专有名词,可以是指人名词,也可以是指物名词。只要该名词的内涵义是具有个性的、富有特色的、比较普及的,尤其是足以引起人们联想的,都可以性状化。从我们所收集到的资料看,大致可以分为四种:内涵凸现式、特征概括式、概念状化式、形象比喻式。

5.2 内涵凸现式。内涵凸现式性状化名词大都是指人名词,基本上都是一些表示不同的社会阶层和社会角色的名词。主要有:"官僚、瘪三、市侩、流氓、天才、市民、农民、贵族、学究、权威、绅士、傻瓜、笨蛋、

小市民、王八蛋、哥们儿、英雄好汉、江湖骗子、奶油小生"等。例如:

(64) 老教师们已经开过几门课,他们很快接过一些科目……我也不能太露怯、太瘪三,我接受了自己比较熟悉和喜欢的两个剧目。(马中行《我要属狼》)

(65) 爸很绅士地点点头,问我:"小姐,游泳衣带了吗?"(冯敬兰《失却的伊甸园》)

(66) 我要是把想的什么都说出来,那可就太流氓了。(陈建功《鬈毛》)

在上面三例中,"瘪三、绅士、流氓"当然不是指三种人,而是与这三种人密切相关的三种性状。这三个名词通过前加副词作为性状化手段使原来所蕴涵的内涵义凸现了出来。这三句所表示的分别是:像瘪三那样贫穷、寒酸、可怜、落魄;像绅士那样有教养、有礼貌,谦恭而不失高雅,殷勤而不显做作;像流氓那样耍赖、放刁、下流、无耻。除此以外,部分表示性别的名词,比如"男性、女性、父性、母性、男人、女人"等也可以用这种方式凸现内涵义。例如:

(67) 这位信通集团二公司的总经理,金燕静——这名字很女性,轻盈、文雅。(陆星儿《超级妇女》)

所谓"很女性",在这里所表示的正如后面所说明的那样——轻盈、文雅、优美、动人,富有女性的魅力。

值得注意的是,一些较长的指人名词,在性状化时可以节略,比如"奶油小生、江湖骗子"可以分别说成"太奶油、很江湖"。例如:

(68) 况齐又长得太奶油了一些,这与岑心目中的铮铮硬汉……相距甚远,岑实在不能够喜欢他。(李岩炜《说完了的故事》)

"太奶油"同食品奶油自然是风马牛不相及的,实际所表示的是:太缺乏阳刚之气了。

5.3 特征概括式。特征概括式性状化名词大都是地域名词,主要是指一些比较有名的、具有独特个性特征的、能够引起某种联想和共鸣的国别和区域的专有名称。比如:"中国、日本、美国、法国、英国、德国;东方、西方;上海、北京、山东、四川、广东、香港"等。例如:

(69) 我长得很丑,但本人长得很中国,中华民族五千年的沧桑和苦难都写在我的脸上。(《北京青年报》1991年3月3日)

(70) 那男人的模样,很山东,车子上扭屁股一骑一蹬,更山东了。(阿成《回望古城》)

(71) 于是,在阿跷上学的那一年,他们全家搬到了最最中心、最最繁华、"最最上海"的淮海中路的一条新式弄堂里……(王安忆《阿跷传略》)

在上面三例中,"中国、山东、上海"当然也不是指三个地方,而是与这三个地方的人和物具有紧密联系的区别性特征。"中国"在这里是指中华民族的民族个性特征:多灾多难而忍辱负重,饱经磨难而自强不息。也就是说,"我"虽然长得粗俗、丑陋,但却显得刚毅、坚忍,富有民族特征。"山东"在这里是指山东人所特有的气质和形象特征:粗犷有力、憨厚深沉,虽略带土气却富有朝气。而"上海"在这里是指上海作为一个东方大都市的最具上海特色的建筑、商业、文化、娱乐的设施和场所以及道路交通、市容市貌等。除此以外,部分表示时间的名词,比如"现代、古代、历史、未来"等也可以用这种方法来概括其内在的特征。例如:

(72) 有些女士表面上很现代,但实际上对自己的权利不再看重,对男人依赖心理加重。(《新民晚报》1994年4月3日)

(73) 而我爸这人什么都好,就是太历史了。他说你没见香港有人炒股炒得跳了楼?(张黎明《猴年七月》)

"现代"和"历史"在这里当然并不仅仅指时代。前者是指现代人所具有的特征:具有新式的思想观念和行为规范,顺应时代潮流、富有时代气息。而后者则是指一些过来人、老年人往往具有的特征:保守、传统、胆小、谨慎、安于现状、怕担风险等。

5.4 概念状化式。概念状化式性状化名词大都是抽象名词,主要是一些表示各种现象、状况、范畴等的名词。通过前加程度副词等方式,这些名词所表示的概念都发生了转变,成了各种各样的性状。常见的可以状化的抽象概念名词有:"原则、艺术、传统、青春、水平、危机、文化、朝气、哲理、情趣、情感、罪恶、色情、福分、诗意"等。例如:

(74) 小何是一个很传统的女人,总是问:男人这样女人怎么活?(储福金《心之门》)

(75) 每逢这时,老 G 都要将女友信中那段最露骨、最肉麻、最情感如火如荼的语言摘取出来,念给老 A 听。(严歌平《抽屉》)

(76) 刘晓庆的确变了,穿了一套白底镶天蓝的运动装,扎一根松松的马尾辫,又朴素,又青春。(《文汇报》1991 年 10 月 31 日)

在上面三例中,"传统、情感、青春"不再是指某种抽象的概念,而是指与这些概念密切相关的三种性状。分别表示:具有传统思想的、富有情感色彩的、充满青春气息的。由于使用了程度副词,相应的动词就可以不必露面了。除此以外,一些表示各种情况、关系、类别的具体概念名词,比如"生活、技术、技巧、格局、营养、情欲、知音、朋友"等也可以性状化。例如:

(77) 他们认为我的表演细腻、准确,有激情、有内涵,许多表演上的设计是富有创造性的,而且非常生活、自然、真实。(《中国

青年报》1988年7月31日)

(78) 我觉得跟你特说得来,特知音。(王朔《顽主》)

"非常生活"就是"非常贴近生活","特知音"是指两人意气相投,亲密无间;所表示的也不再是具体的实指的概念,而是与舞台表演和人际关系相关的性状和状况。

5.5 形象比喻式。形象比喻式性状化名词大都是一些指物名词,也有少数专有名词。这些名词的一个共同的特点是:都具有一定的足以用来打比方的形象。已发现的用例有:"铁、脓包、饭桶、废物、草鸡、野马、跛鸭、嘎嘣豆、维纳斯、天安门城墙"等。例如:

(79) 我们成了"铁哥们儿",至今仍然很"铁"。(蒋子龙《子午流注》)

(80) "这个小姑娘,我看得出来,不错,挺嘎嘣豆的。"他说,他幸亏还没说乒乓脆的。(苗长水《我在南温河》)

(81) 拦网!周晓兰,绝对天安门城墙!(马中骏、贾鸿源《街上流行红裙子》)

上面三例,都是通过比喻来表示相关的性状的。分别表示:(关系)像"铁"那样结实牢固,(性格)像"嘎嘣豆"那样干脆爽快,(拦网)像"城墙"那样严密坚固。值得注意的是,要形容"牢固""干脆""严密",可以选择的喻体多得很,作者之所以选择"铁、嘎嘣豆、天安门城墙"自然也是有其内在原因的。"铁"是承前"铁哥们儿"的"铁"而来的,实际上也是一种黏连表示法;"嘎嘣豆"不但脆,而且又香又可口,所以用来比喻小姑娘是很合适的;周晓兰是中国女排队员,"天安门城墙"是中国的象征,所以外国记者会这样作比。

此外,如果用其他副词同这类名词构成比喻式的话,也可以表示性状,但不再兼表程度。例如:

(82)天青的目光从她脸上往下移了移,突然心就野马了,在他从未见过的地场上跑,收不拢缰。(阎连科《两程故里》)

"就野马了"就是指(心)像"野马"那样狂奔驰骋了起来。

5.6 这种以名词的性状化为基础的副名结构,大致有三个方面的特点。(一)从结构形式看,这类组合都是以前加程度副词作为语法手段和形式标志来促使名词性状化的。换句话说,如果不同副词相结合,这些名词的语法功能就不能转化,当然也就谈不上表示内涵义了。可以促使名词性状化的程度副词很多,既可以是绝对程度副词,也可以是相对程度副词。从出现的频率看,它们依次为:"很、最、太、非常、比较、十分、挺、特、有些、顶、相当、特别、绝对、更、好"。(二)从语义表达看,这种组合形式一方面必须以名词的理性意义作为表义的基础和前提,另一方面实际所表示的又都是一些没有明确义域的内涵义。所以这种表达方式存在着允许读者和听话者根据自身主观的知识积累而做出不同的联想和想象的随意性和模糊性。比如同是程度副词加上专有地名,"很山东"指的是山东人特有的气质秉性,"最最上海"指的是上海地区的地段级差。也就是说,内涵义的确定除了各词本身固有的理性义之外,还必须取决于一定的语言环境。甚至包括读者和听话人本人的生活阅历和背景知识。(三)从语言规范看,这种搭配方式同前几种副名结构不同,出现时间不长,尚处在探索、发展的过程中。究竟哪些名词可以前加副词性状化,哪些不宜这样用,还在实践中,所以,有些搭配难免给人一种不够规范的感觉。我们觉得,语言总是要发展变化的,判断一种语言现象规范与否,不宜简单从事,而是应该接受实践的检验。从某种意义上讲,这一表达方式多少弥补了汉语名词缺乏性状化手段的缺陷,满足了作者追求含蓄、朦胧、新颖、别致的表达方式的要求:它的存在还是具有积极意义的。

6. 结语

综上所述,正是由于名词具有了特定的语义基础或者功能发生了转变,才使得副词修饰名词成为可能。而这种组合形式的存在,不但体现了汉语组合方式的灵活性和特殊性,而且也显示了汉语表达方式的经济性和多样性。在这种结构中,表层形式和深层关系各司其职,互相制约;修饰语和被修饰语各尽所能,互为条件;句法、语义、语用三个平面交叉影响,互相渗透;虽然不合常规,但却合情合理。只要我们深入挖掘、认真归纳,这种看似"不合常规"的语言现象,还是可以阐释清楚的,它的"合理内核"也还是有规律可循的。

附注

① 参见马庆株(1991)。
② 参见陈平《释汉语中与名词性成分相关的四组概念》,《中国语文》1987年第2期。
③ 参见胡裕树、范晓(1994)。
④ 参见 Leech(1983)。

参考文献

胡裕树、范晓(1994)动词形容词的"名物化"和"名词化",《中国语文》第2期。
卢福波(1992)汉语名词功能转换的可能性及语义特点,《逻辑与语言学习》第6期。
吕叔湘(1989)未晚斋语文漫谈(一、二),《中国语文》第5期。
马庆株(1991)顺序义对体词语法功能的影响,《中国语言学报》第四期。
邵敬敏、吴立红(2005)"副+名"组合与语义指向新品种,《语言教学与研究》第6期。
施春宏(2001)名词的描述性语义特征与副名组合的可能性,《中国语文》第3期。
文炼(1982)词语之间的搭配关系,《中国语文》第1期。
许匡一(1994)性质名词及名词性质化试论,香港《语文建设通讯》总第45期。
杨海明、李振中(2004)名词性状因子的构成与"副+名"框架提取的动因分析,《语言科学》第 2 期。
杨亦鸣、徐以中(2003)"副＋名"现象研究之研究,《语言文字应用》第 2 期。
于根元(1992)"副＋名",《语法研究和探索》(6),语文出版社,北京。
张谊生(1990)副名结构新探,《徐州师院学报》第 3 期。
邹韶华(1990)名词性状特征的外化问题,《语文建设》第 2 期。
Leech，Ceoffrey (1983) *Semantics*. Penguin Books. London.

第三章 副词的重叠形式与基础形式

0. 前言

本章首先讨论副词重叠的性质与范围,然后运用对比的方法,对副词的重叠形式与基础形式在语义、句法、表达三个方面的异同进行考察与分析。

本章讨论的范围包括单音节副词和双音节副词,主要讨论单音节副词;为了便于行文,我们将副词的基础形式写作"副$_1$",副词的重叠形式写作"副$_2$"。

1. 副词重叠的性质与范围

1.0 本节主要讨论三个问题:1.重叠的性质与标准,2.似是而非的重叠,3.重叠的类别与范围。

1.1 副词重叠的性质与标准。从理论上讲,所谓重叠,实际上包含两个方面的内容,即构词的重叠与构形的重叠。构词的重叠是指接连反复某一音节或词根以组成新词的一种构词方式,构形的重叠则是对某一个词连续反复以表示某种语法意义的变化形式。一般所说的"重叠",自然指的是构形重叠。然而,现代汉语副词的重叠,却有着自己的特点。主要表现在两个方面:

(一)严格意义上的构形重叠数量十分有限。首先,尽管双音节副

词的重叠都是构形重叠,但可以重叠的双音节副词数量十分有限,只有十几个。例如:

(1) 我想到了我们中国的整个版图,在我们这一代人的手里,一定要使它真真正正地完整无缺。(秦牧《土地》)

(2) 窗台上放了只脱彩掉釉冲口缺瓷却又实实在在出自雍正官窑的斗彩瓶。(邓友梅《烟壶》)

其次,严格意义上的单音节副词构形重叠也只有十几个。例如:

(3) 绮尔维丝不是王公贵族家庭出身的千金小姐,她的父母都是最最平常最最普通的法兰西公民。(张廷竹《支那河》)

(4) 他乘势飞腿一纵,稳稳地骑在了正正适中的马背上。(沙蠡《纳西汉子》)

(二) 副词的构形重叠和构词重叠界限相当模糊。首先,有相当一部分单音节副词由于其副$_2$的频繁使用,已逐渐凝固成了一个与副$_1$相对的同义词了:

(5) 你大力叔叔的事万不可对别人说呀!(老舍《茶馆》)

(6) 谁不知道你正经……短见是万万寻不得的。(鲁迅《阿Q正传》)

在现代汉语中,"万"和"万万"都是常用副词,一般虚词词典都是分别立目,分开解释的。这表明部分副词的构形重叠已经向构词重叠转化了。其次,另有一部分单音节副词,随着双音化趋势的日益加强,其副$_1$现在一般只能出现于特定的书面形式中,而副$_2$则由于经常使用,已在口语中逐步取代了副$_1$。例如:

(7) 在六十年代里,华北大平原上捷报频传。(徐迟《地质之光》)

(8) 朋友们扼腕叹息,频频摇头,同学们委婉相劝;机关干部也深深不解。(蒋震君《别无选择》)

在现代汉语中,"频"的结合面越来越狭了,只能出现在为数有限的半凝固化组合中;而"频频"的搭配范围则很广,而且也很常用,已经成了一个名副其实的重叠式副词了。[①]这表明部分副词不但构形重叠已转化为构词重叠,而且其重叠基式已逐步退化,正在转化为一个构词语素。

正是考虑到现代汉语副词重叠有着上述一系列不同于动词、形容词重叠的特殊情况,所以,我们不准备严格区分副词的构形重叠和构词重叠。我们确定副词重叠的标准是:不论该副词的副$_2$是否成词,只要其副$_1$在口语和书面语中仍然可以单独运用;而且,其副$_1$与副$_2$在语义上具有一定的对应关系,那么,就可以认为该副词是可以重叠的。

1.2 似是而非的重叠形式。根据我们上面所确定的副词重叠的标准,下面三种重叠形式理应排除在副词重叠之外。

a. 叠音式。比如"冉冉、侃侃、孜孜、姗姗、沾沾、脉脉、落落、耿耿、翩翩"等。这些词的组成成分既不能单用,也没有单独的意义,只有合在一起才能成为一个单纯词。所以,这类重叠只能算音节的重叠。这类叠音词一般只能修饰谓词充当状语,其修饰对象通常是特定的。例如:

(9) 一想起她,我就仿佛看见她在那森严的法庭上,旁若无人地侃侃辩论的英雄姿态和她那又潇洒又泼辣的风度。(白郎《我怀念着远方的朋友》)

b. 叠词式。比如"木木、草草、节节、团团、恋恋、欢欢、紧紧、急急、妥妥、齐齐"等。这些重叠形式的组成成分都可以单用,而且在语义上同重叠式也存在着某种联系,但其基础形式都是一些名词、动词、形容词。所以这类重叠也不能算副词重叠。这类词的主要功能也是做状语。例如：

(10) 乌世保打了个冷战，退了出来，木木地顺着人流出了城，来到护城河上。(邓友梅《烟壶》)

c. 叠用式。比如"非常非常、相当相当、十分十分、特别特别、逐渐逐渐、永远永远"等。这类叠用形式的原式确实都是副词，但是对原式的叠用并不等于对基式的重叠，尽管两者都具有强调作用，都必须充当状语，但性质完全不同：叠用是一种修饰手法，重叠是一种语法手段或构词方式。我们认为，双音节副词的重叠形式只有一种，那就是 AABB 式，而不是 ABAB 式。试比较下面三句：

(11) 三爷，你帮了我的大忙！我，只要不死，永远，永远忘不了你的恩！(老舍《四世同堂》)

(12) 你出去！永远永远不要再来，我没有你这么个亲戚！(老舍《四世同堂》)

(13) 天青背地里捉住她的手，想着他对她的磨难，想着生死与共却非人非鬼的未来岁月，就想抱了她的身子，永永远远地去保卫她，不惜以命相殉。(刘恒《伏羲伏羲》)

例(11)的两个副词之间有停顿，是连用；例(12)两个副词复叠共现，是叠用；例(13)才是真正的副词重叠。

1.3 副词重叠的类别与范围。就我们所调查的语料来看，在现代汉语中，可以重叠的副词大致有四种情况。单音节重叠是副词重叠的主体，根据其副$_1$和副$_2$的使用频率和成词状况，可以分为三类。

甲类的副$_1$和副$_2$都可以自由运用，都已独立成词。常见的有："早～早早、每～每每、常～常常、白～白白、大～大大、单～单单、独～独独、刚～刚刚、仅～仅仅、连～连连、偏～偏偏、死～死死、好～好好、

足～足足、苦～苦苦、活～活活、万～万万、断～断断、稍～稍稍、略～略略、微～微微"。例如:

(14) 各王府宅门,每有喜庆,请堂会总有他,他也每请必到。(邓友梅《烟壶》)

(15) 每每想起天民提被角的那只手,天青就觉得天民把他逼进了死胡同。(阎连科《两程故里》)

乙类的副$_1$一般只能用在特定的组合之中,已具有语素化倾向,而副$_2$可以自由运用,已经成词。常见的有:"频～频频、恰～恰恰、统～统统、屡～屡屡、累～累累、通～通通、悄～悄悄、时～时时、徐～徐徐、偷～偷偷、明～明明、缓～缓缓、暗～暗暗、默～默默、速～速速"。例如:

(16)《莱芒小说》,目的是在速得一点稿费,所以最好是编入三卷一期。(鲁迅《书信集·致黄源》)

(17) 我们要大声疾呼,唤醒这些同志:速速改变保守思想。(毛泽东《反对本本主义》)

丙类的副$_1$可以自由运用,副$_2$只是副$_1$的变化形式,尚未定型为一个独立的词。常见的有:"最～最最、顶～顶顶、光～光光、生～生生、忽～忽忽、将～将将、快～快快、乍～乍乍、初～初初、真～真真、定～定定、亲～亲亲、特～特特、确～确确、正～正正、切～切切、实～实实"。例如:

(18) 当她初到的时候,四叔虽然照例皱过眉,但鉴于向来雇用女工之难,也就并不大反对。(鲁迅《祝福》)

(19) 至多,他们只会客观上代表一些初初发生的资产阶级的思想。(瞿秋白《马克思文艺论的断篇·后记》)

此外,副$_1$可以是双音节的,常见的有:"自然～自自然然、永远～

永永远远、陆续～陆陆续续、急忙～急急忙忙、时刻～时时刻刻、分明～分分明明、早晚～早早晚晚、死活～死死活活、着实～着着实实、实在～实实在在、委实～委委实实、迟早～迟迟早早、真正～真真正正、的确～的的确确、先后～先先后后、特为～特特为为、确实～确确实实"。例如：

(20) 再往上仔细看时,却不觉也吃了一惊：——分明有一圈红白的花,围着那尖圆顶。(鲁迅《药》)

(21) 程顺再一跃,还是攀不着,在地上拾起石头去掷打,石头掉下来,还是刚才那石鼓,分分明明像一块人的骷髅头。(贾平凹《废都》)

2. 副$_1$与副$_2$在语义功用上的区别

2.0 副$_1$与副$_2$语义功用的区别,主要表现在四个方面：1.缺略, 2.增添, 3.偏重, 4.分化。下面分别叙述。

2.1 缺略。所谓缺略,是指副$_2$只对副$_1$的某些用法进行强调,只继承了副$_1$的部分义项,从而使副$_2$的义项在重叠的过程中有所缺略。比如"明～明明、独～独独、常～常常、将～将将"等都属这类情况。

"明"有两个义项：a.公开地、不隐蔽地, b.很明显地、清清楚楚地。"明明"只继承了后一义项。例如：

(22) 都是自己人,有话明说,不必转变抹角的。(《青年文摘》1991年第3期)

(23) 一种明知不妥,而很愿试试的大胆与迷惑紧紧的捉住了他的心。(老舍《骆驼祥子》)

(24) 明明说出来的是一句好话,然而重音不同、语调不同、声气不同,其内涵也绝然不会相同了。(谌容《献上一束夜来香》)

"将"有三个义项:a.表示不久将要,b.表示必将发生,c.表示勉强达到。"将将"只能表示第三义项。例如:

(25) 那三三两两的人,也忽然合成一堆,潮一般向前赶,将到丁字街口,便突然立住,簇成一个半圆。(鲁迅《药》)

(26) 苟活者在淡红的血色中,会依稀看见微茫的希望,真的猛士,将更奋然而前行。(鲁迅《纪念刘和珍君》)

(27) 房钱,煤米柴炭,灯油茶水,还先别算添衣服,也就将够两个人用的,还得处处抠搜。(老舍《骆驼祥子》)

(28) 二爷的收入将将够他们夫妇俩花的,而老三还正在读书的时候。(老舍《四世同堂》)

同类副词还有"死～死死、生～生生、特～特特、正～正正"等。一般说来,副₂所继承的副₁的义项,都是比较常用的、较少书卷气的,这同副₂的表义特点和语体特征有关。

2.2 增添。所谓增添,是指副₂在继承副₁的原义项的基础上,在使用中又衍生了新的义项,从而使副₂的义项有所增添。比如"刚～刚刚、时～时时、悄～悄悄、苦～苦苦"等均属这种情况。

"时"和"时时"都可以表示"时常、常常",但"时时"还可以表示"一直不断地、每时每刻地"。例如:

(29) 因其家庭负担之重,工资和生活费用之不相称,时有贫困的压迫和失业的恐慌,和贫农亦大致相同。(毛泽东《中国社会各阶级的分析》)

(30) 但不知怎地,我总是时时记起他,在我所认为我师的之中,他是最使我感激、给我鼓励的一个。(鲁迅《藤野先生》)

(31) 山峦时时变化着,一会儿山头上幻出一座宝塔,一会儿洼里又现出一座城市,市上游动着许多黑点,影影绰绰的……(杨

朔《海市蜃楼》)

"悄"和"悄悄"都可以表示"没有声音地、不露声色地",但"悄悄"还可以表示"声音很低地"。例如:

(32) 老会计两手小心翼翼地捧着饭盒,踏着悄无声息的步子走到自己的铺位上盘腿坐下。(张贤亮《绿化树》)

(33) 他们无意间结了同盟悄悄监视,却始终找不到把柄。(刘恒《伏羲伏羲》)

(34) 身旁一位婆婆悄悄对我耳语道:"他就是市管会肖主任,又狠又贪……"(何洁《落花时节》)

一般说来,副$_2$在副$_1$的基础上所增添的义项,都是对原义项的进一步引申,而且这类副$_2$大多是比较常用的。

2.3 偏重。所谓偏重,是指副$_2$在副$_1$的基础上产生后,在使用的过程中,各自的使用范围发生了偏移,各义项的使用频率产生了较大的差异。大致可以分为两种:一种是副$_2$产生后,副$_1$的某一义项用频降低,逐步退化,偏向了另一义项。比如"活~活活、偏~偏偏"就是如此。

"活"和"活活"都有两个义项:a. 在有生命的状态下,b. 简直是、完全是。"活"的前一义项现在已很少使用了,"活活"的两个义项则都很常用。例如:

(35) "活咬死钱葆生!活咬死薛宝珠!"……忿怒的群众像雷一样的叫喊着。(茅盾《子夜》)

(36) 贾老夫子在关押中,被犯人集体"吹号"一周,活活饿死在牢房里。(何洁《落花时节》)

(37) "忘记?我可没忘记,我是刻骨铭心,记住了总指挥你的恩德呀!"许登庵咬牙切齿地说,活像一只狼。(杨佩瑾《霹雳》)

(38) 这女孩子的气质和脾性活活就是青年时代的梁建。(杜

鹏程《在和平的日子里》）

上面例(35)的用法,现代汉语中已十分罕见了。

偏重的另一种是副$_2$虽然继承了副$_1$的全部义项,但某些义项并没得到充分发展,很少使用,从而偏向了另一义项。比如"白～白白、每～每每"等就属于这种情况。

"白"可以表示"无效地、徒劳地",也可以表示"无代价地、无报偿地","白白"主要表示前一义项,很少表示后一义项。比如下面例(42)中的用法就很少见:[②]

(39) 一会儿,他又往回想,白死有什么用处,快意一时……连点血痕也留不下吧?(老舍《杀狗》)

(40) 教你哥哥白白死在敌人手里,永远没人去报仇!(老舍《归去来兮》)

(41) 他时常送给她们一点他由铺户中白拿来的小物件,而且表示他要请她们看电影或去吃饭。(老舍《四世同堂》)

(42) 她自己是一棵草也不肯白白拿过来的人。(老舍《四世同堂》)

2.4 分化。所谓分化,是指副$_2$产生之初就同副$_1$分道扬镳了,尽管在语义上尚存某种联系,但副$_1$与副$_2$的表义功用已基本分化。比如"早～早早、好～好好、亲～亲亲、定～定定"等均属这类情况。

"早"所表示的是行为或情况的发生距说话时已有一段时间了,后面常跟"就、已"等副词;"早早"所表示的是行为或情况尽早地进行,相当于"尽早、尽快"。例如:

(43) 其余的都是小船,不合用;央人到邻村去问,也没有,早都给别人定下了。(鲁迅《社戏》)

(44) 听说要回"娘家"观光,这些"老广场"甭提有多高兴了,

他们早早吃了午饭,就乘车从浦东、梅陇、彭浦等地赶来。(《新民晚报》1994年9月7日)

"好"表示程度,相当于"多、多么、很",而"好好"表示情态,意思是"尽力地、尽情地"。例如:

(45) 山头忽然漫起好大的云雾,又浓又湿,悄悄挤进门缝来,落在枕头边上……(杨朔《泰山极顶》)

(46) 大家说,阴天好睡觉,今天该好好休息了。(刘震云《新兵连》)

上述语义分化的副$_1$与副$_2$在表义功用上已没有多少联系了。如果从来源和形成的角度看,也可以认为,这些副$_2$并不是由副$_1$重叠而来的,而是由同形的形容词性语素重叠转化而成的。不过,既然本章并不严格区分副词的构形和构词,而这些基式和叠式在现代汉语中的句法功能基本一致,都是副词,语源上又有着相当程度的联系,所以,我们姑且还是将它们归入副词的基础形式与重叠形式的范围之内。

3. 副$_1$与副$_2$在句法功能上的差异

3.0 副$_1$与副$_2$句法功能的差异,主要表现在三个方面:1.后附语缀,2.句中位序,3.音节搭配。

3.1 后附语缀。所谓后附语缀,就是在副$_1$和副$_2$后面附加后缀"de"("的"与"地")的情况。

首先,一般说来,副$_1$后面都是不能附加后缀"de"的。比如下面两句就不能加上"de":

(47) 国扬起脸,想笑,却见一屋子黑气,早(*de)软了,膝盖怯怯地跪下了。(李佩甫《红蚂蚱绿蚂蚱》)

(48) 天青走出天民家,在门外死(*de)蹲了大半晌。(阎连

科《两程故里》)

只有"真"是例外,后面常常可以跟"的"。例如:

(49) 糟糕,真的迷失方向了。(峻青《黎明的河边》)

单音节副词可以附带后缀"de"的,还有"猛、忽、蓦、霍、兀、倏"等,不过这些副词一般都不能重叠,只有"忽"是例外,偶尔也可以重叠。例如:

(50) 我在教练所,忽忽已有一个多礼拜了。(胡国梁《黄花岗之役》)

所以,"忽地"也可以说是副$_1$附带语缀的又一个例外。如:

(51) 那西瓜地上的银项圈的小英雄的影象,我本来十分清楚,现在却忽地模糊了……(鲁迅《故乡》)

"真的、忽地"现在已逐步融合,具有成词倾向。

其次,副$_2$附带语缀"de"大致有三种情况。

a. 大多数副$_2$带不带"de"是任意的,一般说来,带了"de"之后,更突出摹状性。试比较下面两句:

(52) 我觉得她真的有点和平常不一样,暗暗[de]感到有些蹊跷,但又不好意思再板着脸。(邓友梅《在悬崖上》)

(53) 我妈开始叹气,开始暗暗地落泪。(史铁生《插队的故事》)

b. 有少数副$_2$习惯上是不带"de"的,比如"最最、顶顶、刚刚、初初、光光、切切、恰恰、确确、正正、忽忽"等。例如:

(54) 我最最(*de)衷心地虔诚地感激哈尔滨市政府为我的老父亲和老母亲解决了晚年老有所居的问题。(梁晓声《母亲》)

(55) 这个——这可叫我怎么回答呢？这个我恰恰(﹖de)没有研究过。(张天翼《给孩子们》)

c. 还有一部分副₂，比如"明明、偏偏、常常、屡屡、独独、单单、仅仅、每每、万万、断断、乍乍"等一般不带"de"，但为了突出摹状性或为了舒缓口气，偶尔也可以附带"de"。下面这样的用法是不常见的：

(56) 我的意思是，先生那冠冕堂皇的"自白"里，明明的告白了农民的纯厚，小资产阶级的智识者的动摇和自私……(鲁迅《答杨村人先生公开信的公开信》)

(57) 单单的杀人究竟不是文艺，他们也因此自己宣告了一无所有了。(鲁迅《黑暗中国的文艺界现状》)

最后，双音节副词的副₁和副₂一般都可以后附语缀"de"，带不带也是任意的。不过，也有少数几个副₁，比如"早晚、迟早、先后、着实、实在、的确、自然"等习惯上很少后附"de"，但重叠后，则往往需要带上"de"。试比较：

(58) 朱老忠坐在洋车上，看路旁的黄谷穗儿蹦跳，红高粱穗儿欢笑，心里着实(﹖de)高兴。(梁斌《红旗谱》)

(59) 由于车速快，冷风像坚硬的小刀片，刮在他的脸上，生疼生疼的，就像是被人着着实实地抽了几个大嘴巴一样火辣辣的。(曹桂林《北京人在纽约》)

这是因为双音节副词重叠的功用之一，本身就是加强摹状性，而后附语缀"de"的功用与之正好吻合、互补。

3.2 句中位序。所谓句中位序(positional order)，就是指副₁和副₂在句中所处的位置和顺序。

首先,绝大多数副₁都只能充当定位状语,必须紧贴被修饰语,中间不允许插入其他修饰成分。例如:

(60) 可别让白三儿这位精明主儿,借着玩驴明偷暗抹地全给玩儿了去。(冯苓植《落凤枝》)

(61) 就在他这么静坐默想时,电话铃响了。(周大新《走廊》)

只有"常、刚"等少数几个副₁是例外,可以有相对的自由:

(62) 两个人常也笑笑闹闹,拿真话当玩笑说。(杨朔《三千里江山》)

(63) 那撇着脚,象一对蒲扇在地板上扇乎的,无疑的是刚由乡间上来的新手。(老舍《骆驼祥子》)

其次,大多数副₂在句中的位序是比较自由的,总共可以出现在五种位置上(当然并不是每一个副₂都可以在这五种位置上出现),经常出现的位置有三个,下面就以"刚刚"为例:

a. 紧贴谓语中心。例如:

(64) 三个人刚刚举杯相碰,酒杯就都在半空静止了。(贾平凹《浮躁》)

b. 位于其他状语之前。例如:

(65) 但这可恶的笔不但很沉重,并且不听话,刚刚一抖一抖的几乎要合缝,却又向外一耸,画成瓜子模样了。(鲁迅《阿Q正传》)

c. 充当句首状语。例如:

(66) 刚刚,它们还只是一些模糊不清、躲躲闪闪的剪影。(王家达《清凌凌的黄河水》)

此外,偶尔还可以出现在这样两种位置上:

d. 在易位句中充当后置状语。例如:

(67)其中一个护士用漠然的口气截住我焦急的询问:"走啦。他非得要求出院。刚刚。"(张辛欣《在同一地平线上》)

e. 修饰独立性句首状语。例如:

(68)也不奇怪,每每分房的时候,准是一团糟。(江灏《纸床》)

(69)巧得很,恰恰当他把江边的一端刚刚接通时,那颗照明弹也乍然熄灭了。(刘春《春大姐》)

最后,双音节副$_1$与副$_2$在位序方面相差不大,都可以紧贴被修饰语,也可以被其他状语隔开。不过,在所调查的语料中,尚未发现副$_1$充当独立状语、副$_2$充当句首状语的情况,只有副$_1$充当句首状语、副$_2$充当独立状语的例子。例如:

(70)的确,她想让岁月来磨灭她的耻辱,她希望永远忘记"杨琼"。(王亚平《神圣的使命》)

(71)"的的确确。"尖下巴少爷赶忙挺直了身子,毕恭毕敬地低声说。(鲁迅《离婚》)

3.3 音节搭配。所谓音节搭配就是指副$_1$和副$_2$同被修饰成分之间的音节组合关系。如果我们从音节的角度来考察副$_1$和副$_2$的功能差异,就会发现,这类区别在很大程度上同汉语的音步组合习惯有关。在许多情况下,究竟是使用副$_1$还是副$_2$,其关键因素就在于音节配合的和谐与否、整齐与否。例如:

(72)家里的来客多了,梁有志渐觉精力不支,对待来客乃至来的电话,渐渐显出三六九等来。(王蒙《名医梁有志传奇》)

这种副₁与副₂的分工显然同汉民族长期形成的追求对称、讲求整齐的语言心理有关。当然,这种倾向只是一种总体趋势,实际上还存在着其他的配合情况。据我们考察,单音节副词副₁和副₂在音节搭配方面,大致有三种类型:

a. 自由搭配型。就是指副₁和副₂都可以自由地修饰单音节词和双音节词,相互之间可以任意替换。比如:

刚来～刚刚来　刚刚回来～刚回来
常来～常常来　常常回来～常回来
最美～最最美　最最美丽～最美丽
单靠～单单靠　单单依靠～单依靠

自由搭配型副₁和副₂在使用中最为自由,其搭配是全方位的,只要表达上需要,就可以组合。下面就以"常"为例:

(73) 李有才常说:"老槐树底的人只有两辈——一个老字辈,一个小字辈。"(赵树理《李有才板话》)

(74) 树底下的沙地上,常散落着许多被炮火打断的树枝和果子。(峻青《黎明的河边》)

(75) 劳动改造下河淘金那一阵,我不顾月经来,天天泡在水里头,患上了妇科病,小肚常常疼。(张曼菱《唱着来唱着去》)

(76) 她常常要求向小米:"你多陪陪我。"(江灏《纸床》)

b. 部分限制型。就是指副₁和副₂的搭配功能受到部分限制:一部分副₁只能修饰单音节词,但副₂既可以修饰双音节词,也可以修饰单音节词;另一部分副₂只能修饰双音节词,副₁则既可以修饰单音节词,也可以修饰双音节词。比如:

连说～连连说　连连摇头～*连摇头
足有～足足有　足足用掉～*足用掉

稍候～*稍稍候　　稍稍等候～稍等候

明知～*明明知　　明明知道～明知道

总的说来,部分限制型副₁和副₂在搭配时还是比较自由的。如:

(77)奚屯信忍住痛,连连说:"勿碍勿碍。"(姜滇《小楼昨夜》)

(78)"好好!"李寿川连连点头。多么善解人意的姑娘。(谌容《献上一束夜来香》)

(79)众人只好稍谈一阵,纷纷辞去。(姚雪垠《李自成》)

(80)"对,自愿。"她稍犹豫一下,又说:"也不完全是。"(史铁生《插队的故事》)

c. 严格限制型。就是指副₁和副₂的搭配功能受到严格限制:副₁只能同单音节词搭配,副₂只能同双音节词搭配。如:

恰遇～*恰恰遇　　恰恰遇到～*恰遇到

频传～*频频传　　频频传来～*频传来

速回～*速速回　　速速回归～*速回归

屡败～*屡屡败　　屡屡失败～*屡失败

严格限制型副₁和副₂的搭配受到较大限制,较少选择余地。③例如下面两对例句的副₁与副₂,一般是不能互相替换的:

(81)有意无意地在谈笑间频送秋波,暗抛绣球。(《上海滩》1990年第1期)

(82)航空小姐向我频频送来温暖的微笑。(张廷竹《支那河》)

(83)吊在他脑袋边不远处的雄大器官居然保持了惊人的挺拔,直令他万念俱灰只想速死。(刘恒《伏羲伏羲》)

(84)他想到从自己身上失去的遥远的雄壮岁月,仍求速速一死。(刘恒《伏羲伏羲》)

需要指出的是,副$_1$和副$_2$的音节搭配,从完全自由到严格限制,并不总是泾渭分明的,似乎存在着一个由此及彼的连续统。制约其搭配自由度的关键因素就是使用频率:越是常用的副词,搭配的自由度越高,反之则越低。

从另一方面看,上面所谈的搭配情况都是孤立的、静态的组合,如果从联系的、动态的角度看,上述限制都是可以被改变和被突破的。比如"暗、每"在一般的情况下对音节搭配要求如下:

暗想～暗暗想　暗暗思忖～*暗思忖

每说～每每说　每每回答～*每回答

然而,这种搭配限制,在一定的语境中又是可以改变的。例如:

(85) 手中这部书稿终于杀青,望着堆满烟蒂的那个三足小鼎,暗思忖:又将折去几年阳寿。(马铭《烟癖》)

(86) 我虽每回答他们"自然会来的,性急什么?"而心里也对那与我家一系有二十多年历史的猫,怀着迫切的期待,巴不得妹——猫快回来。(夏丏尊《猫》)

突破音节组合常规的关键因素就是同句中其他成分的相互配合,前后语境的衬托协调。上面"暗思忖"后附一个相应的说明,"每回答"同后面的间接宾语相结合,在句中就可以搭配了。

此外,部分副$_1$和副$_2$在同谓词搭配时中间可以插入副词"一",组成"副$_1$/副$_2$一V"固定格式。这类格式的作用主要在于强调动作行为的短暂和轻微;"一"有取消原结构自足性的作用,后面往往还有由"就、也、又、总"等引导的后述说明。例如:

(87) 稍一挣扎,它就从那双抖得发软的脚下窜走了。(朱联忠《友谊地长天久》)

(88) 乍一改变过日子的路数,为点难是难免的,再难可也别

往坑蒙拐骗的泥坑里跳。(邓友梅《那五》)

"副₂一V"比"副₁一V"更强调短暂性和轻微性。例如:

(89)汽车刚刚一至,他就来找人,带来师部曾参谋的信和一把小刀。(王恩泉《白马》)

(90)那狗给一吓,略略一停,阿Q已经爬上了桑树。(鲁迅《阿Q正传》)

(91)田中正自发觉小水有些像陆翠翠后,每每一见到小水,就勾动了一番心事……(贾平凹《浮躁》)

有时,"一"的插入并不取消自足性,只是强调短暂性:

(92)这位女郎看见冯云卿满脸沉闷对着那幅《治家格言》出神,也微微一怔,在门边停住了。(茅盾《子夜》)

上面分析的都是单音节副₁和副₂的音节搭配情况,至于双音节副词,除了副₁和副₂都很少与单音节词搭配外,其他方面相对比较自由,几乎没有什么限制。

4. 副₁与副₂在表达功效上的差别

4.0 副₁与副₂表达功效的差别,总的说来,副₁偏重于判断,副₂偏重于描写;副₁显得客观、平稳,副₂带有夸张、强调。具体分析起来,其差别大致表现在三个方面:1.轻与重,2.强与弱,3.文与白。

4.1 轻与重。所谓轻与重,是指副₁和副₂在表达过程中语义的轻重差异。一般情况下,相同的意思,副₂要比副₁更重一些。主要体现在这样几个方面:

a. 频率更快,例如:

(93)周大勇知道自己处在好几万敌人中间,时刻有被包围的

可能。(杜鹏程《保卫延安》)

(94) 相反,还时时刻刻带着一种刻骨的忌恨嘲讽我,以示他毕竟有个什么地方比我优越。(张贤亮《绿化树》)

b. 程度更深,例如:

(95) 等他到局里来了之后,我才真正认识了他的脾气。(赵树理《张来兴》)

(96) 但出乎意外的是他们结婚之后,伉俪之笃真真正正如胶似漆了。(郭沫若《少年时代》)

c. 情态更切,例如:

(97) 他们吵吵闹闹,死活要见大哥。(谌容《走投无路》)

(98) 她还觉得天青这些年不如先前那么实在了……好像他心里有架山,那山没有路,他就拼命挣钱,用钱垒台阶,死死活活要往山上去。(阎连科《两程故里》)

值得注意的是,少数副词重叠后,语义虽然也是加重,但不是趋大,而是趋小。或者是表示时间更加短暂,例如:

(99) 白天明刚分到新华医院时,常常到这筒子楼里来找郑柏年。(苏叔阳《故土》)

(100) 等阿猫刚刚骑上墙头的时候,忽然间,听得一缕笛声远远飘来……(边震遐《秋鸿》)

或者表示程度更加轻微,例如:

(101) 而妻子就不同了……稍有点不妥,就疏了感情。(张宇《家丑》)

(102) 我稍稍有点不快,我现在希望人家说她好,希望说我要得到她非常困难。(张贤亮《男人的一半是女人》)

其他如"初~初初、乍~乍乍;略~略略、微~微微"也属于重叠趋小类。

正因为副$_1$与副$_2$在表达上具有细微的轻重差异,所以,一些名家就有意识地交替使用副$_1$和副$_2$来加强表达效果。例如:

(103)你<u>常</u>跟他在一处,他的行动你都可以知道,要是见他犯了旧错,<u>常常</u>提醒他一下,也就是帮助了他了。(赵树理《李有才板话》)

(104)我的心渐被这些草稿填满了,<u>常</u>觉得难于呼吸。我在苦恼中<u>常常</u>想,说真实自然须有极大的勇气的,假如没有这勇气,而苟安于虚伪,那也便是不能开辟新的生路的人。(鲁迅《伤逝》)

在上面两例中,"常"所修饰的都是一般性的行为与感觉,而"常常"所修饰的都是主观上可以控制的行为,作者正是利用副$_2$的强化语义来突出相关行为的主动性和重要性。其实,"常常"比"常"语义更重,在形式上也是有标记的。比如"常"可以受表示深化的程度副词"很"的修饰,"常常"一般不能。可以说"这是很常见的事",不大说"这是很常常见的事"。"常"可以用于比较,"常常"一般不能。可以说"我比他更常来这儿",不大说"我比他更常常来这儿"。④

副$_2$在语义上之所以比副$_1$更重,从现代语义学的角度看,是词义自由竞争(rivalry)的结果。既然大多数副$_1$和副$_2$在一定的语言环境中都可以自由互换,那么,搭配上的可替换性必然会导致同义表达形式在语义上的逐步分化,分化的结果自然是变化形式比基础形式语义更为突出、更加显豁。

4.2 强与弱。所谓强与弱,就是指副$_1$和副$_2$在表达过程中语气的强弱之分。总的说来,副$_2$要比副$_1$语气更强。当然,语气的增强往往同语义的加重是密不可分的。例如:

(105)本想明天来辞行,如今<u>恰</u>又碰上出了老太爷的大事,是

该当来送殓的。(茅盾《子夜》)

(106) 但可惜的是中国的旧见解,又恰恰与这道理完全相反。(鲁迅《我们现在怎样做父亲》)

加强否定的评注性副词"万～万万、断～断断"等,这方面的差别更为明显。试比较:

(107) 昆子嘴头子拌起蒜来,他万没想到赫二爷能在这种场面让他拿大。(刘一达《八珍席》)

(108) 他万万没想到抖了半天机灵,末了让赫二爷给涮登了。(刘一达《八珍席》)

双音节评注性副词副$_1$与副$_2$的语气差异也很明显。例如:

(109) 我的确时时解剖别人,然而更多的是更无情面地解剖我自己……(鲁迅《写在〈坟〉后面》)

(110) 这些人们当年反复吟唱的革命歌曲,的的确确又唤起了老三届们内心深处早已封冻的记忆。(廖增潮《过去的和现在的》)

其他如"确实～确确实实、着实～着着实实"等也是如此。

正因为副$_1$和副$_2$在语气表达上有着明显的强弱之分,所以,有些作家就巧妙地将两者交替使用,以增强表达效果:

(111) 沈处长,沈处长,我确实,确确实实没干过什么事。我承认有错,错误。(谌容《献上一束夜来香》)

而鲁迅先生对其《祝福》原文的修改,更显示出作者利用副$_2$加强语气的敏锐的语感和高超的技巧:

(112) 不早不迟,偏要在这时候,——这就可见是一个谬种。(1924年《东方杂志》第二十一卷第六号)

(112′) 不早不迟,偏偏要在这时候,——这就可见是一个谬种。(《鲁迅全集·二卷·彷徨》)

需要指出的是,那些在语义上互相分化或搭配上互相补充的副$_1$与副$_2$,由于不能互换使用,其语义之轻重,语气之强弱自然也无从直接比较。而人们之所以感到"早早来到、好好找找、频频挥手、屡屡获胜"中的副$_2$要比"早已来到、让我好找、捷报频传、屡建战功"中的副$_1$语义更重、语气更强,显然不是通过替换比较得来的,而是通过其他副词的副$_1$与副$_2$的差异,类推或者感染(contagion)而来的。

4.3 文与白。所谓文与白就是指单音节副$_1$与副$_2$在表达过程中所呈现的语体风格的差异。比较而言,副$_1$较多地带有文言色彩,副$_2$较多地带有白话色彩。具体表现为三个方面:

a. 副$_1$常常修饰一些带有文言风格色彩的单音节动词,而副$_2$则常常修饰一些带有口语或通用语色彩的双音节动词。例如:

(113) 一年半的工夫,果然乡试连捷,并且探花及第,衣锦荣归了。(苏晨《梧桐树》)

(114) 河水漾着轻软的、光滑的波涛,连连地、合拍地拍打着沙岸。(张廷竹《支那河》)

b. 副$_1$常用在成语以及带有一定凝固化倾向的四字组合中,而副$_2$出现的环境则相对自由、松散。比如下面这些成语中的副$_1$,都是不容更换的:

稍纵即逝　潜移默化　略胜一筹
仅以身免　明知故问　暗送秋波
常备不懈　统筹兼顾　大快人心
深恶痛绝　生吞活剥　连中三元

即使是一些四字凝固式类成语,比如"屡建战功、久别重逢、累遭不

测、捷报频传"等,也必须使用副$_1$。再退一步,那些非定型的四字短语,也不宜使用副$_2$。例如:

(115) 这时聂小轩已经由乌世保伺候着喝过粥,服了药。疼痛稍减,精神略增。(邓友梅《烟壶》)

(116) 梁有志略感不快,付之一笑。(王蒙《名医梁有志传奇》)

c. 副$_1$多用于书面语中,很少用于口语中,副$_2$书面语口语中都很常用。例如下面两句口语中的副$_2$,显得很协调:

(117) 光光因为你和县委副书记谈过话,你就骄傲起来了吗?(柳青《创业史》)

(118) 天青,我是喜哩……想让你伴我喜兴哩……活活咒那个老不死的!(刘恒《伏羲伏羲》)

再比如剧作家曹禺在《雷雨》《日出》《北京人》中,凡剧中人物对话,多用副$_2$,凡剧中说明提示,多用副$_1$。例如:

(119) 周冲:不过真的爱情免不了波折,我爱她,她会渐渐地明白我,喜欢我的。(曹禺《雷雨》)

(120) 雷声轰轰,大雨下,舞台渐暗。(曹禺《雷雨》)

(121) 张乔治:Oh sorry,sorry! 完全对不起,我简直不习惯说中国话。说外国话总觉得稍稍地方便一些。(曹禺《日出》)

(122) 曾皓(带着那种"稍安毋躁"的神色):不,不,你让她自己考虑。(曹禺《北京人》)

"五四"以来,现代汉语词汇的双音化趋势日益加强,相当一些具有文言色彩的副$_1$逐步呈现出语素化倾向,经常要与其他单音节语素合用,在口语中则完全被副$_2$所代替了。为了使言文一致,为了更便于诵读,一

些名家在修改自己的旧作时,常常将原作中的副$_1$改成副$_2$。例如:

(123) 他在那里默叹,面貌就沉郁起来。(叶圣陶《火灾·两样》,商务印书馆,1923年,上海)

(123′) 他在那里默默叹气,面貌就沉郁起来。(《叶圣陶文集·两样》,人民文学出版社,1958年,北京)

毫无疑问,上述"文""白"之别,是从总体上讲的,如果就每一个单音节副词而言,情况似乎还要复杂一些,比如"乍~乍乍、顶~顶顶"都带有口语色彩,"累~累累、略~略略"都略带文言风格,"常~常常、刚~刚刚"则都属通用语体。不过,考虑到这类副词所占的比例并不大,所以,各词之间的语体差异就不一一详细讨论了。

5. 特殊重叠与发展趋势

5.1 特殊重叠。所谓特殊重叠,是指副词的交替重叠和带缀重叠。交替重叠就是"AXAY"式重叠,较常见的有:"屡 X 屡 Y、时 X 时 Y、渐 X 渐 Y、乍 X 乍 Y、大 X 大 Y、独 X 独 Y"等。例如:

(124) 他倏忽间改变了三种姿势,接连四个绝招儿,频频翻身跃上马背,忽上忽下,时跨时骑,左右腾飞,前后翻滚……(沙蠡《纳西沙子》)

(125) 她现在吃晚饭,就用两个火烧夹一截大肠,大嚼大咽,比吃猴头燕窝还香。(陈新《失踪者归来》)

在交替重叠式中,"X"和"Y"一般都是单音节的动词,在语义上或者相反,或者相对,或者相近,所表达的意思大致可以归纳为三种:

a. 交替重叠、变化不定。例如:

(126) 整个石根岭,就如一幅静止的图画,随着太阳的时隐时

现,色调一忽儿暗淡,一忽儿明丽。(赵国欣《啊,黑键子》)

b. 步步递进、层层深化。例如:

(127)船上的乘客,来看发生什么事体的,渐来渐多,货舱门口都站满了。(方志敏《可爱的中国》)

c. 反复进行、结果相似。例如:

(128)他才思敏捷,语言犀利,庄重与诙谐冶于一炉,幽默并嘲讽浑为一体,据说"文革"中曾舌战群儒,屡战屡捷。(杨绍淮《沉默的会议》)

带缀式重叠就是"AAB"式重叠式。比如:"断断乎、几几乎、贸贸然、悄悄然、悻悻然、悠悠然"等。例如:

(129)一切专门家——科学家、工程师、作家、教授……几几乎都被林贼"四人帮"打成了"臭老九"。(刘心武《班主任》)

(130)在他(孙中山)和他的兄弟没有成人以前,他的家住在一间茅屋里,几几乎仅仅不致挨饿。(宋庆龄《为新中国奋斗》)

(131)这样贸贸然大规模地发掘,也不看看风水,卜个吉凶。(叶圣陶《倪焕之》)

带缀重叠产生的原因是,由于词缀都是虚素,一般不表示实在的意义,重复强调时就只重叠词根而不重叠词缀。在我们看来,只有"几几乎、断断乎"等才是严格意义上的副词重叠,其他"AA然"重叠式似乎也可以归入形容词带缀重叠。因为这种重叠会引起功能的转变,比如下例"AA然"就充当了谓语:

(132)村田还有些悻悻然,但勉强说了句"真遗憾"。(邓友梅《别了,濑户内海》)

值得重视的是"几乎"与"几几乎"之间的细微差异。首先,"几乎"有"差不多"和"差点儿"两种意思,表示"差不多"的"几乎"都可以换成"几几乎"。例如:

(133) 植物的生命过程却始终在潜移默化之中,几乎(几几乎)永远是"今日与昨日同",他们喜欢的是继续不断的劳作。(叶圣陶《倪焕之》)

但"几乎"可以直接修饰数量短语,"几几乎"一般不行:

(134) 几乎(?几几乎)小半年,这才忽而换了样,凡有闻到的都说那可似乎是檀香。(鲁迅《肥皂》)

(135) 在几乎(?几几乎)一千年间,广州都有一座庙宇专门供奉这些手持谷穗的仙人。(秦牧《艺海拾贝》)

其次,表示"差点儿"的"几乎"一般都是肯定形式表示否定意义,否定形式表示肯定意义。例如:

(136) 鲁侍萍扶着门闩,几乎晕倒。(曹禺《雷雨》)

(137) 一路上几乎遇不见人,好容易才雇定了一辆人力车,教他拉到S门去。(鲁迅《一件小事》)

"几乎晕倒"实际上没晕倒,"几乎遇不见人"实际上还是遇到了人。上述两例的"几乎"都可以换成"几几乎"以加强语气。但如果是用否定形式表示否定意义(这种情况较少),就只能用"几乎",不能用"几几乎"。例如:

(138) 昨天登了一天大青山,今天早晨几乎(?几几乎)没睡过了点。(景士俊《现代汉语虚词》)

再比如"几乎没摔倒""船几乎没翻了底"等说法中的"几乎"也都不宜换成"几几乎"。

5.2 发展趋势。 从历时的角度看,副词的基式和叠式的区别,实际上就是该副词的历史形式和现代形式的区别。然而,语言发展是很不平衡的,副$_2$的产生以及副$_1$与副$_2$的历史发展也是错综复杂的。

总的说来,汉语副$_2$的形式,大致有三个阶段。

a. 一部分副$_2$在古代汉语中已经出现了。例如:

(139) 欲常常而见之,故源源而来。(《孟子·万章下》)

(140) 袁盎虽家居,景帝时时使人问筹策。(《史记袁盎·晁错列传》)

(141) 广伪死,渐渐腾而上马,抱胡儿而鞭马南驰。(《汉纪·武帝纪四》)

b. 大部分副$_2$在近代汉语中也已形成了。例如:

(142) 前志已录,而后志仍书,篇目如旧,频频互出。(唐·刘知几《史通·书志》)

(143) 岁行尽,寒苦,惟万万节哀强食。(宋·苏轼《答李端叔书》)

(144) 刚刚讨药的这人,就是救那婆子的。(元·关汉卿《窦娥冤》)

c. 还有一小部分产生于现代汉语中,尚未定型。例如:

(145) 他根据自己的躯体的情况常常买一点中药丸子吃,后来发展到给自己处方煎药……吃起来满舒帖,似乎确确有所调理,把气理顺……(王蒙《名医梁有志传奇》)

(146) 他乘势飞腿一纵,稳稳地骑在了正正适中的马背上。(沙蠡《纳西汉子》)

(147) 第一个目的,也与他特特从家里到天回镇的时候一样,

要仔细看看这个婆娘,到底比刘三金如何?(李吉力人《死水微澜》)

总之,从古代汉语到近代汉语,再一直到现代汉语,汉语的副$_2$一直处在不断增长、发展的过程中。

我们在前面的共时研究中已经指出,现代汉语中有相当一部分副$_1$已呈现出语素化倾向,其使用范围正在逐渐缩小,使用频率也在逐步降低。如果我们将副$_1$和副$_2$的历史和现状结合起来考虑的话,就会清楚地发现,汉语副词重叠的总体发展趋势是:副$_2$不断产生,逐步占优势;副$_1$慢慢退化,相对萎缩。正因为副$_2$能不断产生,所以副词重叠必然是一种局部开放的现象。换句话说,我们前面列举的可重叠范围也只是一种阶段性的范围而已。

当然,在语言发展的整体大趋势下面,有时也会出现一些局部的逆转现象。譬如有少数副$_2$在近代汉语中还较常用,现代汉语中却只有副$_1$还在继续使用,副$_2$已经消失了。比如"几~几几、颇~颇颇"等。下面是已消亡了的用法:

(148) 所生一子,叫郑元和,今年二十一岁了,从幼儿教他读书,颇颇有些学问。(元·石德元《曲江池》)

(149) 其失业者,固沦落而受天演之淘汰,即有业者亦以工价之贱几几不能生存於社会矣。(孙中山《社会主义派别及办法》)

(150) 难得世兄侠气冲天,不顾利害,舍己救人,几几乎灾及其身。(清·新广东武生《黄萧养回头》)

"颇颇"现代偶尔还用,例如:

(151) 妇人顾盼生姿,而那瘦得像竹竿的身材,和微耸的两肩和微凸的胸膛,反而颇颇有点一九二〇年巴黎的小家碧玉的风度。(李劼人《天魔舞》)

但总的说来已很少看到了。其他的"绝绝、越越、齐齐"也是这样，副$_2$反而逐渐消失了。无疑，这些少数的例外的存在，对于汉语副词重叠的总体发展趋势，并不能产生实质性的影响。可以肯定：副$_2$逐渐取代副$_1$的发展大趋势，在未来的岁月中，仍将持续保持下去。

附注

① 参见注③。

② 现行的辞书和相关的论述都认为"白白"只有一个义项。

③ 严格限制型副词在搭配功能上是互补的，但搭配范围并不对称。副$_1$一般只能同少数几个单音节词组合，而副$_2$则可以同许多双音节词组合。比如"频～频频"，"频"只能组成"频传、频送"等很少几个组合形式，而"频频"则可以组成"频频摇头、频频点头、频频出击、频频举杯、频频失误、频频得手、频频出访、频频挥手、频频招手、频频出错、频频丢分、频频曝光……"这也从一个侧面证明部分副$_1$的语素化倾向。

④ 参见王继同(1989)。

参考文献

段业辉(1987)试论副词重迭,《南京师大学报》第 1 期。
李娟乐(2005)副词重叠与重叠式副词,《辽宁大学学报》第 2 期。
李宇明(1996)论词语重叠的意义,《世界汉语教学》第 1 期。
吕叔湘主编(1980)《现代汉语八百词》,商务印书馆,北京。
齐沪扬(1987)浅谈单音节副词的重叠,《中国语文》第 4 期。
宋艳丽、兰清(2006)副词基础形式和重叠形式的异同,《晋中学院学报》第 3 期。
王继同(1989)论副词重叠,《杭州大学学报》第 1 期。
邢福义等(1990)时间词"刚刚"的多角度考察,《中国语文》第 1 期。
熊湘华(2005)浅议现代汉语单音节副词的重叠形式,《贵州教育学院学报》第 3 期。
许光烈(1990)谈副词的重叠,《内蒙古民族师院学报》第 1 期。
赵芳(2008)《现代汉语副词重叠研究》,上海师范大学硕士学位论文。
赵元任(1979)《汉语口语语法》,吕叔湘译,商务印书馆,北京。

第四章 副词的连用类别与共现顺序

0. 前言

0.1 在语言的线性序列中,同类词的连用是一种十分常见的现象。在连用时,哪些小类必须位于前,哪些小类必须位于后,其间都有一定规则。[1]

关于汉语副词的连用及其共现(co-occurrence)顺序已有文章论及,[2]本篇将在其基础上,着重讨论三个方面的问题:首先讨论副词连用的类别,然后描写副词共现的顺序,最后解释共现变序产生的原因。

0.2 讨论副词的连用与共现,必然要涉及副词的分类。下面就先简要地讨论一下副词的分类。

长期以来,现代汉语副词的内部分类,一直没能取得统一的认识。究其原因,一方面固然是因为"副词本来就是一个大杂烩"[3];另一方面,则是因为分类的标准不够严密——只凭意义分类,自然难免纠葛不清。我们认为,汉语副词的分类,也应以句法功能为主,同时兼顾共现顺序和语法意义。

从语义功能和句法功能的角度看,首先可以将副词分为三大类:评注性副词、限制性副词、描摹性副词。评注性副词在句法上可以充当高层谓语;[4]句中位序比较灵活,可以在句中,也可以在句首;主要是表示说话者对事件、命题的主观评价和态度的。描摹性副词在句法上可以充当动名词的定语;⑤句中位序比较固定,一般只能紧贴中心语;主要是用来对相关行为、状态进行描述、刻画的。限制性副词是副词的主体,在句法上一般只能充当状语(包括句首修饰语);句中位序有一定的自由;主要是用来对动作行为、性质状态加以区别和限制的。

根据下面两项鉴别标准,可以将限制性副词同其他两类副词区别开来。

首先,凡是不能在严格意义上的是非问句中充当状语的副词都是评注性副词。⑥试比较:

A. 她毕竟是一个标兵。→*她毕竟是一个标兵吗?
B. 她仍然是一个标兵。→她仍然是一个标兵吗?
A. 他们简直发疯了。→*他们简直发疯了吗?
B. 他们全都发疯了。→他们全都发疯了吗?
A. 他也许要赶回去。→*他也许要赶回去吗?
B. 他马上要赶回去。→他马上要赶回去吗?
A. 她们显然给弄错了。→*她们显然给弄错了吗?
B. 她们后来给弄错了。→她们后来给弄错了吗?

上面 A 当中的副词都是评注性副词,B 当中的副词都是限制性副词。其次,凡是既可以充当表示陈述义的动词的状语,又可以充当表示指称义的动词的定语的副词都是描摹性副词。⑦试比较:

A. 全力抢救→全力进行抢救～进行全力抢救
B. 正在抢救→正在进行抢救～*进行正在抢救
A. 公然愚弄→公然加以愚弄～加以公然愚弄
B. 一再愚弄→一再加以愚弄～*加以一再愚弄
A. 亲口承诺→亲口做出承诺～做出亲口承诺
B. 已经承诺→已经做出承诺～*做出已经承诺
A. 迎头痛击→迎头予以痛击～予以迎头痛击

B. 接连痛击→接连予以痛击～*予以接连痛击

上面 A 当中的副词都是描摹性副词，B 当中的副词都是限制性副词。限制性副词都是典型的副词，其内部相当复杂，差异很大，根据连用时的共现顺序和所表示的语法意义，可以再分为八个小类：关联副词、时间副词、频率副词、范围副词、程度副词、否定副词、协同副词、重复副词。

综上所述，我们得到了一个前后对称的副词系统：

副词类别	例　词
① 评注性副词	毕竟、简直、也许、显然、似乎、仿佛、恐怕、索性
② 关联副词	却^2、又^2、才^3、还^2、再^2、也^2、就^4、更^3、便
③ 时间副词	马上、立刻、永远、已经、忽然、仍然、终于、后来
④ 频率副词	频频、往往、渐渐、常常、时时、经常、逐渐、偶尔
⑤ 范围副词	都、全、只、唯独、仅仅、单单、统统、一律
⑥ 程度副词	很、更、最、略、极、非常、稍微、极其、特别
⑦ 否定副词	不、没、别、未、休、甭、勿、莫、没有、不必
⑧ 协同副词	一起、一道、一同、一块儿、一齐、一并、一总、共同
⑨ 重复副词	再^1、又^1、重、一再、再三、再度、从新、重新
⑩ 描摹性副词	全力、竭力、亲自、徒步、随手、偷偷、悄悄、迥然

0.3 为了便于行文和讨论，下面必要时用①和⑩标示评注性副词和描摹性副词，②—⑨标示限制性副词的八个小类。

1. 连用类别

1.0 本章所说的连用，是指在状语位置上的两个或两个以上的副词的连续使用。对于副词连用时的种种错综复杂的相互关系，可以从下面四个不同的角度加以考察：1. 断续与连续，2. 右向与左向，3. 合指与分指，4. 同类与异类。

1.1 断续与连续。从连用的排列方式看,可以有断续连用与连续连用两种。断续连用又可以分为两种,一种是间断连用,即两个副词之间出现了停顿。例如:

(1) 无论是一个或十万个,至多,也只能又向"国联"报告一声罢了。(鲁迅《南腔北调集·赴难与逃难》)

另一种是间隔连用,即两个副词中间隔着其他词语。例如:

(2) 身上酸懒,他不想起来;可也不敢再睡。(老舍《骆驼祥子》)

间断连用和间隔连用有时可以一起出现。例如:

(3) 可是有一天方大小姐叫他去给放进十块钱,他细细看了看那个小折子,上面有字,有小红印;通共,哼,也就有一小打手纸那么沉吧。(老舍《骆驼祥子》)

连续连用是指状语位置上的两个或两个以上的副词的不间断共现(语缀"de"除外)。也可以分为两种,一种是双项连用,即只有两个副词的连续使用。例如:

(4) 为什么竟然没有想到给未婚妻送上一束鲜花呢?(谌容《献上一束夜来香》)

另一种是多项连用,即三个或三个以副词的连续使用。如:

(5) 所以尽管我有点失望,倒并不特别地不满。(张贤亮《绿化树》)

一般说来,副词连用的项数越多,连续不间断共现的概率也就越低。在所收集的语料中,五项连用并不多见。例如:

(6) 但即使知道也一样,他不过以为人生天地之间,大约本来

有时也未免要游街要示众罢了。(鲁迅《阿Q正传》)

1.2 右向与左向。 从连用的内部结构看,可以分为右向结构和左向结构两种。右向结构就是前面的副词先修饰后面的副词,然后再一起修饰中心语。例如:

(7) 唯独丑角,有时还能说说俚语,走走便步;不 很 受什么规矩的限制。(《北京文学》1985年第5期)

(8) 太太不久也学会了这招儿,可是不 十分 灵验。(老舍《离婚》)

左向结构是后面的副词先修饰中心语,然后再一起接受前面的副词的修饰。例如:

(9) 祥子心中仿佛 忽然的 裂开了,张着大嘴哭了起来。(老舍《骆驼祥子》)

(10) 对花钱是这样一把拿死,对挣钱祥子更 不 放松一步。(老舍《骆驼祥子》)

右向结构和左向结构有时是可以互相配合的。例如:

(11) 我……便立刻告诉他明天要离开鲁镇,进城去,趁早放宽了他的心。他也 不 很 留。(鲁迅《祝福》)

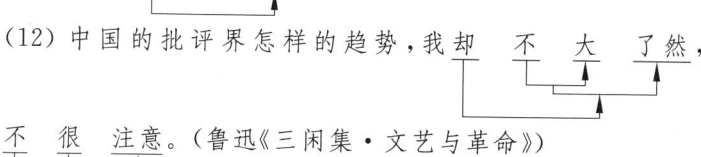

(12) 中国的批评界怎样的趋势,我却 不 大 了然,也 不 很 注意。(鲁迅《三闲集·文艺与革命》)

1.3 合指与分指。 从连用的语义指向看,可以分为语义合指和语

义分指。合指就是指两个副词的语义都指向同一个对象。又可以分为两种,一种是前向合指。例如:

(13) 看他们的手……一律都被锄锹的木柄磨起了老茧。(茅盾《风景谈》)

(14) 什么"我的太阳"、"我的夜莺"、"我的小鸽子"、"我的玫瑰花"。……统统都显得极为软弱,极为苍白,毫无男子气概。(张贤亮《绿化树》)

另一种是后向合指。例如:

(15) 我已经有四年没有吃过白面做的面食了——而我统共才活了二十五年。(张贤亮《绿化树》)

(16) 大约总归是十年以前罢,我因为生了病,到一个外国医院去请诊治。(鲁迅《林克多〈苏联闻见录〉序》)

分指就是指两个副词的语义所指各不相同。也可以分为两种,一种是前后分指。例如:

(17) 任何人都 只能按照作家所运用的语言形式,来判断他要表达的内容,判断他所描写的生活和思想。(唐弘《作家要铸炼语言》)

(18) 人们大都 只把它当作笑话,而不把它看成一个严肃的

讽刺性故事。(马南邨《燕山夜话》)

另一种是虚实分指。例如:

( )(19) 越看越可爱,就是那不尽合自己理想的地方,也都可以原谅了,因为已经是自己的车了。(老舍《骆驼祥子》)

"都"的语义指向了"那不尽合自己理想的地方","也"的语义则指向前面的一个蕴涵的前提——那些符合自己理想的地方自然没问题,越看越可爱。

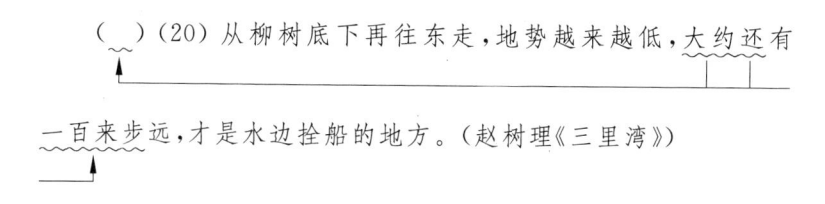

( )(20) 从柳树底下再往东走,地势越来越低,大约还有一百来步远,才是水边拴船的地方。(赵树理《三里湾》)

"大约"的语义指向"一百米","还"的语义的指向前面的一个蕴涵的前提——除了从前面到柳树底下这段距离之外。

1.4 同类与异类。从连用的副词类别看,可以分为同类连用与异类连用。同类连用又可以分为一般同类连用和同义同类连用两种。一般同类连用相当普遍,评注性副词,时间、范围、程度、否定、重复等限制性副词,以及描摹性副词都可以互相连用。下面略举几例:

(21) 我立刻③就③晓得,他也是一伙,喜欢吃人的。(鲁迅《阿Q正传》)

(22) 从今年开春起,他们都⑤只⑤吃个半饱。(茅盾《春蚕》)

(23) 她的相貌比李四妈还⑥更⑥和善,心理也非常的慈祥,和李四妈差不多。(老舍《四世同堂》)

(24) 家中的人一看瑞宣回来,都又⑨重新⑨哭了起来。(老

舍《四世同堂》)

(25) 佛理自然是并不懂得的,但竟一味⑩任意⑩地说。(鲁迅《孤独者》)

同义同类连用并不多见,大多是范围、程度和评注性副词:

(26) 但是我们的事情还很多,比如走路,过去的工作只⑤不过⑤是像万里长征走完了第一步。(毛泽东《论人民民主专政》)

(27) 走着走着才略微⑥有些⑥懂,刷地冒了冷汗。(刘恒《伏羲伏羲》)

(28) 其实,在现在,一个娜拉的出走,或者①也许①,不至于感到困难的⋯⋯(鲁迅《坟·娜拉出走后怎样》)

异类连用情况比较复杂,既可以是相邻的连用,也可以是隔位的连用,既可以是递降的连用,也可以是综合的连用。有关这方面的问题,正是后面分析副词的共现顺序要专门讨论的,此处就不一一举例分析了。

2. 共现顺序

2.0 在这一节中我们将详细分析各类副词在连用时的顺序,并探讨制约这一顺序的内在规律。主要分三个方面:1.相邻级位顺序,2.隔位递降顺序,3.多项综合顺序。

2.1 相邻级位顺序。所谓相邻级位,是指副词共现时相互之间最近一级的位序。根据我们的考察,在常规的情况下(非常规变序详见第 3 节),现代汉语副词双项连用时共有十个级位,下面依次逐级举例说明。

A. 当评注性副词与关联副词连用时,评注性副词在前:

(29) 他心中打开了转儿:凭这样的赞美,似乎①也②应当捧

那身矮胆大的光头一场。(老舍《骆驼祥子》)

B. 当关联副词与时间副词共现时,关联副词在前:

(30)然而我的笑貌一上脸,我的话一出口,却②即刻③变为空虚,这种空虚又②即刻③发生反响,回向我的耳目里,给我一个难堪的恶毒的冷嘲。(鲁迅《伤逝》)

C. 当时间副词与频率副词共现时,时间副词在前:

(31)刚刚出来几天,就③常常④被一种说不清、道不明、莫名其妙的情绪搅得睡不安然。(冯苓植《落凤枝》)

D. 当频率副词与范围副词共现时,频率副词在前:

(32)从这一天以来,他们便渐渐的④都⑤发生了遗老的气味。(鲁迅《阿Q正传》)

E. 当范围副词与程度副词共现时,范围副词在前:

(33)今天,他感到最大的耻辱,比失去北平,屠杀百姓,都⑤更⑥难堪。(老舍《四世同堂》)

F. 当程度副词与否定副词共现时,程度副词在前:

(34)就这么老老实实的出去,又十分⑥不⑦是味儿。(老舍《骆驼祥子》)

G. 当否定副词与协同副词共现时,否定副词在前:

(35)你俩不⑦一块儿⑧去的话,先生可能请不来。(魏崇《十月》)

H. 当协同副词与重复副词共现时,协同副词在前:

(36)台词改好以后,她和搭档一起⑧又⑨重新⑨排练了一

遍,直到很晚才回家。(向东《我们这一代人》)

I. 当重复副词和描摹性副词共现时,重复副词在前:

(37) 脸上呢,本来就长得蠢,又⑨尽量⑩的往上涂抹颜色,头发烫得象鸡窝,便更显得蠢而可怕。(老舍《四世同堂》)

如果把上述各类副词的相邻级位的常规顺序排列起来,就正好构成了如下的逐级递降的连用共现骨牌图[⑧]:

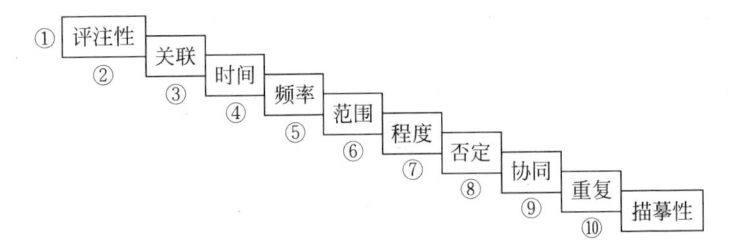

评注性① — 关联② — 时间③ — 频率④ — 范围⑤ — 程度⑥ — 否定⑦ — 协同⑧ — 重复⑨ — 描摹性⑩

2.2 隔位递降顺序。 上面分析的都是相邻级位的连用情况。然而,在实际语言中,并非总是相邻级位的副词一起共现的,事实上,间隔一位两位,甚至七位八位直接同后面级位的副词连用也是很普遍的。从理论上讲,凡是级位在前的副词就应该可以同级位在后的每一级位的副词连用;但实际上,由于语言表达的需要、逻辑事理的制约和搭配习惯的限制,并不是每一种连用方式都可以接受的。下面就依次对各种隔位递降顺序进行描写。

A. 评注性副词可以同其后面的每一级位的副词连用,下面各举一例:

(38) 白三爷又赶紧捂住了耳朵,可是这回更邪门儿了,嘈杂的人声儿听不见了,却似乎①猛地③听到一声小瘸驴乍起的惨叫。(冯苓植《落凤枝》)

(39) 这些天来,他似乎①常常④心不在焉,而且屡屡出错,以

致引起了同学们的议论和猜测。(魏崇《十月》)

(40) 当他找到骆驼们的时候,他的心<u>似乎</u>①<u>全</u>⑤放在它们身上了。(老舍《骆驼祥子》)

(41) "爸!明天你不再走了吧?"小顺儿<u>似乎</u>①<u>很</u>⑥不放心爸爸的安全。(老舍《四世同堂》)

(42) 年轻光头的愣了一会儿,<u>似乎</u>①<u>不</u>⑦知怎样才好了。(老舍《骆驼祥子》)

(43) "看样子,他俩<u>也许</u>①<u>一块儿</u>⑧回来,你就多带一把伞吧。"母亲悄悄地说。(刘文元《白夜》)

(44) 看他那沮丧的样子,<u>似乎</u>①<u>再</u>⑨也没希望了。(向东《我们这一代人》)

(45) 万一变戏法的话定要做得真实,买了小棺材,装进孩子去,哭着抬走,<u>倒反</u>①<u>索然</u>⑩无味了。(鲁迅《三闲集·怎么写》)

B. 关联副词也可以同其后面的每一级位的副词连用:⑨

(46) 但是在中国,刚刚提起文学革新,就有反动了。不过白话文<u>却</u>②<u>渐渐</u>④风行起来,不大受阻碍。(鲁迅《三闲集·无声的中国》)

(47) 这集子里所有的,大概是两年中所作的全部,只有书籍的序引,<u>却</u>②<u>只</u>⑤将觉得还有几句话可以供参考之作,选录了几篇。(鲁迅《三闲集·序言》)

(48) 但是我对于芸先生的一篇诗,<u>却</u>②<u>非常</u>⑥失望。(鲁迅《南腔北调集·辱骂与恐吓决不是战斗》)

(49) 不料事实结局<u>却</u>②<u>不大</u>⑦好……这位才子,后来大约终于单身出关做西崽去了。(鲁迅《隔膜》)

(50) 但这景象,却②又⑨与诗人非常适合的,我在《醒起来罢同胞》的同一作家的《秋的黄昏》里,听到了幽咽而舒服的声调——(鲁迅《南腔北调集·漫与》)

(51) 瑞宣有时候陪着祖父来上钱家串门儿,有时候也②独自⑩来。(老舍《四世同堂》)

C. 时间副词也可以同其后的每一级位的副词连用:

(52) 再进去,他果然躺在草窠里,肚里的五脏已经③都⑤给吃空了,手里还紧紧的捏着那只小篮呢。(鲁迅《祝福》)

(53) 他已经③很⑥大很高,虽然肢体还没有被年月铸成一定的格局,可是已经象个成人了。(老舍《骆驼祥子》)

(54) 父女们在平日自然也常拌嘴,但是现在的情形不同了,不能那么三说两说就一天云雾散,因为她已经③不⑦算刘家的人。(老舍《骆驼祥子》)

(55) 他回来了,全局的人们忽的③一齐⑧把耳朵立起来,嘴预备着张开,等着闻所未闻……的消息。(老舍《离婚》)

(56) 好在她现在已经③再⑨没有什么牵挂,太太家里又凑巧要换人,所以我就领她来了。(鲁迅《祝福》)

(57) 陈二奶奶和"童儿"已经③偷偷⑩的溜了。(老舍《骆驼祥子》)

D. 频率副词也可以同其后的每一级位的副词连用:⑩

(58) 他后来又逐渐地④稍稍⑥写些散文与短篇小说,写的东西不多,但都很精致、洗练。(孔庆茂《钱钟书传》)

(59) 在八月的田野里伺弄庄稼,杨金山每每④不⑦能坚持到日落。(刘恒《伏羲伏羲》)

(60) 可是这些人往往④又⑨能取得胜利,哪怕是暂时的胜

利,其原因呢?(张贤亮《男人的一半是女人》)

(61)高总还<u>常常</u>④<u>亲自</u>⑩来到车间、食堂,甚至俱乐部、篮球场,同工人们亲切交谈。(《中国青年报》1991年1月7日)

E. 范围副词也可以同其后面的每一类副词连用:

(62)作为一个法兰西人,她觉得军人们偶尔寻花问柳一点都⑤<u>不</u>⑦值得大惊小怪。(张廷竹《支那河》)

(63)在为工农兵和怎样为工农兵的基本方针问题解决之后,其他的问题,例如,写光明和写黑暗的问题,团结的问题等,便<u>都</u>⑤<u>一齐</u>⑧解决了。(毛泽东《在延安文艺座谈会上的讲话》)

(64)当他们了解了事情的真相之后,父女俩<u>都</u>⑤<u>一再</u>⑨地表示了歉意。(古月《希望在人间》)

(65)于是,他们一行四人全<u>都</u>⑤<u>鱼贯</u>⑩地走出房间,又从过道转进了花园的外门。(巴金《春》)

F. 其他可以隔位递降连用的还有:否定与重复,否定与描摹性,协同与描摹性等。例如:

(66)大家谁也没动,可谁也<u>没</u>⑦<u>再</u>⑨坐下,都在那满屋子的烟雾中,眨巴着眼,向门儿这边看。(老舍《骆驼祥子》)

(67)他向来<u>没有</u>⑦<u>轻易</u>⑩撒手过一个钱,现在他觉得痛快,为这一老一少买了十个包子。(老舍《骆驼祥子》)

(68)一看情势不妙,他就和女儿<u>一起</u>⑧<u>悄悄</u>⑩地从后门溜走了。(魏崇《十月》)

综合上述十类副词在相邻共现和隔位共现中的连用情况,可以归纳为如下的副词连用矩阵图(加括号者为根据语感或从理论上讲可以连用,但暂时未找到实例的):

评注性	+	+	+	+	+	+	+	+	+
	关联	+	+	+	+	+	(+)	+	+
		时间	+	+	+	+	+	+	+
			频率	+	+	+	(+)	+	+
				范围	+	+	+	+	+
					程度	+	−	−	−
						否定	+	+	+
							协同	+	+
								重复	+
									描摹性

2.3 多项综合顺序。 上面的分析,无论是相邻级位顺序,还是隔位递降顺序,都是从两个副词共现时的相互关系着眼的。但实际上,双项连用、异类连用固然是主要的,但多项连用、同类连用也很常见。下面就分析一下多项连用。多项连用又可以分为无同类多项连用和含同类多项连用两类。无同类多项连用的几个副词之间的级位必定是依次递降的。例如:

(69) 他偷眼看看,陈先生的脸色还是惨绿的,<u>分明①已经③十分⑥</u>疲乏。(老舍《四世同堂》)

(70) 许多天,他还没打听到大赤包与招弟的下落,他<u>爽性①不⑦再⑨</u>去白跑腿。(老舍《四世同堂》)

上面是三项连用,四项连用也一样:

(71) 显然,他并不知道把我们几个新来的农工安顿在哪里,对这趟差使<u>似乎①也②极⑥不⑦</u>高兴。(张贤亮《绿化树》)

(72) 北平已经不是中国人的北平,北平人<u>也②已③不⑦再⑧</u>是可以完全照着自己意思活的人。(老舍《四世同堂》)

含同类多项连用是指连用的几个副词之间既有异类的,也有同类的,其级位自然是递降与并列共存的。例如：

(73) 冠先生似乎①根本①没⑦听见刘师傅的话。(老舍《四世同堂》)

(74) 情况固然清楚，面对着赵水生的叙述，我们仍然③颇⑥有⑥点心惊肉跳。(张廷竹《支那河》)

四项连用中异同交叉的现象更多一些。例如：

(75) 据我的推测，他一定①早③已③不⑦在这世上了，这看去是很瘦小精干的湖南青年。(鲁迅《三闲集·怎么写》)

(76) 我跟那些难忘的战友将③永远③不⑦再⑨见面，他们一定会常常思念着我，而我却愿意永远在这里飞徊。(苗长水《我在南温河》)

总而言之，无论是相邻还是隔位，是双项还是多项，是同类还是异类，副词在连用的过程中，始终遵循着一条内在的连用规则。那么，副词连用为什么会遵循这样一种共现顺序而不是其他顺序呢？我们觉得，副词的共现顺序同其语法意义和表义功用是密切相关的，换句话说，副词充当状语时的位置分布和排列顺序同其本身的句法功能、语义特征、语用倾向有着必然的联系。上述共现顺序的形成，在很大程度上取决于副词的主观倾向的强弱、语义辖域的宽狭。可以归结为：1. 主观倾向越强，位序越前；2. 语义辖域越宽，位序越前。当然，这两条规则只是就总体而言的，落实到具体的一些小类，可能还有一些例外。

3. 变序原因

3.0 上面所描写的共现顺序，尽管同大多数语言实际是相符的，但毕竟还只是一种常规的、比较单纯的静态的顺序，对于那些由于种种原因形成的非常规的、相对复杂的动态的顺序，还需要进一步分析和解释。根据考察,产生变序的原因,大致涉及五个方面:1.兼类同形,2.结构层次,3.否定辖域,4.句法功能,5.强调重点。下面分别说明。

3.1 兼类同形。现代汉语副词中有相当一部分副词可以表示不止一种语法意义或语法功能,可以兼属不同的小类。比如"就、也、都、却"等副词除了可以分别表示时间、类同、概括、关联之外,还都可以表示口气:"就"表示强调,"也"表示委婉,"都"表示意外,"却"表示转折。当这些词表示口气时,自然可以位于评注性副词之前了:

(77) 但是,"知耻近乎勇",掩了丑,也就仿佛近乎好了。(鲁迅《南腔北调集·作文秘诀》)

(78) 它们摆在我们的餐桌当中,何丽芳看了,都几乎认不出是他们家的东西。(张贤亮《男人的一半是女人》)

下面的兼类现象,如不仔细分辨就较难分清:

(79) 我终于从她的言动上看出,她大概①已经③认定我是一个忍心的人。(鲁迅《伤逝》)

(80) 我其实是已经③大概⑤知道的了,但还是问。(鲁迅《孤独者》)

前句是"大概已经",后句是"已经大概",这是什么原因呢?原来,前句的"大概"是评注性副词,表示主观上的评估和猜测,自然应该位于时间副词之前,后句的"大概"是范围副词,相当于"大致上、大体上、基本上",⑩自然应该位于时间副词之后了。

总之,可以兼属两类或两类以上的副词,在现代汉语副词中并不罕见。其实,这种表面上看似变序的连用形式,实际上并没有违背前面的共现规则,只是一身兼两任或几任,表层形式又相同,比较容易混淆罢了。

3.2 结构层次。有相当一部分看似变序的副词连用现象,如果深入分析其内部的结构层次,就可以发现,这些"越位"的副词,实际上同相邻的副词并不处在同一层次上,有些副词组成了副词性短语,⑫而这类短语的级位(也就是中心副词的级位)同总体共现顺序还是完全相符的。副词性短语大致有三种:a.局部评注式,b.减弱程度式,c.加强语气式。

A. 局部评注式。局部评注式是指一部分加强否定或表示委婉的评注性副词可以先同被其修饰的副词组成短语,然后再进入副词连用的系列之中。例如:

(81) 我的决不邀投稿者相见,<u>其实也并①不⑦</u>①＞③＞⑦完全因为谦虚,其中含着省事的分子也不少。(鲁迅《三闲集·为了忘却的记念》)

(82) 太监们即刻动手研究鼻准骨,有一个确也似乎<u>①比较⑥</u>①＞②＞⑥地高,但究竟相差无几,最可惜的是右额上却并无跌伤的瘢痕。(鲁迅《故事新编·铸剑》)

B. 减弱程度式。减弱程度式是指用否定副词"不"同"很、太、大、甚、十分"等程度副词组合,构成减弱程度的副词性短语,然后再同其他副词连用。例如:

(83) 可笑,所以<u>也就不⑦大⑥</u>②＝②＞⑥在意,虽然学生和同事的都告诉他小心<u>一些</u>。(老舍《骆驼祥子》)

(84) "那么,明天拿来就是,"赵太爷却<u>不⑦甚⑥</u>②＞⑥热心了。(鲁迅《阿Q正传》)

C. 加强语气式。加强语气式是指表示类同的副词"也",由于前项经常蕴涵而进一步虚化,跟在一些副词后面组成一个前正后偏式副词性短语。"也"常同时间、程度、评注性副词组合,作用在于强化或舒缓语气。例如:

(85) 这种结合只能是在精神上的,就和暗夜中的梦一样,除非双方都是自由犯,那永远③也②不③>⑦会变成现实。(张贤亮《男人的一半是女人》)

(86) 一年三百六十五天,他几乎老在铺子里,从来③也②没有③>⑦讨厌过他的生活与那些货物。(老舍《四世同堂》)

(87) "你说怎么着?"小崔一点⑥也②不⑦怕她,不过心中可有点不大好受。(老舍《四世同堂》)

总之,由于结构层次的不同,少数副词可以超越常序,但从其所组成的短语的级位看,还是符合副词共现顺序的。

3.3 否定辖域。否定副词同其他副词的一个明显的不同之处是,它们是从逻辑的角度划分出来的,所表示的主要是逻辑意义。因此,否定副词在连用时自然会具有一些不同于其他副词的特殊之处。前面已经指出,凡是位序前的副词其语义辖域总要比位序后的副词更宽,否定副词在这方面最为突出。比如当否定副词的否定对象不再仅仅是谓语中心本身,而是受到了一定限制的动作行为或性质状态时,否定副词就需要改变常序,位于其他限制性副词之前:

(88) 你们也别老坐在家里白吃饭!出去给你爸爸活动活动。(老舍《四世同堂》)

(89) 咱们可也别太粗心大胆,起码得有窝头和咸菜吃。(老舍《四世同堂》)

在这两句中,祈使性否定副词的否定辖域并不仅仅是"坐在家里白吃饭"和"粗心",而是"老坐在家里吃白饭"和"太粗心"。所以,"别"必须改变常序,分别位于时间副词"老"和程度副词"太"的前面。

这种否定辖域宽狭所造成的区别,在总括副词"都、全"与否定副词"不、没(有)"的相互组合中,表现得更为突出。常序"都/全不/没"是全

体否定,变序"不/没都/全"是局部否定。试比较下面两例:

(90) 你看,我做革命党还不上二十天,抢案就是十几件,全不破案,我的面子在那里!(鲁迅《阿Q正传》)

(91) 高个子微笑着,摇了摇头:"也还不都在乎岁数,哥儿们!"(老舍《骆驼祥子》)

此外,有些描摹性副词,本身就可以同否定副词组成偏正短语,如果想仅仅否定谓语中心,就只能将否定副词后置,直接修饰中心语。例如:

(92) 他并没觉到孟石的诗有什么好处,他自己也轻易不弄那纤巧的小玩意儿。(老舍《四世同堂》)

此句也可以说成"……他自己也不轻易弄那纤巧的小玩意儿"。但表义重点略有不同:"轻易不弄"是指一般情况下不弄,特定情况下才弄;"不轻易弄"是指平时不随随便便弄,要弄就要认认真真弄。

3.4 句法功能。一部分副词的变序原因是由于句法功能的强化。首先,在现代汉语中,有一些副词,比如"就、才、也、再、还、更"等,在表示时间、重复、类同、程度等意义之外,都还可以起连接小句和句子的作用,充当关联副词。由于关联副词主要是依据副词的句法功能为特征而建立起来的一个特殊的小类,所以,它们同其他以表示各种语法意义为主的副词自然存在着相当的差异。表现在连用的共现顺序上就是具有一定的灵活性,常常可以根据所连接的成分的类别和单位的不同而改变位序。确切地讲,前面所归纳的关联副词的第二级位的位序,其实只是它们在句中的一个最为常见的主要级位。除了这一位序之外,关联副词还可以处于其他的一些级位。比如有时连接的成分已包含了评注性副词,其级位就必然要超前:

(93) 但到后来,仿佛事情已经过去,又仿佛从来不曾有过贷款,也不曾有过马车似的。(何士光《苦寒行》)

(94) 到桥上,左右空旷,一眼望去,全是雪花。他这才似乎知道了雪还没住,摸一摸头上,毛线织的帽子上已经很湿。(老舍《骆驼祥子》)

反过来,当关联副词所连接的对象只包含较后级位的限制性副词,或者所连接的只是谓语中心本身,又必然要后置:

(95) 只是耳朵却分外地灵,仿佛听到大门外一切往来的履声,从中便有子君的,而且橐橐地逐渐临近,——但是,往往又逐渐渺茫,终于消失在别的步声的杂沓中了。(鲁迅《伤逝》)

(96) 所以直到知道办事员搬进去了的那一天为止,我总是常常又感激,又惭愧。(鲁迅《三闲集·在钟楼上》)

其次,否定副词"不"和"非"也可以由主要表示逻辑意义转化为主要表示句法功能——构成反问句式和强调句式。这种情况下,其级位也可以不受常序的限制。例如:

(97) 唉,那不真成了老不死的了?(苏叔阳《故土》)

(98) 假如别人老是不知道,我岂不永远独自背黑锅了吗?(向东《我们这一代人》)

在这两句中,"不"看似已越位,分别位于评注性副词和时间副词之前,其实,这两个"不"都是"不是"的省略形式,都是用来构成反问句式的。也就是说,这两个"不"同后面的"真、永远"并不是真正的副词连用。再比如:

(99) 小顺儿的妈听到这话,眼珠一转,对丈夫说:"这就更非给他老人家作寿不可啦!"(老舍《四世同堂》)

（100）老太太和少奶奶的娘家反正非赶紧去告诉一声不可呀！（老舍《四世同堂》）

上面两句，前句似乎合乎共现顺序，后句又似乎不合，其实，也都不是真正的副词连用。否定副词"非"同否定性助词"不可"前后呼应、互相配合，组成"非 X 不可"强调句式，表示情势之必需。⑬

3.5 强调重点。尽管在常规的情况下，副词的连用都有其既定的内在的共现顺序，但有时在具体的表述中，作者/说话人为了一定的语用需要——强调某一方面的内容、突出某一方面的含义，也可以有意识地改变副词的常规共现顺序，把一些原来应位于后面的副词提到前面来。比如范围副词"都"和"全"提到前面后，就更能贴近总括的对象，更加突出强调的重点。试比较下面两句：

（101）听说车已经都不敢出城，西直门外正在抓车，大车小车骡车洋车一齐抓。（老舍《骆驼祥子》）

（102）所有从南方来的特别快车都已经到达了，依旧没有白天明的影子。（苏叔阳《故土》）

前句是常序，"车"只是总括的对象，不是表义的重点；后句是变序，"特别快车"既是总括的对象，又是表义的重点，"都"与前面的"所有"配合，表示无一例外。当然，"都"的前置同音节的协调也有关。再如：

（103）祥子痛快得要飞起来，这些日子的苦恼全忽然一齐铲净，象大雨冲过的白石路。（老舍《骆驼祥子》）

此外，表示重复的副词"再"和"又"也可以提前，尤其是提到范围、否定副词之前相当普遍。例如：

（104）你们自己也知道，再都迟到，奖金全没了。（向东《我们这一代人》）

(105) 真的,一直到现在,我实在再没有吃到那夜似的好豆,——也不再看到那夜似的好戏。(鲁迅《社戏》)

前句主要强调的是"再次迟到"而不是"一起迟到",所以"再"要前置。后句的"再没有"显然比"没有再"更突出"一去不复返"的意味。"又"的情况也是如此:

(106) 每天从大门进出的又只剩下他和老伴两个。(冯骥才《雕花烟斗》)

这句的"又",前项隐含了,这种用法的"又"一般都要前置,往往要重读,并带有一定的感情色彩。此外,这类带有强调色彩的"又"还可以位于程度(他又有点儿神不由主了)、协同(他俩又一起逛商店去了)等副词的前面。

需要指出的是,并不是任何副词,只要强调就可以改变位序加以提前的,就我们的调查看,可以用来变序强调的主要就是"都、再、又、全"等几个。

除了前置强调的变序之外,少数副词还可以用贴近来强调。比如表示评注的"就",要强调动词"是""像"等,必须突破常序,紧贴强调对象。例如:

(107) 现在也无非就是这个茶馆里的空气有些紧张。(鲁迅《长明灯》)

上面我们分析了形成变序的五个方面的原因,很显然,绝大多数变序现象的出现,都是有着内在原因的,都是可以解释清楚的,所以也都是有规律可循的。当然,毋庸讳言,形成变序的原因,肯定还不止这五个方面,比如协调音节、方言影响、行文习惯等都有可能改变副词的位序。由于相对说来,这些因素对共现顺序的影响不很突出,所以就不详细讨论了。

附注

① 参见陆俭明《同类词连用规则刍议》,《中国语文》1994年第5期。
② 参见戴浩一(1985)、方清明(2012)、黄河(1990)、赖先刚(1994)。
③ 参见吕叔湘《汉语语法分析问题》第48节,商务印书馆,1979年,北京。
④ 参见黄国营《语气副词在"陈述-疑问"转换中的限制作用及其句法性质》,《语言研究》1992年第1期。
⑤ 关于定语的定义,本章采取的是胡裕树主编《现代汉语》中的说法。
⑥ 评注性副词所表示的是一种主观评价,是非问也是一种主观评价,所以不相容。
⑦ 描摹性副词主要是对动词的性状进行描述刻画,而且同中心语关系十分紧密,所以当某些动词充当虚化动词的宾语时,仍然可以对这些动词进行修饰。
⑧ 骨牌图所反映的只是常规的连用级位,其实,在实际言语中,还有一些例外。
⑨⑩ 关联副词、频率副词从理论上讲,凭语感来看,都是可以同协同副词连用的,比如:"看看天色不早了,他们就一块儿回去了。""插队的时候,他们经常一块儿上山,一块儿下地,简直形影不离。"不过,我们暂时未找到实例。
⑪ 再比如:"我们每天的事情大概是掘蚯蚓,掘来穿在铜丝做的小钩上,伏在河沿上去钓鱼。"(鲁迅《社戏》)其中的"大概"也是范围副词。
⑫ 副词性短语内部也有级位问题,但短语内部结合紧密,而且短语内的修饰语同句中的状语并无直接关系,所以副词性短语内的级位不受副词在句子状语上的级位的限制。
⑬ 参见本书第三篇第四章。

参考文献

白丁(1986)副词连用分析,《中南民族学院学报》第3期。
戴浩一(1985)Temporal sequence and Chinese word order. *Typological Studies in Language*. Volume 6. 黄河译《时间顺序和汉语的语序》,《国外语言学》1988年第1期。
方清明(2012)现代汉语副词连用频率考察,《汉语学报》第3期。
黄河(1990)常用副词共现时的顺序,《缀玉集》,北京大学出版社,北京。
赖先刚(1994)副词的连用问题,《汉语学习》第2期。

刘月华(1983)状语的分类和多项状语的顺序,《语法研究和探索》(1),北京大学出版社,北京。
欧阳林(2012)汉语副词连用的几个问题,《山西师范大学学报》第4期。
钱兢(2005)现代汉语范围副词的连用,《汉语学习》第2期。
文炼、胡附(1954)谈词的分类,《中国语文》2、3月号。
袁毓林(2002)多项副词共现的语序规则及其认知解释,《语言学论丛》(二十六),商务印书馆,北京。
张全生(2010)焦点副词的连用与一句一焦点原则,《汉语学报》第2期。

第三篇

否定与连接

第一章 副词的预设否定功能

0. 前言

0.1 在现代汉语中,对一个陈述的否定,实际上包括两种情况:一种是命题否定(statement negation),另一种是预设否定(presupposition negation)。预设否定的否定对象不是命题本身,而是说话人和听话人共知的相关情况。

0.2 按照一般常识,一定的主观努力就会产生一定的效果。所以,当有人说:

A. 张三学了几年钢琴。

B. 李四练了两年气功。

听话人马上就会形成这样的联想和推断:"张三会弹钢琴。""李四身体不错。"然而,在现实世界中,经常会出现一些与人们的推断不相符合的情况。譬如有人尽管付出了努力,但由于种种原因,并没能取得预期的效果。也就是:

A′. 张三学了几年钢琴,但至今仍然一窍不通。

B′. 李四练了两年气功,可是一点效果也没有。

上面两句都是转折复句,其转折关系都是以特定的预设为依据的。A′的预设是:学了几年钢琴,应该善于弹奏;B′的预设是:练了两年气功,必然会有效果。在现代汉语中,对于这种逸出人们联想和推断的情况,虽然也可以使用这种以预设为依据的转折复句,但更为便捷简明的

方法则是,在叙述某一行为的同时,又使用"白"类副词,比如"白",对命题的预设直接加以否定。①所以,又可以表述为:

A″. 张三白学了几年钢琴。

B″. 李四白练了两年气功。

0.3 本篇将从历时和共时两个角度,全面考察近代汉语和现代汉语中的预设否定副词。

1. 近代汉语预设否定副词研究

1.0 在近代汉语中,对命题的否定,除了使用否定动词和否定代词以外,主要使用否定副词,常用的有:"不、无、没、非、别、休、毋、勿、未、弗、否、莫、亡、靡、罔、微"等。有关这些否定副词的否定方式和特点,前辈和时贤已经进行了深入的探讨,本章主要讨论近代汉语预设否定副词。

在近代汉语中与"白"类似的预设否定副词还有不少,主要有:"白、空、徒、虚、枉、浪、漫、坐、唐、素、干、瞎"等,尽管它们在使用的年代、范围、方式、频率等方面存在着一定的差异。本节拟从两个方面对这些否定副词进行考察和分析,前一部分主要考察这些否定词在表义过程中所呈现出来的种种否定特点,后一部分则分别考察各词在起源、搭配、内涵诸方面的异同。

本章所指的近代汉语,范围相当广泛,既包括比较正规的书面语,也包括略显随便的口头语;既包括诗、词、曲、杂剧、南戏等韵文,也包括小说、变文、话本、语录、佛经、奏章等散文。总之,从魏晋至明清,人们在各种场合下使用的语言形式,除了刻意模仿上古的文言之外,几乎都在我们讨论之列。

1.1 表义特点

1.1.0 从句法功能看,这些副词一般都只能修饰谓词和谓词性成分,在句中充当状语和状语性成分,似乎相当简单。然而,从表义方式,尤其是从否定的倾向和对象及否定的基点和功用等角度来看,这些预设否定副词要比普通的命题否定副词灵活、复杂得多。下面就从付出与获得、积极与消极、主体与客体、隐性与显性等四个方面进行考察与分析。

1.1.1 付出与获得。所谓付出,就是指从事某一行为所付出的代价,所谓获得,就是指从事某一行为所得到的效益。任何行为,无论是否出于自主,总要付出一定的代价,总会产生一定的效益(即使破坏,对于破坏者来说,也是产生了效益)。而人们对行为得失的价值判断,主要就是看付出与获得之间的比值。按照常理,付出代价就应该获得效益,反之,获得效益就应该付出代价。但实际上,由于种种原因,付出与获得之间并非总是平衡的。而部分预设否定副词的作用就在于切断"代价-效益"之间的联系,否定这一对等关系的某一方面。当否定的预设是"获得效益应该付出相应的代价"时,否定词所否定的是代价的付出,也就是平常所说的"无偿地"。例如:

(1)鬻牒固非美事,犹有物以予之,今履亩则白取矣。(宋·袁甫《蒙斋集》)

(2)臣以为盐商纳榷,为官粜盐,子父相承,坐受厚利,比之百姓,实则校优。(唐·韩愈《论变盐法事宜状》)

"取履亩""受厚利"按理是应该付出代价的,或者说是应该创造效益的,但实际上却是既没有付出也没有创造,所以要用"白"和"坐"。反过来,当否定的预设是"付出代价应该获得相应的效益"时,否定词所否定的则是效益的获得,也就是平常所说的"徒劳地"。例如:

(3)如今白白的花了钱,弄了这个东西,又叫咱们认出来了。(《红楼梦》第九十五回)

(4) 今四郊多垒,宜人人自效,而虚谈废务,浮文妨要,恐非当今所宜。(南朝·宋·刘义庆《世说新语·言语》)

"花了钱""谈废务"按理是应该获得报酬的,或者说是应该产生效益的,但实际上是既没有获得也没有产生,所以也要用"白"和"虚"。由于否定的预设不同,所以即使修饰同一个谓词,也可以表示相反相对的两种语义倾向。试比较:

(5) 贾母道:"今儿原是我特带着你们取乐,咱们只管咱们的,别理他们。我巴巴儿的唱戏摆酒,为他们呢?他们白听戏,白吃,已经便宜了,还让他们点戏呢!"(《红楼梦》第二十二回)

(6) 众人笑道:"真是茄子,我们再不哄你。"刘姥姥诧异道:"真是茄子?我白吃了半日!姑奶奶再喂我些,这一口细嚼嚼。"(《红楼梦》第四十一回)

前句的"白吃"否定的是付出,指不付代价而看戏喝酒;后句的"白吃"否定的是获得,指品尝茄子而辨不出味道。

那么,为什么同一个"白"在进行预设否定时,会出现截然相反的表义倾向呢?这是因为付出代价而无益和不付代价而获益本来就是同一个问题的相辅相成的两个方面。之所以有时否定付出,有时否定获得,其决定因素就在于人们衡量行为价值的心理趋向不同——究竟是着眼于行为的前提,还是着眼于行为的结果。从表达的角度看,也就是传递的信息焦点不同和强调的表述重点不同。需要指出的是,近代汉语中的预设否定词绝大多数都是单向否定副词——只能否定效益的获得,而不能否定代价的付出。除了"白"以外,只有"坐"和"素"还具有这种双向的否定功能。[②]例如:

(7) 盗起而不知御,民困而不知救,吏奸而不知禁,法斁而不知理,坐糜廪粟而不知耻。(明·刘基《卖柑者言》)

(8) 胡为坐自苦,吞悲仍抚膺。(唐·白居易《反鲍明远白头吟》)

(9) 甘餐恐腊毒,素食则怀惭。(宋·黄庭坚《赣上食莲有感》)

(10) 那埚里遇着,那搭里撞着,我把那背义的奴胎不道的素放了。(元·张国宾《罗李郎》第二折)

上面"坐縻廪粟""素食"是获得利益而不付代价,"坐自苦""素放"则是付出代价而无效益。

1.1.2 积极与消极。所谓积极,就是指表示积极意义的"VP",所谓消极,就是指表示消极意义的"VP"。尽管同样是否定预设,但否定词直接修饰的"VP"却可以有积极、消极之分。积极意义主要指业已取得的或与生俱有的各种有利条件。例如:

(11) 我空学成七步才,谩长就六尺躯。(元·无名氏《渔樵记》第一折)

(12) 枉自温柔和顺,空云似桂如兰。(《红楼梦》第五回)

消极意义主要指已经付出或将要付出的各种代价。例如:

(13) 於家谩劬劳,为国空生受。(元·杨梓《霍光鬼谏》第三折)

(14) 作赋相如亲涤器,识字子云投阁,算枉把精神费却。(宋·辛弃疾《贺新郎·韩仲止判院山中见访词》)

"学成才""长就躯"和"温柔和顺""似桂如兰"自然都是各种有利的条件了,但没起任何作用。而"劬劳""生受"和"费精神"则自然是各种付出的代价了,同样也没起作用。

那么,为什么同样都是否定效益的获得,同一个否定词分别修饰具有积极和消极意义的"VP",表达的效果却仍然是一致的呢?这是因为预设否定副词所否定的不是"VP"的命题,而是"VP"的预设,尽管积极和消极本身的含义正好相反,但它们的预设却是相似的——前者是具有有利的条件应该获得相应的效益,后者是付出一定的代价应该获得相应的效益,否定的内容正好是一致的,都是效益的获得。也就是说,按照一般的推理,具有有利的条件应该有一个良好的结果,而付出代价的目的也是为了一个良好的结果,然而,使用了预设否定词以后,两种结果都被否定了,所以积极和消极的表达效果就趋向一致了。同样,否定词"白、徒、浪、虚"等也都可以分别修饰两种不同类型的"VP"。比如:

(15)此去经年,应是良辰美景虚设。(宋·柳永《雨霖铃》)

(16)贾生年少虚垂涕,王粲春来更远游。(唐·李商隐《安定城楼》)

(17)浪得巧名儿,却不解,把郎心系。(明·汤显祖《紫箫记·巧合》)

(18)九有茫茫共尧日,浪死虚生亦非一。(前蜀·贯休《路难行》)

"设美景""得巧名"是积极的,"垂涕""死亡"则是消极的,但结果都一样,都是不起任何作用。

1.1.3 主体与客体。所谓主体就是行为的发出者,所谓客体就是行为的承受者。尽管同样都是否定预设,但否定的基点可以不同。以行为的主体作为否定的基点是顺向推断的结果。例如:

(19)平儿笑道:"这么着,我去告诉一声儿。"说着去了,半日方回来,笑道:"白走一趟。这样好事,奶奶岂有不依的!"(《红楼梦》第五十六回)

以行为的客体为否定基点的是逆向推断的结果。例如:

(20) 雨村听了大怒道:"那有这等事,打死了人竟白白走了,再拿不来的!"(《红楼梦》第四回)

上面前句的"白走"是以行为的发出者为基点的,该句的预设是"付出代价(走一趟)应该获得相应的效果",否定的是效果的获得;后句的"白白走"是以行为的承受者为基点的,该句的预设是"付出代价(被打死)应该得到相应的结果",否定的是结果的出现。换句话说,前句以"走"的行为主体——平儿——的利益为着眼点,后句则以行为的客体——被打死者——的利益为着眼点。再比较下列两句:

(21) 一个远方流落的小厮,白白里赔钱赔钞,伏侍得才好,急松松就去了。(《醒世恒言》第二十七卷)

(22) 这千两黄金,弟兄大家该五百两,怎到得滕大尹之手?白白里作成了别人,自己还讨得气闷,又加个不孝不弟之名,千算万计,何曾算计得他人,只算计得自家而已。(《古今小说·滕大尹鬼断家私》)

两句同样都是说赔了钱,前句以行为主体"小厮"为基点,表示自己付出了代价但没起作用;后句以行为的客体"滕大尹"为基点,表示别人获得利益但没付代价。同样,否定词"枉、坐、空、干"等也都可以有不同的否定基点。比如下面这句中的两个"干",分别以行为的主体和客体作为否定的基点:

(23) 郓哥道:"你老大一个人,原来没些见识。……那西门庆须了得,打你这般二十来个。若捉他不着,干吃他一顿拳头。他又有钱有势,反告了一纸状子,你便用吃他一场官司,又没人做主,干结果了你。"(《水浒传》第二十五回)

值得注意的是,在使用预设否定副词时,主体与客体的转换常常会涉及付出与获得的转变。例如：

(24) 这大户早晚还要看觑此女,因此不要武大一文钱,白白的嫁与他为妻。(《金瓶梅》第一回)

(25) 那个大户以此记恨于心,却倒赔些房奁,不要武大一文钱,白白地嫁与他。(《水浒传》第二十四回)

上面两句说的是同一件事,从"大户"的基点着眼的话,"白白"否定的是"利益的获得";从"武大"的基点着眼的话,"白白"否定的是"代价的付出"。因为从"代价-效益"的关系看,此方不付代价而获益必然隐含彼方付出代价而无益,彼方不付代价而获益则必然隐含此方付出代价而无益,关键就在于否定基点的确定。再比如下面两句的"空",也选择了不同的否定基点：

(26) 心比天高,身为下贱,风流灵巧招人怨,寿夭多因诽谤生,多情公子空牵念。(《红楼梦》第五回)

(27) 谁想从朝不见影,到晚要阴凉,空教我立尽斜阳,临歧处漫凝望。(元·谷子敬《城南柳》第四折)

1.1.4 隐性与显性。所谓隐性就是隐性的羡余否定（redundant negation）,所谓显性就是指显性的羡余否定。隐性的羡余否定指的是近代汉语中部分词语的词义本身已含有同否定预设所表示的语义相似的义素,所以当预设否定词再修饰这些词语时,其否定功能被自然抵消了,成了羡余成分。比如"要、拿、抢、夺、骗、偷、捡、拾"等动词本身就含有"白白得到"的义素,再受"白(白)"修饰,就成了"白白白白地得到"。例如:

(28) 但是值钱的,我和俺父亲的性儿一般,就白要白拿,白抢白夺。(元·佚名《陈州粜米·楔子》)

(29) 假公子别了夫人,出了后花园门,一头走,一头想道:我白白里骗了一个宦家闺女,又得了许多财帛,不曾露了马脚,万分侥幸。(《古今小说·陈御史巧勘金钗钿》)

在上面两例中,"白""白白里"的否定功能已完全被淡化中和了;前句的"白",可以换成"又",后句的"白白里"可以省略,语意基本不变。同样,"送、赠、赏、捐、赔、丢、扔、弃、给"等动词本身也都含有"白白付出"的义素,再受"白(白)"修饰,也就成了"白白白白地付出"。例如:

(30) 不论别人,只这一位荀老爹,三十晚上还送了五十斤油与你,白白给你炒菜吃,全不敬佛。(《儒林外史》第二回)

(31) (杨志)又走了二十余里,正是:面皮青毒逞雄豪,白送金珠十一挑。今日为何行急急,不知若个打藤条。(《水浒传》第十七回)

"白给"还是"给","白送"还是"送";所以,前句也说成"还白白送了五十斤油与你,给你炒菜吃",语意基本不变。当然,即使在这种情况下,预设否定副词的使用也不是多余的。一方面,它可以起到协调音节和渲染情态的作用,另一方面,它可以使各词本身隐含的否定义素,通过叠置而进一步明显而强化。否定副词修饰含有否定义素的名词或名词性短语时,也都可以形成羡余否定。例如:

(32) (刘仁甫)在嵩山少林寺学拳棒,学了些时,觉得徒有虚名,无甚出奇致胜处。(《老残游记》第七回)

由于"虚"的存在,"徒"在语义上也就成了羡余成分。再比较下面两句:

(33) 晴雯呜咽道:"有什么可说的!……我今儿既担了虚名,况且没了远限,不是我说一句后悔的话:早知如此,我当日……"说到这里,气往上咽,便说不出来,两手已经冰冷。(《红楼梦》第七十

七回)

(34) 晴雯哭道:"你去罢!……你的身子要紧。今日这一来,我就死了,也不枉担了虚名。"(《红楼梦》第七十七回)

很显然,两句都是指承担了不符合实际的名声,羡余否定词可用可不用,用了之后语义更显豁,语气更强烈。

显性羡余否定指的是在否定预设的同时,又在前后用附加说明的方式将否定预设所表示的含义复述一遍,从而使得这些否定词成了羡余成分。例如:

(35) 又转运使欲合一路共为一法,不令州县各从其宜,或已受差却释役使去,或已辞雇却复拘之入役,或仍用钱招雇,或(不用钱)白招,纷纭不定,浸违本意。(《宋史·食货志》)

(36) 石匠真个不费一钱,白白里领了胡氏去,成其夫妇,不在话下。(《古今小说·木棉庵郑虎臣报冤》)

上面两句括号中的内容,从语义上讲都是多余的,因为"白招""白白里领"已经蕴涵了"不用钱""不费一钱"。以上都是否定付出的,同样,否定获得的也会出现显性羡余现象。例如:

(37) 不惟重扰灾纷伤人户,亦恐枉费日月,不能了办。(宋·朱熹《管下县相视约束》)

(38) 前日女儿因驸马就要出外阅兵,恐他跟去,徒然劳苦,於事无益。(清·李汝珍《镜花缘》第二十四回)

其实,"枉费日月""徒然劳苦"也已蕴涵了"不能了办""於事无益"。那么,这种羡余说明的存在究竟有什么语用价值呢?首先,羡余说明的存在是为了整个表述更加具体形象、明确完整。例如:

(39) 一个人只会吃饭,不会做别的,就叫做"饭桶""金漆饭

桶",大约说其徒有其表(,面子上好看,其实内骨子里一无所有)。(《官场现形记》第二十七回)

很显然,尽管上面括号中的内容已经被蕴涵于预设否定之中,但是,是从表义的精确和形象的角度看,或者是从表达的细致和完足的角度看,它们还是有其存在必要的。事实上,有些羡余说明同前述成分已经成了凝固的定型搭配。比如:

(40)况平时考官,各省俱已聘定足数。欲减其数,则苦于时迫路遥,欲听其来,则不免徒劳无益,将若之何而可哉?(明·沈德符《有司分考》)

而且,隐性与显性有时还可以一起共现。例如:

(41)却说司马懿刚回到寨中,使人打听是何将引兵守街亭。回报曰:"乃马良之弟马谡也。"懿笑曰:"徒有虚名,乃庸才耳。"(《三国演义》第九十五回)

总的说来,隐性羡余否定和显性羡余否定是不难区分的,但有时也比较接近,需要认真分辨。

1.2 个性特征

1.2.0 毫无疑问,从否定预设的角度看,这些副词确实存在着相当程度的内在一致性;而且在许多情况下,有相当一些否定词可以互相换用。如果撇开语体的协调等细微的差异,那么,下列六句例句中的"虚、白、枉、徒、浪、空"都可以互换:

(42)供佛无益,不可虚费财用。(《元史·张孔孙传》)

(43)兰芝道:"莫要落雨把今晚的灯闹掉,就白费了宝云姐姐一片心了。"(《镜花缘》第七十九回)

(44)如今要下工夫,且须端庄存养,独观昭旷之原,不须枉费

工夫,钻在纸上语。(《朱子语类》第一百一十五卷)

　　(45) 九公何苦徒费唇舌,你这乡谈暂且留著,等小弟日后学会再说罢。(《镜花缘》第二十八回)

　　(46) 非这番找足前文,不成文章片段;并不是他消磨工夫,浪费笔墨。(《儿女英雄传》第十二回)

　　(47) 人间无凤凰,空费穿云笛。(宋·辛弃疾《生查子·民瞻见和用前韵》)

正因为存在着这种共通性,所以迄今为止的各种辞书都是用"徒也、空也、枉也"来互训这些副词的。然而,如果深入考察和比较一下这些否定词,就会发现,其实这十二个副词,每个都有自己的个性特点。下面就从语源与虚化、搭配与变化、内涵与差异等三个方面进行比较和分析。

　　1.2.1 语源与虚化。众所周知,汉语的副词,绝大多数是由实词经常充当状语虚化(grammalization)而来的,这些否定副词当然也不例外。不过,从语源——词义演化的理据和轨迹——来看,这十二个副词原来都是实词,各词的原词义互不相涉,各有所属。那么,它们为什么会殊途同归,最终都虚化为预设否定副词呢?其决定性因素又是什么呢?很显然,决定其虚化轨迹的关键因素就在于所有这些词的原词义中都直接间接地含有否定义素。

　　比如"白"是(表面)没有颜色,"空"是(内部)没有实体,"干"是(物体)没有水分,"瞎"是(眼睛)没有视力,"素"是(织物)没有颜色,"漫"是(水流)没有际涯,总之,这些词的词义中都含有否定义素,因而在使用和发展的过程中很容易被引申、虚化,最终演变为否定副词。而另一些词的基本义中并不包含否定义素,但是它们的引申义中含有否定义素:比如"徒"是(行动)没有凭借,"虚"是(事物)没有内容,"浪"是(行为)没有约束,"枉"是(处事)没有规矩,"坐"是(遇事)没有行动,"唐"是(讲话)没有节制,这样,经过辗转引申,这些词也都产生了否定义,并最终变成了预设否定词。③

当然,这些否定词的虚化过程的发生和否定功能的形成是经历了一个相当长的历史时期的。大致可以分为三个阶段。

首先,"素、徒、虚、空"这四个副词在上古就已形虚化。"素"的使用最早,在《周易》和《诗经》中经已出现。④至《左传》,"素""徒"两词均已有否定词的用例:

(48) 十二年,夏,卫公孟彄伐曹,克郊。还,滑罗殿。未出,不退于列。其御曰:"殿而在列,其为无勇乎?"罗曰:"与其素厉,宁为无勇。"(《左传·定公十二年》)

(49) 二十五年春,齐崔杼帅师,伐我北鄙,以报孝伯之师也。公患之,使告于晋。孟公绰曰:"崔子将有大志,不在病我,必速归,何患焉?其本也不寇,使民不严,异于他日。"齐师徒归。(《左传·襄公二十五年》)

"虚""空"两词的否定性虚化大致完成于秦汉。例如:

(50) 朱公长男以为赦,弟固当出也,重千金虚弃庄生,无所为也,乃复见庄生。(《史记·越王勾践世家》)

(51) 春平侯者,赵王之甚所爱也,而郎中甚妒之……今君留之,是空绝赵,而郎中之计中也。(《战国策·赵策》)

其次,"唐、坐、枉、浪、漫"这五个否定副词形成于中古。其中"唐、坐"略早些,在六朝已经出现:

(52) 唐使其妇受大痛苦。(《百喻经·为妇贸鼻喻》)

(53) 游禽暮知反,行人独未归。坐销芳草气,空度明月辉。(南朝·齐·王融《和王友德之古意诗二首》)

"枉、浪、漫"至迟到隋唐也已完成了虚化过程。例如:

(54) 一支红艳露凝香,云雨巫山<u>枉</u>断肠。(唐·李白《清平调》)

(55) <u>浪</u>抚一张琴,虚栽五株柳。空负头上巾,吾於尔何有。(唐·李白《嘲王历阳不肯饮酒》)

(56) 今年游寓独游秦,愁思看春不当春。上林苑里花徒发,细柳营前叶<u>漫</u>新。(唐·杜审言《春日京中有怀》)

最后"干、白、瞎"这三个词虚化过程相对较晚。"干、白"的虚化否定在晚唐至北宋已完成。⑤例如:

(57) 日晚且须归去,阿婆屋里<u>干</u>嗔。(《敦煌变文集·无常经讲经文》)

(58) 欢喜教这两个也,<u>干</u>撞杀秦郑恒那村厮。(金·董解元《西厢记诸宫调》)

(59) 盖其抛死牛马,已是下民之苦,更不支得价钱,令人户<u>白</u>纳。(宋·欧阳修《乞放行牛皮胶鳔》)

"瞎"是这些否定词中最迟形成的一个。下面两例中的"瞎"尽管比较接近于否定副词,但还不是严格意义上的预设否定副词,还带有"盲目地、胡乱地"的意味。例如:

(60) 你这花子,单管只<u>瞎</u>诌,倒是个女先生。(《金瓶梅》第六十一回)

(61) 匡超人自觉失言,心里惭愧。接过诗来,虽然看不懂,假做看完了,<u>瞎</u>赞一回。(《儒林外史》第十七回)

真正的预设否定副词"瞎",所检到的最早的用例是清代的:

(62) 老爷道:"管他!横竖我是个局外人,干我无干,去<u>瞎</u>费

这心猜他作甚么!"(《儿女英雄传》第十三回)

由此可见,近代汉语预设否定词的产生虽然都具有相似的语义基础,但各词的虚化产生、发展形成的过程,还是很不一致的。

1.2.2 搭配与变化。从组合搭配和词形变化的情况看,这些副词也存在着一定差异:有的结合面较宽,有的结合面较窄;有的总是单独使用,有的经常配对合用;有的形式单一,没有变化,有的可加后缀、可以重叠。首先,就搭配关系而言,"素""唐"的结合面最窄。"素"形成于上古,在近代汉语中,虽然还偶尔使用,但搭配日趋定型,主要同"餐、食、飧、放"等搭配,并逐渐语素化了。例如:

(63) 干时率皆素餐偷容,掩德蔽贤,忌有功而危之,疾清白而排之。(晋·葛洪《抱朴子·汉过》)

(64) 嫂嫂,好生侍奉哥哥。俺哥哥若有些好歹,我不道的轻饶素放了你也。(元·李文蔚《燕青博鱼》第一折)

"唐"在中古产生之后,基本上都出现在一些与佛教有关的用语中,而且一般总是同含有损失义的动词搭配。例如:

(65) 若有众生,恭敬礼拜观世音菩萨,福不唐捐。(《法华经·观世音菩萨普门品》)

(66) 今汝此子,即是彼仙。犹以强识,玩习世典,唯谈异论,不究真理。神智唐捐,流转未息,尚乘余善为汝爱子。(唐·玄奘《大唐西域记·健驮罗国》)

"坐"在产生之初,搭配还是比较自由的。例如:

(67) 及侯景之乱,肤脆骨柔,不堪行步,体羸气弱,不耐寒暑,坐死仓猝者,往往而然。(北齐·颜子推《颜氏家训·涉务》)

但到了后期,其搭配对象渐趋定型,经常修饰"食、失、受、享"等动词。

例如：

(68) 既无功而坐食，实有愧于解衣。(宋·苏轼《谢赐衣袄表》)

(69) 今年必须和私籴常平米五十余万石，准备来年出粜，若价高本重，至时每斗只减十文，亦须坐失五万余贯。(宋·苏轼《相度准备赈济第一状》)

(70) 泸州管军总管李从，坐受军士贿，纵其私还，致万户爪难等为贼所杀，伏诛。(《元史·世祖纪九》)

其他各词，除了"白"特别活跃，"瞎"出现较晚之外，搭配关系都比较自由，出现频率也都较高。

值得注意的是，"坐、枉、空、浪、漫、虚、干"等都可以配合对举使用，前面例(11)(12)(13)(53)(55)(56)均是。下面再举几例：

(71) 贵人怜公青两眸，吹嘘可使高岑楼。坐令隐约不见收，空能乞钱助馈馏。(宋·王安石《哭梅圣俞》)

(72) 空烦左手持新蟹，漫绕东篱嗅落英。(苏轼《章质夫送酒不达》)

(73) 秦钗枉断长条玉，蜀纸虚留小字红。(唐·韩偓《寄恨》)

(74) 空将闲岁月，尘埃浪销磨。(宋·梅尧臣《送正仲都官知睦州》)

(75) 干相思，心绪乱如丝；虚疼热，恩情薄似纸。(元·汤式《湘妃引·代人送》)

其次，从变化形式看，"徒"的变式最多，在近代汉语中产生了一系列加缀形式，比如"徒然、徒自、徒尔、徒然间"等。例如：

(76) 竹生荒野外，梢云耸百寻。无人赏高节，徒自抱贞心。

(南朝·梁·刘孝先《咏竹》)

(77) 幽涧生蕙若,幽渚老江蓠。荣落人不见,芳香徒尔为。(唐·梁德裕《感寓二首》)

"白"可以重叠成"白白",还可以再加上后缀"的、地、里"。例如:

(78) 再不向杀人场揽祸尤,白白的将性命丢。(元·佚名《马陵道》第二折)

(79) 快活林这座酒店,原是小施管营造的屋宇等项买卖,被这蒋门神倚势豪强,公然夺了,白白地占了他的衣饭。(《水浒传》第三十回)

(80) 王招宣初娶时,十分宠幸,后来只为一句话破绽些,失了主人之心,情愿白白里把与人。(《警世通言·小夫人金钱赠年少》)

可以带后缀"自"的,还有"唐、坐、枉、空、浪"等。"唐自、坐自、空自"要早于"枉自、浪自"。下面都是一些较早的用例:

(81) 我今饱足,由此半饼,然前六饼,唐自捐弃。设知半饼能充足者,应先食之。(《百喻经·欲食半饼喻》)

(82) 容华凤夜零,体泽坐自捐。(晋·陆机《长哥行》)

(83) 华树曜北林,芬芳空自宣。(南朝梁·江淹《效阮公夹》)

(84) 终归不免死,浪自觅长生。(唐·寒山《诗七十七》)

(85) 我那爷呵,[唱]枉自有势剑金牌,把俺这屈死三年的腐骨骸,怎脱离无边苦海!(元·关汉卿《窦娥冤》第四折)

此外,"漫"有时还可以换用"谩""慢"。例如:

(86) 月好谩成孤枕梦,酒阑空得两眉愁。(宋·晏殊《浣溪沙词》)

(87) 有诗为证:恶人心性自天生,慢道多因习染成。用尽凶谋如翘虎,岂知有日贯为盈!《二刻拍案惊奇》卷四)

1.2.3 内涵与差异。虽然这十二个副词殊途同归,先后进入了近代汉语预设否定副词列之中,但由于各词的原词义各不相同,各有侧重,而这种原型词义总会或多或少地沉淀于各副词的语义成分和附加色彩之中;再加上各词的虚化过程和搭配对象情况不一,从而使得这些副词在否定预设的过程中,不可避免地会附带一些个性特征,显示出与众不同的表义倾向。尽管各词的差异并不很大,对于一般理解不会产生什么影响,然而,如果我们能够揭示出它们之间的细微差别,对于人们深入透彻地理解这些预设否定词,无疑具有十分重要的意义。我们觉得,对于这些否定词丰富多彩、各具特色的潜在内涵,只有通过详细比较各词的推断预设、否定内容、表义重点,才能深刻地洞察其微妙的区别。因此,下面将各词的相关情况归纳列表,予以对照比较:⑥

	推断预设	否定内容	表义重点
白	一定的代价应该获得相应效益	效益的获得	徒劳性
空	一定的努力应该获得相应结果	结果的出现	无成性
虚	一定的外表应该拥有相应内容	内容的存在	虚无性
徒	一定的行为应该具有相应凭借	凭借的拥有	排他性
坐	一定的机遇应该采用相应措施	措施的采用	消极性
枉	一定的处事应该遵守相应规矩	规矩的遵守	偏差性
浪	一定的言行应该受到相应约束	约束的受到	放纵性
漫	一定的行动应该遵循相应方向	方向的遵循	任意性
干	一定的情势应该采取相应行动	行动的采取	无奈性
瞎	一定的行为应该依照相应根据	根据的依照	盲目性
唐	一定的言谈应该遵照相应规范	规范的遵照	随意性
素	一定的措施应该产生相应效果	效果的产生	无效性

下面我们根据上表的归纳,对一些实例进行辨析。

A."白、干、枉":

(88)你要不听我这良言,只怕你到了那里,莫讲取不得他的首级,就休想动他一根毫毛;这等的路远山遥,可不白白的吃一场辛苦。(《儿女英雄传》第十八回)

(89)郓哥道:"你老大一个人,原来没些见识。……那西门庆须了得,打你这般二十来个。……干吃他一顿拳头。……"(《水浒传》第二十五回)

(90)便是功名念热,勉强进来,也是空负八斗才名,枉吃一场辛苦。(《儿女英雄传》第三十四回)

这三句都表示无谓地遭受痛苦,但各句的深层含义不同:"白吃"重在吃了苦而一无所获,"干吃"重在吃了苦却无能为力,"枉吃"重在吃了苦还不被承认。

B."坐、谩谩、空":

(91)愚夫同瓦石,有才知卷舒;无事坐悲苦,块然涸辙鱼。(唐·李白《拟古》)

(92)千古英雄成底事,徒感慨,谩悲凉。(宋·李好古《江城子》)

(93)莫等闲,白了少年头,空悲切。[(相传为)宋·岳飞《满江红》]

这三句都是说悲哀而不起任何作用,其细微的差异在于:"坐悲苦"暗示在本身无所作为的情状下悲苦而不起作用,"谩悲凉"暗示在失去明确方向的情状下悲凉而不起作用,"空悲切"暗示在自己不做努力的情状下悲切而不起作用。

C."空、虚、徒":

(94) 仆以君有胆力,故来一窥梗概,不谓空有其表,直一无胆懦夫耳。(清·沈起凤《谐铎·镜戏》)

(95) 协器宇宏爽,高谈虚论,多不近理,时人以为虚有其表。(《旧五代史·唐史·崔协传》)

(96) 盐法尤重,今已坏尽,各边开中,徒有其名,商人无利,皆不肯上纳。(明·焦竑《玉堂丛书》卷四)

这三句都是说名不副实,但强调的重点各有侧重:"空有"强调的是效果,意谓只有好看的外表而无实际效用;"虚有"强调的是内容,意谓光有雄健的体魄而无内在素养;"徒有"强调的是范围,意谓除了名声以外,其他一无所有。

D."坐、空、虚、浪":

(97) 唯恨乖亲燕,坐度此芳年。(唐·韦应物《清明亿诸弟》)

(98) 坐销芳草气,空度明月辉。(南朝·齐·王融《和王友德之古意诗二首》)

(99) 虚度了丽日和风,枉误了良辰美景。(元·关汉卿《金线池》第三折)

(100) 无功泽及人,而浪度岁月,晏然为天地间一蠹。(《宋史·道学传一·程颐》)

这四句都是感叹白白地浪费了美好人生和大好时光,区别在于:"坐度"突出消极性,深层含义是没有相应的行动;"空度"突出无成性,深层含义是没有真正的收获;"虚度"突出虚无性,深层含义是没有实在的内容;"浪度"突出放纵性,深层含义是没能自我约束、珍惜时间。通过以上四组的分析可以看出,虽然都是否定预设,但各词的深层却隐含着丰富多彩的内涵,存在着精细微妙的差异。毫无疑问,深入辨析各词的潜在内涵、表义重点和相应的摹状特征,对于深刻而准确地理解这些否定副词是极为重要的。然而,上面所分析的种种区别只是就一般情况而言的,并不是所有这些词的每个用例都会具有上述各种不同的差异。其实,随着一些副词否定功能的日趋专职化,其附加色彩正在逐渐消退,相互之间的差异也就越来越小了。譬如,下面的"漫有"和"浪有"同前面的"空有""虚有""徒有"就不一样,几乎没有什么差别:

(101) 绍翻身大叫一声,又吐血斗余而死。后人有诗曰:……空招俊杰三千客,漫有英雄百万兵。(《三国演义》第三十二回)

(102) 平生浪有回天志,忧患空馀避地身。(康有为《正月二日避地到星坡得》)

1.3 余论

1.3.0 研究近代汉语预设否定副词的意义是多方面的,至少可以给我们以下的启示:

1.3.1 首先,从以往的研究和辞书编纂情况来看,由于过去没有把这些副词当作否定词处理,对它们的共性和个性都缺乏深入的了解,从而在理解近代汉语文献和编写历史词语词典时不可避免地出现各种问题。下面就以"浪"为例,做一些剖析。《汉语大词典》对"浪费"的解释是:"对财物、人力、时间等用得不当或无节制",所举的例句是:"才轻德薄,不堪人师,徒消人食,浪费人衣。"(《鸣沙石室佚书·大公家教》)这个解释显然是不对的。其实,这里的"浪"就是"白白地",而不是什么"用得不当";"浪"和"徒"同义对用,意思基本一样,都是否定副词。再比如《中国成语大辞典》(王涛等,1987)对"虚生浪死"的解释是:"虚:徒然;浪:随便。活得没有意义,死得没有价值。"所举的例句是:"不可虚生浪死,取笑于后代。"(旧唐书·越王贞传)这一解说更是错误的。"浪死"就是"白白地死",绝不是"随便地死";这里同"虚"同义对用,也都是预设否定词。

1.3.2 其次,从汉语衍化的整个历史过程来看,同其他语言现象一样,预设否定副词也经历着形成、发展、消亡的动态过程。事实上,在上古汉语中,除了"素""徒""虚""空"之外,还有"特""但""儋"等其他一些预设否定词。例如:

(103) 会羽季父左尹项伯素善张良,夜驰见张良,具告其实,欲与俱去,毋特俱死。(《汉书·高帝纪上》)

(104) 故事,诸侯王获罪京师,罪恶轻重,纵不伏诛,必蒙迁削贬黜之罪,未有但已者也。(《汉书·淮阳宪王刘钦传》)

只是这些词的否定用法到了近代汉语中大都消失了。而近代汉语中的这十二个否定副词发展到现代汉语,也只剩下"白、空、干、瞎、徒、虚、枉"七个了。而且,副词"素、唐、坐"在近代汉语中因为组合的专门和固定而已经语素化了,副词"徒、虚、枉"在现代汉语中也由于搭配的专职和定型而已呈现出语素化倾向。

1.3.3 最后,从汉语的语言特点和表达方式来看,同印欧语系诸语言不同,汉语没有严格意义上的形态变化,这就使得汉语在组合方式上具有多样性和经济性,表达方式上具有兼容性和灵活性。而汉语中的预设否定副词正是适应了汉语特点而形成的一组很有特色的否定副词。尽管这些否定词在各个历史时期的发展、使用情况各有特点,但是它们在汉语否定副词系列中的重要而独特的作用则始终是无可替代的。

2. 现代汉语预设否定副词研究

在现代汉语中,预设否定副词共有七个:"白、空、干、瞎、徒、虚、枉"。[7]本节仍然从两个方面对这组否定副词进行考察。前一部分主要考察这些否定词在表义过程中所呈现出来的种种否定特点,后一部分分别考察各词在搭配、内涵、语体诸方面的异同。

2.1 表义特点

2.1.0 下面还从付出与获得、积极与消极、主体与客体、隐性与显性四个方面进行考察与分析。

2.1.1 付出与获得。

(105) 现在大家正在兴高采烈的白拿东西,要是遇见我,他们一人给我一砖头,我也就活不成。(老舍《我这一辈子》)

(106) 他现实,知道白得个女人总比打光棍儿强。(老舍《四世同堂》)

"拿东西、得女人"是获得了效益,按理是要付出代价的,但现在什么也不要了,所以要用"白"。反过来,当否定的预设是"付出代价应该获得相应效益"时,"白"否定的是效益的获得,即通常所说的"徒劳地"。例如:

(107) 天下竟会有这样的人!看他文文雅雅的,他的书都白念了。(老舍《四世同堂》)

(108) 咱们的汗白流了,力气白费了,死了也白死!(老舍《春华秋实》)

"念书、流汗"是付出代价,按理应该获得效益,但结果什么也没有,所以也要用"白"。

由于否定的预设不同,即使修饰同一个谓词,也可以表示相反相对的两种表义倾向。试比较:

(109) 虽然放一天车份是一个便宜,可是谁肯白吃一顿,至少还不得出上四十个铜子的礼。(老舍《骆驼祥子》)

(110) 众人笑道:"真是茄子,我们再不哄你。"刘姥姥诧异道:"真是茄子?我白吃了半日!姑奶奶再喂我些,这一口细嚼嚼。"(《红楼梦》第四十一回)

前句的"白吃"否定的是付出,指不出贺礼而赴宴享用;后句的"白吃"否定的是获得,指品尝茄子但没辨出味道。

为什么同一个"白"在进行预设否定时,会出现截然相反的表义倾向呢?其原因前文已述。需要指出的是,在所有这些否定词中,只有"白"才具有这种双向否定功能,其他六个副词都只有单项的否定功能——都只能否定效益的获得。

2.1.2 积极与消极。例如:

(111) 我这才是头一回,还都是你的错儿;男大当娶,女大当聘,你六十九了,白活!(老舍《骆驼祥子》)

(112) 接受之后呢,你就完全不能再拿自己当个人,你空有心胸,空有力量,得去当人家的奴隶:作自己老婆的玩物,作老丈人的奴仆。(老舍《骆驼祥子》)

(113) 阿春出来后,立即转身对他说,"你会白交律师费的。"(曹桂林《北京人在纽约》)

(114) 买,丢了;再买,卖出去;三起三落,像个鬼影,永远抓不牢,而空受那些辛苦与委屈。(老舍《骆驼祥子》)

"活到六十九、有心胸有力量"按理说都是有利的条件,但都没起作用,所以是"白活、空有"。"交律师费、受辛苦受委屈"自然是将要付出和业已付出的各种代价,但即使付出这些代价也仍然不起作用,所以是"白交、空受"。

为什么同样都是否定预设,同一个否定词分别修饰积极和消极意义的"VP",表达的效果却仍然是一致的呢?其原因前文已述。否定词

"徒"与"枉"也都可以分别修饰具有积极和消极意义的"VP",并表达相似的效果。例如:

(115) 现在外面各省的女学堂,不是说什么内容败坏,就是徒有其名。(颐清《黄绣球》)

(116) 妙用岂是人人都能够了解的,向他们辩白,也不过徒费唇舌,不如省些精神罢。(叶圣陶《潘先生在难中》)

(117) 你真是枉长白大! 连母鸡也不认识,全当作鹁鸪了。(鲁迅《故事新编·奔月》)

(118) 但翻翻现成的文艺史,看不见半个这样的人物,那恐怕也还是枉用心机的。(鲁迅《准风月谈·中国的奇想》)

2.1.3 主体与客体。例如:

(119) 第二天,孩子直到吃晚饭还不见踪影,他想,看来老师说得不错,这一顿是白打了。(魏崇《十月》)

(120) 这样还不算完,眼下不知道赵国松到底怎么样,你打了人不能白打,是认罚还是认打。(蒋子龙《燕赵悲歌》)

两个"白打",前者以行为发出者为基点,否定预设是"付出努力应该获得相应效益",否定的是效益的获得;后者以行为的承受者为基点,否定预设是"损害别人就应该受到相应的惩罚",否定的是惩罚的受到。换句话说,前句从打人者的利益着眼,"打人"应当有效益,不能毫无结果;后句从被打者的利益着眼,"打人"应当受惩罚,岂能若无其事? 下面是"徒然"与"干"分别否定主体与客体:

(121) 福升生拉活扯地将黄省三向外拖,黄省三徒然挣扎着。(曹禺《日出》)

(122) 一种企业放在不会经营的冤大头手里,是真可惜又可

叹！对于他个人,对于国家都是一点好处也没有的。末了,徒然便宜了洋商。(茅盾《子夜》)

"徒然挣扎"是以主体"黄省三"为否定基点的,"徒然便宜"是以客体"洋商"为否定基点的。又如:

(123) 这个味道使他恶心,他干噎了几下,并没有能吐出来,只噎出了几点泪,迷住了他的近视眼。(老舍《四世同堂》)

(124) 有人心的给我出十大枚的礼,我不嫌少,一个子儿不拿,干给我磕三个头,我也接着。(老舍《骆驼祥子》)

"干噎"是以"他"为着眼点的,否定的是行为主体的效益,"他"虽然付出努力却并无效果;而"干磕"是以"我"为着眼点的,否定的是行为客体的利益,"我"虽然得到表面上的礼节却得不到实质上的贺礼:两句的否定基点正好相反。

值得注意的是,在使用否定副词"白"时,主体与客体的转换常常会牵涉到付出与获得的转变。例如:

(125) 你不骗吃不骗喝,你白给破风筝写词儿,你说话不转文,不扯谎,你是好人。(老舍《方珍珠》)

这例的"白写",如果从"你"的角度着眼,就是付出代价而没有获得相应效益;如果从"破风筝"的角度着眼,就是获得效益而没有付出相应代价。因为从"代价-效益"的关系看,此方付出代价而无益必然隐含着彼方获益而不付代价,此方不付代价而获益必然隐含着彼方付出代价而无益,关键就在于否定基点的选择与确定。在上例中,否定的基点是行为的客体,表示"破风筝"不付代价而得到了"词儿"。

也许正是这种主体客体可以互相转换的原因,《现代汉语词典》(第6版,2012)把"白吃""白给""白看戏"都放在了第七义项"无代价;无报偿"之下。其实,脱离一定的语境看,"白给"应当放在第六义项"没有效果;徒然"之下。显然,编写者是从接受者的角度着眼的。

2.1.4 隐性与显性。例如:

(126)他决定放弃了买卖,还去拉车,不能把那点钱全白白的糟践了。(老舍《骆驼祥子》)

(127)每天早上六点到晚上九点,坐在公园儿门口看车,不拿工资,白尽义务,却分外地上心。(苏叔阳《画框》)

"糟践"和"尽义务"本身就含有否定义素"白白(付出),"所以"白(白)"成了羡余成分。同样,动词"拾"本来就表示"白白得到",如果再受"白白"修饰,也就成了"白白白白得到"。类似的词语还有"捡、拣、抢、偷、揩油、占便宜"等。例如:

(128)老杨,我前天跟白捡的似的,买了一小幅王石谷,绝对是真的!(老舍《西望长安》)

(129)他知道招弟是费钱的点心,可是招弟既来央求他,他便可以白揩一点油,用不着请她吃饭,看戏,而可以拉住她的手。(老舍《四世同堂》)

"抢"和"揩油"本身就会有"白白(得到)"的否定义素,所以"白"自然也就成了羡余成分。当然,即使在这种情况下,"白"类副词的使用也不是多余的,可以起到协调音节和渲染情态的作用,另一方面,又可以使原来隐含的否定义素通过叠置而进一步明显和强化。

其他否定词修饰含有否定义素的词语后,也都可以成为隐性的羡余成分。比如"干"与"瞎":

(130)遭劫的学生轻易不敢把这种事报告教师家长,只好干吃哑巴亏,致使劫钱者越发猖獗。(韩仁《劫掠学生国法不容》)

(131) 何大姐笑着说:"那就妥啦,小兰还在等着你;她根本没有什么朋友,那是瞎扯淡。"(草明《乘风破浪》)

"吃哑巴亏"就是吃了亏不敢说出来,"扯淡"就是说话没根据,这两个词语本来就含有否定义素,所以"干"与"瞎"的作用,与其说是否定性的,不如说是强调性的。

除此以外,还有一种特殊的隐性羡余否定,即只保留否定词而省略被饰动词,以否定词直接修饰主观评价语。例如:

(132) 成绩测定,"元首"投了十五米,大家纷纷叹息,说白可惜了平日的功夫。(刘震云《新兵连》)

句子的原意是说"白费了平日的工夫,真可惜"。现在把主观评价语"可惜"提到了谓语中心的位置,这样,动词"费"只好隐退,"白"就成了羡余成分。

显性羡余否定是指在否定预设的同时,又用附加说明的方式将否定预设所表示的意思再复述一遍,从而使得否定词的否定功能成为多余。例如:

(133) 他想不起哭,他想不起笑,他的大手大脚在这小而暖的屋中活动着,空有能飞跑的腿(,跑不出去)!(老舍《骆驼祥子》)

(134) 所谓名家,大抵徒有其名(,实则空洞),其作品且不及无名小卒。(鲁迅《书信集·致扬霁云》)

其实,"空有能飞跑的腿"和"徒有其名"本来就已蕴涵"跑不出去"和"实则空洞";既然后面又附加了说明,前面的预设否定就成了羡余成分。再比如:

(135) 他只好干看着莫先生装腔作势、阴阳怪气的样子(,一点办法也没有)。(张炜《秋天的故事》)

(136) 她问自己,问墙壁,问幻想中的过往神灵。白问(,丝毫没有用处)。(老舍《四世同堂》)

同样,"干看着""白问"也蕴涵了"一点办法也没有"和"丝毫没有用处"。当然,预设否定词和附加说明的共现还是有其语用价值的,前面的否定与后面的说明互相配合、互相补充,不但可以使否定的语义更为突出、强化,而且能使整个表述更加具体形象、明确完整。比如下面两例的附加说明如果省略不用,表达效果肯定要受影响:

(137) 耶和华真不中用,空降了一场洪水(,依然洗不净地面)。(刘大白《旧梦》)

(138) 一个人只会吃饭,不会做别的,就叫做"饭桶""金漆饭桶",大约说其徒有其表(,面子上好看,其实内骨子一无所有)。(《官场现形记》第二十七回)

有些附加说明由于必须同前述成分共现,从而形成了一系列相互补充的凝固表达形式,缺一不可。例如:

(139) 老英雄呼必斯嘎勒转身看他那个干打雷(不下雨)的样子,心里又责备起自己来了。(王世美《铁旋风》)

总的说来,隐性羡余否定和显性羡余否定是不难区分的,但有时也比较接近,须要认真分辨。试比较下列四句:
a. 他白拾了一块手表,没付任何代价。
b. 他白拾了一块手表,根本就不能走。
c. 他白送了她一幅画,不要任何报酬。
d. 他白送了她一幅画,什么也没办成。

上面四句中的"白"都是羡余性的,但 a 是隐性的,b 是显性的。a 的羡余是由动词本身所含的否定义素造成的,b 的羡余性是由于附加说明的存在造成的。a没有后面的附加说明,"白"照样可以省略,b没有后面的附加说明,"白"就不能省略。c的前后分句之间是解说关系,d的前后分句之间是转折关系。a的预设是"获得利益应该付出相应代价","白"否定的是代价的付出;b的预设是"付出代价应该获得相应效益","白"否定效益的获得。

2.2 个性特征

2.2.0 毫无疑问,作为"白"类副词系列中的一员,这七个否定副词确实存在着相当程度的内在一致性。如果撇开语体的协调性等细微的差异,那么,下面七例中的否定词都是可以通用的:

(140) 想想看吧,本来就没有儿子,不能火火炽炽的凑起个家庭来,姑娘再跟人一走!自己一辈子算是白费了心机。(老舍《骆驼祥子》)

(141) 但唐云山不等吴荪甫表示可否,就抢着起来反对:"……不要空费时间,我们赶快正式开会吧!"(茅盾《子夜》)

(142) 老爷道:"管他!横竖我是个局外人,于我无干,去瞎费这心猜他作甚么!"(《儿女英雄传》第十三回)

(143) 说得容易,他存心要占夺,说一声就肯死了心么!与其徒费唇舌,不如经过法律手段来得干脆。(叶圣陶《倪焕之》)

(144) 胡秋厚先生的艺术高尚论的自由主义要枉费心机了。(瞿秋白《文艺的自由和文学家的不自由》)

(145) 他很俭省,不虚花一个铜板,但是他也很大方——在适当的地方,他不打算盘。(老舍《四世同堂》)

(146) 现在,每天只进一毛多钱的车租,得干赔上四五毛,还不算吃药。(老舍《骆驼祥子》)

正因为在否定效益的获得上这七个副词存在着一定的共性,所以,

《现代汉语词典》《汉语大词典》《现代汉语大词典》《汉英词典》等辞书都用"白白地、徒然地"及"in vain"来训释及翻译这七个副词。然而,如果我们深入考察和比较一下这七个副词,就会发现,其实,这七个词每一个都有自己的个性。下面就从搭配功能、潜在内涵、语体特征三方面进行比较和辨析。

2.2.1 搭配功能。从搭配组合的自由度看,这七个词大致可以分为四类。A 类:"白";B 类:"空";C 类:"瞎、干";D 类:"徒、虚、枉"。A 类是开放性的,其搭配范围广泛,组合相当自由,较少受到限制;B 类是半开放性的,其搭配范围比 A 类窄得多,但基本上是自由的;C 类是半封闭性的,组合搭配受到较大的限制,不过还有一定的自由度;D 类是封闭性的,其搭配范围有限,一部分是定型组合。

从搭配的对象看,可以同这组否定词组合的动词可以分为甲、乙两大类。[8]甲类动词又可以分为 a、b 两个小类。

"甲 a"类是一个封闭的类,根据是否可控[9],还可以分成两个更小的次类。"甲 a^1"都是可控动词,主要有:"拿、要(=要到)、弄、赢、挣、赚、得、落(=得到)、娶、取、搞、捞、找^1(=找到)、拾、捡、拣、借^1(=借到)、租^1(=租到)"等。"甲 a^2"都是非可控动词,主要有:"负、有、承、担(~虚名)、受、长、活、具"等。"甲 a"类动词都含有"拥有"的语义特征,所以,可以分别记作:甲 a^1[＋拥有＋可控],甲 a^2[＋拥有－可控]。

"甲 b"类也是一个封闭的类,主要有:"吃、喝、品(~茶)、抽(~烟)、尝、看(~戏)、听、坐、乘、骑、玩、睡、穿、戴、抹(~香水)、涂(~口红)、使(~仆人)、用(~车子)"等。"甲 b"类动词都含有"享用"的语义特征,而且都是可控动词,所以,可以记作:甲 b[＋享用＋可控]。

"甲 a"与"甲 b"的相通之处在于,无论是"拥有"还是"享用"都能使行为者有所"获益",所以,可以归入一类。

"甲 a^1"和"甲 b"都具有[＋获益＋可控]的语义特征,在搭配功能上也是一致的。它们都只能受 A 类否定词的修饰。如：

(147) 遇上交际多、饭局多的主儿，平均一月有上十来个饭局，他就可以白落两三块的车饭钱。(老舍《骆驼祥子》)

(148) 可是你爸爸也并没有白用了您的钱呀？(老舍《归去来兮》)

而且，也只有同"甲 a^1"和"甲 b"搭配后，"白"才可以表示相反的语义倾向，或否定付出，或否定获得。下面是修饰"甲 a^1"的例子：

(149) 没有什么可念的了，左不过是兵上岸，来屠杀，来恐吓……来白找便宜！(老舍《杀狗》)

(150) 住在一起，长了怕有闲话。舌头板子压死人，白找气生！(邓友梅《烟壶》)

在一定的语境中，"甲 a^1"和"甲 b"的语义发生变化不再表示获益时，有时也可以受到其他类别否定词的修饰。例如：

(151) 便是功名念热，勉强进来，也是空负八斗才名，枉吃一场辛苦。(《儿女英雄传》第三十四回)

"甲 a^2"是非可控动词，只能同 A、B、D 三类否定词搭配。如：

(152) 你白活了这么大的岁数呀！看他大节下的，一个铜板拿不回来，你还夸奖他哪？(老舍《骆驼祥子》)

(153) 空长了那么高的身量，空有那么大的力气，没用。(老舍《骆驼祥子》)

(154) 我知道赵伯韬肯放下款子，就可惜我这"红头火柴"徒负虚名，和这位财神爷竟没有半面之交。(茅盾《子夜》)

乙类动词也可以分成 a、b 两个小类。"乙 a"类是一个封闭的类，根据是否可控,也可以分成两个更小的次类。"乙 a^1"都是可控动词,主要有:"给、交、付、送、捐、赔、献、汇、赏、扔^1、输、赠、花、费、耗、丢^1、放、用^2、借^2(＝借出)、租^2(＝租出)"等。"乙 a^2"都是非可控动词,主要有:"死、失、缺、亏、丢^2、少、没、过(～日子)、度(～年华)、熬(～年月)"等。"乙 a"类动词都含有"失去(钱财、时间等)"的语义特征。所以,可以分别记作:乙 a^1[－拥有＋可控],乙 a^2[－拥有－可控]。

"乙 b"类动词是一个比较开放的类。其语义特征比较复杂,有表示具体动作的:"打、拉、扯、拽、捆、扎、扔、投、掷、按……";有表示行走位移的:"走、跑、追、赶、来、去、进、出、上、下……";有表示言谈行为的:"说、讲、叫、喊、言、吵、问、劝、求、请……";有表示技艺技能的:"写、画、编、刻、叠、捏、弹、演、唱、缝……";有表示心理活动的:"想、盼、急、愁、气、惊、恼、猜、算、记……";等等。尽管"乙 b"类动词数量众多,语义复杂,但在意义上仍然具有共同的语义特征,都含有"耗费(体力、精力)"的语义特征,且都是可控动词,所以,可以记作:乙 b[－享用＋可控]。

"乙 a"与"乙 b"的相通之处在于,无论是"失去"还是"耗费",都需要有所"付出",所以可以归入一类。

"乙 a^1"与"乙 b"都具有[－获益＋可控]的语义特征,在搭配功能上是一致的,它们都能同 A、B、C、D 四类否定词搭配。

前面 2.2.0 节例的七个例句正是"乙 a^1"同四类否定词搭配的情况,下面举例说明"乙 b"同四类否定词搭配的情况:

(155) 武耕新刚才看见李峰的态度和缓,心里高兴,以为交交心,解除隔阂,自己也不白跑一趟。(蒋子龙《燕赵悲歌》)

(156) 汉奸们很不高兴,因为出头的人是那么少,自己只空喜欢了一场,而并不能马上一窝蜂似的全作了官。(老舍《四世同堂》)

(157) 有翼一边哭,常有理一边摸不着头脑地瞎劝。(赵树理《三里湾》)

(158) 是便是了,只是眼前没有承受之人,也是枉言。(《廿载繁华梦》第一回)

"乙 a^2"是非可控动词,同"甲 a^2"一样,也只能同 A、B、D 三类否定词搭配。例如:

(159) 一会儿,他又往回想,白死有什么用处,快意一时,拿自己这一点点血洒在沙漠上,连一点血痕也留不下吧?(老舍《杀狗》)

(160) 时也好,命也好,反正"老三届"不会让人生空过。(金健人《夹缝中的尴尬》)

(161) (一个人的青春)可以因虚度而懊悔,也可以用结结实实的步子走到辉煌壮丽的成年。(魏巍《年轻人,让你的青春更加美丽》)

综上所述,可以归纳为:从语义特征看,甲与乙是相对的,a 与 b 是相通的;从搭配功能看,凡具有相同语义特征的,都具有相同的搭配功能。下面列表说明(加括号者不很常见):

	语义特征	白$_A$	空$_B$	干$_C$	瞎$_C$	徒$_D$	虚$_D$	枉$_D$
甲 a^1	＋拥有＋可控	＋	－	－	－	－	－	－
甲 a^2	＋拥有－可控	＋	＋	－	－	＋	(＋)	＋
甲 b	＋享用＋可控	＋	－	－	－	－	－	－
乙 a^1	－拥有＋可控	＋	＋	＋	＋	＋	＋	＋
乙 a^2	－拥有－可控	＋	＋	－	－	(＋)	＋	(＋)
乙 b	－享用＋可控	＋	＋	＋	＋	＋	＋	＋

需要说明的是,上述动词的语义分类还只是一种静态的分类,在动态的言语中,情况要更为复杂。首先,某些动词在一定的语境中会改变词义。例如:

(162) 请问,这个头衔是白来的不是?(老舍《面子问题》)

(163) 临走时,李梅亭说妓女家里不能白去的,去了要开销,这笔交际费如何算法……(钱钟书《围城》)

在这两句中,"来"表示"得到","去妓女家"则蕴涵"玩妓女",所以都不再属于"乙b"类,而转为"甲a"类了。

其次,在一定的语境中,类与类的界限并非总是泾渭分明的,常常是一个由此及彼的连续统。例如动词"唱":

(卖)唱^1——(演)唱^2——唱^3(歌)——唱^4(卡拉OK)

"唱^1"肯定是付出,"唱^4"肯定是享用,而"唱^2""唱^3"则不一定,必须在一定的语境中才能确定。由此可见,我们前面将"唱"归入"乙b",只是一种静态的一般的归类。

另一方面,尽管从理论上讲,可以出现上述组合搭配,而且我们也确实找到了实例,但由于四类否定词的搭配自由度相差很大,所以,在实际语言中,这种搭配出现的概率是参差不齐的。从我们所收集到的实际用例看,这七个副词的搭配自由度可以用下列公式表示:

白＞空＞干＞瞎＞徒＞虚＞枉

那么,其组合搭配的概率也是依次递减的。

2.2.2 潜在内涵。如前所述,从这些副词的虚化过程看,早的可以上溯到先秦或汉魏,迟的一般也不晚于唐宋,至迟到清季也最终完成了虚化过程。虽然它们先后都进入了否定副词系列之中,但由于各词的原词义各有侧重,各不相同,再加上各词的虚化过程、搭配对象情况不一,从而使得这些否定副词在现代汉语中否定预设时,仍然会附带一些潜在语义因素,呈现出一系列各自的纂状特征。下面,我们对一些实例进行辨析。

(164) 白长了一双好脚(高香芸《惑然人生》)

(165) 他觉得他的一生就得窝窝囊囊的混过去了,连成个好拉车的也不用再想,空长了那么大的身量。(老舍《骆驼祥子》)

"白长"和"空长"都表示不起作用,但还是有着细微的差异:前句说的是好看而不中用,强调的是功效的丧失,带有惋惜感叹的意味;后句说的是有劲而没处使,强调的是结果的落空,带有无可奈何的意味。

(166) 第一次是让他白等了一个黄昏,此回却又碰到有事。(茅盾《子夜》)

(167) 干等也不是办法,叫也没有人理睬。(茅盾《小圈圈里的人物》)

同样都是表示"等而无果",但两者的深层含义不同:"白等"所表示的是付出了一定的代价——时间和精力,却没有取得相应的效果——拜见本来约好的主人;"干等"所表示的是没有出现本来应该出现的与"等"有关的另一方面的情况——有人出面接待。

(168) 史先进的媳妇对此很不理解,断不了叨叨咕咕:"都单干了,各人顾各人了,你还瞎操心、白着急干啥?"(浩然《笑话》)

(169) 从觉慧这里既然得不到消息,而觉民的条件又无法接受,觉新和周氏两人也只有干着急。(巴金《家》)

(170) 求你们劝劝我家老爷,不要瞎着急呀!倘要急出事来,那就一家人人千里迢迢的在外面不得了了。(八宝王郎《冷眼观》第三回)

三句都表示急而无用,"白着急"重在急而无果,为别人着急,自己得不到好处;"干着急"重在急而无能为力,虽然着急却不能采取相应的措施;"瞎着急"重在急而无据,盲目着急,既无根据,也无必要。再比如:

(171)此人十四五岁时,在嵩山少林寺学拳棒,学了些时,觉得徒有虚名,无甚出奇致胜处。(《老残游记》第七回)

(172)假设虚有其表,而陷溺于因循苟且之旧习,目前的建国大任是断难担负的。(郭沫若《把精神武装起来》)

(173)晴雯哭道:"你去罢!……你的身子要紧。今日这一来,我就死了,也不枉担了虚名。"(《红楼梦》第七十七回)

同样都是"名不副实",强调重点各有侧重:"徒有虚名"重在范围,强调的是除了名声之外,其他方面,尤其是真正有用的东西一无所有,突出的是排他性;"虚有其表"重在内容,强调的是只有表面的形式而没有切实可行的实质性的内容,突出的是虚假性;"枉担虚名"重在理据,强调的是承担这种名声的不适宜和不合理,含有不公平、受冤枉的言外之意,突出的是偏差性。

(174)弄好了,也许一下子弄个一块两块的;碰巧了,也许白耗一天,连"车份儿"也没着落,但也不在乎。(老舍《骆驼祥子》)

(175)无端的空耗别人的时间,其实是无异于谋财害命的。(鲁迅《且介亭杂文·门外文谈八》)

(176)我自己由"工"而"文",常悔恨时间的虚耗,但是在这一点上却无意之中不免得到一些好处。(邹韬奋《经历》十三)

(177)谢军在第十步没有飞象而改走跳马,使局面保持一种不稳定状态,给白方以压力,约氏不得不为选择着法而徒耗时间。(《解放日报》1993年11月7日)

同样都是说浪费时间,但侧重点各不相同。"白耗"重在劳而无益,"空耗"重在行而无效,"虚耗"重在忙而无实,"徒耗"重在顾此而失彼。

由此可见,虽然都是否定预设,但各词的深层都隐含着相当丰富多彩的内涵,存在着相当精细微妙的差异。深入分析和掌握各词的细微差异,对于深刻领会和准确使用这组否定词是至关重要的。

2.2.3 语体特征。广义的语体特征分为两个方面:一是语体色彩,可以分为口头语体、书面语体、通用语体三种;一是文体风格,可以分为白话风格和文言风格两类。从语体色彩的角度看,这七个词在现代汉语中可以分为三类:A.通用语体:"白、空"。比如下面前两例带有口语色彩,后两例则略带书面语色彩:

(178) 爹!你自己都愿意入社了,为什么偏舍不得骡子?况且社里又不是白要你的。(赵树理《三里湾》)

(179) "你为什么要带领他们来赶我呢?你是空费心血了。"(郭沫若《孤竹君二子》)

(180) 获得奖金?小额者人皆有之,早视为理所当然,再翻两番也是不要白不要,要了白要。(王蒙《高原的风》)

(181) 瑞宣看见汉奸们的忙于过节送礼,只好惨笑,他空有一些爱国心,而没法阻止汉奸们的纳贡称臣。(老舍《四世同堂》)

B. 口头语体:"干、瞎"。下面两例均带有口语体色彩:

(182) "完了!还有那个心哪;腰、腿,全不给劲喽!无论怎么提腰,腿抬不起来;干着急!"(老舍《骆驼祥子》)

(183) 老秦道:"不妥不妥,指望咱老槐树底人谁得罪得起老恒元?他说选广聚就选广聚,瞎惹那些气有什么好处?"(赵树理《李有才板话》)

从文体风格看,A、B两类比较接近,都具有白话风格色彩。

C. 书面语体:"徒、虚、枉"。这三个词在口语中很少单用,下面三例均带有较为凝重、严谨的语体色彩:

(184) 惟须处之以谨慎,有如经商,非能计其必赢,万勿轻于

投资,否则徒耗资本,无益事功,殊无谓也。(叶圣陶《倪焕之》)

(185)然而我们中国在平时固然存在着一面有浪费,一面有冻馁,一面有国防之待整,一面有物力之虚縻的现象。(《新华日报》1938年8月20日)

(186)照实说来,又恐怕话不投机,徒然枉费而已。(瞿秋白《饿乡纪程》)

从文体风格看,这三个词都带有一定程度的文言风格色彩。根据以上分析,可以把各词的语体特征归纳如下:

	白(白)	空	干	瞎	徒(然)	虚	枉
口头语体	±	±	+	+	−	−	−
白话风格	+	+	+	+	−	−	−

从另一个角度讲,上述各词的语体特征同作家本人的行文风格也有一定的联系。我们曾穷尽性地统计了《子夜》(茅盾)、《骆驼祥子》(老舍)、《雷雨》《日出》《北京人》(曹禺)、《倪焕之》(叶圣陶)、《三里湾》(赵树理)等五位现当代著名作家的作品,发现在这些语料中,这七个副词的使用情况是很不平衡的。总的说来,凡是文笔较为轻松活泼的作家,倾向于使用"白、瞎、干",凡是文笔较为典雅庄重的作家,倾向于使用"白、徒、虚、枉",而这同我们上面的分析正好是吻合的。这七个副词在上述作家的作品中的使用情况如下表:

	白(白)	空	干	瞎	徒(然)	虚	枉
茅盾作品	+	+	+	+	+	+	+
叶圣陶作品	+	−	−	−	+	+	+
老舍作品	+	+	+	+	−	−	−
曹禺作品	+	−	−	−	−	−	−
赵树理作品	+	−	+	−	−	−	−

需要指出的是这种语体特征的差异也是相对的,在实际言语中例外也是存在的。比如"徒、虚、枉"在一般口语体文章中偶尔也出现:

(187)养大这些孩子真不容易,我们当时住的地方条件差,单单要管好孩子不学坏就枉流了多少泪水?(孟宇峰《"光荣"妈妈话今昔》,《新民晚报》1995年2月25日)

又比如,有时也偶尔出现不同语体色彩否定词交替使用的情况:

(188)有时乘客很少,急着要走,站长一不招手,二不挥旗,班车就疾驰而去,也只好徒唤奈何。即使有时候有下车乘客,必须停一停,可车票在站长手里攥着,说卖几张就卖几张,你挨不上号,也只好干生气。(潮清《单家桥的闲言碎语》)

不过总的说来,凡是比较庄重严肃的文学作品,一般政论文体、科技文体多用"徒、虚、枉",很少使用"干"与"瞎"。

综上所述,汉语中的"白"类副词是一组很有特色的否定副词。尽管除了"白"以外,其他各词的使用频率都不高,但这组否定词在汉语否定副词系列中却有着重要的不可替代的独特作用。正是由于这组否定词的存在,才使汉语在表达相关语义时,可以做到既直截了当,又简洁明快,既生动形象,又丰富多彩。

附注

① 认为"白""白白"具有否定功能,或将"白""白白"归入否定副词的论著主要有:邵敬敏(1991);张志公主编《现代汉语·附录》,人民教育出版社,1982年;张松林《现代汉语语法表解》,四川科技出版社,1986年;姜汇川等《现代汉语副词分类实用词典》,对外贸易教育出版社,1989年。

② 古代汉语中的预设否定副词"但"也具有这种双向的否定功能。

③ 英语的"white、empty、dry、blind"也都含有否定义,可以表示否定。

④ 例如"饮食衎衎,不素饱也。"《周易·渐》)"彼君子兮,不素餐兮。"(《诗经·魏风·伐檀》)

⑤ 唐代李白的诗句"相看月未堕,白地断肝肠(《越女词》)"中的"白地"是"平白"的意思,还不是严格意义上的预设否定副词。

⑥ "白""坐""素"这三个副词都具有双向的否定功能,我们在表中只列出了它们否定效益的获得的情况。限于篇幅,这三个词否定代价的付出的区别,本章就不做比较、辨析了。

⑦ 这七个词,在现代汉语中的自由运用情况很不一致。"白""空""干""瞎"完全可以单用,但"徒""虚""枉"现在较少单独使用,而是经常出现于定型化或半定型化的组合中,具有语素化倾向,考虑到这些词一般仍都可以单独使用,本章把这七个否定成分均作为词处理。

⑧ 可以同这些否定词搭配的动词数量很多,可以是单音节的,也可以是双音节、多音节的。限于篇幅,也为了尽可能使问题简明一些,本章只分析与之搭配的单音节动词的语义特征。

⑨ 本章所说的"可控",包括两层意思:1.动作者可以有意识地发出或不发出某种行为,2.动作者可以有意识地避免某种情况和行为的发生;同一般所说的自主非自主不完全相同。

参考文献

陈一(1987)试谈"白Vp"结构的歧义性,《汉语学习》第4期。
何金松编(1994)《虚词历时辞典》,湖北人民出版社,武汉。
刘烨(2009)《预设否定副词"白"和"瞎"的比较研究》,北京语言大学硕士学位论文。
罗竹风主编(1993)《汉语大词典》(第一至十二卷),汉语大词典出版社,上海。
任瑚琏(2002)"白"类副词是具有特定预设的副词,《西南民族学院学报》(哲学社会科学版)第5期。
邵敬敏(1986)"不要白不要,要了白要"是悖论吗?《汉语学习》第5期。
邵敬敏(1991)歧义分化方法探讨,《语言教学与研究》第1期。
石安石(1993)《语义学》,商务印书馆,北京。
石安石(1994)《语义研究》,语文出版社,北京。
王涛等编(1987)《中国成语大辞典》,上海辞书出版社,上海。
肖金香(2010)副词"白"的语法化及动因初探,《湖北广播电视大学学报》第2期。
张相(1979)《诗词曲语辞汇释》,中华书局,北京。
张谊生(2011)预设否定副词叠加的方式与类别、动因与作用,《语言科学》第5期。

第二章 表预设否定的"白""白白"

0. 前言

由于受到满语的影响,副词"白"(含"白白")在近代汉语中具有诸多用法,可以表示多种意义。这一现象,业已引起了广泛的注意,自1981年来,陆续发表了多篇论文,进行了深入的探讨。[①]然而,除了邵敬敏先生和陈一先生曾经有过两篇论文[②]外,语言学界对于现代汉语副词"白",似乎并未予以充分的重视,就连"以虚词为主"的《现代汉语八百词》也没有"白"的一席之地。其实,无论从表义方式看,还是从表达功用看,"白"在现代汉语的否定副词系列中,无疑具有重要而特殊的地位。本篇不拟从历时角度探讨其形成、发展的轨迹,而是准备从共时的角度对一系列与之有关的语言现象进行多角度的分析与讨论。

1. "白"与"白白"

1.0 副词是否有重叠形式,各家看法不一。根据布龙菲尔德的观点,重叠可以看作一种变化,也可以看作是一种"由基础形式重复部分组成的词缀"[③]。也就是说,重叠就是整个词或词中语素的重复。据此,可以认为"白"是基础形式,"白白"是重叠形式。本节主要比较"白"的基式与叠式的异同。

1.1 副词"白"的语法意义并不复杂,一些虚词词典和语法论著已指出了它的两种语义:

A. 无效地、徒劳地(下称"A 义"),例如:

(1) 一会儿,他又往回想,白死有什么用处,快意一时,拿自己这一点点血洒在沙漠上,连点血痕也留不下吧?(老舍《杀狗》)

B. 无代价地、无报偿地(下称"B 义")。如:

(2) 有姑娘的不给咱们给谁?咱们白要个姑娘么?(老舍《丁》)

迄今为止,所有提到副词"白""白白"的论著都非常一致而又肯定地指出,"白白"只能表示 A 义,不能表示 B 义。①然而,这一普遍流行的观点同语言事实并不相符;事实上,"白白"既可以表示 A 义,也可以表示 B 义。例如:

(3) 教你哥哥白白死在敌人手里,永远没人去报仇!(老舍《归去来兮》)

(4) 他不要嫁妆,我不能不要彩礼呀!白白要了我的女儿去,没那么便宜的事。(老舍《荷珠配》)

其所以会出现这种以讹传讹的现象,关键就在于没能对语言实际进行广泛而又细致的调查。下面,我们再举两例,并以对照的方式进一步证明叠式同基式一样,都可以表示 B 义:

(5) 他时常送给她们一点他由铺户中白拿来的小物件,而且表示他要请她们看电影或去吃饭。(老舍《四世同堂》)

(6) "大概拿铜当作了金子,不开眼的东西!"小顺儿的妈挂了点气说。她自己是一棵草也不肯白白拿过来的人。(老舍《四世同堂》)

(7) 他现实,知道白得个女人总比打光棍儿强。(老舍《四世同堂》)

(8) 当晚他灯熄得很晚,坐在床头,抽着烟,看着以旧换新的车,再看看白白得来的几张钞票,直到上下眼皮都快粘在一起了,他才熄灯入睡。(冯骥才《匈牙利脚踏车》)

1.2 "白白"与"白"的区别主要在于表达方面。有两点:

A. "白白"比"白"表述更为生动,更具否定意味。试比较:

(9) 他能这样白"泡"一两天。(老舍《骆驼祥子》)

(10) 他拉车不止一天了,夏天这也不是头遭,他不能就这么白白的"泡"一天。(老舍《骆驼祥子》)

(11) 像我们白来了外国一次,没读过半句书,一辈子做管家婆子,在国内念的书,生小孩儿全忘了——吓!(钱钟书《围城》)

(12) 树奎哥……咱俩从小做亲,苦等到现在,咱不能白白来人世间走一遭,今夜里,咱天当房,地当床,咱……咱俩就成亲吧……(李存葆《山中,那十九座坟茔》)

B. "白白"比"白"语气更为强烈,更具有强调作用。试比较:

(13) 不行,反正早晚得连衣服带身体一块推进焚尸炉,那么好的衣裳不是白烧了吗?(苏叔阳《死前》)

(14) 谁舍得一年的辛苦被一把火白白烧掉?(乔良《大冰河》)

(15) 想想看吧,本来就没有儿子,不能火火炽炽的凑起个家庭来;姑娘再跟人一走!自己一辈子算是白费了心机!(老舍《骆驼祥子》)

(16) 没有这辆小汽车,生活受着多么大的限制,几乎哪里也不敢去,一天的时间倒被人力车白白费去一半!(老舍《东西》)

1.3 此外,由于音节上的限制,"白白"同"白"在搭配功能方面也存在着一些区别。也有两点:A."白白"所修饰的动词,或者是双音节的,或者是有其他成分黏附在一起的单音节动词,不能修饰光杆单音节动词。例如:

(17) 你要活,我也要活。你赶紧出去,叫人来还有救活我的可能。为什么两个人都白白死[去]!(冯骥才《他在人间》)

(18) 咱们的汗白流了,力气白费了,死了也白[ ]死!(老舍《春华秋实》)

显然,前句的"去"是必不可少的,否则句子站不住脚;而后句决不能"白白",否则句子煞不往尾。

B."白白"带不带"de"("地"或"的")是任意的,"白"则绝对不能带"de"⑤。试比较下面三例:

(19) 他只会敷衍环境,而不会创造新的局面,他觉得他的生命是白白[的]糟塌了。(老舍《四世同堂》)

(20) 他伸手又去抓徐进亭的烟盒,徐进亭挡住了他的手:"得啦,光朴,你又不吸,这不是白白[ ]糟塌吗?"(蒋子龙《乔厂长上任记》)

(21) 假若教我们去读两三个月的历史与地理什么的,就是白[*]糟塌工夫,而我一点也不敢保险,主办训练班的人就不把历史地理排进功课里去,而把一切紧要的东西都放在一边。(老舍《蜕》)

总之,"白白"是"白"的重叠形式,其语义和义项同"白"基本一致,只是在表达和搭配方面存在着一些差异。

2. "甲 V"与"乙 V"

2.0 根据"白(含"白白",下同)V"的语义特征和表义重点,可以将

"白V"分成甲、乙两大类。本节主要讨论甲、乙两类动词的语义特征、表述重点及其同A义、B义的关系。

2.1 甲类动词可以分为两个小类。"甲a"是一个封闭的类,主要有:"拿、要¹(＝要求得到)、弄、赢、挣、赚、得、落(＝得到)、获、娶、取、搞、捞、找、借¹(＝借到)、租¹(＝租到)"等。这些动词都含有"得到"的语义特征。可以记作:甲a[＋得到]。例如:

(22) 爹!你自己都愿意入社了,为什么偏舍不得骡子?况且社里又不是白要你的。(赵树理《三里湾》)

(23) 遇上交际多、饭局多的主儿,平均一月有上十来个饭局,他就可以白落两三块的车饭钱。(老舍《骆驼祥子》)

"甲b"也是一个封闭的类,主要有:"吃、喝、吸、抽(～烟)、尝、看、听、坐、乘、玩、睡、穿、戴、抹(～香水)、使、用"等。这些动词都含有"享用"的语义特征。可以记作:甲b[＋享用]。例如:

(24) 我的忸怩,不是装出来的,我是真正为她心疼,为自己白吃白喝感到羞愧。(张贤亮《绿化树》)

(25) 可是爸爸也并没有白用了您的钱?(老舍《归去来兮》)

"甲a"与"甲b"的相似之处是,无论"得到",还是"享用",都能使行为者有所获益。所以,"甲a"和"甲b"都可以分别表示B、A两义。例如:

(26) 没有什么可念的了,左不过是兵上岸,来屠杀,来恐吓,来肃清激烈人物与思想,来白找便宜!(老舍《杀狗》)

(27) 住在一起,长了怕有闲话。舌头板子压死人,白找气生!(邓友梅《烟壶》)

(28) 得啦,白住了两天房,白玩了女人,这买卖作得不错。

(老舍《四世同堂》)

(29) 起先与同事们以娱乐为主,久而久之,觉得白玩没啥意思,终于一致同意:输者放放"血"。(紫霄《"方城"历险记》)

甲类动词既可以表示 B 义,又可以表示 A 义,其区别主要在于表述重点不同:表示 B 义时,说话者强调的是"白 V"的行为前提;表示 A 义时,说话者强调的是"白 V"的行为结果。试比较:

(30) 虽然放一天车份是一个便宜,可是谁肯白吃一顿,至少还不得出上四十铜子的礼。(老舍《骆驼祥子》)

(31) 众人笑道:"真是茄子,我们再不哄你。"刘姥姥诧异道:"真是茄子?我白吃了半日!姑奶奶再喂我些,这一口细嚼嚼。"(《红楼梦》第四十一回)

前句强调的是"白吃"的前提,指不付代价而享用;后句强调的是"白吃"的结果,吃了但没辨出味道。有时,除了表述重点不同外,表示 B、A 两义的词汇意义也略有不同。例如:

(32) 凡事皆揩油;住招待所,白住;跟人家要跳舞票,白坐公众汽车,火车免票;……(老舍《丁》)

(33) 八年自己人的监狱也并没有白坐,是个做总结的好机会,比住几年党校还强。(王蒙《悠悠寸心草》)

前句的"坐"相当于"乘",后句则相当于"住"。

"甲 a"与"甲 b"的相异之处是,"甲 a"大都表示利益的得到,"甲 b"大都表示身心的享用。所以,一般情况下,"甲 a"偏重于有关身外之物的获益,"甲 b"偏重于有关身心之感的获益。例如:

(34) 现在大家正在兴高采烈的白拿东西,要是遇见我,他们一人给我一砖头,我也就活不成。(老舍《我这一辈子》)

(35) 那,你老人家就细细看看吧!白看!不用买票。(老舍《茶馆》)

当然,这种差异也是相对的,有时区别不明显,有时也可能出现一些例外的情况。

2.2 乙类动词也可以为两个小类。"乙 a"也是一个封闭的类,主要有:"给、交、付、捐、赔、献、汇、赏、输、嫁、借²(＝借出)、租²(＝租出)、花、费、耗、死"等。这些动词都含有"交出"的语义征。可以记作:乙 a[－得到]。例如:

(36) 等把本钱都吃进去,再去拉车还不是脱了裤子放屁,白白赔上五块钱?(老舍《骆驼祥子》)

(37) 弄好了,也许一下子弄个一块两块的;碰巧了,也许白耗一天,连"车份儿"也没着落,但也不在乎。(老舍《骆驼祥子》)

"乙 b"是一个比较开放的类。"乙 b"=(白)V－(甲 a＋甲 b＋乙 a)。"乙 b"的语义比较复杂,有表示位移的:"跑、走、追、赶、来、去、进、出、爬、逃……";有表示技能的:"写、画、编、刻、捏、叠、弹、演、唱、缝……";有表示劝使的:"劝、求、教、叫、要²(≈请求)、喊、派、约、问……";有表示心理活动的:"想、盼、急、愁、气、恼、算、数、猜、记";等等。尽管"乙 b"数量很多,但是在语义上仍具有共同的特征,都含有"耗费(体力、精力)"的语义特征。可以记作:乙 b[－享用]。例如:

(38) 武耕新刚才看见李峰的态度和缓,心里很高兴,以为交交心,解除隔阂,自己也不白跑一趟。(蒋子龙《燕赵悲歌》)

(39) 她问自己,问墙壁,问幻想中的过往神灵。白问,丝毫没有用处。(老舍《四世同堂》)

"乙a"与"乙b"的相似之处是,无论是"交出"还是"耗费",行为者总归要有所付出。而且,表述重点也基本一致,都是强调行为的结果。所以"乙a"与"乙b"都只能表示 A 义,一般不能表示 B 义。譬如上面所举的"乙a"与"乙b"的四个例句都是表示 A 义的。再比如:

(40)一星期的工夫,想看懂了北平?别白花了钱而且污辱了北平吧!(老舍《四世同堂》)

(41)他想,看来双杠没有白练,仰卧起坐也没白练。(乔良《大冰河》)

"乙a"与"乙b"的相异之处:"乙a"大都表示利益的交出,"乙b"都表精力的耗费。所以,一般情况下,"乙a"偏重于有关身外之物的付出,"乙b"偏重于有关身心精力的付出,比如:

(42)"你想错了,你绝对不能告他们。"阿春出来后,立即转身对他说,"你会白交律师费的"。(曹桂林《北京人在约》)

(43)年轻的大姑娘,我只要想要,就能弄到手!你们想,都是白想!(阿成《东北人,东北人》)

当然,同甲 V 一样,乙 V 的这种差异也是相对的。尤其是"花、费、耗"等,都还可以表示精力等的付出。下面的"费"就带了两种宾语:

(44)有时候,我们白费了许多工夫与材料而作不出我所想到的东西。(老舍《我这一辈子》)

(45)无聊,假若详细一点来解释,便是既不怕白费了自己的精神,又不怕讨别人的厌。(老舍《四世同堂》)

综上所述,我们可以将"白 V"的语义特征、表述重点及其同 A 义、B 义的关系归纳如下:

动词类别	语义特征	表述结果	语法意义	例子
甲 a^1	+得到	—	B 义	白找便宜
甲 a^2	+得到	+	A 义	白找气生
甲 b^1	+享用	—	B 义	白吃一顿
甲 b^2	+享用	+	A 义	白吃半天
乙 a	−得到	+	A 义	白交学费
乙 b	−享用	+	A 义	白跑一趟

2.3 我们上面对"白 V"的分类,都是以这些动词的基本义为依据的。有时,某些特殊的动词或特殊的用法不可避免地会出现一些同上述分类不相符合的情况。比如"长""活",从语义上看,应该属于甲类,如"长了一个漂亮的脸蛋""活了这么大年纪"。但是在语言实际中,这两个动词几乎总是表示 A 义而不能表示 B 义:

(46) 白长了一双好脚(高芸香《或然人生》)

(47) 孙七爷,你白活了这么大的岁数呀!他大节下的,一个铜板拿不回来,你还夸奖他哪?(老舍《四世同堂》)

这是因为"长""活"的词义本来就含有"自然而然地获益"的意思,也就是说,在获益——"长"或"活"的过程中,自己不必也不能付出什么努力。所以,这两个动词一般只能表示 A 义。再比如"来""去"无疑是表示位移的"乙 b"类动词,按说只能表示 A 义。但是,在一定的语境中,它们也可以表示 B 义,因为词义发生了转化。比如:

(48) 请问这个头衔是白来的不是?(老舍《面子问题》)

(49) 临走时,李梅亭说妓女家里不能白去的,去了要开销,这笔交际费如何算法,自己方才已经赔了一支香烟。(钱钟书《围城》)

在这两个例句中,"来"实际上是表示"得到",而"去妓女家"当然也蕴涵了"玩妓女"的意思。所以,"来"和"去"又可以表示B义。

3. "A义"与"B义"

3.0 所谓A义和B义,实际上只是从行为的表义功用这一角度对"白V"进行静态的观察所做的分类。其实,如果我们从行为的价值观念这一角度对"白V"进行动态的辩证的观察,就会发现,"白"的A、B两个义项既不是通过辐射分化而产生的独立并行的义项,也不是通过层层演进而产生的依次引申的义项,而是同一个义项的既相互对立又相互依存的两个方面。本节主要讨论A义和B义的相互关系。

3.1 任何行为,无论是否出于"自主",总要付出一定的代价,总会产生一定的效益(即使破坏,对破坏者来讲,也是产生了效益)。而人们对行为得失的价值判断,主要就是看付出与效益的比率、得失。按照常理,付出代价就应该获得效益,反之,得到效益就应该付出代价。然而在客观实际中,由于主观或客观的原因,付出与获益之间并非总是平衡对等的。有时是付出了代价但没有获得相应的效益,也就是A义——无效地、徒劳地,有时则是获得了效益但没有付出相应的代价,也就是B义——无代价地、无报偿地。很显然,所谓的A义与B义,实际上是同一个问题的两个方面,表示A义则隐含B义,表示B义则隐含A义。换句话说,从"白V"的整个语法意义看,无论是A义还是B义,它们的预设都是相对的,或是"付出代价应该获得相应效益"或是"获得效益应该付出相应代价"。而副词"白"实际上就是一个否定词,但否定的不是行为本身,而是预设部分。在表示A义时,"白"否定的是"得到效益",表示B义时,否定的是"付出代价"。例如:

(50)真!作校长仿佛是丢人的事!你就说,天下竟会有这样的人!看他文文雅雅的,他的书都白念了!(老舍《四世同堂》)

(51)再说,他和我三七分账,我受累,他白拿钱,我是哑巴吃

黄连,有苦说不出!(老舍《四世同堂》)

"念书"是辛苦的,当然付出了代价;所谓"白念"就是指没有产生相应的效益——懂道理。按理说"拿钱"是舒服的,当然是获得了效益,所谓"白拿"就是指没有付出相应的代价——干事。

3.2 在前一节中,我们把动词分成甲、乙两类,并指出甲类可以表示 B、A 两义,乙类只能表示 A 义。这种分析也是一种静态的分析。其实,在语言交际中,当"白 V"所涉及的对象是相互联系的两个方面时,从对方的角度看,乙类动词也可以表示 B 义。也就是说,此方不付代价而获益实际上隐含着彼方付出代价而无益,此方付出代价而无益实际上隐含着彼方不付代价而获益。例如

(52)你不骗吃不骗喝,你白给破风筝写词儿,你说话不转文,不扯谎,你是好人。(老舍《方珍珠》)

(53)他一直在写,但写出来的剧本从来没演出过,游击环境中,没有报纸杂志可以登载,剧本若不能演,就算白写。(邓友梅《战友朱彤心》)

前句的"白写"涉及"他"和"破风筝"两个方面,句子是以破风筝为着眼点,所以是 B 义。而后句的"白写"只涉及"他"一个人,只能是 A 义。再比如:

(54)妈走出来,说家里该买粮了,他停下口哨说没空。妈说打扑克下棋有空?他说没空。妈说白养了你这个儿子!(何力力《环球同此凉热》)

(55)叫他把关系转走,我们厂不能白养这种不干活的人。(蒋子龙《乔厂长上任记》)

这两个"白养"都涉及两个方面。前句以"妈"作为着眼点,自然是 A

义。后句似乎是两可的,从"我们厂"的角度看,是 A 义,从"这种人"的角度看,又是 B 义。当然,在一定的语言环境中,还是清楚的。从上下文看,应当是 B 义。

3.3 在兼语句中,同一个"白 V"总是要同时涉及两个行为者。所以,在兼语句里"白 V"的 A、B 两义的相对性就更突出。甚至连"白"的位置也是灵活的,既可以修饰致使类动词,也可以修饰后面的行为动词,但不会改变语义。例如:

(56) 好!那么小姐就去进行,你给我情报,我给你车费,不能白教你跑路,请原谅我这么不客气,我是个刚正的人。(老舍《残雾》)

(57) 绝对不能教诸位弟兄们白跑这么些路,至少我们也得送双新鞋穿!(老舍《残雾》)

无论"白"在前还是后,这两句总归以兼语为表义重点,所以都是 A 义。再比如:

(58) 我不教你白拉,给你钱!(老舍《四世同堂》)

(59) 明天的车份儿不要了,四点收车。白教你们拉一天的车,都心里给我多念道点吉祥话儿,别没良心。(老舍《骆驼祥子》)

无论"白"在前还是在后,两句的表述重点总归不会相同。前句是你拉车我乘车,我不会不给你报酬的;后句是你们拉我的车去赚钱,我不要车份儿。前句的"白拉"是付出,表 A 义,后句的"白拉"是获益,表 B 义。

正是这种相对性,人们有时就采用了反向的表达方式。例如:

(60) 这还不算完,眼下不知道赵国松到底会怎么样,你打了人不能白打,是认罚还是认打?(蒋子龙《燕赵悲歌》)

(61) 巡长,我们已经买来东西,怎么好白白的回去;我们决不叫巡长为难。(老舍《蜕》)

例(60)是从被打者的角度着眼的,"打人"不再是付出了努力而是损害了别人,所以要打人者"认罚还是认打"。例(61)实际上是从"买来"的角度着眼的,等于说"要我们把东西带回去,我们不就白买来了吗?"

值得注意的是,在主谓短语做宾语的句子里,"白"的位置有时也可前可后。例如:

(62) 章伯一想,理路却也不错,便道:"依你该怎么样?难道白白地看他们死吗?"(刘鹗《老残游记》)

(63) 他又不愿看老人白白的去牺牲——老人的一家子已快死净了。(老舍《四世同堂》)

尽管"白"的位置可以移动,但移动以后含义就不同了,这一点同兼语句不同。前句强调的是"自己"不能无动于衷、袖手旁观,后句强调的是"老人"不该无故牺牲、送掉性命。

总之,否定副词"白"在否定预设时之所以可以显示不同的倾向,表示不同的语义,关键就在于人们观察事物的立足点和判断事情的心理态势不同;从交际的角度讲,是人们表述的重点和信息焦点(focus)不同。而所谓的 A 义和 B 义,严格地讲,只是同一个义项的两个方面。

4. "情态化"与"定型化"

4.0 这一节,我们将从表达的角度讨论一下副词"白"在使用过程中形成的一些有趣而又值得注意的现象。

4.1 如前所述,否定副词"白"的作用在于否定预设,或表示"付出而无所得"或表示"得到而不付出"。然而,现代汉语中有一小部分动词或动词短语本身就含有"无代价地得到"或"无代价地付出"这样的含义。当"白"修饰这类词语时,尽管在表示情态和加强语气方面仍具有一定的作用,但是,从否定预设的角度看,这些"白"已失去了否定作用。在这种情况下,"白"已成了一种羡余现象(redundancy),而"白"的功能性质也发生了转化——由否定副词向评注性副词转化了。

含有"无代价地得到"语义的词语主要有:"拾、捡、拣、抢、偷、揩油"等。试比较:

(64) 赌局到处都是,白抢来的钱,输光了也不折本儿呀!(老舍《我这一辈子》)

(64′) 赌局到处都是[ ]抢来的钱,输光了也不折本儿呀!

显然,用不用"白",尽管在表现的生动性和语气的强调性方面确实有所不同,但是从基本语义的角度看,并无明显差异。同样,下面两句的"白"也是可有可无的:

(65) 老杨,我前两天跟[白]抢的似的,买到一小幅王石谷,绝对是真的!(老舍《西望长安》)

(66) 他知道招弟是费钱的点心,可是招弟既来央求他,他便可以[白]揩一点油,用不着请她吃饭,看戏,而可以拉住她的手。(老舍《四世同堂》)

再看下面两个实例,一句用"白",一句未用,表达意思也相差无几:

(67) 有人说他[ ]拾了个金表,有人说他白弄了三百块大洋,那自信知道得最详确的才点着头说,他从西山拉回三十匹骆驼。(老舍《骆驼祥子》)

(68) 一倒手,他等于从我手上白拣了一块金壳的瑞士名牌表。(张贤亮《绿化树》)

我们还可以从"白 V"的 A、B 两种对立义项来观察"白"的情态化现象。试比较：

(69) 他赶上个好机会[白]捡来一条命。(老舍《四世同堂》)

(70) 小腿疼说："算我们白拾了一趟！你们把花倒下，给我们篮子我们走！"(赵树理《锻炼锻炼》)

前句表示 A 义，"白"可有可无，后句表示 B 义，"白"必不可少。

含有"无代价地付出"语义的词语主要有："送、扔、丢、浪费、糟塌、尽义务"等。下面诸句的"白"从否定预设的角度看也是多余的：

(71) 别说什么敲诈出血，换了你，你肯把几十万美元的部件[白]送人吗？(何力力《环球同此凉热》)

(72) 好像那挂面[白白]地扔掉了而不是吃掉了似的。(苏叔阳《老少木匠》)

(73) 每天早上六点到晚上九点，坐在公园儿门口看车。不拿工资，[白]尽义务，却分外地上心。(苏叔阳《画框》)

下面诸句，除了评注性作用外，"白白"还起到了协调音节的作用，不过，其情态化现象还是很清楚的。例如：

(74) 没有生意，铺子本来就赔钱，怎样好再[白白的]丢六十块呢？(老舍《四世同堂》)

(75) 他决定放弃了买卖，还去拉车，不能把那点钱全[白白的]糟践了。(老舍《骆驼祥子》)

(76) 你那么聪明，又那么爱惜自己，于是，你冷眼旁观，把自己的生命闲置起来，[白白地]浪费掉，于是你衰老了，白了头发……发出盲肠炎急性发作的病人才能发出的呻吟。(王蒙《布礼》)

再比较下面两句：

(77) 一难过就想到女儿,只好去喝酒。这么样,他的钱全白垫出去,只剩下那辆车。(老舍《骆驼祥子》)

(78) 他的钱也不少花,慢慢的二十来块钱就全[　]垫出去了。(老舍《骆驼祥子》)

这两句所指的是同一笔钱(卖女儿的钱),"他"也是同一个人(二强子)。由此可见,用不用羡余性"白"是具有任意性的。

需要指出的是,当"白"修饰整个 VP 时,"白"还是否定副词,是必不可少的。试比较：

绍光白送了他一幅画(,不要他任何报酬)。

绍光白送了他一幅画(,结果什么也没办成)。

总之,在现代汉语中,有一部分"白"已经具有情态化的倾向,它们同严格意义上的否定副词"白"具有本质的区别。

4.2 由于"白"是否定预设的而不是否定动作本身的,而同一个义项又正好具有正反两个方面。这就有助于"白 V"在长期的使用中形成一些颇具特色的固定格式,呈现出某些定型化倾向。主要有四种格式,下面分别说明：

A. V 也白 V。"V 也白 V"中的"白"表示 A 义,"V"大都是乙类动词。整个格式是一个让步格式,强调即使做某种努力,其结果仍然和不做努力一样。有时还可以插入一个"是"。如：

(79) 叫他去,别理他；领导不会支持他。搞运动时,哪个领导敢拦着不叫搞？他去也白去。(冯骥才《啊！》)

(80) 老九,给我请假吧,我去也是白去,心里乱透了！(老舍《春华秋实》)

甲类动词较少表示 A 义,所以较少见。比如：

(81) 我祖上传这方子时,有四句诀:青龙丹凤,沾上就灵;黑狗白鸡,用也白用。(冯骥才《神鞭》)

"V 也白 V"也可以充当句法成分。比如:

(82) 至于那辆匈牙利车,他很少再去想了。因为那是件想也白想的事。(冯骥才《匈牙利脚踏车》)

B. 不 V 白不 V。"不 V 白不 V"中的"白"也表示 A 义,但"V"只能是同类。如前所述,甲类词有获益的语义特征,其否定形式所表示的就是"不(谋求)获益"。如果从对方的角度考虑,此方获益同时也意味着对方付出,那么,为了对方不付出,此方就应当做出努力或牺牲——不再谋求获益。然而,有时候,即使此方做出了牺牲,对方还是不讨好。所以,这也是一种让步格式。前"不 V"表示让步,后"不 V"显示结果。整个格式强调即使放弃某种利益,其结果仍然同不放弃一样。例如:

(83) 那个傻熊还想打我主意哩!呆会儿我去拿,不吃白不吃。(张贤亮《绿化树》)

(84) 李峰打着哈哈说:"你耕新私人送东西,我是不要白不要,那就不客气了。"(蒋子龙《燕赵悲歌》)

C. 不 V 白不 V,V 了(也)白 V。C 式并不是在 B 式后面加上 A 式构成的。C 式后半部分的"V 了(也)白 V"中的"白"表示 B 义,"V"必须是甲类动词。这一格式前半部分表示即使放弃某种利益也不可能产生什么有利的结果,而后半部分则表示即使谋求了某种利益也不必付出任何代价。这样,前面用否定式甲 V,表示 A 义,后面用肯定式甲 V,表示 B 义;同一命题两种说法,一反一正,一抑一扬,相互呼应,相互补充,显得既委婉曲折又严密周详。例如:

(85) 在二十世纪八十年代这几年的中国,对于城市的芸芸众生来说,有什么事能使人感到特别幸运呢?获得奖金?小额者人皆有之,早视为理所当然,再翻两番也是。不要白不要,要了[ ]白要。(王蒙《高原的风》)

D. 不V白不V,V了(也)白V,白V谁不V。D式是在B式的基础上再加上一个"白V谁不V"的反问格式而构成。D式中的"白"仍然表是B义,"V"还是甲类动词,"谁"表示任指。通过对C式附加一个周遍式强调的反问格式,进一步肯定所述命题的不容置疑。例如:

(86)也许,白吃者吃得心安理得,心地坦然,自由自在,优哉游哉。不吃白不吃,吃了也白吃,白吃谁不吃。(骆林森《也是一种"白吃"》)

后面三种格式所表达语义是一致的,比较而言,表述一个比一个严密,语气一个比一个强烈。

5. 余论

《现代汉语词典》《辞海》《汉语大字典》等都把"白"的A义解释为:无效地、徒然地;同时把副词"干"(乾)解释为:徒然地、白白地。认为它们是一对可以互训的同义词。然而,在实际词语言中,这两个词并不能互换,有的根本不能成立:"干打雷不下雨→*白打雷不下雨";有的即使成立,意思也不一样:"干瞪眼→白瞪眼、干着争→白着急"。其原因就在于这两个副词的预设不同。"干打雷"实际上已隐含了"不下雨","干瞪眼""干着急"也隐含了无法采取按理应该采取的下一步行动。"白"与"干"还有一些区别,被"白"修饰的动词其施事一般要求是人,而"干"不受此限制,所以可以说"干打雷",不能说"白打雷"。"白"可以有相对的两方面的义项,其搭配范围比"干"要广。其时,有关预设副词"白""干"的异同,前面已有专门讨论;⑥这里只想说明,无论是分析意义还是辨析异同,对于一些语义比较空灵的副词,引入"预设""焦点"等概念都是很有必要的。

附注

① 主要有:马思周《〈红楼梦〉〈儿女英雄传〉中的副词"白"》,《中国语文》1981年第6期。钟兆华《〈红楼梦〉"白"字来源探疑》,《中国语文》1987年第1期。郭良夫《近代汉语副词"白"和"白白"》,《中国语言学报》1988年第三期。胡增益《满语的bai和早期白话作品"白"的词义研究》,《中国语文》1989年第5期。马思周《再论近代汉语副词"白"》,《中国语文》1990年第5期。

② 邵敬敏(1986)和陈一(1987)。

③ 参看布龙菲尔德《语言论》,袁家骅等译,第271页,商务印书馆,1985年。

④ 持这一观点的主要有:《现代汉语虚词例释》《现代汉语虚词用法小词典》,邵敬敏(1986)。

⑤ 近代汉语中,单音节"白"可以带"de"。比如:"原宪'克、伐、怨、欲不行',是他许多不好物事都已发了,只白地壅遏得住,所以非独不得为仁,亦非求仁之事。"(《朱子语类》卷二十六《论语·里仁篇上》),不过语义略有不同。

⑥ 参见本书第三篇第一章。

参考文献

北京大学中文系1955、1957级语言班编(1986),《现代汉语虚词例释》,商务印书馆,北京。

陈一(1987)试论"白VP"结构的歧义性,《汉语学习》第4期。

刘烨(2009)《预设否定副词"白"和"瞎"的比较研究》,北京语言大学硕士学位论文。

齐沪扬(1987)谈单音节副词的重叠,《中国语文》第4期。

邵敬敏(1986)"不要白不要,要了白要"是悖论吗?《汉语学习》第5期。

邵敬敏(1991)歧义分化方法探讨,《语言教学与研究》第1期。

沈家煊(1987)"差不多"和"差点儿",《中国语文》第6期。

王自强编著(1984)《现代汉语虚词用法小词典》,上海辞书出版社,上海。

肖金香(2010)副词"白"的语法化及动因初探,《湖北广播电视大学学报》第2期。

中国社会科学院语言研究所词典编辑室编(2012)《现代汉语词典》(第6版),商务印书馆,北京。

第三章 副词的篇章连接功能

0. 前言

现代汉语副词研究,无论是宏观研究还是微观研究,一般都是以句子作为研究的对象的,而且,不管是阐释功能,还是分析用法,几乎都是在句法范围内进行的。尽管语言学界对汉语副词的关联作用的研究已经取得了一定的成绩,但是,要想更为全面、准确地揭示汉语副词的关联功能,就必须从篇章(text)的角度进行深入仔细的分析。

本篇主要考察究竟有哪些副词(包括少量的副词性短语)可以在篇章中起到衔接句、段的作用,尤其是它们以什么样的语义关系在篇章中发挥其连接功能的;进而从不同的角度讨论一下副词在篇章中的衔接方式。

1. 副词在篇章连接中的功能类型

1.0 从篇章的构成看,一个连贯的篇章必须具有一定数量的衔接成分,句与段的排列应该符合逻辑,句与句在语义上必须具有内在的联系。在汉语的篇章中,充当衔接成分的除了连词、代词、插入语等以外,还包括一部分副词。我们逐一考察了副词在篇章连接过程中的功能,发现大致有六种情况:1. 表顺序,2. 表追加,3. 表推论,4. 表解说,5. 表转折,6. 表条件。

1.1 表顺序。 顺序义是以时间关系为基础的,它反映了相关事件在开放或封闭的时间序列中的位置。根据事件在时间坐标上的先后起止，可以分为先时顺序、后时顺序、起始顺序、终止顺序四个方面。

1.1.1 先时顺序。一般情况下，篇章中对事件的描写顺序与事件本身实际发生的先后顺序大体一致，除非为了强调和对比，一般无须专门使用表示先时的副词。只有在描写顺序与事件顺序相反的情况下，才需要使用表先时的副词，加以专门指出。可以表示先时顺序的衔接副词主要有："先[1]、原先、原本[1]、原来[1]、本来[1]"等。例如：

(1) 原先，他以为拉车是他最理想的事，由拉车他可以成家立业。现在他暗暗摇头了。不怪虎妞欺侮他，他原来不过是一个连小水筒也不如的人。(老舍《骆驼祥子》)

(2) 在这里，她留下了个心眼：原本，想买两辆车，一辆让祥子自己拉，一辆赁出去。现在她改变了主意，只买一辆教祥子去拉；其余的钱还是在自己手中拿着。(老舍《骆驼祥子》)

在篇章中，先时副词常同后面的其他时间词语相对照，相呼应。上面两例中的"现在"均是。"原来"和"本来"在表示先时的同时，往往兼有解释前因和引起转折的作用。[①]例如：

(3) 当送葬的队伍路过祖庙时，那里的路灯没有亮，差不多的村人都抬头瞟了瞟。原来，不知谁用弹弓还是别的啥，把棂星门的那最大的路灯灯泡打碎了。(阎连科《两程故里》)

1.1.2 后时顺序。表后时的衔接副词大都处于描写前后两个事件的语句和篇段的中间。又可以分为两个小类：

a. 表示两事相承，依次发生。主要有："才、随后、随即、接着、继而、既而、转而"等。例如：

(4) 有一天，大约是中秋前的两三天，掌柜正在慢慢的结帐，

取下粉板,忽然说:"孔乙己长久没有来了,还欠十几个钱呢。"我才也觉得他的确长久没有来了。(鲁迅《孔乙己》)

(5)想到这里,她甚至想独自回娘家,跟祥子一刀两断,不能为他而失去自己的一切。继而一想,跟着祥子的快活,又不是言语所能形容的。(老舍《骆驼祥子》)

b. 前事刚完,后事紧承。主要有:"立即、旋即、当即、立刻、顿时、霎时、俄顷、马上"等。例如:

(6)说完,它猛地一抬前蹄,上身居然拔了出来。旋即,它敏捷地将前蹄踏在泥坑的边沿上,踩着了实地。(张贤亮《男人的一半是女人》)

(7)在热烈的俄罗斯圆舞曲中,刚交换了一个舞伴,我失声叫了一声:"哎呀,我的表掉了!"立刻,跳舞停止了,几支手电在地上找,毛毯被掀了起来。(张曼菱《唱着来唱着去》)

1.1.3 起始顺序。起始就是表示某一事件是一系列事件中最先发生的,或者表示某一阶段是几个阶段中最早的。可以表示起始顺序的副词主要有:"先[2]、初、起先、起初"等。这些副词后面通常也有其他时间词语与之配合。例如:

(8)初上来,大家以为他是向刘四爷献殷勤,狗事巴结人。过了几天,他们看出来他一点没有卖好讨俏的意思,他是那么真诚、自然,也就无话可讲了。(老舍《骆驼祥子》)

(9)方裕扭转了头,起初一声不响,羞愤的眼光注视着地下的破帽子。既而格格不吐可是无所惧惮地说:"先生给我们的球,大家能踢,为什么一定要给你?"(叶圣陶《倪焕之》)

1.1.4 终止顺序。终止就是表示某一事件发展到了最终,或者某

一阶段是一系列阶段中最后的。可以表示终止顺序的衔接副词主要有:"终于、终归、总归、终究"等。例如:

(10) 批过李上进,大家都洗清了自己,分配也没受大影响。该去军部的去军部,该去菜地的去菜地。终于,大家吃过一顿红烧肉之后,开始陆续离开新兵连,到各自分配的连队去了。(刘震云《新兵连》)

(11) 它可以去油污,可以辣得眼疼,自然也可以杀死精水。终归无效,不是也比老尼姑的辣椒面儿好得多得多么!(刘恒《伏羲伏羲》)

"终于"在表示顺序之终止的同时,往往还兼有经过一番努力的意思。例如:

(12) 礼品店,犹豫再三,斟酌再三。感叹找不出个合适的"度"——既不太丢人,又不超预算。终于,买了堆大包卖的积压品,再小心翼翼地撕下价格表。(刘齐《只说甘甜》)

1.2 表追加。 追加义是以事物、事件之间的关系为基础的,它反映了相关事物、事件之间联系的方式及主次关系。根据相互之间的关系,可以分为并存型追加、主次型追加、极端型追加、例外型追加四类。

1.2.1 并存型追加。 并存型追加表示后面追加的事物、事件与前面的事物、事件不分主次,并存同现,互相对称,大致相当。可以表示并存型追加的副词主要有:"也、再^1、又^1、还、同时"等。例如:

(13) 钱钟书是一位风华绝代的博学鸿儒。也是一位踏踏实实的中国作家、学者,他不务虚名,落落自甘;淡泊自守,宠辱不惊。(孔庆茂《钱钟书传》)

(14)一部分资本家,以汪精卫为代表,已经投降了。再一部分资本家,躲在抗日阵线内的,也想跑过去。(毛泽东《新民主主义论》)

(15)(陈爷)尤其对照镜子有了特殊爱好,愁眉苦脸,怪模怪样,一照就是老半天。同时还破天荒地结巴着要他往破院里通电……(冯苓植《落凤枝》)

1.2.2 主次型追加。主次型追加表示后加的事物、事件比前物、前事更加重要,更为突出,前次后主,前轻后重。可以表示主次型追加的副词主要有:"又^2、再^2、更、甚至、再则/者、更有甚者"等。例如:

(16)纠正的方法:主要是加强教育,从思想上纠正个人主义。再则处理问题、分配工作、执行纪律要得当。(毛泽东《关于纠正党内的错误思想》)

(17)现在,在一些音乐会上,报幕员先报上演唱者的名字,作词作曲者几乎听不到了。更有甚者,连节目单上,作者也被抹掉了。(《北京晚报》1985年1月9日)

1.2.3 极端型追加。极端型追加表示后加的人、事、物是同一类别中最为重要、尤为突出的。可以表示极端型追加的副词主要有:"最、尤、尤其、特别"等。例如:

(18)我读着读着越读越亲切,特别读到"为人类酿造最甜的生活"的时候,我的心里涌起一股热流,立刻涌到全身。(郭同文《紫藤萝下忆杨朔》)

(19)很多人都忽视了,死其实是生活的一个重要内容;热爱生活的人最不怕死。尤其,对一个无神论者来说,对现在的我来说,死是最轻松的解脱。(张贤亮《绿化树》)

"特别、尤其"由于经常同"是"一起用在句首表示极端型追加,"特别是、尤其是"已凝固成为副词性短语了。

1.2.4 例外型追加。例外型追加表示在同一组人、事、物当中,还存着与众不同甚至截然相反的例外。可以表示例外型追加的副词有:"只、就、单、仅、光、单单、独、独独、仅仅、唯(惟)独、偏偏"等。例如:

(20)村子里曾热热闹闹地说那"少剑波"。过了些日子,也就淡了下来,依旧慢慢地熬那老日头。只五姨脸上怅怅,像有病似的,也从不跟人谈"少剑波"。(李佩甫《红蚂蚱绿蚂蚱》)

(21)被子自然是一条,要到学校里和同学通腿睡。口食自然是玉谷糁子,要交到学校伙房换饭票。独干粮是上品,妈妈蒸的面馍,蒸好后又切成片片,放在大铁锅里烤成黄干焦脆……(张宇《家丑》)

(22)我很着急,"老肥"和"元首"也很着急。惟独王滴有些幸灾乐祸,出出进进唱着"社会主义好"。(刘震云《新兵连》)

1.3 表推论。 推论是以逻辑判断为基础的,表示由上文所提供的情况和信息来看,有理由得出下面的结论。根据作者/说话人推论的信心和态度,可以分为总结性推论、理解性推论、估测性推论三类。

1.3.1 总结性推论。总结性推论表示根据上文所述的事实和情况,依照一般的常识判断,完全有理由对此加以总结和论断。可以表示总结性推论的副词及短语主要有:"显然、当然[1]、自然[1]、显而易见"等。例如:

(23)"你是不是不相信我,怕我跟了别人?"她说,口气和神色都带着少有的严肃。显然,她把我今天迫不及待地要求结婚领会错了。(张贤亮《绿化树》)

(24)为此,那小瘸驴儿也就失去了往日的魅力……当然,要

媳妇就必须付出代价。(冯苓植《落凤枝》)

(25) 还没有充分了解前面的东西,就决不能动手做往后的事。如果问为什么非这样不可呢?那就是认识规律就是这样的。显而易见,学习也应该按照认识规律办事。(杨本章《双鸟在林不如一鸟在手》)

1.3.2 理解性推论。理解性推论表示依照上文提供的事实和情况,具有如此的结果是不足为奇的,是完全可以理解的。相关的副词及副词性短语主要有:"难怪、无怪、怪不得、无怪乎、无怪于、怨不得"等。例如:

(26) 她突然发现,阿虎睡觉的姿势很特别,身体向右侧弯曲着,胳膊支撑着全身的重量,仿佛是悬空一般。向小米觉得脊梁上有个冷颤。难怪他的胳膊经常发麻。(江灏《纸床》)

(27) 朱延年早就风闻到棉纺公会有位叫江菊霞的执行委员的大名,想不到真的是叫人见到以后一辈子也忘怀不了的人物。怪不得林宛芝在吃她的醋哩。(周而复《上海的早晨》)

1.3.3 估测性推论。估测性推论表示从上文的情况看,根据一般的常识,做出如下的推想和估计是可以理解的、合乎情理的。可以表示的副词主要有:"也许、或许、兴许、大概、大约"等。例如:

(28) 失落的得到了,而得到的同时又失落了。人似乎永远处于不平衡之中。也许,正是不平衡才使人生变得那么丰富多彩、那么富有意味。(许朋乐《归宿后的失落》)

(29) 我也同大多数老三届人的经历一样,经受过无数的失望和痛苦,承受过许多苦难,然而,最使我心灵受到震撼的,却是无数个普通人的梦的破灭。或许正因为目睹了这些梦的破灭,才使我有了表现和书写他们的欲望。(魏继新《血污泥淖中站起来的一代》)

(30) 事情从来都清清楚楚,有什么话可说呢?兴许就是为了这一天,他长声地呼唤了许多年。(冯苓植《落凤枝》)

1.4 表解说。表解说就是通过分析和推理,对前面的情形和陈述以不同的方式加以解释和说明。根据作者/说话人对前面情况的不同认识和态度,可以分为否定性解说、确认性解说、补证性解说三种。

1.4.1 否定性解说。否定性解说是通过直接、间接的方式对前文加以否定,在指出前文或者不够确切或者似是而非或者以偏概全的基础上,再提出符合实际的解释说明。相关的副词及短语有:"不、其实[1]、事实上、实际上"等。例如:

(31) 他旁观者似地站在人群之外,背着手儿,眯着眼儿,仿佛正在欣赏一幅难得的好画儿。不!更好像一位唱压轴戏的名角儿,台前的"急急风"敲得越响,他就越不急于出场,越沉住气。(冯苓植《落凤枝》)

(32) 台下一片掌声,好,这位新市长爽气,不说废话。其实,这几句也属废话之列,只不过比长篇废话节约点,节约总是好事体。(陆文夫《故事法》)

1.4.2 确认性解说。确认性解说是通过对前述事实和情况的肯定和确认,从不同的角度对前文做出更进一步的引申和解说。相关的副词有:"真的、的确、确实、诚然[1]"等。例如:

(33) 据说,我极喜欢演说,但讲话的时候是口吃的,至于用语,则是南腔北调。前两点我很惊奇,后一点可是十分佩服了。真的,我不会说绵软的苏白、不会打响亮的京腔,不入调、不入流,实在是南腔北调。(鲁迅《南腔北调·题记》)

(34) 也许女人都会在这个年龄产生第二个高峰吧。确实,我常常为这种感情和爱意而流泪,而激动,而痛苦,而自责;……(朱

晓玲《大漠》)

(35)四叔一知道,就皱一皱眉,道:"这不好,恐怕她是逃出来的。"她诚然是逃出来的,不多久,这推想就证实了。(鲁迅《祝福》)

1.4.3 补证性解说。补证性解说或者是通过提出原因和理由对前面的现象和情况加以证实并做出解释,或者是通过事实和结果的实现以证实和说明原先的预计和想象的正确。可以表示的副词有:"原来[2]、本来[2]、果然、果真"等。如:

(36)各组的组长都在办公室里。每个人手上都有一支自卷的烟卷,满屋子烟雾腾腾。原来,办公桌上有一笸箩烟叶,这是队部免费供给组长们开会时吸的自种烟叶。(张贤亮《绿化树》)

(37)他晓得总经理快下来了,目光对着客厅的门。果然楼梯上有人下来了,沉重的脚步声一步步迟缓地往下移动。(周而复《上海的早晨》)

此外,副词性短语"果不其然"也属于这一类。例如:

(38)他对司机说:"开车回饭店。我敢打赌,下午他就会来敲我办公室的门儿。"果不其然,让赫贵田说中了。赫贵田坐着车刚回饭店,赫二爷就骑着车出了家门。(刘一达《八珍席》)

1.5 表转折。转折关系既有逻辑基础,也同事理因素和心理趋向有关。在篇章中,主要表示所连接的两种情况之间互相对立或不相协同。根据前后两种情况逆转程度和作者/说话者对此所执的态度,可以分为对立式转折、补注式转折、无奈式转折、意外式转折四种。[②]

1.5.1 对立式转折。表示后面的情况同前面的情况在语义上相反或相对,下文正好是上文的逆向发展的变化。所连接的两部分有时是互相排斥的。可以表示对立式转折的副词主要有:"却、倒、反、反倒、反

而、倒是"等。例如:

(39) 我"唔"了一声,心里想:"刘祥今天要倒霉了。"却只见刘祥亲热地"嗨"了一声,仿佛他乡遇故知,大步流星迎着那位冷面寡情的市管干部走去……(何洁《落花时节》)

(40) 民国以来,也还是谁也不作声。反而在外国倒常有说起中国的,但那都不是中国人自己的声音,是别人的声音。(鲁迅《三闲集·无声的中国》)

1.5.2 补注式转折。表示前面的情况虽然基本上是事实,但与实际情况相左或不一致的情况也是存在的。所提出的后一情况往往是对前文的补注或修正,所连接的前后两部分之间并不互相排斥。常用的副词有:"当然[2]、诚然[2]、自然[2]、其实[2]、只是"等。例如:

(41) 1980 年之后,这部小说俨然以经典之作出现在青年人之中,它的影响差不多可以与《阿Q正传》比肩……当然,在一片赞扬声中,也有人提出非议,提出批评,如香港的霍汉姬认为此书题材远离现实,语言油滑,是一部"完全失败之作"。(孔庆茂《钱钟书传》)

(42) 凡文艺必有所宣传,并没有谁主张只要宣传式的文字便是文学。诚然,前年以来,中国确曾有许多诗歌小说,填进口号和标语去,自以为是无产阶级文学。(鲁迅《"硬译"与"文学的阶级性"》)

(43) 她跟我们的画家恋爱时,正在学雕塑,又崇拜底亚斯和罗丹,又崇拜台斯皮乌和玛郁。其实,她更崇拜她自己,青春美貌,无忧无虑,欢天喜地,聪明伶俐。(徐迟《祁连山下》)

1.5.3 无奈式转折。表示由于某种原因出现了不如意的情况,但又没有办法加以改变,只好如此。往往含有惋惜、遗憾、无可奈何的意

味。主要有:"无奈、无奈乎";有时也可以用"只好、只得",但较少用于句首。例如:

(44)李寿川在"同志们"三个字后面加了冒号,想把这篇代人立言的公事做下去。无奈,他脑子被灌满了主体意识一类的新词,一时竟找不到主体意识在哪儿了。(谌容《献上一束夜来香》)

(45)如果我们仅仅应付这些,倒也可以活得轻松些。无奈乎我们认真:当工人的粗活细活都干,还总想搞点革新;当领导的大事小事都管,还时常"一日三省吾身";"读书郎"四十多岁了,还在攻读这个"士",那个"生"……(尹家民《品一品"认真"》)

1.5.4 意外式转折。表示从上文的情况看,下文发生的情况来得非常突然,完全出乎意外。紧接而来的情况使形势发生了出人意料的改变和转折。相关的副词主要有:"忽然、猛然、蓦然、忽地、兀地、蓦地、倏地、忽而"等。例如:

(46)像逃避瘟疫一样,他逃出病房,匆匆穿过走廊。忽然,在走廊尽头,楼梯口上,出现了一个苗条的人形。(谌容《献上一束夜来香》)

(47)上面,是湛蓝湛蓝的天;下面,是墨绿墨绿的地,透明、深邃、美丽……蓦地,水田里爆发出一片欢呼声。原来是拉"口粮"的车辆在高高的斗坝上出现了。(张贤亮《男人的一半是女人》)

1.6 表条件。条件关系也是以一定的逻辑联系为基础的,当然,在篇章中由副词表示的条件关系同复句中的条件关系不尽相同:没有严格意义上的必要、充分、充要等逻辑关系。主要是表示实现一定的结果,相应的前提条件是有利的、起码的、不言而喻的。根据结果与前提之间的关系,可以分为有利条件、起码条件和无条件三类。

1.6.1 有利条件。表示由于出现了某种有利的前提条件,使得本来很有可能发生的不如意或不希望发生的后果得以侥幸避免了。可以表示有利条件的副词主要有:"幸亏、幸好、幸而、幸得、亏得、多亏"等,例如:

(48) 父亲也是个逞强好胜的人,气得拿起桌上的菜刀就向她头上劈下来。幸亏她手脚快,一闪身溜出了门,听见身后父亲气呼呼的声音:"看你敢回来!"(周而复《上海的早晨》)

(49) 乡里没有三层楼的招待所,酒席就在供销社附属的小饭馆里摆下。幸好隔壁的车队队部有一部老式手摇电话,负责任的电话员给接过来,要不然准得误大事。(浩然《笑话》)

1.6.2 起码条件。表示前面的情况按理是不容改变的,即使要变的话,这最低限度的、最为基本的起码的条件还是必须维持的。可以表示起码条件的副词及短语主要有:"至少、至多、起码、不管怎么讲"等。例如:

(50) 阿虎和向小米在考虑女儿的床;小秋在考虑爸爸妈妈的床。目的一致却是那么对立,根本无法协调。至少,小秋是不会同意拆这张床的。(江灏《纸床》)

(51) 指导员说:"你说的是给谁立功呢?"他说:"给谁?给造这门炮的工人老大哥!起码,这个功劳应该他占一半,我占一半。"(魏巍《前进吧,祖国》)

1.6.3 无条件。表示尽管说话者/作者无法确定前面所述的情况中哪一项符合实情,或者是否全部真有其事,但不管怎么讲,既然其结果是确定无疑的,那么其前提条件自然也是不言而喻的。可以表示无条件关系的副词主要有:"反正、横竖、横竖、高低、左右"等。例如:

(52) 然而,"营业部主任"有办法。我怀疑他连百货公司的儿童用品也偷到家里囤积了起来,或是他的余党还没有抓尽。反正,他让每月都来探望他一次的那个与他同样讨厌的老婆,替组里每人都代买了一个。(张贤亮《绿化树》)

(53) 再说,他这羊羔疯看来不严重,到部队两个月,怎么不见犯?现在偶尔犯一次,看来是间歇性的。横竖再有二十多天就结束了,我们替他遮掩遮掩。(刘震云《新兵连》)

上面,我们分析了副词在篇章中的六种连接功能,从另一个角度看,也就是篇章连接中的与副词有关的六种关系类型。综合以上所述,可以归纳如下:(副词后数字表示不同的衔接功能)

功能类型		衔接副词及短语	功能类型		衔接副词及短语
表顺序	先时	先[1]、原先、原来[1]、原本[1]、本来[1]	表追加	并存	也、再[1]、又[1]、还、同时
	后时a	才、随即、随后、接着、继而、既而、转而		主次	又[2]、再[2]、更、甚至、再则/者、更有甚者
	后时b	立即、旋即、当即、立刻、顿时、霎时、俄顷、马上		极端	最、尤、尤其、特别、尤其是、特别是
	起始	先[2]、初、起先、起初		例外	只、就、仅、单、独、光、唯独、独独、偏偏、仅仅
	终止	终于、终归、总归、终究	表转折	对立	却、仅、倒、反而、反倒、倒是
表推论	总结	显然、当然[1]、自然[1]、显而易见		补注	当然[2]、自然[2]、诚然[2]、其实[2]、只是
	理解	难怪、无怪、怪不得、无怪乎、无怪于、怨不得		无奈	无奈、无奈乎、只好、只得
	估测	也许、或许、兴许、大概、大约		意外	忽然、猛然、蓦然、忽而、忽地、蓦地、兀地、候地
表解说	否定	不、其实[1]、事实上、实际上	表条件	有利	幸亏、幸好、幸而、幸得、亏得、多亏
	确认	真的、的确、确实、诚然[1]		起码	至少、至多、起码、不管怎么讲
	补证	原来[2]、本来[2]、果然、果真、果不其然		无条件	反正、横竖、横直、左右、高低

2. 副词在篇章连接中的衔接方式

2.0 衔接(cohesion)是篇章分析的主要着眼点之一,它体现在篇章的表层结构上,是篇章组合的有形网络。在整个篇章的组合过程中,衔接手段是多种多样的,包括照应、替代、省略、复现、同现等。至于副词在篇章中的衔接方式,自然有其个性特点。下面我们主要讨论两个问题:1.句首与句中,2.连用与合用。

2.1 句首与句中。指副词在篇章衔接过程中,究竟居于主语之前还是居于主语之后。一般认为,既然是连接大于句子的语言体,自然应该居于主语之前。然而,问题似乎并没有如此简单。

首先,单音节副词,除了少数表示例外型追加的之外,一般只能居于主语之后。例如:

(54)姚德明这人年轻时便有点懒散随便,年龄比我大两岁,婚事却不急。我倒替他着急了,便把一个纺织厂的女工介绍了给他。(陆文夫《故事会》)

(55)他特地跟我讲:"那站上有个炉子,你烤着火,我去羊圈安顿一下随后就来。"我才想起来谢队长手上的血是羊血,并且,他单单没有注意到去山根的那条羊群踏出的小路。(张贤亮《绿化树》)

在上面两例中,副词"倒""才"在语义上自然是承接上句的,但在形式上却只能有一个位序,即"我倒、我才"绝不能说成"倒我、才我"。这种位序的限制显然同单音节副词只能附谓不能离谓的音节组合节律有关,而同副词的连接功能并无直接的关系。当然,"只能居于主语之后"并不意味着单音节副词就不能出现在句首,事实上,许多单音节副词,比如"也、还、又、更、再、最、大"等都可以位于句首。例如:

(56)但不知为什么挑来挑去,大伙竟挑中了玩鸟纯属玩票性质的白三爷。更令人不解的是,这小子近半年来更难露面了,可鸟友们却一致认为鸟协秘书长非他莫属了。(冯苓植《落风枝》)

(57)除了上课外,伯父还教他练功,用绳子从高处吊下一个棉花袋,教钱钟书上下左右开弓练拳,说是打"棉花拳"可以练软功。最有趣的事就是跟随伯父伯母到伯母娘家去玩。(孔庆茂《钱钟书传》)

不过,在上述两例中,起连接作用并非仅仅是"更、最"这两个副词本身,而是"更令人不解的"和"最有趣的事"这两个短语。换句话说,单音节副词必须同其他词语组成短语后,才可以位于句首,衔接句段。

其次,除了少数几个只能位于句首的副词之外,绝大多数双音节副词在句中位序比较灵活,既可以位于主语之前,也可以位于主语之后。例如:

(58)在他们看来,学文艺理论的可以不学文学史;学中国文学的可以不重视外国文学;学现代文学的可以不了解古代文学;甚至搞唐宋文学的可以不熟悉先秦文学;如此等等。显然,这种看法是不妥当的。(赵澧《重在打基础》)

(59)张科长穿着一身灰布人民装,里面的白衬衫的下摆露了一截在外边,脚上穿了一双圆口黑布鞋子,鞋子上满是尘土,对周围的环境与事物都感到陌生和新鲜。他显然是头一次到上海来。(周而复《上海的早晨》)

我们也可以把上面两句改写为"这种看法显然是不妥当的","显然,他是第一次到上海来"。改动后,表达效果基本不变,只是居主前比居主后更突出副词的衔接功能。从另一个角度看,后句的"显然"之所以位于主语之后,因为"他"和"张科长"构成了一个话语链,前后相承,话题一致。而前句的"显然"之所以位于主语之前,自然与作者突出强化总结性推论有关。

需要指出的是,如果仅仅从句子的角度看,许多衔接副词既可以位于句首,也可以位于句中,似乎是任意的。但是如果从篇章的角度看,这些副词的位序则往往是固定的,因为在一定的语境中,衔接副词居于主前和居于主后在表达效果上是有着或多或少的区别的。例如:

(60) 又停了两天,连里全部考核完了。幸好,还有三个班也出现了不及格。(刘震云《新兵连》)

原文是说,由于"我"所在的班出现了不及格,担心受到连部的批评。后来发现其他三个班也出现了不及格,所以用了"幸好"。换句话说,"还有三个班也出现了不及格",对于"我"来讲,正是免于受责、摆脱难堪的有利条件。如果将"幸好"放到"三个班"后面,从整个篇章的角度看,就显得不够连贯,甚至还可能产生歧义。

另一个值得注意的现象是,当副词居于主语之前时,后面既可以略有停顿,也可以不加停顿。其区别在于:停顿以后,不但语气舒缓,而且更突出了该副词承上连下的衔接功能。试比较下面两例:

(61) 他把那在琴声中变得神秘起来的眼睛投向我。随即,那雄壮魁梧的他慢慢地走近了我。(张曼菱《唱着来唱着去》)

(62) 当她经过身边时,顿时闪发出一阵浓郁的香味。随即就有两位西装革履的彪形大汉满面笑容地用较新的轿车接走了。(荒煤《闻游俄罗斯滨海区》)

值得一提的是,位于句首的评注性副词在连接句子的同时,其本身的句法功能也进一步谓语化了。比如下句的"诚然"就相当于"确实如此",表达了一个相当完整的对前一命题的主观陈述,所以作者用了一

个句末点号——感叹号:

(63) 在这迟疑之中,双喜可又看出底细来了,便又大声的说道,"我写包票!船又大;迅哥儿向来不乱跑;我们又都是识水性的!"

诚然!这十多个少年委实没有一个不会凫水的,而且两三个还是弄潮的好手。(鲁迅《社戏》)

正因为评注性副词可以对事件、命题进行主观评价,充当高层谓语,所以,在这些副词的后面又可以附加"呢、吧、啰、了、的"等语气词。例如:

(64) 更有人说刘老头子大概是看上了祥子,而想给虎妞弄个招门纳婿的"小人"……其实呢,刘老头子的优待祥子是另有笔帐儿。(老舍《骆驼祥子》)

(65) 我恨不得扑将过去,给他一顿拳脚,但这粗鲁的举动又与我扮演的娇滴滴的三公主不相称。无奈了,只有强压住火,姗姗朝他走去……(何洁《落花时节》)

(66) 也许有之,却又人言可畏,怕挨批判,不敢公然揭示,慨然晓喻,毅然倡导,也就无人知之,无文纪之了。确实的,雪芹嫡真不假是位创教之人。(周汝昌《"情教"创者曹雪芹》)

2.2 连用与合用。指副词在篇章连接过程中,既可以连续使用,也可以配合使用。连续使用可以分为两种情况:一类是同词连用,一类是同类连用。同词连用就是指同一个衔接副词的再次使用。例如:

(67) 就在这时,老喇嘛给他捧来了一包邮件,都是重庆寄来的。展读之下,手指发抖了……有好几个青年艺术家,给他来了信,向他提出请求要到千佛洞来。果然,他不止一个。果然,还有着这样一些他想也没想到的青年人,正如傅吉祥所说的那样,和他站在一起,在支持他。(徐迟《祁连山下》)

(68) 我不明白我有什么要坚持,要和我的赛尔江不一样的。我从来没有考虑到有什么舍不得的东西。也许,我这个庞大的汉民族不需要我有这种使命感,也许,对于女孩子,爱情可以高于种姓、民族和宗教。(张曼菱《唱着来唱着去》)

有时连续使用的副词还可以再受"又、也、再、更"的修饰:

(69) 但朱老大并没有被带到省里去。三天之后,他回来了……或许,一切并不像人们说的那么严峻?又或许,像随后的传闻那样,事情还牵连着更为广阔的背景?(何士光《苦寒行》)

同类连用是指具有相同的表义功能的副词的连续使用。如:

(70) 黑三老头见他们面面相觑,张口结舌,就厌烦地跨坐在炕沿上,装上一袋烟,立刻,有人把划着的火柴送到他叼在嘴上的烟袋跟前,随即一起凑上来,把他围起,一声一声地苦苦哀求和劝解。(浩然《笑话》)

(71) 杨天青从包袱里掏出了铅笔盒、橡皮、尺子、练习本,数了数交给天白。又掏出了一顶毡帽和一包糖果。还要掏,忽然想起了什么,把包袱皮卷了紧推给了女人。(刘恒《伏羲伏羲》)

上面前一例两个副词都表示后时顺序,后一例两个副词都表示并存型追加。配合使用也可以分为两类,一类是呼应配合,一类是协同配合。呼应配合就是语义相关的词语前后呼应,互相配合。既可以是副词与副词配合,也可以是副词与连词配合,比如意外式转折后面再加上表后时顺序的副词:

(72) 天,也眼瞧着快黑了……蓦地,大门外传来一片哄闹声儿。随即,修脚李、裁缝王,还有其他一些热心肠主儿,便嘻嘻哈哈一起涌进来。(冯苓植《落凤枝》)

又比如否定型解说和补注式转折后面又加上转折连词:

(73) 有的说:如果都用白话文,人们便不能看古书,中国的古文化就要灭亡了。其实呢,现在的人们大可不必看古书,即使古书里真有好的东西,也可以用白话译出来,用不着那么心惊胆战。(鲁迅《无声的中国》)

(74) 所谓宣传,只是一个为了自利而漫天说谎的雅号。自然,在目前的中国,这一类的东西是常有的,靠了钦定或官许的力量,到处推销无阻,可是读的人却不多……(鲁迅《林克多〈苏联闻见录〉序》)

协同配合就是把词义相近的词语联合共现,协同使用,可以是副词与副词协同共现,也可以是副词与连词协同共现。例如:

(75) 踏破铁鞋无觅处,得来全不费工夫。却原来爱花的人,惜花的人,懂得花的价值的人,就在眼前,每天对面坐着。(谌容《献上一束夜来香》)

(76) 可惜我生得太早,已经不属于那一类,不能享受同等待遇了。但幸而,我年青时没有真上战线去,受过创伤;倘使身上有了残疾,那就又添了一件话柄,现在真不知要受多少奚落哩。(鲁迅《我的态度、气量和年纪》)

"原来"本来是表补证性解说的,"幸而"本来是表有利条件的,但两词又都有兼表转折的潜在功能,所以可以同"却"和"但"联合共现,协同配合。

总之,汉语作为一种非形态的语言,其副词在篇章中的衔接方式是相当丰富、十分灵活的。可以居前,也可以居后;可以连用,也可以合用;需要不同,方式也就不同。

3. 余论

3.1 篇章分析同句法分析是有着相当的区别的。由于分析的角度和方法不同,其结论自然也就很不相同。譬如同样是分析汉语的副词,迄今为止,几乎所有的语法书、教科书都认为"只、独、唯独、独独"是限定唯一性范围的,可是从篇章连接角度看,这些副词的功用,并不仅仅在于限定范围,而是在于指出例外。又比如,一般都认为,"也许、或许"和"反正、横竖"分别是表示估测、委婉语气和表示肯定、强调语气的副词,然而,如果从篇章分析着眼的话,就可以发现,表示语气只是这些副词的附属性功能,它们真正的功能应该是,表示估测性的推论和提出不言而喻的条件。再比如:以往人们总以为"忽然、猛然、蓦然、忽地、蓦地"等副词都是表示突然性的时间的,其实,从整个篇章的具体语境看,这些副词与其说是表示突然性时间的,不如说是表示意外转折的,因为作者/说话者使用这些副词的目的,并不仅仅是为了表示时间,而主要还是为了引出另一个出乎意外的情况与现象。凡是种种,不一而足。总之,只要坚持从篇章连接功能的角度考察汉语的副词,在动态的过程中归纳其用法和功能,就肯定会发现许多以前所没有注意到的问题和现象。

3.2 在以往的句法分析中,人们总是把那些位于主语之后的副词称作状语或谓语修饰语,而把那些位于主语之前的副词称作前置状语和句首修饰语,而很少考虑到这些副词的超越句子的承上启下的连接功能。有时,即使注意到了某些副词具有一定的关联功能,可还是不愿承认副词具有普遍的连接功能,或者将它们归入连词,或者将它们算作副连兼类词。^③其实,在我们看来,具有连接功能是现代汉语副词的基本功能之一。从整个篇章的角度看,许多位于句首的双音节副词,虽然其本身也许并不属于整个信息表述中的主位(theme)和述位(rheme)的一部分,但它们确实在篇章的线性序列中占有一定的位置。可以这样认为,这些位于句首的副词,既是篇章的插入语,又是句、段的连接语;既是篇章组织的黏合剂,又是语义转换的调节器;既是篇章顺序发展的路标,又是读者和听话者理解的向导。总之,在现代汉语的篇章组织中,副词——尤其是那些经常位于句首的双音节副词,有着极其重要的、不可或缺的特殊作用。

附注

① 表示顺序的"原来[1]"和表示解说的"原来[2]"有时很难分清,因为在表时间、顺序的同时还可以阐释原因,而阐释原因时往往又含有时间、顺序的因素。

② 本章所说的"转折关系""条件关系"同一般在分析复句时所说的"转折关系""条件关系"有所不同,既有联系,又有区别。

③ 参见曲阜师范大学编写组编《现代汉语常用虚词词典》,浙江教育出版社,1992年。北京大学中文系1955、1957级语言班编《现代汉语虚词例释》,商务印书馆,1986年。

参考文献

范开泰(1985)语用分析说略,《中国语文》第6期。
胡壮麟(1994)《语篇的衔接与连贯》,上海外语教育出版社,上海。
黄国文(1988)《语篇分析概要》,湖南教育出版社,长沙。
廖秋忠(1986)现代汉语篇章中的连接成分,《中国语文》第6期。
廖秋忠(1991)篇章与语用和句法研究,《语言教学与研究》第4期。
屈承熹(1991)汉语副词的篇章功能,《语言教学与研究》第2期。
屈承熹(2006)《汉语篇章语法》,北京语言大学出版社,北京。
王福祥、白春仁主编(1989)《话语语言学论文集》,外语教学与研究出版社,北京。
杨明(2008)《现代汉语副词篇章功能的多维度研究》,贵州师范大学硕士学位论文。

姚小鹏(2011)《汉语副词连接功能研究》,上海师范大学博士学位论文。
Chorles, N. Li & Sandra. A. Thompson (1985) *Mandarin Chinese: A Functional Reference Grammar*. (黄宣范译《汉语语法》,文鹤出版有限公司,1983年,台北)
Halliday, M. K. & Hasan, R. (1976) *Cohesion in English*. Longman. London.
Malcolm, Covlthard (1985) *An Introduction to Discourse Analysis*. Longman. London.

第四章 表连接功能的"非 X 不 Y"

0. 前言

"非 X 不 Y"及其相关句式是现代汉语中的一组比较常见的而又颇具特色的强调格式。本章拟从不同的角度描写这组句式的语法特征,并探讨其表义功用和语用规律。

1. 句式

1.0 除两种特殊格式外,按照发展演进的轨迹,并结合其组合方式与结构特征,这组句式可以分为四类:Ⅰ.双重否定式,Ⅱ.凝固虚化式,Ⅲ.隐含简略式,Ⅳ.限定条件式。从历时的角度看,这四种格式大致代表了一脉相承的"非 X 不 Y"诸式依次衍生的四个阶段;从共时的角度看,这四种格式又是一组既具有各自的特点,又可以互相转换的同义格式。

1.1 双重否定式。双重否定式是由"非 X"和"不 Y"构成的推导格式。"X"表示前提,"Y"显示推导的结果。整个格式通过没有"X"就必然没有"Y",从反面强调了要想实现"Y"就必须先有"X",从而突出了"X"的必要性和重要性。

根据"非 X"与"不 Y"之间有无停顿,又可以分为复合和紧缩两小类。复合类的"X"与"Y"的主语可以是一致的。比如:

(1)你呀,非锁在尿桶上,不会说好的。(老舍《茶馆》)

(2) 我只好等着妈妈,非到她完了事,我不去睡。(老舍《月牙儿》)

也可以是不一致的。比如:

(3) 非大家同意,我们俩不敢独断独行!(老舍《方珍珠》)

(4) 非把这样的坏家伙打倒,世界不能有真理吗?(赵树理《李家庄的变迁》)

紧缩类的"X"与"Y"的主语基本上都是一致的。比如:

(5) 自己素来不大爱说话,可是今天似乎有千言万语在心中憋闷着,非说说不痛快。(老舍《骆驼祥子》)

(6) 你讲的话真好,真对!非大家组织起来不能救国!(赵树理《李家庄的变迁》)

紧缩类的主语也可以前后都不出现。比如:

(7) 非到了一切生产都使用机器的时候不能实现共产主义。(赵树理《李家庄的变迁》)

对于双重否定式,有三点值得注意。其一是无论复合还是紧缩,对"Y"的否定,都可以不是否定动词本身,而是否定其补语。比如:

(8) 他也不想随遇而安,却非待事到临头,唤不起他的奋斗的精神。(巴金《家》)

(9) 一物降一物,非我管教不了他!(老舍《方珍珠》)

其二是"X"不一定都是谓词,有时也可以是代词或名词。例如:

(10) 他必须能多剩一个就去多剩一个,非这样不能早早买上自己的车。(老舍《骆驼祥子》)

(11) 陈二奶奶非五块钱不来,虎妞拿出最后的七八块钱

来……(老舍《骆驼祥子》)

其三是"X"与"Y"之间并非总是一对一的,有时一个"非 X"可以引出几个"不 Y"。如:

(12) 没有包月,他就拉整天,出车早,回来的晚,他非拉过一定的钱数不收车,不管时间,不顾两腿;……(老舍《骆驼祥子》)

(13) 纵观汉语古今颜色词语,深感非编制汉语颜色词语表,不足以显示其丰富多彩,不足以显示中国人民之智慧,不足以显示中国文化之昌盛。(张清常《汉语的颜色词》)

在Ⅰ式中,"非""不"都是严格意义上的否定副词。尽管"不"经常同"能""会""敢""足以"等连用,但尚无凝固虚化迹象。

1.2 凝固虚化式。凝固虚化式是由"非 X"再附加一个凝固虚化的"不 Y"构成的习用性格式。它是在Ⅰ式的基础上,由于"Y"的专职化、定型化而逐渐形成的。虽然都强调"X",但Ⅱ式同Ⅰ式有两点重要的区别。首先,Ⅰ式的"Y"是开放型的,而Ⅱ式的"Y"是封闭型的,只有"非 X 不可""非 X 不行""非 X 不成"三种;其次,Ⅰ式是前后关联的双项格式,而Ⅱ式由于"不可""不行""不成"都已凝固虚化为一个语气助词了(下面用"不 k"表示这三个否定性语气助词),实际上只是一个单项格式。在Ⅱ式的三个小类中,就使用频率而言,"非 X 不可"最为常用:

(14) 好汉到时候非咬牙不可,但咬上牙也会吐了血!(老舍《骆驼祥子》)

(15) 我们非得冒风险、下绝法子治他们不可。(李存葆《高山下的花环》)

"非 X 不行"次之。例如:

(16) 原先跟他闹翻,她以为不过是一种手段,必会不久便言归于好,她晓得人和厂非有她不行;……(老舍《骆驼祥子》)

(17) 你们表兄妹捣什么鬼!说我的坏话?非要你讨饶不行!(茅盾《子夜》)

而"非 X 不成"则一般较少使用。例如:

(18) 以后,我跟定了你们这群右派,非把你们改造得笔杆条直不成。(从维熙《雪落黄河静无声》)

(19) 反正这项任务,非得我去完成不成。(贾平凹《黑掌柜》)

同Ⅰ式一样,Ⅱ式的"X"也可以是代词或名词。比如:

(20) 白天对付过去了,晚上非他不行,打发人叫了几次没有叫来,叫别人顶他的角,台底下不要。(赵树理《福贵》)

(21) 家里人跟春喜小毛商量了半天,都说非小喜不行,才打发人到田支队把小喜找回来。(赵树理《李家庄的变迁》)

同Ⅰ式不同的是,Ⅱ式由于是单项格式,相当于一个短语,所以主要是充当句法成分。比如:

(22) 况且还要饲阿随、饲油鸡……都是非她不可的工作。(鲁迅《伤逝》)

(23) 这种钱除了停尸在地或命在旦夕非钱不行的时候,差不多没人敢使,铁锁这会就遇到了这样个非使不行。(赵树理《李家庄的变迁》)

或者是充当复句中的分句。例如:

(24) 您非成班子不可呢,得算我一份儿!(老舍《方珍珠》)

(25) 丈夫回到家里就是吃饭睡觉,除非家里有什么事非他做主不可,才会听到那么几句金口玉言。(蒋子龙《燕赵悲歌》)

还可以组成环环相套的连锁复句。比如：

(26) 康有为、梁启超从他们开始变法维新那天,就注意抓舆论;康梁认为要开风气,非合大群不可;要合大群,非开会(组织团体)不可;要开会,非有报纸不可。(《舆论与乾坤》,《人民日报》1990年8月)

从"X"本身的结构形式看,可以是一个单词——单音节双音节都可以;也可以是各种类型的短语——联合、偏正、动宾、述补短语最为普遍;例如：

(27) 如果叫仆人轰他,非惹得翻天覆地,搅成满城丑闻不可。(冯骥才《神鞭》)

(28) 那马当然要送到衙门去,要重重的办。对于凶手非重办不可。(芦焚《百顺街》)

(29) 女角呢,身上不方便的时候,更非雇车不可! (老舍《方珍珠》)

(30) 他请大家作证人,是阎王的马踩伤的非纠正一番不可! (芦焚《百顺街》)

主谓、兼语、连谓短语也很普遍。例如：

(31) 这个事非我自己办不可,我就挑上了你,咱们是先斩后奏;……(老舍《骆驼祥子》)

(32) 他看准了局里是非请他出山不可,就提出条件:要么不干,要干就得给他实权,来一番改革。(陈冲《会计今年四十七》)

(33) 那个泥鳅用网抓不上来,非淘干水用锹挖不可,那不自找罪受?(蒋子龙《燕赵悲歌》)

还可以是各种句式——把字句、被动句等。如：

(34) 再这样追问下去,最后非得把自己和李峰给端出来不可。(蒋子龙《燕赵悲歌》)

(35) 要是乘客都来围观、搅扰了车厢的秩序,非得让人罚款不可。(苏叔阳《泰山进香记》)

由于"不 k"已转化成为语气助词了。Ⅱ式的"非"也已不再是严格意义上的否定副词了,已经开始向评注性副词转化了,尽管仍然带有一定程度的否定性语义。

1.3 隐含简略式。隐含简略式是在Ⅱ式的基础上,助词"不 k"省略或脱落而形成的。Ⅲ式同Ⅱ式一样,也是单项格式,其"X"的结构形式同Ⅱ也几乎完全一致。根据助词是否可以补出,又可以分为省略和隐含两小类。省略类的"不 k"都可以自由补出。句子没有"不 k"不影响表达,补出之后仍然通顺自然。如：

(36) 还有一些更难听的话,气得玻璃花连喊带骂,非要找到傻巴,分个雌雄(不 k)。(冯骥才《神鞭》)

(37) 人家嫌我那儿土气,非要我实行变法维新(不 k)。(苏叔阳《加利福尼亚的北京人》)

隐含类的"不 k",有的不能补出,否则就不通顺。比如：

(38) 杨殿起觉得很合适了,但仍不吐口,非要玻璃花把铜炉拿来细看一看[*不 k]再说。(冯骥才《神鞭》)

(39) 他……略带嘲讽地说："给你棋脸,非要听'将'[*不 k],有瘾?"(阿城《棋王》)

有的不宜补出,否则就不自然。比如：

(40) 大自然的破坏反而激起人们非要恢复它的面貌,甚至要

建设得更好更美[?不k]的那么一种执拗的情感。（冯骥才《他在人间》）

（41）她坚持要私下谈谈，是个什么意图？而且还非约到许多年前曾经坐过的丁香花架的前面见面[?不k]，又是什么打算呢？（李国文《花园街五号》）

导致Ⅲ式语气助词省略或脱落的主要原因就是语流轻重缓急的节律变化。大致有以下几种情况：

A. 长短。凡"X"较长的句子，助词容易脱落。因为"X"一长，"非"同"不k"之间的配合联系自然就弱化了，也就不一定需要再加"不k"与"非"相呼应了。比如下面两例的"不k"都是可有可无的：

（42）但是丁晓和他的中坚分子，目标很清楚，非要把这个生活中的对手、酒桌上的对手那股嚣张气势压下去（不k）。（李国文《花园街五号》）

（43）而且反对太妃的这个红卫兵竟然在近半年来，发疯似地非要嫁给陈皮梅到外国去当太太、当贵族（不k），说什么也不愿当中国人了。（李国文《危楼纪事》）

相反，"X"太短的句子，语气助词一般都是必不可少的，否则就收不住尾。比如：

（44）今天我们非走不可啊。（潮清《单家桥的闲言碎语》）

（45）好死不如赖活着，叫我去自己谋生，非死不可！（老舍《茶馆》）

只有在"非要""非得"连用时，有些短"X"才可以后面不接助词。如：

（46）有的人不服输，非要下完，总觉得被他那样暗示死刑存些侥幸。（阿城《棋王》）

B. 快慢。疑问句语速较快,语调上扬,助词就容易脱落,即使短句,也是如此。比如:

(47) 甚?你说甚?非要钱买[*不k]?(乔良《大冰河》)

(48) "情况我们都掌握,就是找你再核对一下事实。""你非要叫我说[*不k]?"(蒋子龙《燕赵悲歌》)

反问句大多也是语气急促,情绪激昂,一般也不加语气助词。比如:

(49) 我不明白刘钊,非要名垂青史不成?干吗步子非迈那么快、那么大[?不k]?(李国文《花园街五号》)

(50) 连资本主义都知道光搞单干不行,还成立欧洲共同市场、北约等等……我们为什么非得一盘散沙干革命[?不k]?(蒋子龙《燕赵悲歌》)

C. 松紧。"非X不k"作为一个完整的强调格式,其后附的语气助词自然带有一定程度的煞尾语气。所以,较长的"非X"充当修饰语或先行分句时,省去助词后句子就显得紧凑贯通,不然就会显得松散、拖沓。做定语是如此:

(51) 贝希科夫假装发火,踢那个非要消灭布尔什维克[?不k]的白俄,叫他让路。(李国文《花园街五号》)

(52) 他又不是非得在展览会上争着展出一幅作品[?不k]的人,难道他要和赵雄抗一抗吗?(冯骥才《斗寒图》)

做状语也是如此:

(53) 可是这时候,大清朝亡了,外边忽然闹起剪辫子,这势头来得极猛,就像当年清军入关,非得留辫子[?不k]一样。(冯骥才《神鞭》)

而复句中的先行分句略去"不"就能显示言尚未尽,意尚未完;衔接也更为自然、连贯：

(54) 去年,市委一班人的多数,非要把刘钊调上来,抓焦头烂额的住宅建设[?不k]……(李国文《花园街五号》)

(55) 吕莎勇敢地反抗,拒绝考试,哭、闹,乃至绝食,可吕况非要给她要排一条他认为的幸福之路[不k]:"莎莎,为了你好!"(李国文《花园街五号》)

当然,上述三个因素并不是截然分开的,相反,它们往往是交织在一起的,只是每一个句子的侧重点各有不同。此外,其他因素也会对用不用"不k"产生微妙的影响。比如:

(56) 不一定爱得死去活来,也不一定非拴在一根木桩上不离不散[?不k],这是他的观点。(李国文《危楼纪事》)

前面正好有个"不A不B"的格式,再加"不k",三个"不"连用就显得相当拗口,况且后面还有分句。

由于"不k"都已脱落隐去,从而使得原来整个格式所具有的强调情态,都归结到了"非"的上面,使原来的否定副词转变成了一个评注性副词了。①下面两例中的"非"完全可以换成其他同类的评注性副词,譬如"硬"和"偏":

(57) 我们许多失误中的最大失误,就是选人不当;不该把像二马这样一个卖鱼的角色。非(硬)扶上台,给他一个管人的差使。(李国文《危楼纪事》)

(58) 他要是个照相个体户,肯定能成为顾客欢迎的摄影师;可命运非(偏)让他去当厂长,现在成了众矢之的。(李国文《花园街五号》)

(59) 有些干部为什么这样虚伪,明明是老爷,却硬要说成是公仆,明明是当官就得利,非得说是为人民服务的……我们真想为改变这个现状做些什么,可又觉得自己无能为力……(古月平、张胜友《历史沉思录——井冈山红卫兵大串连二十周年祭》)

1.4 限定条件式。限定条件是在Ⅲ式的基础上再加上"才Y"而形成的。整个格式通过要想有"Y"必须先有"X",从而限定了实现"Y"的条件,强调了"X"的必要性和唯一性。同Ⅰ式一样。Ⅳ式也是由前后两部分构成的双项格式。根据"非 X"与"才 Y"之间有无停顿,也可以分为复合和紧缩两小类。复合类的"X"与"Y"的主语可以一致。如:

(60) 小李不说,表情挺神秘,好像非要我去见了大吃一惊,他才称心。(冯骥才《三十七度正常》)

(61) 这人的眼泪太吝啬了,好似非要到这关口,到这种心中的酸甜苦辣压缩在一起而互相激化的时候,才会亮晃晃地出现。(冯骥才《爱至上》)

当然也可以不一致。如:

(62) 非得把板子敲着你的屁股,你才磕头叫大老爷呀!(孙犁《风云初记》)

紧缩类的"X"与"Y"的主语大多是一致的:

(63) 大火,似乎非要等到陈展、李为全住院时才燃烧。(贾鲁生等《中国西部大监狱》)

(64) 你看看,非得等到老吴这会儿住医院了才认真去办。(张洁《沉重的翅膀》)

同Ⅰ式一样,紧缩类也可以前后都不出现主语:

(65) 在南方是非要上郊外或山上去才听得到。(郁达夫《故

都的秋》)

像下面这样前后主语不一致的例子很少见:

(66) 难道有的人非要你以粉身碎骨为代价才能识出他的真面孔?(冯骥才《斗寒图》)

正常情况下,Ⅳ式的"非"都要同助动词"要""得"连用,不过偶尔也有"非"单用的:

(67) 若是半夜走班,我非给他做他爱吃的饭菜,热汤热水的,让他高高兴兴地走了,我心里才好受。(陈桂珍《钟声》)

而后面的"才",有时也可以换成"方":

(68) 他想起从电影上看到外国汉堡包,中间夹的牛肉、鱼肉、鸡肉饼当着顾客的面放进去,看得一清二楚,然后加热,货真价实,而中式包子馅都非得咬上一口方知究竟,等你尝出是什么味道,却又再也不能更换了。(张抗抗《无序十题·包子》)

有时还可以省略"才":

(69) 简少贞凝视着妹妹的脸,深深地叹了口气,她说,他们就是容不下我们简家,非要把我们姐妹拆散了[ ]罢休。(苏同《另一种妇女生活》)

值得一提的是,当Ⅳ式的"Y"由"行""成"充当时,由于受Ⅱ式的类化影响,"才行""才成"也呈现出凝固虚化的倾向,如:

(70) 难道就这样非逼我嫁一个人(才行)吗?(邓友梅《在悬崖上》)

(71) 非亲自去一趟(才成)。(吕叔湘《现代汉语八百词》)

不过,严格地讲,"才行""才成"还没有像"不 k"那样完全凝固虚化,使用频率也不高。而且,由于"可"是助动词,不宜单独表示结果,也没有"非 X 才可"的格式。

1.5 特殊格式。所谓特殊格式,就是指Ⅴ式——文言格式"非 X 莫属"和Ⅵ式——口语格式"非 X 不拉倒"。从历时的角度看,这两种格式并不属于上述四式的发展环链中的任何一节;不过,从共时的角度看,它们同上述四式又都是同义格式。例如:

(72) 由于叔叔小说中,对于一位青年右派的爱情过于出色的描写,所有的人都认为这非他本人经历莫属。(王安忆《叔叔》)

(73) 赣榆则称徐福非本县金山乡徐福村人莫属,早在汉代乡人为纪念先贤就建起了徐福庙。(《文化——经济竞争的新战场》,《文汇报》1991年3月22日)

(74) 好象猎狗掘兔子窝似的,非扒到底儿不拉倒。(老舍《短篇小说选》)

(75) 你就看理发的吧,他推个头就好象绣一朵花,这么瞧瞧,那么看看,非做满意了不拉倒;……(老舍《春华秋实》)

这两种格式的区别是:从来源看,Ⅴ式是对文言句式的继承,而Ⅵ式则是受了方言表达的影响;从用途看,前者适用于书面语体,后者适用于口头语体;从词性看,Ⅴ式的"非"是动词,"莫"是否定代词,Ⅵ式的"非"和"不"都是副词;不过,它们之间也存在着一些相似之处:首先,两种格式的搭配都是固定的;其次,"莫属"和"不拉倒"都没有虚化;再次,由于受语体色彩的限制,两者的使用频率都不高。总之,这是两种特殊的双重否定强调格式。

1.6 综上所述,可以把这六种相关的格式归纳成下列公式:

$$\text{Ⅰ} = 非 X(,)不 Y。 \qquad \text{Ⅱ} = 非 X 不 k。$$

$$\text{Ⅲ} = 非 X[\ \ ]。 \qquad \text{Ⅳ} = 非 X(,)才 Y。$$

$$\text{Ⅴ} = 非 X 莫属。 \qquad \text{Ⅵ} = 非 X 不拉倒。$$

考察前四种基本格式的历时发展过程,可以发现一个非常有趣的现象:它们的推衍演进正好经历了一个否定之否定的过程——从复杂的自由组合到简单的定型搭配,再到复杂的自由组合;从推断式强调到评注式强调,再到推断式强调;从开放型"Y"到封闭型"Y",再到开放型"Y";从双项格式到单项格式,再到双项格式。其所以遵循这样一条辩证而曲折的进化轨迹,是因为:从语言表达的主观意愿看,总是越简单越省事越好,避繁趋简、驾轻就熟是很自然的;而从语言表达的客观需要看,总是越全面越仔细越好,求全求细,清楚严密,又是必须的。所以,从某种意义上讲,"非X不Y"的历时变化也从一个侧面证明了这样一条普遍的规律:语言的发展始终处于经济性与羡余性、简化与繁化的对立统一之中。

2. 表达

2.0 从表达的角度看,这组格式可以表示三种语义:意愿之必欲、情势之必须、推断之必然。比较而言,Ⅱ式、Ⅲ式使用率高,适应性强,三种语义都可以表达,而Ⅰ式和Ⅳ式由于受自身句式的制约,只能表达意愿和情势而不能表示推断。另一方面,这组格式在表示这三种语义时,又都受到了否定性语用规律的制约。

2.1 意愿之必欲。所谓意愿之必欲,主要是强调要求的不可更改和决心的不可动摇。比如:

(76) 告诉你,我出回门子,还是非坐花轿不出这个门。(老舍《骆驼祥子》)

(77) 二强嫂的娘家不答应,非打官司不可。(老舍《骆驼祥子》)

(78) 康德拉季耶夫好像赌气似的,非要把钱浪费在地底下。(李国文《花园街五号》)

(79) 碰到处独木桥,她又不让虎子冒险了,非要自己走过才叫虎子过。(邓友梅《别了,濑户内海》)

上面四句,虽然格式不同,表示的语义却是一致的。以表义功用看,大多数意愿是可以实现的,显示了行为者的强烈的意向和信念。比如:

(80) 在那么多穷凶极恶的犯人面前,他毫无惧色……非要叫那家伙当着众犯人连牙带血吐出来。(李国文《花园街五号》)

(81) 他对刘钊特别器重……非要给刘钊找一个媳妇。(李国文《花园街五号》)

有时,这种意愿是难以实现的,只是表达了说话者的迫切的心情和愿望而已。比如:

(82) 孩子他娘,等我出来了……非宰了那个狗日的!呜呜呜呜。(贾鲁生等《中国西部大监狱》)

(83) 今天三爷算是碰上了对手,来,三爷非把你卸下不可!(冯骥才《神鞭》)

从语用的角度看,凡是用这组格式强调的必欲性,都是以客观上的不适宜为背景的。也就是说,当这组格式用于客观描述时,总是以有人不同意这种意愿为前提的,或者是该意愿涉及的对象不同意、不情愿。比如:

(84) 于福跪在地下哀求,神非教他马上打小芹一顿不可。(赵树理《小二黑结婚》)

很显然,于福本来并不愿意去打小芹,"神"的要求是以于福的不同意为前提的,或者是表示作者/说话人本人对此不同意。比如:

(85) 他们非要称湖,其实,只是一段水渠。(贾鲁生等《中国西部大监狱》)

"只是一段水渠"这一句就明确地显示了作者对此不以为然的态度。有时,既是意愿的涉及对象,又是意愿的叙述者,合而为一。比如:

(86)我本来不想去,可是俺婆婆非叫我再去看看他——有什么看头啊!(孙犁《荷花淀》)

(87)吕伟也非要来,我说算了,她这两年心境不好,你也知道。(李国文《花园街五号》)

两句的"我"既叙述别人的意愿,其本身又是这些意愿的致使对象和参与对象,至于他们的态度,也是很清楚的——本来都是不同意的。

当这些格式用于主观表述时,则基本上都是以意愿的涉及对象的不同意、不情愿为预设的:

(88)积极分子余志芳,我非建议你作组长不可!(老舍《女店员》)

(89)我非问问丁翼平不可,为什么拿该回炉的废品,硬往外交,坑害人!(老舍《春华秋实》)

前句是以"你"不愿意当组长为前提的,而后句不但丁翼平不希望"我"去责问他,还有其他一些人也不太希望"我"这样做。

这种不适宜,有时比较明显,有时则比较隐蔽,仅仅在一个句子中不易看清,必须在一定的语境中才能看清。例如:

(90)然而,他非要坚持不可,说是在发病状态下,体力消耗很大,试用可以得到理想的效果。(冯骥才《他在人间》)

(91)点火,给飞机打信号。咱爸非要人家出钱买!(乔良《大冰河》)

从上下文可知:前句的"他"——青年医生魏群在"已经瘦得皮包骨头"的情况下,还要坚持将自己染上脑型疟疾,在自己身上试验新药的毒性。故事的叙述者——魏群的女友,当然不会同意他这样做,所以用了"非 X 不 k"。而后句的语境是:当地发生水灾,前来营救的飞行员要燃烧农民的草堆为飞机引航,身为被营救对象的老农竟然提出要钱,他的儿子在旁边,虽然没有阻止,但心里是不同意的。所以当他向别人讲起此事时,就用"非 X 不 k"来表示其父的要求之不适宜。

2.2 情势之必须。所谓情势之必须主要是强调从情理上事理上看这样做实在是必不可少的。例如:

(92) 她可以很和气,也可以很毒辣,她知道非如此不能在这个世界上活着。(老舍《骆驼祥子》)

(93) 王敬之老先生虽然热烈响应,却说今天非去东风市场不可,不然,就无法完成朋友嘱托代购物品的任务。(苏叔阳《旅途》)

(94) 对于有情的人儿,传递信息何必非要靠语言?(从维熙《雪落黄河静无声》)

(95) 唯美主义的贺家彬哪里知道,人们内涵的一些素质,非得在成为夫妇之后才能了解呢?(张洁《沉重的翅膀》)

上面四种格式表示的语义完全一致。从表达的角度看,同样是情势之必须,既可以表示自己必须采取某种行动。比如:

(96) 我们国家十年动乱刚结束,实在腾不出人力、物力来打仗,但这一仗非打不可了。(李存葆《高山下的花环》)

(97) 今天这着棋可非走不可。大牙不在活儿干得更好,车间就会为咱们说话。(邓友梅《别了,濑户内海》)

也可以是叙述别人必须采取某种做法。比如:

(98) 老许准备退了,你知道吗?大势所趋,接力棒非交出去不可了。(李国文《花园街五号》)

(99) 想来想去,他看出这么点来:大概到最后,他还得舍着脸要虎姑娘,不为要她,还不为要那几辆车么?……他不能忍受,可是到了时候还非此不可。(老舍《骆驼祥子》)

从语用的角度看,凡是用这组格式强调的必须性,都是以主观上的不得已为背景的。也就是说,当这组格式用于主观表述时,总是以自己的被迫不情愿为前提的。比如:

(100) 要是置备他这么一堂中国家具,我非得去奔点儿不义之财不可,贪污啊,盗窃公款哪,可我没那个胆儿,觉悟倒在其次。(苏叔阳《加利福尼亚的北京人》)

(101) 也好,明年再不能让老市长给我们说情了。要是房子还盖不成,钱花不完,恐怕年底非上缴不可。(李国文《花园街五号》)

显然,"奔点儿不义之财"和"把钱交上去"都是自己不愿意干的事,可又是迫于情势或为了达到某种目的而不得不干的。

同样,当这组格式用于客观叙述时,又总是以被叙述者的被迫不情愿为前提的。比如:

(102) 她为了难。为了自己的舒服快乐,非回去不可;为自己的体面,以不去为是。(老舍《骆驼祥子》)

(103) 他没想到在他的家乡"土皇帝"们竟猖狂到这种地步,而他还把沟子村树为典型!田仲亭问题确实非处理不可!(潮清《单家桥的闲言碎语》)

对于"她"——虎妞来讲,同父亲吵翻了,实在是不情愿再回去了,可是要想舒服快乐,又不得不回去。而"他"——县委书记郑江东当然是打心眼儿不愿处理自己的老部下田仲亭,可情势的发展又使他感到不处理不行。

同样,这种不得已有时也是比较隐蔽的,不通过一定的语境,不经过仔细分析,也是不易看清的。比如:

(104) 此刻是九点多,报馆里也许已经不肯接收讣前广告,可是我们这报丧的告白非要明天见报不行。只好劳驾去办一次交涉。(茅盾《子夜》)

按理说自己花钱登广告,没有什么不情愿的,"我"(吴荪甫)之所以用"非X不k",就在于要表示:我知道这么晚了,要报馆临时安排刊登广告是很麻烦的,去报馆交涉自然也是很艰巨的,我本人从内心讲不想这么晚了还麻烦大家,可是为了老太爷的讣告早一点让社会各界知道,又不得不如此。再比如:

(105) 我的事情多,人事处的工作我一个人忙不过来,刘副处长又出差了,一时回不来,非添个得力的副处长不可。(老舍《西望长安》)

这句话实际上隐含着这样一层意思:再添一个副处长可能会给上级领导在安排人员和工作方面带来这样或那样的困难,我本来也不想麻烦他们,但"人事处的工作我一个人忙不过来",迫于工作的需要,也只好如此了。

2.3 推断之必然。所谓推断之必然主要是强调推断的结果的不可避免、必然发生。比如:

(106) 你不当书记,大赵庄非乱不可。(蒋子龙《燕赵悲歌》)

(107) 我看你早晚非得犯大错误,期期都有漂亮姐。(李国文《花园街五号》)

如前所述,表示推断在格式方面要受到限制,只可以用Ⅱ式或Ⅲ式。从

推断的角度看,既可以用于事前推测估计。比如:

(108)现在到农村去,谁要是凭衣帽断定人家身份,非上当不可。(蒋子龙《燕赵悲歌》)

(109)我大摇大摆的走,他们非派人拦我不行,弄不好还要捆我一绳子。(张贤亮《绿化树》)

也可以用于事后的追忆回想。比如:

(110)要不是随后我明白了"四人帮"已经进了监狱,我非得上吊不行。(苏叔阳《改行》)

(111)倘若罗缦不在场的话,那么,丁晓一定烂醉如泥,非躺到桌子底下不可。(李国文《花园街五号》)

上述事先推测和事后回想都是以假设作为推断前提的,但两者有着本质的区别:前者的假设是现实的,后者的假设是虚拟的。

从语用的角度看,凡是使用这两种格式所做的预测和推想的后果,都是以事实上的不如意为前提的。如果是对未然的设想,那么所预示的都是应该尽量避免的严重情况。比如:

(112)哪怕铁活上有个小砂眼,木活上有个小疖子,他都叫我们返工,我们就非赔钱不可!(老舍《春华秋实》)

(113)喝多了,晚上非发脾气不可,家里又不得安生了……(贾平凹《腊月·正月》)

甚至是可怕的后果。比如:

(114)照此下去,我非死不可。(老舍《方珍珠》)

(115)怕事的小百姓们不觉站远些,不知哪股邪气要是和这股气撞上,非出大事不可。(冯骥才《神鞭》)

如果是对已然的回忆,那么所表示的都是本来很有可能发生的严重的

事情,后来由于某种原因结果没有发生。比如:

(116)那一套成账,若是换个别人,非搅得焦头烂额、忙得四脚朝天不行,尤力管起来却游刃有余,还落得满清闲。(陈冲《会计今年四十七》)

(117)他还未坐稳,脸已朝着南方,幸亏台球桌子很大,要不然这一转,非滚下来不可。(李国文《花园街五号》)

比较而言:未然推断句的作用在于要求避免某种不利因素的出现,而已然推断句的作用则在于庆幸避免了某种不利的因素。

2.4 综上所述,虽然这四种格式在表达三种语义时既有相同也有不同的侧重和限制,但有一点却是一致的:无论表示哪一种语义,都要受到或显或隐的否定性语用规律——不适宜、不得已、不如意——的制约。这是因为,尽管"非 X 不 Y"产生了一系列变式,尽管"非"的词义和功用也发生了一定程度的转化,但是由于其基础格式是双重否定格式,所以当人们使用这组格式强调决心之不可动摇、情势之不可避免、推断之不容置疑时,始终处于一种否定的主观评注心理。换句话说,人们在使用这组格式进行强调时,总是处于某种逆反的心理状态之中。

2.5 如果从形式和表达的关系看,那么,一方面,这几种格式表达的基本语义是相同的,可以互相转换。比如:

A. 你非亲自去一趟,不能了解情况。
B. 你非亲自去一趟,才能了解情况。

两个句子都是双项格式,都是强调"亲自去一趟",基本语义完全一致。不过,仔细分析起来,它们之间还是有些细微的差异的。A 是双重否定,B 是限定条件;A 是假设关系,B 是条件关系;A 的"非"表示否定,B 的"非"加强肯定;A 强调的是不能不去,B 强调的是一定要去。再比如:

C. 要想了解情况,你非得亲自去一趟不行。

D. 要想了解情况,你非得亲自去一趟[ ]。

E. 要想了解情况,你非得亲自去一趟才行。

这三句表达的语义也完全一致。如果一定要辨析其区别,那么它们的微妙差异就在于:C 尚有双重否定的痕迹,D 仍隐含着否定性助词,E 则带有提条件的意味;C 语气坚决,D 口气干脆,E 态度肯定;而 C 的"不行"比 E 的"才行"结合更紧、词义更虚。从语用的角度看,这四种格式在语义和语气方面所显示出的细微的差别,正好适应了交际者的不同的需要。

另一方面,这组格式的每一种格式本身又都是多义格式,尤其是Ⅱ式和Ⅲ式,都可以表示三种语义。事实上,这些格式所表示的语义在很大程度上取决于其本身所处的语言环境。比如下面同一个"他非去不可"就可分别表示必欲、必须和必然:

(我劝也没有用,)他非去不可。

(会议太重要了,)他非去不可。

(再这样拖下去,)他非去不可。

这就要求我们在理解和使用这组句式时,必须充分注意语境,以免误解原义或引起歧义。反过来,如果我们能够熟练地驾驭这组格式,有意识地利用其多义性,又可以收到很好的表达效果。譬如著名剧作家曹禺在《日出》中就巧妙地利用了"非 X 不 k"的多义性,造成了一个个误解,创造了一个极富戏剧性的精彩场面:

(118)顾八奶奶:你看快天亮了,他的魂也没有见一个……进了电影公司两天,越学越不正经干。我非死了不可!露露!你的安眠药我都拿去了。

陈白露:怎么,你要……

顾八奶奶:嗯,我非吃了不可。

陈白露:那你又何必呢?你还给我。(伸手)

顾八奶奶:不,我非吃了不可,我得回家睡觉去。我睡一场好觉,气就消了。

在这里,顾八奶奶讲"我非死了不可",强调的是推断的必然性,而陈白露以为她强调的是意愿的必欲性,从而把"要气死"误解成"要自杀"。顾八奶奶讲"我非吃了不可"强调的是情势的必须性,而陈白露仍然认为是意愿的必欲性,从而把"吃药是为了治失眠"误解为"吃药是为了去自杀"。当然,其所以会造成这样的误解,除了"非 X 不 k"本身的多义性之外,双方对"死"和"吃"的蕴涵(entailment)理解的不同,也是一个重要的原因。②

附注

① 参看邵敬敏(1988)。
② 参看邵敬敏《歧义分化方法探讨》,《语言教学与研究》1991 年第 1 期。

参考文献

龚维国(2011)"非 X 不 Y"句式的语义阐释,《湖南工业大学学报》第 4 期。
洪波、董正存(2004)"非 X 不可"格式的历史演化与语法化,《中国语文》第 3 期。
黄永健(1995)"非……不……"句式初探,《深圳大学学报》第 3 期。
李卫中(2002)"非 A 不 B"与"不 X 不 Y"格式的比较,《汉语学习》第 3 期。
吕叔湘主编(1980)《现代汉语八百词》,商务印书馆,北京。
邵敬敏(1988)"非 X 不 Y"及其变式,《中国语文天地》第 1 期。
王灿龙(2008)"非 X 不可"句式中"不可"的隐现——兼谈"非"的虚化,《中国语文》第 2 期。
武柏索等(1988)《现代汉语常用格式例释》,商务印书馆,北京。
杨玉玲(2002)"非 X 不可"句式的语义类型及其语用教学,《汉语学习》第 1 期。
朱林清等(1987)《现代汉语格式初探》,天津人民出版社,天津。

第四篇

生 成 与 变 化

_# 第一章　副词的生成及其相关的虚化机制

0. 前言

0.1 近年来,语法化(grammaticalization),也就是实词虚化①,正受到西方语言学界越来越多的重视,学者们从不同的角度对实词虚化的诱因、模式和规律等进行了多角度的探讨。同样,有关汉语实词虚化的各种相关的因素,也已引起了汉语语法学界广泛的关注。②

0.2 Joan Bybee 等人(1994)通过对七十多种不同地区、族系、类型的语言的调查,发现虚化机制主要有五种:隐喻、推理、泛化、和谐、吸收。不过,他们也认为,要弄清实词虚化的机制,跨语言的普遍调查并不完全解决问题,主要还得对某一语言某一时期的文本做细致的考察。③因此,本章准备全面考察汉语副词的虚化轨迹和形成诱因,深入探讨与汉语副词相关的虚化机制;并且在此基础上,对现代汉语副词研究中的一些基本的问题——副词的性质与分类、兼类与范围提出我们的看法和解释。

0.3 严格地讲,与副词有关的虚化现象,实际上应该包括三个阶段:A. 名动形实词向副词的转化;B. 副词内部由略虚向较虚的变化;C. 副词向更虚的词类,譬如连词、语气词的转变。本文主要探讨第一阶段的虚化,当然,有时也会涉及后两个阶段的虚化。据我们考察,与汉语副词相关的虚化机制大致包括既相互联系,又相互依存的四个方面:结构形式、语义变化、表达方式和认知心理。

1. 结构形式

1.0 结构形式的变化是实词虚化的基础,由于结构关系和句法位置的改变,一些实词由表核心功能转变为表辅助功能,词义也随之变得抽象空灵,从而导致了副词的产生。本章所说的结构形式,就是指诱发实词副词化的外在的结构形式之间的相互作用。主要包含三个方面:结构、句位、相关成分。

1.1 结构

据考察,诱发汉语实词副词化的句法结构关系主要有三种:A.动宾结构,B.连动结构,C.联合结构。

A. 动宾结构。诱发实词虚化的动宾结构都是以 VP(本章的"VP"是广义的,包括动词性短语和形容词性短语)为宾语的动宾结构。这类结构的表义重点本来是在前面的动词上,但有时也可以落到后面的 VP 上。随着重点后移现象的逐渐增多,动宾结构就会转向状中结构,与此同时,前面的动词也就渐渐虚化为副词了。比如"就"的基本义是"趋""趋向",常组成"就 VP"结构:

(1) 同声相应,同气相求,水流湿,火就燥。(《周易·乾》)

到了六朝时,一些"就 VP"结构已经呈现出由动宾向状中转化的迹象:

(2) 离天涯兮就销沉,委白日兮即冥暮。(南朝·宋·谢庄《皇太子妃哀策文》)

这例的"就销沉"正处在动宾、状中两可之间,表明其语法化过程尚在进行之中。而下面的"就 VP"则已彻底转化为状中式,"就"完全虚化,成了一个典型的副词了:

（3）王贲点兵，折了万余人，依然归来镇守燕蓟城；飞表奏秦始皇，帝不悦，就令王贲攻伐辽东，捉拿燕王。(《秦并六国平话卷下》)

（4）郡王道："好！正合我意。"就叫崔宁下手。(《京本通俗小说·错斩崔宁》)

B. 连动结构。连动结构中的两个动词本来都是主要动词，随着表义重点经常落在后一个动词上，前面的动词就会趋向虚化。比如"却"的本义是"退""退却"。例如：

（5）弃甲兵，怒战栗而却。天下固量秦力二矣。(《战国策·秦策一》)

引申为"返回"。例如：

（6）平又言："臣候日再中。"居顷之，日却复中。(《史记·封禅书》)

在此义项上，常组成"却VP"连动结构，例如：

（7）及将有沙苑之役，弼又请先除内贼，却讨外寇。(《北史·杜弼传》)

（8）弟子只在西边村内居住，待到村中与诸多老人商量，却来与和尚造寺。(《敦煌变文·庐山远公话》)

这两例的"却"都不是表义重点：前"却"正处在虚化的过程之中，可以认为是"回来后"，也可以认为是"然后再"；后"却"已经完全虚化，相当于"再"，"却VP"也已完成了由连动向状中的转化过程。

C. 联合结构。谓词性的联合结构在充当谓语的过程中，当词义偏向后面一词时，并列成分就会形成后主前次的格局，这样，前一谓词就会逐渐虚化，其结构关系也会由联合转向状中。比如"酷"的本义是"酒

性猛烈",引申为"残酷""残暴"。例如:

(9) 今上急耕田垦草,以厚民产也,而以上为酷。(《韩非子·显学》)

在此义项上,"酷"常同"暴""虐""恶""烈""毒""苛"等组成联合结构。比如:

(10) (杜周及二子)治皆酷暴,唯少子延年行宽厚云。(《汉书·杜周传》)

(11) 察吏残贼酷虐者,以时退。(《汉书·哀帝纪》)

这种联合结构在使用中常常会出现词义偏向后项的情况。试比较下面两个"酷烈":

(12) 秦人,其生民也陿阸,使其民也酷烈;劫之以执,隐之以厄。(《荀子·议兵》)

(13) 文帝以为火性酷烈,无含生之气。(《搜神记卷十三·典论刊石》)

前例的主语是"人","酷烈"当是联合结构,后例的主语是"火","酷烈"就可以认为是状中结构。(何金松,1994),随着状中式"酷V"——比如"酷贫""酷痛""酷薄""酷愤""酷似"等的广泛使用,又进一步加速了副词"酷"的形成,在下面的"酷V"结构中,"酷"已成了一个名副其实的副词了:

(14) 正酷热天须扇枕,遇严凝月要温床。(《敦煌变文集·故圆鉴大师二十四孝押座文》)

(15) 君今酷爱人间事,争得安闲老在兹。(唐·杜荀鹤《题汪氏茅亭》)

1.2 句位

汉语的副词多由实词虚化而来,就名、动、形虚化成副词的句法位置而言,充当状语,或者说进入状位,无疑是一条极为重要的途径。譬如名词"手"本指人体上肢,人类天生的工具。有时为了强调某个动作没有凭借其他工具,就需要以"手"直接充当状语。例如:

(16) 有间,遣吏执而问之,则手绞其夫者也。(《韩非子·难三》)

此例的"手"意谓"用手",尚未完全虚化,随着"手"经常地进入状位,"手"滋生出"亲自""亲手"的意思,这样,副词"手"就形成了:

(17) 吾先君成侯受诏襄王以守此地也,手受大府之宪。(《战国策·魏策四》)

(18) 永觉之,手格杀丰等,禽破党与。(《后汉书·鲍永传》)

(19) 帝手制书与夏,题云"入室生"。(《拾遗记·魏》)

再譬如"胜"(shèng),作为动词,有"能承受""禁得起"的意思。例如:

(20) 武丁孙子,武王靡不胜。(《诗商颂·玄鸟》)

(21) 枝大本小,将不胜春风。(《韩非子·扬权》)

使用中,"胜"常在否定句和反问句中同助动词"可""能"一起充当状语,修饰 VP。例如:

(22) 不违农时,谷不可胜食也。(《孟子·梁惠王上》)

于是,一个表示"尽""全"义的副词就在状语位置上形成了。例如:

(23) 朕既不敏,弗能胜识。(《汉书·景帝纪》)[颜师古注:"胜识,尽知之"]

(24) 臣不胜受恩感激,今当远离,临表涕零,不知所言。(《三国志·蜀志·诸葛亮传》)

(25) 尸填巨港之岸,血满长城之窟,无贵无贱,同为枯骨,可胜言哉?(李华《吊古战场》)

又譬如"非常"本来是形容词,表示"不合惯例""不同寻常"。例如:

(26) 盖世必有非常之人,然后有非常之事;有非常之事,然后有非常之功非常者,固常人之所异也。(《史记·司马相如列传》)

早先,形容词"非常"多用于谓语和定语,到了隋唐,开始用于状语:

(27) 其端氏城,是刘从谏近年修筑,非常牢固。(唐·李德裕《昭义军事宜状》)

这样,程度副词"非常"就在频繁地充当状语的过程中慢慢形成了:

(28) 他亦知有李十郎名字,非常欢惬。(唐·蒋防《霍小玉传》)

上面例(27)(28)的"非常"似乎还处在两可之间,下面两例则肯定是副词无疑了:

(29) 陵妻一见非常怪,敛袂堂前说本情。《敦煌变文集·汉将王陵变》

(30) 公主全无窈窕,差事非常不小;上唇半斤有馀,鼻孔竹筒浑小。(《敦煌变文集·丑女缘起》)

1.3 相关成分

相关成分是指句中其他诱发实词虚化的成分。大致包括两种情况,一种是与该虚化成分共现的搭配成分,一种是与该虚化成分呼应的对举成分。所谓搭配成分,就是指除了上面所提到的结构关系和句法位置之外的其他直接成分。譬如在上古汉语中,"不过"既可以是一个动词性短语,也可以是一个表示限制、把事情往小处说的复音副词。前者之所以会向后者转化,其中一个主要的原因就是与"不过"共现的其他成分——宾语的语义发生了变化。动词性"不过"的宾语在语义上都具有表示[范围极限]的语义特征,"不过+宾语"的基本语义就是[一超过][+范围]。①例如:

(31) 燕无私,送不过郊。(《国语·周下》)

(32) 古者刑不过罪,爵不逾德。(《荀子·君子》)

当"不过"后面的宾语含有确数义时,整个动宾结构的语义就会有所变化。例如:

(33) 故殡,久不过七十日。(《荀子·礼论》)

(34) 是故先王制钟也,大不出钧,重不过石。(《国语·周下》)

当"七十日""石"(dàn)同"不过"搭配之后,除了表示这些数量为极限之外,还蕴涵(entail)着"数量不大"的伴随义。随着"不过"与含有确数的宾语的一再结合,这种[一数量大]的语义特征也就逐渐被"不过"所吸收(absorb),从而导致了"不过"的虚化。试比较:

(35) 其君弱植,公子侈,大子卑,大夫敖,政多门,以介于大国,能无亡乎?不过十年矣。(《左传·襄公三十年》)

(36) 人上寿百岁,中寿八十,下寿六十,除病瘦死丧忧患,其中开口而笑者,一月之中不过四五日而已矣。(《庄子·盗跖》)

例(35)的"不过"还有依违两可的感觉,例(36)的"不过"同语气词"而已"相呼应,显然已经是副词了。

对举成分是指在一个并列句中,前后分句的同一句法位置上的对应成分,如果对举成分一方是已虚化的副词,那么,另一方也就会相应地虚化为副词。譬如"伤"作为动词是"伤害""损伤"的意思:

(37) 厩焚,子退朝曰:"伤人乎?"不问马。(《论语·乡党》)

引申为"妨碍",再引申为"嫌、失之于"。比如:

(38) 以古今声调既自有别,诸家取舍亦复不同。吴楚则时多伤轻浅,燕赵则多涉重浊,秦陇则去声为入,梁益则平声似去。(陆法言《切韵序》)

在这里,"伤"与"涉"是对举成分,表明"伤"还是动词。随着表义重点的经常后移,"伤"的语义逐渐虚化,"失之于"也就成了"过于、太"。下例的"伤滥",既可以认为"失之于滥",也可以认为"太滥":

(39) 祥道以为今选司取士伤滥,每年入流之数过一千四百,杂色入流,曾不铨简。(《资治通鉴·唐高宗显庆二年》)

而下面两例中的"伤",则显然是副词无疑了;因为句中的"伤"是同"太""甚"对举的,既然"太""甚"是程度副词,那么,"伤"也应该分析为程度副词:

(40) 柳讶眉伤浅,桃猜粉太轻。(唐·李商隐《俳谐》)
(41) 生长缘甚瘦,近死为伤肥。(唐·齐己《野鸭》)

再如上面提到的"酷V",其中的"酷"究竟是动词还是副词,有时也可以通过对举成分加以确定。试比较:

(42) 礼修,赵嵩妻,张氏女也。姑酷恶无道,遇之不以礼,修终无愠色。(《华阳国志·汉中士女》)
(43) 魏武有一妓,声最清高,而情性酷恶。(《世说新语·忿狷》)

前句的"酷"无对举成分,显然是动词;而后句的"酷"则可以分析为副词,杨伯峻等就认为此例的"'酷'同'最'相呼应,都表程度之甚"⑤。

2. 语义变化

2.0 意义和形式是同一个问题相辅相成的两个方面,在实词的虚化过程中是互相依存、互相促进的。句法位置和结构关系的改变会引起副词化的发生,同样,词义的泛化、分化、融合也会导致词的结构关系和语法功能的改变。本章所说的语义变化,就是指实词意义在使用过程中的转化方式及其相互影响。主要表现在三个方面:泛化、分化、融合。

2.1 泛化

泛化(generalization)就是指实词语义的抽象化、一般化和扩大化,它是以实词的部分具体义素的脱离和词义的适用范围扩大为前提的。前面已经指出,结构关系的变化会引起词义的变化,从而导致实词的虚化;其实,词义的抽象泛化也会引起词语结构关系的变化,从而导致副词的产生。又可以分为两种:纯词汇意义上的泛化,含语法意义的泛化。譬如动词"在",其基本义是"存在""处在"。例如:

(44) 居上位而不骄,在下位而不忧。(《周易·乾》)

(45) 不识庐山真面目,只缘身在此山中。(宋·苏东坡《题西林壁》)

引申为"存在于某种状态之中"。例如:

(46) 居欢惜夜促,在戚怨宵长。(晋·张华《情诗》)

(47) 李顺在逃,似此可怎了?(元·郑庭玉《后庭花》)

由于隐喻机制的作用,"在"的语义逐渐抽象和泛化,表义辖域由空间扩大到时间,又可以表示"正在";与此同时,"在 VP"的内部结构关系也

由动宾变成了状中,于是,副词"在"也就慢慢地形成了。例如:

(48) 我家有子在临胎,千般痛苦诞婴孩。(《敦煌变文集·汉将王陵变》)

(49) 独倚屏山漫叹息。在把灯剔。(元·盍西村《醉中天》)

例(48)的"在"已肯定是副词了,例(49)的"在"则正处在由动词向副词的转化过程中。

又譬如,动词"看"本来表示"探望""看视",引申为"观测""估量",例如:

(50) 古人有言:善为政者,看人设教。(《晋书·刑法志》)

由于"观测"和"估量"都需要动作的延续和重复,与汉语动词重叠的语法意义相吻合,所以在表示这一义项时,"看"常常以重叠的形式出现:

(51) 看看瓜时欲到,故候也好归来。(唐·刘禹锡《酬扬侍郎凭见寄》)

(52) 看看欲到于庵园,尽礼于花台圣主。(《敦煌变文集·维魔诘经》)

上面两例的"看看"尽管同"瓜时欲到"和"欲到于庵园"仍维持着动宾关系,但语义已发生了微妙的变化,已变为"眼看着"的意思。在这个意义上,"看看"的功能也发生了变化,常常充当插入语:

(53) 年光如水尽东流,风物看看又到秋。(宋·王安石《马上》)

(54) 久坐看看困,新词缀未成。(宋·赵长卿《南歌子夜坐》)

在此基础上"看看"的词义再进一步抽象泛化,变成了一个与"渐渐"同义的表频率的时间副词了。与此同时,"看看 VP"的内部结构关系也发生了质的变化,由动宾结构转化为状中结构了。例如:

(55) 红颜渐渐鸡皮皱,绿鬓看看鹤发苍。(《敦煌变文集·破魔变文》)

(56) 咱把汉朝世界三停占了二停,看看地都属咱。(《三国志平话》卷上)

由于一再地充当状语,到了元代,副词"看看"几乎都必须带上结构助词"de"。例如:

(57) 当时苦,值军乱,离乡背井兄妹分。做小服低,看看地过冬还过春。(元·施惠《幽闺记》第三十四出)

(58) 那一个枪举的迟,这一个马骤的微,看看的马乏人困怎支持。(元·郑德辉《智勇定齐》)

2.2 分化

分化(differentiation)就是指一些实词在其基本功能和基本意义仍然保持不变的情况下,由于该词的某个义位通过词义的发展和引申,派生出一个或几个较为虚化的新义项,于是在此义位上,其功能也随之发生了虚化。譬如"坐"作为动词,当其表示基本义时,可以组成"坐 V"式连动结构:

(59) 孟尝君待客坐语,而屏风后常有侍史,主记君所与客语。(《史记·孟尝君列传》)

(60) 若聪能谋始,而明不见机,乃可以坐论,而不可以处事。(三国·魏·刘劭《人物志》)

在原有语义和功能不变的基础上,"坐"又派生出"安坐""不出劳力"之义。例如:

(61) 坐拥大众,侵食百姓,大东流於远近,怨毒结於众心,不可谓爱人。(《晋书·范弘之传》)

(62) 今国无一年之储,家无经月之畜,而后宫之中。坐食者万有馀人。(《三国志·吴志·贺邵传》)

"坐拥"就是安坐而拥有,"坐食"就是不劳而食,这两个"坐 V"尽管还是连动结构,但由于语义的泛化,已经开始向状中结构转化了。试比较下面两句:

(63) 坐视青苔满,卧对锦筵空。(南朝·宋·鲍照《代陈思王京洛篇》)

(64) 吾家积钱列屋,坐视乡党之困于官吏之负罪,而晏然不顾,於心安乎?(宋·沈叔《谐史》)

前一"坐视"是连动,后一"坐视"则处在连动、状中两可之间。在此义项上,再进一步抽象泛化,表示"空耗地""白白地"的副词"坐"就形成了。例如:

(65) 不亟乘时与之分功,而坐谈武王之说,是效隗嚣欲为西伯也。(《后汉书·公孙述传》)

(66) 臣以为盐商纳榷,为官粜盐,子父相承,坐受厚利,比之百姓,实则校优。(韩愈《论变盐法事宜状》)

由于某个义位的引申和虚化,随之引起了语义和功能的转化,最终导致了结构的分化——"坐 V"既可以是连动结构,也可以是状中结构。副词"坐"终于从动词中分化了出来。又譬如"试"的本义是"任用":

(67) 私人之子,百僚是试。(《诗经·小雅·大东》)

(68) 子好贤如《缁衣》,恶恶如《巷伯》,则爵不渎而民作愿,刑不试而民咸服。(《礼记·缁衣》)

引申为"试用"和"尝试"。例如:

(69) 无妄之药,不可试也。(《周易·无妄》)

(70) 下匿其私,用试其上。(《韩非子·扬权》)

在保留动词"试用"义的基础上,"尝试"义再进一步引申虚化,"试"的动作义逐渐丧失,并开始经常用于对话体或祈使句中,最后,终于从动词"试"中分化出了一个表示"姑且"义的谦敬类评注性副词:

(71)(马犯)因谓秦王曰:"梁非戍周也。将伐周也。王试出兵境以观之。"秦果出兵。(《史记·周本纪》)

(72)先生试言,寡人将览焉。(汉·东方朔《非有先生论》)

需要指出的是,泛化和分化是密切相关的,只是观察虚化的侧重点不同而已:泛化是从实词的角度着眼的,分化是从副词的角度着眼的;泛化是就某个单词而言的,分化是就某个义位而言的。

2.3 融合

融合(mixture)就是指本来是两个独立的性质不同的语言单位,由于语义的不断虚化,词义的逐步融合,最终合成了一个新的副词;从形式看,词义的融合也就是结构之间分界的消失(boundary loss)。譬如评注性副词"不成"的形成就是由于词义不断融合的结果。"不成"本来是一个谓词性的偏正短语。例如:

(73)齐燕姬生子,不成而死。(《左传·哀公五年》)[不成,指未成年]

(74)项籍少时,学书不成,去学剑,又不成。(《史记·项羽本纪》)

(75)后主为文示陵,云他人所作。陵嗤之曰:"都不成辞句。"(《南史·徐摛传》)

到了隋唐"不成"已经凝固,略等于"未能",相当于一个助动词。例如:

(76)汨汨避群盗,悠悠经十年,不成向南国,复作游西川。

(唐·杜甫《自阆州领妻子却赴蜀山行》)

(77) 日月还相斗,星辰屡合围。不成诛执法,焉得变危机。
(唐·杜甫《伤春之三》)

到了宋元,"不成"的使用范围扩大,进入了表否定的反诘句式。例如:

(78) 比如明鉴之悬,妍者自妍,丑者自丑,随所来而应之。不成丑者至前,须要换作妍者?(《朱子语类》)

(79) 这件是人伦中大事。不成我和你受用快乐,倒教家中老父吃苦?(《水浒传》第四十四回)

随着"不""成"词义的虚化和语气的加强,相互之间进一步融合,分界终于彻底消失,成了一个与"难道"相仿的评注性副词。随着评注性副词"不成"经常用于句末,它又进一步虚化成了一个语气助词。⑥

3. 表达方式

3.0 实词的副词化是实词功能和词义的转化,这种转化当然需要以一定的形式和意义为基础。但是,某些虚化机制的形成主要是由于语用的原因而触发的,其虚化过程的最终完成,也是通过语言的表达而实现的。本章所说的表达方式,就是指语言使用过程中,由于各种语用因素的相互作用而诱发的虚化现象。主要包括和谐、转借、语境吸收三个方面。

3.1 和谐

和谐(harmony)就是指某些成分的存在本来是为了同句中共现的相关成分保持语义、句法、逻辑、情态、语气等方面的前后一致性,随着对方的逐渐退化乃至消失,本方的存在也就失去了依据,从而自然而然地走上了虚化的道路。譬如表示"必须、定要"的评注性副词"非",就是由否定副词"非"通过前后双重否定的和谐机制而逐渐形成的。先秦

时,"非"主要用于判断否定。例如:

(80) 非不说子之道也,力不足也。(《论语·雍也》)

(81) 城非不高也,池非不深也,兵革非不坚利也。(《孟子·公孙丑下》)

在表示判断否定时,"非"可以用在表双重否定的假设句的前项中:

(82) 民非水火不生活。(《孟子·尽心上》)

(83) 非其身之所种则不食。(《国语·越语上》)

(84) 今欲举大事,将非其人不可。(《史记·项羽本纪》)

再往后发展,假设句中的"非 VP"和后面的"不/莫/VP"可以分离:

(85) 蚡以肺腑为京师相,非痛折节以礼诎之,天下不肃。(《史记·武安侯列传》)

(86) 非刘豫州,莫可以当曹操者。(《资治通鉴·汉纪献帝建安十三年》)

随着"不/莫 VP"同"非 VP"的经常分离乃至完全脱落,又出现了"非……则/才/即"类假设句。这样,留在前面的"非"的否定功能就成了羡余,它就吸收了双重否定的肯定情态,演变成了一个表示必须、必然或必欲等情态化功用的副词。⑦例如:

(87) 非有文武威风知大体可畏信者,则不幸往往有事。(韩愈《送郑尚书序》)

(88) 那少年,如闺女一般,深居简出,非细相熟的主顾,或是亲戚,方才得见。(《醒世恒言·赫大卿遗恨鸳鸯梦》)

(89) 雨村饮干,忽叹道:"非晚生酒后狂言,若论时尚之学,晚生也或可去充数挂名,只是如今行李路费,一概无措,神京路远,非赖卖字撰文即能到得……"(《红楼梦》第一回)

上面前一例的"非"尚隐含有"如果不"的含义,后两例的"非",则完全相当于"必须""定要"了。这样,否定副词"非"通过对双重否定的和谐机制,终于进一步虚化成了一个强调肯定的评注性副词。

3.2 转借

转借(transferable loan)就是指由于读音形式相同相近,一些实词可以被借用为虚词,虚词也可以被借用为更加虚的词。譬如"裁、财"与"才"同音,所以可以通过转借的方式用作副词:

(90) 燕王曰:"寡人蛮夷僻处,虽大男子,裁如婴儿……"(《战国策·燕策》)

(91) 光为人沈静详审,长财七尺三寸,白皙疏眉目,美须髯。(《汉书·霍光传》)

再比如,"颇"本来是表示程度的限制性副词,既可以表程度之高,也可以表程度之低。例如:

(92) 宗室诸公莫敢为言,唯袁盎明绛侯无罪,绛侯得释,盎颇有力。(《史记·袁盎晁错列传》)

(93) 二十尚不足,十五颇有余。(《乐府诗集·陌上桑》)

在汉魏六朝时又可以用来表示语气和主观评注,相当于"可、岂"。例如:

(94) 给使白诞曰:"人盗君膏药,颇知之否?"(干宝《搜神记》卷一七)

(95) 晋武帝问孙皓:"闻南人好作尔汝歌,颇能为不?"(《世说新语·排调》)

从表程度到表疑问语气,"颇"的进一步虚化是由于转借的结果。当然,这中间又是以评注性副词"可"为中介的。表语气的评注性副词"可"很早就出现了。例如：

(96) 齐鲁接境,赏罚同时。设齐赏鲁罚,所致宜殊,当时可齐国温,鲁地寒乎?(《论衡·寒温篇》)

(97) 又宜思勤督训者,可愿苛虐于骨肉乎?(《颜氏家训·教子》)

由于反问句的语境吸收的作用,⑧"可"获得了"不可"的含义。例如：

(98) 子弟可不慎,慎在选师友。(三国·魏·应璩《百一诗》)[＝不可不慎]

(99) 已尔可奈何,譬如执素裂。(晋·傅玄《朝时篇怨歌行》)[＝无可奈何]

如此一来,"可"同"叵"("不可"的合音)就可以通用,而"叵"也能表示语气,用于反问句：

(100) 汝今叵见彼大长者七日作王不?(《撰集百缘经》卷一,《大正藏》卷四)

(101) 问诸比丘："汝等叵识此虫宿缘所造行不?"(《贤愚经》卷十三)

"叵""颇"语音相同,自然可以转借,以表语气为主的评注性副词"颇"也就形成了。

需要指出的是,转借这种虚化方式,通常并不直接导致新的虚词的产生,只是在一定的时间内增加了词语的虚化意义和虚化功能,当然也有一些转借的虚化用法被固定了下来。

3.3 语境吸收

语境吸收(absorption of context)就是指在词语的使用过程中诱发某个成分虚化的上下文。语境吸收在谦敬类评注性副词的形成过程中起过独特的作用。譬如助动词"敢"原表示"胆敢、敢于"的意思：

(102) 予谓上帝，不敢不正。(《尚书·汤誓》)

(103) 敢有恒舞于宫，酣歌于室，时谓巫风。(《尚书·伊训》)

当"敢"用于反诘句时，就有了"岂敢"的含义。例如：

(104) 予敢动用非罚？(《尚书·盘庚》上)

(105) 寡君命下臣来继旧好，好合使成，臣之禄也。敢辱大馆？(《左传·昭公二年》)[杜预注：敢，不敢]

严格地讲，上面两例的"敢"，仍然是表"敢于"的助动词，"岂敢"义是一种句式义，脱离了反诘句也就会随之消失。然而，由于带"敢"的反诘句十分常用，久而久之，这种句式义也就附着到"敢"上面了，这样"敢"就和"岂"一样，成了评注性副词了。⑤例如：

(106) 齐人敢为俗，蜀物岂随身？(和逊《赠族人秣陵兄弟》)

(107) 三千大千世界须臾吹却不难，况此小树纤毫，敢能当我风道！(《敦煌变文集·降魔变文》)

4. 认知心理

4.0 虚化是一种词汇-语法现象，同时也是一个心理认识过程，是从一个认知域向另一个认知域的转变。作为一种语言发展的客观趋势，虚化现象通过主观的认知作用而得到确认，并最终得以完成其虚化的过程。本章所说的认知心理，就是指语言使用、语言理解和语言分析过程中人类的认识行为和心理活动及其对副词化的影响。大致也包含三个方面：隐喻、推理、重新分析。

4.1 隐喻

隐喻(metaphor)就是从一个认知域到另一个认知域的投射，是一种用一个具体概念来理解一个抽象概念的认知方式。比如词语由表空间义转化为表时间义，就是由于隐喻的作用。譬如"咫尺"本来是数量词，表示空间距离，意谓很近，多做宾语。例如：

(108) 对曰："天威不违颜咫尺，小白，余敢贪天子之命，无下拜？"（《左传·僖公九年》）

(109) 终日行不离咫尺，而自以为远，岂不悲哉！（《淮南子·道应训》）

引申为"微小、不足道"。常做定语。例如：

(110) 虽有高世之名，无咫尺之功者不赏。（《战国策·秦策》五）

(111) 今拘学或抱咫尺之义，久孤于世，岂若卑论侪俗，与世沈浮而取荣名哉！（《史记·游侠列传》）

由于人们常常把人生比作旅途，这样，空间和时间就相通了，"咫尺"又可以表示时间短：

(112) 宁知翻手明朝事，咫尺人生不可期。（宋·晁补之《芳仪怨》）

表时间短暂的"咫尺"后来又进入了状位，从而引起了语义的进一步虚化和功能的变化；在此基础上，一个表"立刻、马上"义的时间副词就形成了。例如：

(113) 燕子归来深院悄，柳绵铺迳无人扫，咫尺莺花还又老。（宋·赵长卿《蝶恋花·春深》）

(114) 人我场慢争优劣，免使旁人做话说，咫尺韶华去也。（元·马谦斋《沉醉东风·自悟》）

上面两例还可以认为是时间名词做状语，下两例则肯定是时间副词无疑了：

(115) 鞍马上精神长，心念中法力高强。任遥天万里长，咫尺到秦邦，可便是家乡。(元·杨景贤《西游记》第六本第二十三出)

(116) 一封书札逡巡至，半万雄兵咫尺来。(《西厢记》第二本楔子)

4.2 推理

推理(inference)就是在一定的语境中，通过类推或推导，使得一些词语的隐含义逐渐明确化，伴随义逐步独立化，联想义渐趋固定化。比如副词"却"由动词虚化而来时，本来是个表时间的限制性副词，表示"仍旧""又、再"之义：

(117) 神人至三更，取内人来于观内寝，恰至天明，却送归宫。(《敦煌变文集·叶静能诗》)

(118) 今投甚处，兴得军马，却得父业。(《敦煌变文集·前汉刘家太子传》)

作为表时间的副词，"却"在使用时，一般总要连接前后两个事件，对于这两个事件，如果纯粹从时间的角度看，那么"却"所表示的是动作的重复，如果从逻辑的角度看，那么"却"所表示的就是关系的转折：

(119) 何当共剪西窗烛，却话巴山夜雨时。(《李义山诗集·夜雨寄北》)

(120) 逢人便觉乡音异，却恨莺声似故山。(唐·司空图《漫书五首之一》)

(121) 自家夫婿无消息，却恨桥头卖卜人。(施肩吾《望夫词》)

前句的"却"表重复，相当于"又、再"，转折义隐含其中；后句的"却"表转折,相当于"反而",重复义隐含其中;而中句的"却"则兼有重复义和转折义,从不同的角度观察,就可以得出不同的结论。这样,在推理机制的作用下,副词"却"就由表时间进一步虚化为表连接:

(122) 天街小雨润如酥,草色遥看近却无。(《昌黎先生集·早春呈水部张十八员外》)

(123) 彦章书来,云欲见访,却不见到,不知何故。(《朱子文集·答周叔谨》)

4.3 重新分析

重新分析(reanalysis)就是指在没有改变表层结构形式的情况下,一个本来可以分析为(a,b)c 的结构,由于认知角度的变化,经过重新分析,变成了 a(b,c)。也就是说,在句子结构不变的情况下,由于人的理解起了变化,同一种语言形式,被赋予了一种新的解释。有关汉语副词的重新分析,至少涉及三个方面:动宾结构被分析为偏正结构,连动结构被分析为偏正结构,联合结构被分析为偏正结构。比如下面三例中的副词"看""坐""却"的最终被确认,都是重新分析的结果:

(124) 明月看欲堕,当窗悬清光。(唐·李白《拟古十二首之二》)

(125) 见兵事起,欲坐观成败。(《史记·田叔列传》)

(126) 陛下若答得,即却归长安;若[ ][ ](答不)得,应不及再归生路。(《敦煌变文·唐太宗入冥记》)

上面三句,认为句中的"看"还是"眼看着"的意思,可以分析为动宾关系,如果认识到"看"已经相当于"渐渐地",就应该分析为状中关系;以为"坐观"仍然都表示其原义,自然是连动关系;一旦意识到"坐"已经是"安坐不动"的意思,就应该分析为状中关系;"却"和"归"都具有"返回"的意思,可以是联合关系,但句中是同"再归"对举的,似乎更应该分析为状中关系。其重新分析的过程如下：

看欲堕[1]	看欲堕[2]	坐观成败[1]	坐观成败[2]	却归长安[1]	却归长安[2]
动宾	状中	动宾	动宾	动宾	动宾
状中	状中	连动	状中	联合	状中

很显然，上面三个短语被重新分析为状中结构，更符合已经进化了的语言结构的内部关系。虚化现象作为语言发展过程中的一种趋势，是客观存在的；重新分析作为一种主观的行为，其作用就是从认知的角度把各种虚化过程加以确定，使之明确化和形式化，并标志着这类虚化过程的最终完成。

5．共时现象的历时解释

5.0 上面，我们比较详尽地探讨了有关汉语副词生成的各种虚化机制，如前所述，本章的目的并不仅仅在于对历时现象的探索，而主要还是在于：将汉语副词的历时演变（change）和共时变异（variation）结合起来考察，通过纵向和横向的比较分析，对汉语副词的一些纷繁复杂的共时现象做出历时的解释，尤其是对现代汉语副词研究中的一些基本的问题提出我们的看法。下面主要探讨两个方面的问题。

5.1 从虚化机制看副词的性质和分类

长期以来，有关汉语副词的虚实归属，一直存在着截然对立的看法和难以自圆其说的困惑。而以往的副词分类，又几乎都是以意义为标准的，以致各小类之间舛互、重合屡见不鲜。虽然人们已经从不同的角度进行了多方面的探索和研究，可迄今仍然没能取得一致的共识和实质性的进展。其原因当然是多方面的，但其中最为关键的则是：以往的归类和分类都没有将共时的差异同历时的演变结合起来。

就以《现代汉语常用虚词词典》（武克忠等，1992）和《现代汉语虚词词典》（侯学超，1998）所收的数百条双音节副词为例，这些副词虽然也存在着一定程度的内在一致性——其主要的句法功能都是充当状语,但是它们在句法功能、语义特征、表达功用等各方面都存在着细微而又重要的区别。如果按照现行的分类标准,很难阐释清楚它们之间的各种差别。然而,如果我们从历时和共时相结合的角度来观察这些副词,就可以发现:它们之间的差异,其实就是各种历时的虚化差别在共时平面上的反映。因此,可以根据其虚化程度的区别,将它们先分成三个大类:A. 描摹性副词,譬如:"轻易、决意、竭力、极力、大力、大肆、毅然、公然"等;B. 限制性副词,譬如:"刚刚、马上、赶紧、曾经、比较、格外、极其、总共"等;C. 评注性副词,譬如:"的确、其实、也许、索性、反正、简直、本来、果然"等。

  A类的主要功用是修饰谓词中心语,在句中位序相对固定,一般只能紧贴中心语;词义尚未虚化,句法功能还未完全定型;有些在不久以前还可以充当谓语、定语或宾语等。例如:

  (127) 王金发是不来打死我们的,他虽然是绿林大学出身,而杀人却不很轻易。(鲁迅《朝花夕拾·范爱农》)

  (128) 创造新文化也不是轻易的事,还得努力去做。(瞿秋白《赤都心史》)

  (129) 伯苏的消息传来之后,我们早已有了决意了。(夏衍《秋瑾传·第三幕》)

即使到了当代,大都也能充当宾语和定语。例如:

  (130) 这后面的两类情况是不好的,特别是减产的一类最不好,必须用大力去整顿。(毛泽东《关于农业合作化问题》)

  (131) 我感到她简直把我当成一个瞎子,一个聋子,一再加以公然的愚弄。(梁晓声《这是一片神奇的土地》)

  B类的主要功用是对谓词性词语进行时间、范围、程度等方面的限定,词义已相对虚化,句法功能也已基本定型,一般多在句中充当状语;但也有一些可以单独成句,或者充当句首修饰语衔接句子。例如:

(132)"萍,怎么叫了你半天还没动窝啊!你快点儿走吧!""好!马上!"(转引自陆俭明、马真《现代汉语虚词散论》)

(133)天黑,她又女扮男装,把大伙儿都给蒙了。马上老叉杆派人四处去找,哼,一进树林,她就在那儿挂着呢。(老舍《骆驼祥子》)

有些至今还可以充当定语或谓语。例如:

(134)好在岑的身体还好,不曾生过什么大病,偶尔的感冒发烧,独自在床上睡一两日……便好了。(李岩炜《说完了的故事》)

(135)这事情可不是玩儿的,你可得赶紧啊!(姚雪垠《长夜》)

C类的主要功用是对整个命题进行主观评判或表示一种主观情态和语气;词义基本虚化,在句中位序比较灵活,可前可后:

(136)好,信不信都在你,反正我先告诉你,太太的神气现在对你不太对,就是因为你……(曹禺《雷雨》)

(137)烟把走廊熏得乌黑,我妹妹给这座楼起了个外号叫"古堡幽灵"。古堡也罢,幽灵也罢,反正大白天进来也要走"夜路"。(铁凝《没有纽扣的红衬衫》)

(138)这是怎么回事?周华想:不关自己的事,反正。(王朔《爱你没商量》)

还有少数也可以单独成句(可以后接语气词),或者位于句首衔接句子。例如:

(139)瞧!大裤裆胡同又迅速一百八十度大转弯儿了……本

来嘛！姓刘的为什么不请在座的诸位,却单请一个驴财神。(冯苓植《落凤枝》)

(140) 也许有之,却又人言可畏,怕挨批评,不敢公然揭示,慨然晓喻,毅然倡导,也就无人知之,无人纪之了。确实的,雪芹嫡真不假是位创教之人。(周汝昌《"情教"创始者曹雪芹》)

(141) 哎,每回我去他那儿都说得很热闹,似乎活得津津有味。其实呢,和这些安贫乐道、诲人不倦的老师比起来,我活得像个没孵出的鹌鹑。(王朔《浮出水面》)

上面这三类双音节副词,从历时的角度看,描摹性副词的虚化进程尚未完成,限制性副词的虚化进程接近完成,评注性副词的虚化进程已经完成;从共时的角度看,它们之间在功能、意义、表达诸方面的差异则正好构成一个由实到虚的描摹——限制——评注连续统(continuum)。

再比如,在现代汉语中,一些常用的副词,譬如"就、才、也、还、更、都、却、又、再、便"等都可以分别表示多种不同的功用,可以同时兼属好几个小类。这些现象的存在,也同副词的虚化机制和虚化进程有关,也可以从副词的历时发展得到解释。既然虚化是一种持续发展的过程,那么,实词虚化为副词之后,其虚化进程就不可能停止,必然会继续不断地向前发展,其结果就是导致了一些副词的功能和用法的多样性。下面就以副词"才"为例分析一下副词的继续虚化模式。⑩前面已经指出,"才"从实词虚化以后,其主要用法就是表示时间短,这种用法一直沿用至今,在这以后,"才"又可以用来表示时间长。试比较:

(142) a. 你怎么才来就要走?
b. 你怎么才来?(吕叔湘《现代汉语八百词》)

同样都是"才"修饰"来",前面都有疑问代词"怎么",为什么表达的语义正好相反呢?关键就在于信息焦点的位置不同,前句的焦点在"来"之后，问话者所关心的是"来"实现之后发生的情况，想要知道来人为什么竟然刚来不久又要走；后句的焦点在"来"之前，问话者所关心的是"来"实现之前发生了什么情况，以致来人竟然比预定时间来得迟。这表明，由于表达的需要，在语用机制的作用下，"才"的语义发生了反向引申。表时间长的"才"形成之后，其最常见的位置就是处在前后两个 VP 之间。例如：

> （143）后来八路军来了，打垮溃兵土匪，他两人才又回到了刘家峧。（赵树理《小二黑结婚》）

> （144）向三元：李将军的命令，见着珍珠才放下这花篮。（老舍《方珍珠》）

在上面两句中，"才"连接了前后两个事件，如果纯粹从时间的角度看，"才"表示的是时间的先后；如果从逻辑的角度看，那么，先发生之事就是后发生之事的原因和条件，"才"表达的是逻辑联系；这样，通过推理机制的作用，副词"才"又可以表示逻辑关联。表关联的"才"可以连接复句，也可以连接单句。连接单句时主要是对句子的主语进行排他性限定。例如：

> （145）只有穿长衫的，才踱进店面隔壁的房子里，要酒要菜，慢慢地坐喝。（鲁迅《孔乙己》）

在这类限定主语的句式中，随着连词的脱落和语气的加强，"才"逐渐地获得了表示申辩性语气的功用：

> （146）a. 只有兽类才不会想到自己是野兽。
> b. 兽类才不会想到自己是野兽。
> c. 兽类才不会想到自己是野兽呢！（孔捷生《大莽林》）

前句是限定式,"才"还是表示限度,但已经隐含潜台词"人类应该有自知之明";末句是表示反驳的句式,"才"主要表示申辩性语气;中句则处于虚化的过渡阶段,介于二者之间,这就表明,在吸收机制的作用下,副词"才"又可以用于传信和评注,从而完成了从限制到评注的再虚化过程。

通过对副词"才"的再虚化进程的考察,不但解释了"才"之所以会有多种不同的功用的原因,而且还找到了连接副词"才"各种功用之间的内在联系,从而为进一步描写和阐释这个常用副词提供了切实可行的保证。我们相信,现代汉语中其他多功能常用副词的各种用法的形成同样也经历这样的虚化进程,只是所起作用的虚化机制可能略有不同而已。

总之,由于汉语副词所赖以形成的虚化机制并不完全相同,尤其是各类副词功能语法化和语义抽象化的起始时间先后不一;由于名动形实词从经常地进入状位到专职充当状语,并且逐渐地在功能上转向黏着、定位,在语义上转向抽象、虚化,一直到最终转变为一个典型的副词,是一个漫长的动态过程;所以,汉语副词内部各小类、各成员在功能和语义上必然会呈现出虚实不一的参差现象。从本质上讲,现代汉语的副词本来就不是,也永远不可能是一种匀质(homogeneous)的语言现象。正因为现代汉语的副词内部具有这样那样的差异,所以无论我们将它们归入实词还是虚词,都很难自圆其说,都会出现许多两可、两难的情况。换句话说,仅仅根据在当代汉语中是否只能充当状语这一点,是不可能得到一个内部功能基本一致的词类的,因为现代汉语副词又是一个历时的现象。同样,仅仅根据副词的意义也是难以分出功能和语义都对称的副词小类的,因为意义的区别是相对的。我们想,比较可行的办法,就是跳出虚实两分的怪圈另辟蹊径。同时,我们也应该彻底放弃按照意义为副词划分小类的方法,坚持历时和共时相结合的原则,根据副词的虚化程度和句法功能来为之分类,唯有如此,才能真正得到符合汉语实际的副词分类系统。

5.2 从虚化机制看副词的兼类与范围

迄今为止,有关副词的范围,一直存在着不同的看法,从已有的研究成果来看,少的只有一百多词,多的达到一千多词。尤其是一些多功能词的归属,更是众说纷纭。究其原因,其中的一个重要因素同样也是没有将共时同历时结合起来,用发展的、联系的观点来确定词类、划定范围。下面我们从虚化的角度来解释一下现代汉语副词的兼类情况。

前面已经指出,从共时平面看,现代汉语中兼有实词用法的副词大致有三种情况:

A. 词形相同,语义不同;在某个义位上可以充当谓语、定语或主宾语,在另一个义位上只能充当状语;这两个义位尽管在语源上具有一定的联系,但现代已没有什么关系了。譬如"一定^1"和"一定^2":

(147) 我们这里给人做工的分三种:整年给一定人家做工的叫长年;按日给人做工的叫短工;自己也种地,只在过年过节以及收租时候来给一定人家做短月的称忙月。(鲁迅《故乡》)

(148) 世间只要有权门,一定有恶势力,就一定有二花脸,而且有二花脸艺术。(鲁迅《准风月谈》)

前句略等于"不平常",是区别词(下面记作 Q);后句相当于"十分",是副词。再比如:

保险^1　办理保险 N——保险^2　保险没事

非常^1　非常时期 Q——非常^2　非常漂亮

大概^1　大概情况 Q——大概^2　大概会来

自然^1　自然环境 A——自然^2　自然要去

相当[1]　实力相当 V——相当[2]　相当不错
原来[1]　原来面貌 N——原来[2]　原来如此

B. 同一个词,在某个义位上既可以充当状语,又可以充当谓语或定语等,但是在另一个义位上只能充当状语;这两个义位现在还存在着明显的联系。譬如"绝对[1]"和"绝对[2]":

(149) 对于车座儿,他绝对不客气。讲到哪里拉到哪里,一步也不多走。(老舍《骆驼祥子》)

(150) 又如台儿庄胜利的前夜,这时当地孤立的日军经过苦战之后,已处于绝对的劣势,我军则造成了绝对的优势,结果敌败我胜,这是战役结局存在着绝对的优势和劣势之例。(毛泽东《论持久战》)

前一个"绝对"略等于"完全、一定",是副词;后三个"绝对"相当于"无条件的、没有限制的",是形容词。再如:

突然[1]　突然事件 A——突然[2]　突然消失
偶然[1]　偶然因素 A——偶然[2]　偶然下雨
难免[1]　疏漏难免 A——难免[2]　难免出错
过分[1]　不算过分 A——过分[2]　过分溺爱
特别[1]　特别之处 Q——特别[2]　特别是你
当然[1]　当然代表 Q——当然[2]　当然可以

C. 同一个词,譬如"一向、一律、向来、从来、历来、偶尔、大约、唯独"等,其基本功能是充当状语,但是在一些特定的情况下,在少数作者的笔下,又可以在语义不变的情况下偶尔充当定语或谓语。例如:

(151) 但随后也就自笑,觉得偶尔的事,本没有什么深意义,而我偏要细细推敲,正无怪教育家要说是生着神经病;……(鲁迅《祝福》)

(152) 赵平跟王一多现在正急着要支票,机关管事的大秦恰巧又外出开会去了,唯独的一招是只好硬着头皮向女科长讨。(丁空《赶海》)

对于上面三种情况,以往的处理方法是,把 A 类称之为同形,B 类称之为兼类,C 类称之为活用,这当然是可以的。然而,问题是为什么现代汉语副词会同各类实词之间存在这种种纠葛?我们究竟应该怎样看待这些现象呢?合理的解释应该是,这些副词正处于不同虚化阶段,而且,它们大都是由不同的虚化机制虚化而来。它们的区别在于:A 类的某个实义位渐趋虚化,另一个实义位仍然保留,随着虚化进程的完成,另外派生出了一个同形的副词,是分化的结果。这类情况在汉语中还有许多,譬如单音节的"白、直、怪、老、光、挺、干、净"等都是。B 类虚化方式与 A 类接近,只是其虚化进程要迟些慢些,不同的功能还处在同一个义位之上,再进一步发展也会逐渐分化。C 类的情况略有不同,这类副词在句位和泛化机制的作用下,功能和词义已经基本虚化,其虚化进程已接近完成,只是旧用法还没有彻底消亡。总之,共时的纠葛和交叉反映了历时的发展和演化。这一点,现代汉语"难免"表现得尤为充分,譬如下面三例正好对应于"难免"历时虚化进程中的三个阶段:

(153) 可见读书切忌带主观或偏见,有了这些障碍,难免"不见舆薪"。(孙玄常《马氏文通札记》)

(154) 由于掌握的材料有限,研究的方法也在探索之中,观察和分析还是很粗疏的,所得的结论不一定确切,有的甚至难免错误,这都有待今后继续探讨和修正。(张永言等《关于汉语词汇史的一点思考》)

(155) 虽然出发前已做了周密的考虑和精心的准备,但一旦

踏上征途,还难免会遇到许多意想不到的困难。(《新民晚报》1997年5月7日)

例(153)的"难免VP"还是一个动宾结构,例(155)的"难免VP"已经转化为状中结构了,至于例(154)的"难免VP",似乎介于两者之间,两种分析都行。正因为新旧用法可以并存,所以,"难免"在不同的辞书中被分别归入形、动、副三类也就不足为怪了。⑪同样,现代汉语中存在的相当一些副连同形和副连兼类现象,也是副词继续虚化的结果。譬如按照一般的说法,"只是"作为副词,主要表示对范围的限定,相当于"仅仅是",作为连词,则表示轻微的转折,其实,它们的区别只是观察的角度不同而已:

(156) 但最近两年的不见,他终于忘却我的不好,只是惦记着我,惦记着我的儿子。(朱自清《背影》)

(157) 这条河其实也没有顶大的好处,只是曲折而有些幽静,和别处不同。(朱自清《荷塘月色》)

上面两句在《现代汉语虚词词典》(侯学超,1998)中被分别归入副词和连词。事实上,这两个"只是"并没有实质性的区别,就"只是"后面的VP而言,都表示对范围的限定,就"只是"前后VP的逻辑关系而言,都具有轻微的转折。换句话说,由副词"只是"到连词"只是"的转化,是因为句子的隐含义在一定的语境中被固定化了,在这一转化过程中,推理机制起了决定的作用。可以肯定,现代汉语中大多数由副词转变而来的连词,也都是推理或隐喻等虚化机制作用的结果。这也就是为什么现代汉语中的"万一、不止、不仅、就是、还是、可是、甚至、进而、只有"等词都既是副词又是连词的原因,因为它们在形成的过程中必然会有一个与副词兼类、同形的阶段。

由此可见,现代汉语副词的范围之所以比较难以确定,就是因为有相当一些副词的虚化过程尚未彻底完成,有些已经虚化的副词还保留实用法,有些副词则由于表达的需要还在继续虚化,还有少数虚化之后又转向实化。⑫如果我们明白了其中的道理,那么,也就可以理解:从发展的角度看,现代汉语的副词实际上是一个动态的、可变的范畴,只能有一个模糊的、大致的、带有一定的主观性的范围。任何明确地规定现代汉语副词范围的尝试都只能得到一种近似的、暂时的结果。换句话说,现行的各种有关副词的范围,并不存在谁对谁错的问题,至多只有孰优孰劣的区分。我们想,比较可行的办法,就是坚持历时与共时兼顾的原则——根据副词的虚化程度,结合现代的分布,以原型范畴为基础,确定一个典型副词的范围。尤其重要的是,既要按照不同的需要,定出各种适当的范围,又要着眼虚化的进程,指出未来的发展趋势。

6. 结语

6.1 毫无疑问,汉语实词的虚化自然也遵循人类语言的共同法则,然而,作为一种非形态语言,汉语实词的虚化必然还会有自己的特点和方式,总的说来,汉语副词的虚化机制要比印欧语更加复杂多样。因此,深入地探讨汉语副词虚化的诱因与机制、过程与模式,无论是对于汉语语法研究,还是普通语言学研究,无论是对于历时研究还是共时研究,无疑都具有重要的理论意义和深刻的现实意义。

6.2 尽管汉语副词赖以虚化的机制和开始虚化的时间各有不同,尽管所表示的语法意义复杂多样,其内部各小类之间的语法化程度也很不一致,但总的说来,典型的汉语副词都是以表示语法意义为主的功能(function)词,它们都是由古代汉语的实词虚化而来的;所以,现代汉语副词的性质、分类、范围,以及与副词有关的各种交叉现象、模棱现象、过渡现象,都可以通过历时和共时相结合的原则得到解释。

附注

① 严格地讲,"虚化"和"语法化"这两个概念并不完全相等,"虚化"主要是指语言中意义实在的词转化为意义泛化、表示语法功能的成分的过程;而"语法化"更侧重于语法范畴和语法成分的产生。"语法化"的范围要比"虚化"更广一些。
② 参看贾惠全(1990)、刘坚等(1995)、董淑慧(1996)、金昌吉(1996)等。
③ 参看沈家煊(1998)。
④ 参看刘利(1997)。
⑤ 参看杨伯峻等(1992:277)。
⑥ 参看钟兆华(1991)、徐时仪(1993)。
⑦ 参看张谊生《"非 X 不 Y"及其相关句式》,《徐州师院学报》1992 年第 2 期。
⑧ 参看刘坚等(1992:248)。
⑨ 参看刘坚等(1995)。
⑩ 关于副词"才"的详细分析,参看本书第一篇第四章。
⑪ 参看本书第一篇第二章。
⑫ 参看本书第一篇第三章。

参考文献

董淑慧(1996)谈"却"(郤)字三项副词用法的演成及其与几个相关副词的平行发展,《汉语学习》第 4 期。
何金松编(1994)《虚词历时词典》,湖北人民出版社,武汉。
侯学超编(1998)《现代汉语虚词词典》,北京大学出版社,北京。
胡壮麟(2003)语法化研究的若干问题,《现代外语》第 1 期。
贾惠全(1990)谈实词的虚化,《语言研究论丛》(四),南开大学出版社,天津。
金昌吉(1996)谈动词向介词的虚化,《汉语学习》第 2 期。
李宗江(2002)关于语法化的并存原则,《语言研究》第 4 期。
刘丹青(2001)语法化中的更新、强化与叠加,《语言研究》第 2 期。
刘坚等(1992)《近代汉语副词研究》,语文出版社,北京。
刘坚等(1995)论诱发汉语词汇语法化的若干因素,《中国语文》第 3 期。
刘利(1997)先秦汉语的复音副词"不过",《中国语文》第 1 期。
沈家煊(1994)"语法化"研究综观,《外语教学与研究》第 4 期。
沈家煊(1997)词义与认知——《从词源学到语用学》评介,《外语教学与研究》第 3 期。
沈家煊(1998)实词虚化的机制,《当代语言学》第 3 期。
沈家煊(2001)语言的"主观性"与"主观化",《外语教学与研究》第 4 期。

孙朝奋(1994)《虚化论》评介,《国外语言学》第4期。
太田辰夫(1987)《中国语历史文法》,北京大学出版社,北京。
吴福祥(2004)近年来语法化研究的进展,《外语教学与研究》第1期。
吴福祥(2005)汉语语法化研究的当前课题,《语言科学》第2期。
吴福祥(2009)语法化的新视野——接触引发的语法化,《当代语言学》第3期。
武克忠主编(1992)《现代汉语常用虚词词典》,浙江教育出版社,杭州。
徐时仪(1993)也谈"不成"词性的转移,《中国语文》第5期。
杨伯峻等(1992)《古汉语语法及其发展》,语文出版社,北京。
钟兆华(1991)"不成"词性的转移,《中国语文》第4期。
Joan Bybee, R. Perkins W. Pagliuca 1994 *The Evolution of Grammar——Tense, Aspect, and Modality in the Languages of the World*. The University of Chicago Press.

第二章 从"难免"看副词的生成与虚化

0. 前言

0.1 在现代汉语中,"难免"一直是一个颇有争议的词。对于它的词性,语言学界始终众说纷纭,莫衷一是。①比如同样是"难免+Vp"和"难免+小句",下面三对例句分别被认为是形容词(《现代汉语八百词》)、动词(《动词用法词典》)、副词(《现代汉语虚词例释》):

难免会有缺点/难免看法有时不一致

难免发生问题/难免看法不一致

难免要吃亏/难免有些人犹豫不决

那么,"难免"究竟具有什么样的分布和功能,现代汉语的"难免"到底应该分化成几个,它们之间又存在着哪些区别和联系?这是我们所关心的。

0.2 同时,从学习和使用的角度看,"难免"又是一个很难把握的词。因为迄今为止所出的一些工具书和语法书在谈到"难免"的表达方式时,几乎都认为"难免"后接肯定式与否定式,其表达效果是一样的。②也就是说:

难免会有漏字=难免没有漏字

难免被人误解=难免不被人误解

难免会出现一些缺点=难免不会出现一些缺点

然而,我们发现有些"难免 VP"似乎并不能说成"难免不 VP"。例如:

出门时把鸟食给准备好,要是忘了,这些鸟儿就难免(*不)饿死。

为人处世处处抠搜,十分小气,这就难免(*不)叫人看不起。

那么,究竟什么情况下可以使用否定式,什么情况下不能使用否定式,而且,在两式都能使用的情况下,它们之间又有些什么区别,其间又有哪些规律,这也是我们感兴趣的。

0.3 此外,从语言的历时和共时的相互关系看,"难免"在现代汉语中的各种分布和功能,都可以从它一千多年的发展衍化史中找到印证。那么,"难免"的历史与现实之间究竟存在什么样的联系,"难免"的演进和虚化到底遵循着一条什么样的轨迹,其间又有哪些典型的意义,也是我们想要了解的。

1. "难免[1]"与"难免[2]"

1.0 如果以特征范畴为基础,根据"难免"所出现的句法环境和所具有的组合功能,首先可以将其分化为两个:谓词性"难免"(下面记作"难免[1]")和副词性"难免"(下面记作"难免[2]")。

1.1 从句法功能看,两者的区别大致有四个方面:

A. "难免[1]"可以单独充当谓语,"难免[2]"只能充当状语。例如:

(1) 沪深股市不断升温,说明外围资金推入不少,千万不能忘记证券市场的系统性风险难免,分散投资为上策。(《新民晚报》1997年5月10日)

(2) 女儿背上的书包,让车厢里的乘客生畏;车厢本来拥挤,书包难免要撞上人家的腰眼,擦着人家的脊梁。(吉扬《女儿的书包》)

B. "难免^1"可以同体词搭配,"难免^2"不能同体词搭配。例如:

(3)小女生腻了天王天后,却有威猛的球星填了青春的空当,足见纯情的小女生也难免喜新厌旧的俗趣;……(冯尚龙《足球与女性》)

(4)中国文字构架如此宏大繁复,青年人难免会经常写别字、读别字,这是青年人应享的权利。(余秋雨《笔墨祭》)

需要特别引起注意的是,有时"NP"的定语部分也可以同"难免"搭配,构成状中短语;可实际上"难免"的搭配对象还是后面的中心语。例如:

(5)可惜徐娘半老、两鬓染霜的老三届们早已抛掉了自己的"原始股",再长吁短叹,也难免被历史从舞台前沿后撤,作边缘化处理的命运。(《新民晚报》1997的7月18日)

在上例中,"难免"的搭配对象是"VP+命运",而不是"VP",所以,"难免"仍然是"难免^1",而不是"难免^2"。

C. "难免^1"只能后接黏着的小句形式,"难免^2"可以修饰自由的复句形式。例如:

(6)那是一个古老的主题:正与邪的斗争,善战胜了恶,人物很多;人物多了,常难免有的地方画得单调些。(徐迟《祁连山下》)

(7)为"救活"这些信件,邮递员不得不求助于居委会、派出所,但难免有的信件"经抢救无效",只好"打道回府"。(《文汇报》1996年1月12日)

D. "难免^1"可以受副词等其他词语的修饰,"难免^2"一般不能受其他副词的修饰(词义相对虚化的"很"除外)。试比较:

(8)由于自己水平有限,又是在新的领域中探索,有些看法还不成熟,缺点和错误确实难免,恳切地希望读者提出宝贵的意见。

(陈宗明《现代汉语逻辑初探》)

（9）他是生长在都市里的人，事不顺心就(*非常)难免往下坡儿溜。(老舍《福星集》)

1.2 从表义功用看，"难免¹"和"难免²"主要有两个方面的区别：

A．"难免¹"的两个语素意义实在明确，而且都还保留了各自原来的意义，相互之间尚未融合；除一些特定的限制性搭配格式外，一般都可以扩展成"难以避免""很难避免"，而不能用副词或助动词替换。例如：

（10）中盘，两位力战型棋手之间激战自然难免(＝很难避免*很可能)，执黑的刘小光首先发难……《新民晚报》1993年12月13日》

（11）当然，写北京普通人也难免(＝难以避免*保不住)这两项罪过。(苏叔阳《赤脚踏在小路上》)

而"难免²"的两个语素已部分地失去了各自原来的意义，相互之间已经完全融合；一般不能随意拆开、扩展，只能用其他副词或助动词加以替换。例如：

（12）正像白璧尚有微瑕一样，经过十年动乱，在上海住久了之后；也难免(＝很可能*很难避免)会看到、听到一些不尽令人满意的事情。(张锲《上海，祖国瞩望着你》)

（13）就是在闹市里也是如此，他在前头梦梦悠悠地走着，身后也难免(＝保不住*难以避免)有人用钢笔杆儿捅他腰眼儿一下，而还是绝不回头，只把手伸后悄悄递出两张票子。(冯苓植《落凤枝》)

B．"难免¹"常常可以同谓词性词语"避免""不可免""很难避免"等对举连用。譬如下面两个句组：

(14) 80年代中国学术界盛行反思,学术反思促进了观念更新和学术进步,语言学界也是这样,这是好事。不过语言学界有些人的反思失之于偏执武断,他们所提出的新理论就难免根基不牢。昭铭此书也提出了一套自成体系的新理论,但是他的见解没有上述毛病。他搞研究,能够尽量从各个方面分析问题,避免顾此失彼,避免绝对化。(胡裕树《文化语言学导论·序言》)

(15) 温暖的季节,难免分而又合地翻山越岭,赶到獾子崖的家穴里做成一星半点旧事。知道有限,知道不可免,也明白所失与所得是什么,不大看重那稍纵即逝的快活。(刘恒《伏羲伏羲》)

而"难免^2"常常可以同副词、助动词"可能""一定""必定"等对举连用。例如:

(16) 由于本书是多年来断断续续写成的,前后难免有失衡脱节之处,引用的资料也可能有失实疏漏之处,尚祈读者不吝指正。(李恒《太平军在苏南·序》)

(17) 事先不作准备,临阵仓促应付,松松垮垮,拖拖拉拉,依我看,难免要犯错误,一定会犯错误。(古月《乡村农机站》)

1.3 "难免^1+VP"与"难免^2+VP"的表层形式是一致的,其区别在于:

A. 从结构关系看,"难免^1+VP"是述宾短语,述语"难免"存在与否会影响句子的合法度,不能随意提取;"难免^2+VP"是偏正短语,状语"难免"存在与否不会影响句子的合法度,一般可以提取。试比较:

(18) 可见读书切忌带主观或偏见,有了这些障碍,[难免]"不见舆薪"。(孙玄常《马氏文通札记》)

(19) 大裤裆胡同乃藏龙卧虎之地,有时候就(难免)有点儿鱼龙混杂。(冯苓植《落凤枝》)

B. 从组合顺序看,由于深层关系不同,"难免[1]"前面的副词不能与之换序;而"难免[2]"前面的副词一般都可以与之换序。试比较:

(20) 由于掌握的材料有限,研究的方法也在探索之中,观察和分析还是很粗疏的,所得的结论不一定确切,有的甚至难免(*难免甚至)错误,这都有待于今后继续探讨和修正。(张永言等《关于汉语词汇史的一点思考》)

(21) 虽然出发前已做了周密的考虑和精心的准备,但一旦踏上征途,还难免(难免还)会遇到许多意想不到的困难。(《新民晚报》1997年5月7日)

此外,"难免[2]"常同助动词"会、要"连用,而"难免[1]"则较少后接助动词。

C. 从表述重点看,"难免[1]＋VP"的重点在"难免"本身,须要重读;而"难免[2]＋VP"的重点在"VP","难免"无须重读。试比较:

(22) "你,嘿,你别误会,我是说,女孩子长得漂亮,难免,难免……""难免出问题,对不对? ……"(谌容《献上一束夜来香》)

(23) 她对有翼固然没有承担什么义务,不过历史上的关系总还有一些,在感情上也难免有一点负担。(赵树理《三里湾》)

2. "难免 a"与"难免 v"

2.0 从句法分布和搭配功能看,"难免[1]"还可以再分化为两个:形容词性"难免"(下面记作"难免 a")和动词性"难免"(下面记作"难免 v")它们的区别主要有三个方面。

2.1 在同样充当谓语的情况下,"难免 a"只能充当谓语中心,或者是同"是……的"一起充当合成谓语。例如:

(24) 甲A联赛是一个漫长的过程,论申花队的整体实力,甲

A 足坛强队不强、弱队不弱、一片混战的格局,在这一过程中,申花队必会磕磕碰碰、起起伏伏、曲曲折折,平局难免,输球也难免,是球迷,就该有这样的心理准备。(《新民晚报》1997年3月25日)

(25) 乍一改变过日子的路数,为点难是难免的,可再难也别往坑蒙拐骗的泥坑里跳。(邓友梅《那五》)

在充当谓语中心时,"难免a"还可以后接介宾式补语。例如:

(26) 译得过分口语化,失之于"俗",译得过分书面化,又难免于"涩"。(赵裕海、陈复兴《昭明文选译注·后记》)

而"难免v"都是黏宾动词,必须带宾语。既可以带真宾语,也可以带准宾语;既可以带谓词性宾语,也可以带体词性宾语。所谓准宾,主要就是一些数量短语。例如:

(27) 有大凡染上艾滋病的人,几乎100%难免一死,世界很快为之震惊,称这种病为超级癌症。(何建华《艾滋病魔肆虐全球》)

(28) 刚搬进新家,孩子们倒觉得新鲜,各家的房子都一样,不留神就走错了,难免嬉笑一场。(霍达《红尘》)

所带的谓宾,可以是偏正短语、动宾短语,也可以是连谓短语、兼语短语。例如:

(29) 如此简单的问题尚且解决不了,难免影响人们对复杂问题能否解决得了的信心。(山孚《涂鸦"广告"的整治》)

(30) 只不过,一旦久闭的大门开出一条缝,外面的光太强烈,难免使人眩晕。(王周生《有朋自远方来》)

所带的体宾,可以是偏正短语,也可以是联合短语。例如:

(31) 向小米投入了超人的希望,默默地等待着,有时也难免希望的好梦,按"平面几何"的想象安排着房间的内部。(江灏

《纸床》)

(32) 由于我们缺乏经验,学识也有限,因而对条目及其内容的抉择和阐释难免疏漏和失误。(博力等《新知识词典·前言》)

总的说来,"难免 v"很少以单个光杆名词做宾语,一般要带"NP",尤其是常以带"之"的"NP"充当宾语。例如:

(33) 说了很多,仍难免补漏洞之嫌。(胡附、文炼《句子分析漫谈》)

(34) 相当数量的语词及义项的书证只有一条,难免"孤证"之病,缺乏说服力,以至有时容易被读者看成临时的修辞义、语境义而不能算作固定义项。(董琨《〈港台词语词典〉略评》)

(35) 第四个都说好,但年纪太轻一点,二十三级的干部提成院长,难免火箭、直升机之讥。(王蒙《名医梁有志传记》)

2.2 "难免 a"和"难免 v"都可以充当定语,但"难免 v"的中心语一般都是"难免"的配价成分。也就是说,"难免 v 的 NP"多是由"难免 vVP"插入"的"转化而来的。比如:

难免藕断丝连——难免的藕断丝连

难免争风邀宠——难免的争风邀宠

试比较下面两个实例:

(36) 半夜里起床冲奶粉、调奶糕、换尿布,她一只手对付,难免磕磕碰碰。(《报刊文摘》1997 年 4 月 28 日)

(37) 这原是一幕不该发生的悲剧,本来是生活中、家庭里难免的磕磕碰碰,然而他却缺少寻找自我解脱的途径,受到一种刻薄行为的侵扰;……(石志坚《我们能饶恕他的忏悔吗》)

"难免 a"的中心语一般都是"难免"的非配价成分,大多是"事情、现象、情况、情形"等抽象名词。例如：

（38）大家很难见面，很少交流，彼此之间有点陌生、隔阂，也是难免的事情。（魏崇《十月》）

（39）其实，这些都是改革进程中难免的现象，关键看我们怎样认识这些现象，对待这些现象。（关慎言《希望与困难同在》）

同样是说生活中的"磕磕碰碰"，"难免 a"的表达方式则是：

（40）随着家庭生活的开始，恋爱时的浪漫少了许多，磕磕碰碰成了难免之事。（《新民晚报》1995年1月25日）

2.3 "难免 a"和"难免 v"的搭配关系也略微有些差异。"难免 a"的前面常有"确实、实在、在所"等词语，尤其是"在所"，同"难免"已组成了一个准凝固四字格。例如：

（41）限于水平，虽然重新修订，疏漏和不妥之处仍在所难免，希望读者批评指正。（胡裕树主编《现代汉语·后记》）

"难免 v"的前面常有"也、就、又、仍"等关联副词，以修饰后面整个动宾短语。例如：

（42）当然，马氏是个创始者，在八十多年前写成这本规模宏大的语法书，也就难免"大醇小疵"，但毕竟"瑕不掩瑜"。（孙玄常《马氏文通札记》）

需要指出的是，"难免 a"和"难免 v"虽然在句法功能上存在一定的区别和对立，但词汇意义并无多少差异，所以，可以统称为"难免[1]"。

3. 原型范畴与虚化环链

3.1 在前两节中，我们从"难免"的总体分布（total distribution）和句法功能（syntactical function）的角度，将现代汉语的"难免"分化为形、动、副三类,这自然是可行的,尤其对于人们认识和学习、掌握和使用这个词,更是必不可少的。然而,从另一个角度看,我们也发现,这些"难免"之间的界限并非总是泾渭分明的,相反,它们之间有时是相当模糊的。也就是说,在我们所收集的语料中,两难、两可的用例占有相当的比例。比如按照前面的分类标准,下面两例应分别归入"难免[1]"和"难免[2]",可事实上,从表层形式和表达功用看,它们之间的差别微乎其微。例如:

(43) 由于有关部门未能及时澄清事实真相,广大股民难免将信将疑。(刘心《牛市已到尽头了吗》)

(44) 在座的谁也没有亲身体会,因此对孙主任的说法儿难免将信将疑。(霍达《红尘》)

同样,"难免 a""难免 v"之间的差距有时也十分细微。例如:

(45)《辞源》的修订工程浩大,全书约一千四百万字,如此大部头的书出自四省分工协作,虽有商务印书馆总其成,仍难免于顾此失彼。(毅夫《修订本〈辞源〉综评》)

(46) 然而一个人的精力毕竟有限,所涉太博,便难免顾此失彼,所以他虽然博涉多优,结果是各个方面都达不到"大家"的水准。(钱君陶《回忆弘一法师》)

"难免于顾此失彼"是述中补短语,"难免顾此失彼"是述宾短语,但它们在表层形式上的差异,只是一个介词"于"而已。

正因为现代汉语"难免"本身存在着一系列模棱两可的边缘地带,所以,如果不做深入细致的调查分析,所得的结论五花八门、彼此抵牾也就难以避免了。在这里,有必要探讨一下划分词类的理论基础。传统的词类划分是以经典的特征范畴(feature-based category)为基础的。这一理论认为:范畴特征都是两分的,范畴之间具有明确的界限,同一范畴内各成员特征相等。应该说,这种分类标准也有其合理的一面。然而,依照这样的理论基础和思维模式,遇到像"难免"这样的多功能词,无论依据什么样的标准,不管采用那一种说法,都会遇到难以贯彻到底的情况,都会出现难以自圆其说的矛盾。

其实,语言中的词类,与其说是特征范畴,不如说是原型范畴(prototype-based category)。现代原型范畴理论认为:实体是根据其属性加以范畴化的;范畴的边界是模糊不清的;同一范畴内各成员之间有典型和非典型之分。如果我们承认词类应该归入原型范畴,那么,也就可以说,从微观的、静态的、析取的观点看,现代汉语的"难免"可以分化为三个:形容词、动词和副词——它们当中的典型成员之间确实存在着稳定而又明显的功能差异;然而从宏观的、动态的、兼容的观点看,现代汉语"难免"又是一个由此及彼,由实而虚的连续统:

难免 a—难免 v(体宾)—难免 v(谓宾)—难免 ad—难免 conj

在这个连续统当中,各个成员之间并不存在截然分明的界限,尤其是它们当中的一些非典型成员,更是可此可彼的。此外,连词(conj.)"难免"已初露端倪,但尚未形成。

事实上,虚实难分、形动纠葛的现象在现代汉语中是相当普遍的,譬如,即使是一些典型的虚词,也会有一些非典型的用法:"曾经"和"偶尔"是公认的副词,一般都认为副词是不能充当定语的,可下面的用例并不使人感到牵强:

(47) 每个房间都挂着一个小牌子,讲述着曾经的主人。(《文汇报》1995 年 9 月 22 日)

(48) 天气一日日地转暖转晴,偶尔的雨天也适意了许多,让人出门时总忍不住把手伸出伞外直追雨点,无论是追上还是扑了

空,都是快意而舒畅的。(《收获》1994年第1期)

对于上述超常搭配,仅仅指摘为不规范而不予承认,显然是不合适的,因为我们并不能用"过去的主人""偶然的雨天"来代替它们。其实,如果我们能够认识到词类只是一些原型范畴,能够以辩证的眼光看待汉语的词类,那么,我们还是可以对各种虚实交错、纷繁复杂的语言现象做出比较合理的解释的。

3.2 上面我们从理论背景的角度分析了现代汉语"难免"的内部功能差异及其实词虚化的连续统。关于这一点,我们还可以用虚化理论来证明。

近年来西方语法学界加强了对虚化理论的研究,提出了一系列富有启发意义的观点,值得我们重视。③比如 Paul Hopper(1991)曾经提出过有关虚化的五项准则,他认为,在某功能范围内出现新层次时,旧层次不一定会消失,而往往和新层次共存,互相影响;一个新的虚词意义产生时,旧的词义未必会消亡,相反,新用法在发生形态化之前,仍然会体现旧用法。验之于汉语的"难免",情况正是如此。直到现代,它的三种功能和用法仍然共存,互相影响。比如同样都是表示疏漏不可避免,三种方式各有各的作用:

(49)筚路蓝缕,罅漏难免,马尔丁纳的理论有三个主要的弱点:……(陈保亚《汉语演变的基础》)

(50)校书如扫落叶,如拂几尘,我们的工作难免阙漏。(刘坚等《近代汉语语法资料汇编·序》)

(51)由于笔者学识有限,经验欠缺,书中难免会有疏漏,尚祈读者批评指正。(李悦《当代英语句型·序》)

当然,从使用的频率看,"难免^2"作为一种新形式,占有明显的优势。

在有关虚化的理论中,重新分析无疑是一个相当重要的概念。从

"难免"的情况看,副词"难免"的认定,正是一种重新分析的结果。比如前面例(43)和例(44)中的两个"难免将信将疑",其表层形式完全相同,但我们认为它们的深层结构关系不同:前者是述宾结构,后者是偏正结构。这种重新分析的处理方法,在现代汉语虚词的分析和研究中,无疑具有重要的意义。

Bernd Heine 等(1991)提出了虚化环链(grammaticalization chain)的观点,他认为:虚化过程的转化常常导致虚化环链的出现,而语言概念转化时遗留下来的痕迹,不仅是一个共时现象,也是一个历时现象。我们考察了"难免"在近代汉语(唐至明清)中的使用情况,发现在一千多年的演进过程中,"难免"正是沿着"形——动(体宾)——动(谓宾)——副"这样一条轨迹发展的。大致可以分为四个阶段:

A. 形容词"难免"的用法早在唐代就已出现,一直沿用至今。例如:

(52) 暗毒应难免,羸形日渐枯。(唐·元稹《虫豸讨·蛷子一》)

(53) 严云京叹口气说:"黄河决口,虽系天灾,历代难免,但我们身居北岸,无力照管,也算一半是人谋不藏。"(《古代白话小说选·上》)

B. 体宾动词"难免"在宋元时期已经定型。例如:

(54) 杨温同妻子与陈千人马一向奔走,后面杨达又一面追来,正是:会思天上无穷计,难免今朝目下灾。(《清平山堂话本·杨温拦路虎传》)

(55) 十头罗刹不相饶,八臂哪吒浑不怕;教你会使天上无穷计,难免目前眼下忧。(《永乐大典·张协状元》)

C. 谓宾动词"难免"在元明时期开始出现。例如:

(56) 先生曰:"吾不惧死。你违了天条,刻减了甘雨,你命在须臾。剐龙台上难免一刀。"(《永乐大典·古本〈西游记〉残本·魏徵梦斩泾河龙》)

(57) 虽不学伍大夫吴门乞食,也难免吕蒙正僧院投斋。(《警世通言·纯秀才一朝交泰》)

D. 到了清代中叶,"难免"已显露出虚化的端倪。例如:

(58) 由是一而二、二而三,想到《庄子》上的话,虚无缥缈,人生在世,难免风流云散,不觉的大哭起来。(《红楼梦》第一百一十三回)

(59) 虽是夫妻的一片至性真情,只是语气之间难免欠些圆通,失之孟浪。(文康《儿女英雄传》第三十七回)

"难免欠些圆通"中的"难免",可以认为仍然是动词,也可以认为已转化成副词了。上面的四个阶段,如果用虚化环链来显示的话,那就是:

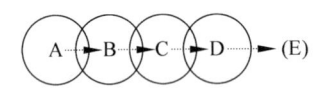

$$A \to B \to C \to D \to (E)$$

这个虚化环链表示:链内没有一个特征为所有成员所共有;链内每一个用法都和其他成员分享某一或更多的共同点;近邻的较远的具有更多的共同点。我们相信,现代汉语的绝大多数虚词的虚化轨迹都可以用这种虚化环链来显示,只是内部的环结构可能略有不同而已。

4. "前因"与"后果"

4.0 除了"难免 a"之外,"难免 v"和"难免^2"在搭配关系和语义联系两个方面,存在着一个共同的特点——从更大的语言单位看,"难免＋VP"必定是一个后续成分(简作"难免 q"),在它的前面必然会有一个或显或隐的先导成分(简作"p")。如果从逻辑的角度看,那么,"p"和"q"之间的关系,也就是前因与后果的关系。下面我们就从结构单位、逻辑联系、表义功用、语义倾向四个方面对"p 难免 q"进行描写和分析。

4.1 从结构单位看,"p 难免 q"大致可以分为四类:

A. "p 难免 q"是一个短语,"p"和"q"紧相连接,互为直接成分。例如:

(60) 季节的转换难免不会对人的情绪产生影响……(《解放日报》1997 年 7 月 17 日)

(61) 但老掌柜却不知道,牙齿还难免咬舌尖儿呢,何况家大业大,这两位之间也常常闹些小矛盾。(冯苓植《落凤枝》)

B. "p 难免 q"是一个单句,"p"和"q"不相连接,是相关的句法成分。例如:

(62) 一切妄图利用科学攫取私欲的人,最终难免酿成自食其果的悲剧。(转引自毛修敬,1985)

(63) 留学生在中国学习期间,难免遇到一些生活上的麻烦和学习上的问题。(岳长顺《关于跨文化交际的若干问题》)

C. "p 难免 q"是一个复句,"p"和"q"各是一个具有逻辑联系的分句。例如:

(64) 她每逢出现了这种心情,就觉得她妈妈的指导不完全正确,自然有时候难免对她妈有点顶撞。(赵树理《三里湾》)

D. "p 难免 q"是一个句组,"p"和"q"各是一些具有内在联系的完整的句子。例如:

(65) 要知道,这些日子里茶楼难得见到这位大忙人,可是白三爷今天却悠着步子来了。洒脱地和大家打过招呼后,一屁股坐下就再没有挪窝。但不知为什么,他只顾和老掌柜压低嗓子说小话儿,真吊人胃口。于是伙计们便难免伸长了耳朵悄悄地听上了。(冯苓植《落凤枝》)

4.2 从逻辑联系看,"p"和"q"之间的因果联系既可以是有标的,也可以是无标的;既可以是显性的,也可以是隐性的;既可以是顺向的,也可以是逆向的:

A. 所谓有标,就是指"难免 q"前后出现了表示因果关系的关联词语"因为、由于、既然、所以"等。例如:

(66) 因为十年来习惯于人们所说的"流寇生活",难免不有军纪松懈的时候,军中什么样的闲话没有?(姚雪垠《李自成》)
(67) 作家写书,读者看书,双方既然都是从自我出发,那难免会发生分歧。(陈恩和《作者与读者之间》)

所谓无标,就是指"p"与"q"之间的因果联系主要凭借意义,除了"难免"之外,没有任何其他关联词语。例如:

(68) [ ]有了这样一些意想之外的事情,对于向图书馆捐献珍贵图书和书稿,难免有人会犹豫起来。(《新民晚报》1997 年 4 月 26 日)

B. 所谓显性,就是指"p"明确地出现于"q"之前的表层,无论是有标的,还是无标的,同"q"的关系都是显而易见的,比如上面三例均是。所谓隐性,就是指"p"没有直截了当地出现于"q"之前的表层;这些隐匿于深层的"p",或者是可以根据语句表达的含义及其语境推导出来的隐含(implicature),例如:

(69)本章主要是想阐释一下刘叔新教授汉语语法研究的若干特征,说明他在汉语语法学领域中的主要贡献。[由于刘叔新先生的研究领域非常广泛,所以本章]难免有重大的疏漏之处。(项开喜《刘叔新教授的汉语研究》)

或者是可以直接从表述成分的语义和内涵衍推出来的蕴涵(entailment)。例如:

(70)[由于青年人年轻气盛,缺乏耐心,所以]三十几岁的人难免不有些火气。(姚雪垠《李自成》)

总之,上面[ ]中的内容,虽然没有出现于表层,但是从后面的"难免q"所表示的语义看,它们还是存在的,同"q"的逻辑关系也还是成立的。

C.所谓顺向,就是指"p"和"q"之间存在着对称的因果关系——"q"都是"p"必然的结果。比如前面例(62)至(64)所表示的逻辑关系,都是顺向的。所谓逆向,就是指"p"和"q"之间存在着非对称因果关系——"q"都是"p"相反的结果,这种矛盾关系往往用转折复句或句组表示。例如:

(71)虽然在家里那时,我的经济处境还不是到了很坏的地步,但难免常常遇到花得一个子儿也不剩的时候。(苗长水《我在南温河》)

(72)十年动乱,许补残自然在劫难逃。无情的批斗,沉重的劳动,他都认为罪有应得,不如此不足以偿还前半生的孽债。不过,他对不能捧着那把瓷壶品尝新茶,难免产生怨愤情绪,甚至产生抗拒行为。(潮清《单家桥的闲言碎语》)

"经济处境不坏"与"一个子儿不剩","认为罪有应得"与"产生抗拒行为"都是前后矛盾的,所以都是逆向的。

4.3 从表义功用看,"p 难免 q"大致可以分为四类:解释型、推断型、假设型和分析型。

A. 所谓解释型,就是指"p"和"q"所表示的原因和结果都是已然的。例如:

(73) 撒得密的地方黄萝卜长得细小,挖掘的时候难免有遗漏下来的。(张贤亮《绿化树》)

B. 所谓推断型,就是指"p"所表示的原因是已然的,而"q"所表示的结果则是未然的。例如:

(74) 可是他们的企业到底是中国人的工业,现在他们维持不下,难免要弄到关门大吉,那也是中国工业的损失。(茅盾《子夜》)

C. 所谓假设型,就是指"p"和"q"所表示的原因和结果都是未然的。例如:

(75) 我想,吃一、二次既不解决延年益寿之效;多吃又难免追踪那位荒淫无耻的正德皇帝,早早见了阎王;真是两难。(徐湑《黄金宴可以延年乎》)

D. 所谓分析型,就是指"p"和"q"所表示的原因和结果都是一些普通常识或客观真理,没有明确的时间概念。例如:

(76) 人们总是根据自己的经验来观察问题,处理问题,发表意见,有时候就难免带上一些片面性。(毛泽东《在中国共产党全国宣传会议上的讲话》)

4.4 从语义倾向看,无论是哪种类型的"p 难免 q",几乎所有的"q"都是一些不如意的或略带贬义的消极成分。不过,从表达的角度看,这些消极成分既可以是明显的,也可以是隐蔽的;既可以是直接的,也可

以是间接的;既可以是主动的,也可以是被动的:

A. 所谓明显,就是指"q"的字面义就是贬义的。所谓隐蔽,就是指"q"在字面上并无贬义,但结合一定的语境看,仍能体会到其中的贬义。试比较:

(77)当然,作家也不必在小说里玩花样,将经济学、哲学、心理学和种种许多科学技术的新名词像开药方一样成串地塞进自己的作品,赶国际浪头,追洋时髦。这样,难免让人感到故弄玄虚,华而不实。(蒋子龙《乔厂长能作经济管理的样板吗?》)

(78)这画看得久了,难免有探幽寻胜的欲望,我想走进画里,认识几位画中人。(苏叔阳《画框》)

"具有探幽取胜的欲望"从字面上看,并无贬义,然而,如果联系整个语境看,"走进图画里、认识画中人"这种欲望无疑是不合常理的,甚至是荒诞无稽的。

B. 所谓直接,就是指"q"所表示的贬义是直截了当的。所谓间接,就是指"q"所表示的贬义是委婉曲折的。试比较:

(79)名公,基本上为统治阶级服务的,作品中难免充满着封建教条。(钱南扬《元本琵琶记校注·前言》)

(80)从跨进腊月开始,人们便往家里拎东西;向小米所在学校属于"小气户",也难免要分点年货。(江灏《纸床》)

"要分点年货",从表面上看并无贬义,其实,作者想要暗示的是:学校的拮据和教师的寒伧——分一点年货还是迫不得已的,所以还是消极的。

C. 所谓主动,就是指"q"所表示的贬义涉及的对象是行为的主体。所谓被动,就是指"q"所表示的贬义涉及的对象是行为的客体。试比较:

(81) 母亲生活的天地极其褊窄,终年基本上足不出村,她又不识字,不能读书看报什么的,对所谓的国家大事难免孤陋寡闻。(夏坚勇《母亲》)

(82) 要知道,他毕竟从小就结巴,老祖宗的章法难免就在肚子里窝得多了点儿。(冯苓植《落凤枝》)

从"他"——行为的主体——的角度看,"从小就结巴,肚子里多点祖宗的章法"应该说是积极的,但是从对方——行为的客体——的角度看,则是消极的,因为这样会阻碍他们的计划和行动。

总之,由于受"难免"本身的语源义的限制,以及"p 难免 q"格式的逻辑义的制约,"q"在语义上都是贬义的,只是表达的重点、方式、角度不同而已。

5. 肯定式与否定式

5.0 迄今为止,凡是收有"难免"的辞书和提到"难免"的论著几乎都一致地认为:p 难免 q＝p 难免 $\bar{q}$。④也就是说"难免"后面如果有否定词,可以任意提取而整个格式的语义不变。例如:

(83) 妈妈不知,你们原是被困在南阳,马上攻破城池,玉石俱焚,小姐也难免(不)在兵荒马乱中受到伤害。(姚雪垠《李自成》)

同样,"难免"后面如果没有否定词,也可以任意添加而整个格式语义不变。例如:

(84) 高夫人说:"大军作战,难免[没]有疏漏之处。"(姚雪垠《李自成》)

5.1 那么,是不是在任何情况下"难免"后接肯定式(下称 A 式)和否定式(下称 B 式),其表达效果都是一样的呢? 答案是否定的。据考察，B式的使用至少要受到以下八个方面的限制。

（一）只有动词性"q"才可以有A式或B式，而形容词性"q"则不能有B式。例如：

(85) 另外，其他国家和地区特别是欧洲选手，对混合双打重视不够，平时又很少进行专门训练，配合难免(*不)生疏。(《新民晚报》1997年5月5日)

（二）只有动词性"VP"才可以有A式或B式，而光杆动词"V"则不能有B式。例如：

(86) 嗣经一再调查，知此项传闻并未成为事实，但传说纷纷，如不有政府方面之确切表示，恐各会员难免(*不)疑虑。(茅盾《子夜》)

（三）只有动宾式、述补式"VP"才可以有A式或B式，而兼语式、连谓式"VP"则不能有B式。例如：

(87) 有了这样一些意想之外的事情，对于向图书馆捐献珍贵图书和书稿，难免(*不)有人会犹豫起来。(《新民晚报》1997年4月26日)

（四）只有短语式的"q"才可以有A式或B式，而单句或复句式的"q"则不能有B式。例如：

(88) 人物多了，常难免(*不)有的地方画得单调一些。(徐迟《祁连山下》)

（五）只有肯定形式的"VP"才可以有A式或B式，而否定形式的"VP"则不能有B式。例如：

(89) 解放后，虽然分到了田地，又加入了合作社，但他一直是

一个不会种田的农民。这就难免(*不)叫人看不起。(《人民文学》1982年第1期)

(六)只有在"难免"和"VP"之间没有其他副词的情况下才可以有A式或B式,如果中间还有其他副词,则不能有B式。例如:

(90)来坐坐吧,伙计,在南温河难免(*不)都有点火气,急了还想动手,其实咱们都不往心里去。(苗长水《我在南温河》)

(七)只有在"p难免q"充当陈述性成分时才可以有A式或B式,如果是充当修饰性成分,则不能有B式。例如:

(91)瓦楞上许多枯草的断茎当风抖着,正说明这老屋难免(*不)易主的原因。(鲁迅《故乡》)

(八)只有在"难免"后面没有助动词"要"的情况下,才可以有A式或B式,如果"难免"和"VP"之间出现了"要",则不能有B式。例如:

(92)他也到了青春期,难免(*不)要对女孩子发动发动的。(江灏《纸床》)

总之,使用B式是要受到各种限制的,"难免q"其实并不等于"难免$\bar{q}$"。

5.2 除了上述限制以外,无论是"难免v"还是"难免²",后接q还是$\bar{q}$,一般说来都还是比较自由的。从语源上看,"难"和"免"这两个语素本身都含有否定义素,合起来以后大致相当于一个表示委婉地肯定的双重否定式推断词。其作用就在于揭示p和q之间客观上是必然的而主观上又很不情愿的联系。这种客观和主观的双重性决定了表达方式的双重性:当人们强调客观结果而淡化主观意愿时,就倾向于使用A式,当人们强调主观意愿而淡化客观结果时,就倾向于使用B式。例如:

A. 双方都从各自的利益出发,难免会有不同的看法/产生分歧。

B. 双方都从各自的利益出发,难免没有不同的看法/不产生分歧。

问题是,如果从字面的逻辑意义看,B 式纯粹从事理上是讲不通的,三重否定怎么会还是等于肯定呢?然而,从表达的实际功效看,B 式又是完全可以接受的,而且也是不会引起误解的。那么,为什么"难免 q"在语义上会等同于"难免q̄"呢?我们想,大致有两个方面的原因。

首先,从形式来源看,B 式实际上是在 A 式的基础上再附加一个主观意愿而形成的紧缩形式。本来,q 是 p 的必然结果,而q̄只是说话人的主观意愿,当说话人为了突出或强调主观意愿时,就会在语言表层中用意愿替代结果。其实,B 式的深层语义关系全部表述出来的话应该是:

[由于]双方都从各自的利益出发,难免[会有不同的看法,但愿]没有不同的看法。

[如果]双方都从各自的利益出发,难免[会产生分歧,但愿]不会产生分歧。

据此,我们可以将"难免"句 B 式的深层语义关系概括为:

[由于]p,难免[q,但愿]q̄——已然式

[如果]p,难免[q,但愿]q̄——未然式

由于 p 的存在,q 已成了不言而喻的事实,所以,说话人可以不必在语言表层中复述[]中的内容,只需直接提出与 q 相反的q̄即可。当然,由于前提 p 的存在、p 难免 q 格式义的制约及语言环境的提示,听话人在理解 B 式时,还是会将隐含于深层的[]包含进去的。这也就是为什么有时候 B 式会等于 A 式的真正的、深层次的原因。

其实,这种隐含客观结果、保留主观意愿和认识的紧缩句,在现代汉语其他羡余否定句中也是很普遍的。例如:

他觉得有点站不稳,差一点[跌倒,幸好]没跌倒。

他昨天在油库吸烟,险些[出大事故,幸好]没出大事故。

多穿些衣服,小心[着凉,但愿]不要着凉。

好好带着妹妹,当心[让车碰着,但愿]别让车碰着。

我真后悔[提出过高的要求,我认为]不该提出过高的要求。

他怪我[把孩子惯坏了,他认为]不该把孩子惯坏了。

同样,上面诸句也都是肯定式和否定式可以表示大致相同的语义效果,否定式的形成也都是由于主观意愿和认识代替了客观结果。

其次,从会话含义(conversational implicature)看,虽然就语言表层形式来说,当说话人用 A 式来表示对"VP"的真值条件进行肯定时,其字面义和逻辑义同它们所表示的会话含义是一致的;当说话人用 B 式来表示对"VP"的真值条件进行否定时,其字面义和逻辑义同它们所表示的会话含义显然是不一致的。然而,就语言实际传递的信息来说,由于交际双方共同遵守了会话的经济原则——能够从上下文中推断的信息,就可以在表层中省略——和合作原则——既然肯定 X,就不会再否定 X。所以尽管 B 式表面上看似乎不合乎逻辑事理,但是从表达功效看,却又是完全可以接受的。因为会话的实际含义使得 B 式中的"不"或"没"成了一个羡余否定词。关于这一点,我们还可以从与"难免"同义的"保不住、保不定"的表义方式和功效上得到旁证。正因为"保不住、保不定"也可以表示表里不一致的会话含义,所以也可以有 A、B 两式。例如:

(93) 看样子不起眼,家里保不定(没)有几个漂亮的小老婆哩。(萧军《八月的乡村》)

(94) 袭人姐姐才出去,听见他说要到琏二奶奶那边去,保不住还[不]到林姑娘那里去呢。(《红楼梦》第六十七回)

前句的"没"可以省略,后句的"还"可以换成"不",表达效果基本不变。

5.3 如前所述,A 式和 B 式可以表示相同的语义,那么它们有没有区别呢? 我们发现:差别主要在语用上,大致有两个方面。

A. 表义方式和表述重点。从表达方式看,使用 A 式时,整个格式所表示的主要是逻辑含义,所谓逻辑含义,是指说话人通过字面意义传递给听话人并相信听话人可以根据逻辑规则推导出来的意义;使用 B 式时,整个格式所表示的主要是会话含义,所谓会话含义,是指说话人通过字面意义传递给听话人并相信听话人可以根据具体语境推导出来的实际含义。⑤也就是说,A 式的表达方式是直接的,不必依赖语境,而 B 式的表达方式是间接的,必须依赖语境。这也正是为什么有八种情况不适宜使用 B 式的原因。比如下面这一句,就不能使用 B 式:

(95) 草创之事,总会难免不周……笔者对此并无研究,只是在教学中感到有些问题值得讨论,所以不揣浅薄,做了点探索,管窥蠡测,难免不当。(楚永安《王力〈古代汉语〉中几个句式和复合虚词问题商榷》)

这一例句之所以不能使用 B 式,就在于它的语表形式和语言环境在 B 式中不但无法推导出其实际含义,而且还可能引起误解。从表述重点看,A 式强调的是客观结果的难以避免,B 式强调的是主观意愿的难以实现。试比较:

(96) 同任何开创性的工作一样,如此宏大的辞书编纂工程,难免出现各种纰漏。(金石《中韩双语词典编纂史上的创举》)

(97) 倘若日子久了,难免不出纰漏。(姚雪垠《李自成》)

很显然,前句突出客观性,后句突出主观性;前句重在推断,后句重在解释。

B. 预设和蕴涵。关于预设和蕴涵的区别及其各自的定义,迄今尚无一致的认识。我们这里所说的预设是指与话语的断言部分有关的交际双方共知的相关信息和情况。从预设的角度看,A 式和 B 式由于表义重点各不相同,它们的预设部分也各不相同:

	预 设 部 分	表 义 重 点
A 式	说话人希望 q	但 q 是很难避免的
B 式	说话人不希望 q	但 q 是很难做到的

而蕴涵是指话语本身所表达的意义关系,包括上位与下位、包含与被包含等意义关系。从蕴涵的角度看,A 式和 B 式由于表义重点各不相同,正好互为前突蕴涵和背衬蕴涵:

	前 突 蕴 涵	背 衬 蕴 涵
A 式	q 是不可避免的	说话人不希望 q
B 式	说话人不希望 q	q 是不可避免的

比如,当我们说"家鸟不会找食,一旦飞出笼子,难免会饿死",其表义重点是"家鸟的饿死是很难避免的",其预设就是"说话人希望家鸟不被饿死"。当我们说"家鸟不会找食,一旦飞出笼子,难免不饿死",其表义重点就是"家鸟不饿死是很难做到的",其预设就是"说话人不希望家鸟被饿死"。同样,前句的前突蕴涵是"家鸟被饿死是不可避免的",背衬蕴涵则是"说话人不希望家鸟被饿死"。后句的前突蕴涵是"说话人不希望家鸟被饿死",背衬蕴涵则是"家鸟被饿死是不可避免的"。总之,尽管 A 式与 B 式所表述的基本语义完全一致,但各自所表示的语用意义、附带信息、感情色彩等还是有所不同的。正因为 A 式和 B 式在预设和蕴涵方面存在着细微的差异,所以,一些作家在使用"难免句"时,就有意识地选用这两种句式。请看下面的实际用例:

(98) 因为鼻烟壶在造型上有定例,瓶口阔者放不进一粒豌豆,窄者只能插一根发簪。一般人用掏耳勺插进瓶内掏烟还难以面面俱到,要想往瓶内壁画图谈何容易……所以,赏玩那方寸天地内的壶里乾坤时,人们难免产生各种臆想。有人说这东西是躺下来仰面朝天画的,不然看不清瓶内的落笔点;……还有人认为这东西并非人所能为,多半是仙家游戏之作。因为那时"古月轩"制品正风靡一时,人们用"古月"二字推测是胡仙所制。胡家众仙一向诙谐倜傥,既能化作好女迷人,又能制造瓷器戏世,难免不会画几个烟壶来捉弄一下红尘中人。(邓友梅《烟壶》)

在这一段中,作者之所以选用了A式、B式两种难免句,显然有其特定的语用需要:前句主要强调人们赏玩烟壶时产生各种臆想是不可避免的,因为烟壶太奇妙了;后句主要强调要想使胡家众仙不画烟壶捉弄世人是不可能的,因为他们一向诙谐倜傥。

除此以外,A式和B式在语气情态和语体风格方面也略有差异。从语气情态的角度看,两者的区别在于:A式以推测为基调,带有告诫的口气;而B式以阐释为基调,带有申辩的口气。从语体风格看,A式平实正规,属于通用体;B式自由活泼,属于口语体。在我们所调查的语料中,凡是比较庄重严谨的政论文体、科技文体,很少出现B式;而在一些文艺作品,尤其是一些较口语化的文艺作品中,A式、B式都比较常见。

6. 余论

作为一种非形态语言,汉语词类的复杂性远远要超过印欧语系诸语言。然而,迄今为止的词类研究,或者是因为所依据的理论背景不一定对路,或者是由于所占有的材料不够充分,或者是思想上不够重视,无论在宏观上还是在微观上都存在着一系列问题,严重地制约了汉语语法的研究和教学,造成了认识的混乱。其实,吕叔湘先生早就说过:"凡是在词类问题上认真思索过一番的人,都承认这是个相当复杂的问题。认识问题的复杂性,我想,该是走向解决问题的第一步。第二步呢,就要占有材料。说句笑话,咱们现在都是拿着小本钱做大买卖,尽管议论纷纭,引证的事例左右离不开大路边上的那些个。而议论之所以纷纭,恐怕也正是本钱有限。必得占有材料,才能在具体问题上多做具体分析。原则问题的考虑对于具体问题的研究有指导作用,那是一定的,可是另一方面,词类问题的全盘解决毕竟要依靠这一群词和那一群词,甚至这一个词和那一个词的透彻研究,这也是无可怀疑的。在这方面,咱们过去做的工作真是太不够了。"⑥今天看来,吕先生深谙个中三昧的精辟论述,对于指导我们汉语的词类研究,尤其对于一些比较复杂的单个词的研究,仍然具有深刻的现实意义,值得我们每一个语言研究者深思。

附注

① 除了《动词用法词典》、《现代汉语八百词》和《现代汉语虚词例释》,贾培成主编的《实用汉语词典》(天津新蕾出版社,1992)和孙全洲主编的《现代汉语学习词典》(上海外语教育出版社,1995)都认为"难免"是形容词;王自强主编的《现代汉语虚词用法小词典》(上海辞书出版社,1984)认为"难免"是副兼动词;景士俊主编的《现代汉语虚词》(内蒙古人民出版社,1980)则认为"难免"是副词兼形容词。

②④《现代汉语八百词》《现代汉语虚词例释》《现代汉语虚词用法小词典》《现代汉语虚词》等都认为"难免"后接肯定式等同于否定式;此外,毛敬修(1985)也认为"难免"可以后接正反对立格式。

③ 参看孙朝奋(1994)。

⑤ 参看 Grice(1967)。

⑥ 参看吕叔湘《关于汉语词类的一些原则性问题》,见《汉语词法论文集》,商务印书馆,1984年。

参考文献

北京大学中文系1955、1957级语言班编(1986)《现代汉语虚词例释》,商务印书馆,北京。
陈轩(2006)《"难免"、"不免"与"未免"的主观性差异考察》,北京语言大学硕士学位论文。
高育花(2008)《"不免""难免""未免"的语法化》,《云南师范大学学报》第3期。

谷晓恒(2005)副词"不免"、"难免"、"未免"比较分析,《青海民族学院学报》第 4 期。
胡明扬主编(1996)《词类问题考察》,北京语言学院出版社,北京。
李治平(2010)"难免"和"难免不",《长沙理工大学学报》第 2 期。
吕叔湘主编(1980)《现代汉语八百词》,商务印书馆,北京。
毛修敬(1985)汉语里的对立格式,《语言教学与研究》第 2 期。
沈家煊(1987)"差不多"和"差点儿",《中国语文》第 6 期。
沈家煊(1989)"判断语词"的语义强度,《中国语文》第 1 期。
沈家煊(1993)"语用否定"考察,《中国语文》第 5 期。
孙朝奋(1994)《虚化论》评介,《国外语言学》第 4 期。
于娜(2007)"不免"与"难免"的句法语义分析,《漯河职业技术学院学报》第 4 期。
周红(2011)"不免"、"难免"、"未免"的语义语用分析,《汉语学习》第 4 期。

Grice, H. P. (1967) Logic and conversation. Ms. The Willioan James Lectures, Harvard University.

Hopper, Paul J. (1991) On some principles of grammaticalization. In Elizabeth, Traugott Bernd Heine (1991) *Cognitive Foundations of Grammar*. Oxford University Press.

Levinson, S. C. (1983) *Pragmatics*. Cambridge, Cambridge University Press.

第三章 从"永远"看副词的发展与变化

0. 前言

0.1 迄今为止,所出的各种工具书、语法书、教科书,几乎都一致认为"永远"是一个表示将来的时间副词。《现代汉语八百词》的解释是:"表示时间悠久,没有终止。指将来。"《现代汉语常用虚词词典》的说明也是:"表示时间悠久,没有终止。指今后。"其他辞书的解释和说明也都大同小异。①

0.2 然而,从语言的实际情况来看,尤其是从发展变化的角度来看,问题似乎并没有这么简单:首先,"永远"所表示的语法意义要复杂得多,它实际上可以表示三种相关的语法意义,尽管其使用频率很不一致;其次,"永远"所具有的句法功能更是灵活多样,除了充当状语以外,它至少还可以出现在定语、宾语和谓语等不同的句法位置上,这一现象近来已经引起了人们的关注。②那么,现代汉语"永远"到底可以表示什么意义,具有哪些功能?这是我们所关心的。

0.3 而且,我们发现,半个多世纪以来,现代汉语"永远"的语法意义已经并正在改变,而它的句法功能则正在逐渐扩大。那么,这一现象究竟具有哪些典型意义,其间又有些什么规律?这也是我们想要探讨的。

1. "永远"的语法意义

1.0 从表义功用看,"永远"可以表示三种既互相联系,又各不相同的语义。

1.1 "永远^a"表示"从过去到现在直至将来"——既无起点也无终点,无始无终,持续不断。例如:

(1) 听说女人的脾气永远和男人对她的爱成正比。(何洁《落花时节》)

(2) 这一况味,跨国界而越古今,作为一个永远充满魅力的人生悖论而让人品咂不尽。(余秋雨《乡关何处》)

"永远^a"大致相当于"始终",一般没有明确的时间参照。再比如:

(3) 他们永远作别人的爪牙,而且永远威风凛凛的表示作爪牙的得意;他们宁可失掉自己的国籍,也不肯失掉威风。(老四335)③

(4) 鲁镇永远是过新年,腊月二十以后就忙起来了。(鲁迅《祝福》)

在上面两例中,"永远"所概括的范围主要是过去和现在,至于将来怎么样,作者并没有明确说明,这同严格意义上的"永远^a"略有差别,不过它们仍然可以归入同一小类。

从共现的角度看,受"永远^a"修饰的谓词所表示的都是一些经常性的行为,所以,一般都不带时态助词,如果要带,也只能带表持续的助词"着"。例如:

(5) 她仿佛总是在咬着湿润的下唇,眸子里总闪跳着动人的浪花;特别是她那丰满的脸庞永远泛着青春的辉光。(陈建功《迷

乱的星空》)

(6) 他永远挟着他的公文包,并且永远带着他那根老粗老粗的黑油油的手杖。(张天翼《华威先生》)

1.2 "永远^b"表示"从过去到现在"——没有明确的起点,但终点是清楚的,就是现在或某个参照点。例如:

(7) 他永远没尝受过这种惊疑不定的难过和绝对的寂闷。(老舍《骆驼祥子》)

(8) 我不知道她老人家有多少钱,她永远没告诉过我。(老五 105)

"永远^b"大致相当于"从来"。可以有明确的时间参照,也可以没有,但谓词所表示的情况则一定是已然的。例如:

(9) 他永远没作过这样的事;今天,为了博得家人的称赞,他咬上了牙。(老五 278)

(10) 况且,活了这么大,她永远没想到和别人打架斗殴。(老五 167)

从共现的角度看,受"永远^b"修饰的谓词所表示的都是一些以往的行为,所以,大都带有表已然的时态助词"过";而且,与"从来"一样,"永远^b"一般也都用于否定句,所以,谓词前面往往还有否定副词"没(有)"。④例如:

(11) 她永远没盼望过儿子们须大红大紫,而只盼他们结结实实的,规规矩矩的,作些不甚大而被人看得起的事。(老四 366)

(12) 他承认日本人的厉害,而永远没想象到过他们的厉害足以使英国府的人也下狱。(老五 192)

b 义和 a 义的区别主要在于:在 b 义句中,说话人强调的是"VP"的行为发生在从过去到现在或某个参照点这段时间之中(将来如何,不在考虑之中);而在 a 义句中,强调的是"VP"的行为发生在从过去到现在直至将来所有时间之中(至少是说话人主观上是这样认为的)。试比较下面两句:

(13) 他永远没和外国人说过话,他不知道怎样说才最合适,所以说得特别的不顺利。(老五 193)

(14) 我认识一个日本女孩,扁平脸,童花头,走路时永远把头低着,眼观鼻,鼻观心。(《新民晚报》1995 年 11 月 5 日)

"没和外国人说话"的状况到"现在"已经终止,而"走路把头低着"的状况则很可能还要继续下去。

1.3 "永远^c"表示"从现在到将来"——没有明确的终点,但起点是清楚的,那就是现在或某个参照点。这里所说的"现在"也是一个相对的时间观念,指的是说话人的说话时间。例如:

(15) 可是,即便如此,沈萍就幸福了吗? 一年以后呢,两年以后呢,她会永远幸福吗?(陈建功《飘逝的花头巾》)

(16) "小三儿算死啦,从此永远不回来啦?"老人因惊异而有点发怒。(老四 337)

"永远^c"大致相当于"永久地"。可以有明确的时间参照,也可以没有,但谓词所表示的情况则一定是未然的。例如:

(17) 做牺牲的百姓假使老是默默地服从下去,祸乱便永远没有尽头……(郭沫若《棠棣之花》)

(18) 我估计这位母亲会永远地守护着这些书,直至自己生命的终了。(余秋雨《藏书忧》)

从共现的角度看,"永远^c"在否定句中一般都用在动词"没"和副词"不"

的前面;但也有例外,偶尔也可以出现在副词"没"的前面。例如:

(19)汽车开了,开入一片黑暗,她永远没再看见北海。(老六 27)

1.4 从相互关系看,"永远"的这三个义项,除了各自单用以外,还可以互相配合。譬如"永远[b]"和"永远[a]"可以交替共现:

(20)他对每个同事都说过"过两天我请客!"可是永远[b]没兑过现。"祈科长请,永远[a]没指望!"是同事给他制造的一句歇后语。(老五 277)

"永远[c]"和"永远[b]"也可以交替共现:

(21)他愿意一睡不再醒,永远[c]不再听到坏消息!他永远[b]没这样"荒唐"过,今天他没了别的办法!(老四 383)

(22)我对他们永远[b]不开空头支票封官许愿……他们永远[b]不知道我的心态,也就会永远[c]对我满怀着神秘的希望,希望的神秘。(张宇《家丑》)

从表达的功用看,这三个义项又是互补的。如果我们用时间一维性的坐标来表示"永远"的这三种语义辖域的话,就会发现:a 义表全域,b 义表后域,c 义表前域;b+c=a:

```
                  _____b_____      _____c_____
        过去_____现在_____将来
                      _____a_____
```

从更高的层次看,这三个义项实际上都是低层次义项,它们可以归结为一个高层次义项——表示时间久远而持续不变。我们之所以要将其分化成三个义项,关键就在于这些"永远"所管的时段辖域不同,所处的语言环境不同,而且与之共现的谓词、副词、助词的语义特征也不相同。

也就是说,句子的时相和语境决定了"永远"的辖域,区别了"永远"的类别,分化了"永远"的义项。

2. "永远"的句法功能

2.0 从句法分布看,"永远"主要充当状语,但也可以充当定语、宾语和谓语。

2.1 充当状语时,"永远"的分布是比较自由的:既可以是无标的,也可以是有标(带助词"地")的:

(23) 当然,我们今天从保护文物的意义上去修理长城完全是另外一回事了,只要不把长城永远作为中华文明的最高象征就好。(余秋雨《一个王朝的背影》)

(24) 但是,永远地不准登楼,不准看书,这座藏书楼存在于世的意义又何在呢?(余秋雨《风雨天一阁》)

既可以前置,也可以后置:

(25) 我讨厌这个地方,我讨厌这里的人,我更瞧不起我自己!永远,我永远不能……我不能原谅这一切。(张曼菱《唱着来唱着去》)

(26) 然而现在呢,只有寂静和空虚依旧,子君却决不再来了,而且永远永远地!……(鲁迅《伤逝》)

既可以是连用形式,也可以是重叠形式:

(27) 你出去!永远永远不要再来,我没有你这么个亲戚。(老五 223)

(28) 天青背地里捉住她的手,想着他对她的磨难,想着生死与共却非人非鬼的未来岁月,就想抱了她的身子,永永远远地去保

卫她,不惜以命相殉。(刘桓《伏羲伏羲》)

2.2 根据所修饰的中心语的类别,"永远"充当定语大致可以分为两类:一类的中心语仍然是谓词,只是由于"的"的插入,改变了整个短语的结构和功能——由陈述转化为指称。在这类短语中,"永远"必须是有标(带助词"的")的。例如:

(29) 她将充分展示"海燕"勇于搏击风浪的性格,让一花引来万花开,追求那永远的辉煌。(廖彬《辉煌不是梦——记梅花奖获得者喻海燕》)

(30) 岁数快到了,日后想到自己在位时没能完成那份历史责任,就会脸红心跳,就会留下永远的愧疚和永远的遗憾。(周梅森《徐州再唱〈大风歌〉》)

另一类的中心语是体词。可以是一般名词,例如:

(31) 对于任何一个人,双休日都是一个永远的课题。(吴新宇《双休日的意义》)

(32) 畹町桥头的边防战士,无论是谁都愿意在这边关大地,为了亲爱的祖国,站成一尊永远的塑像。(张永权《长青的桂树记着他》)

也可以是动名词。例如:

(33) 养父母把你养活起来,已是不易,上学读书只能是永远的幻想。(车敦安《永远的芬芳》)

在这类短语中,"永远"基本上也是有标的,但偶尔也可以是无标的。例如:

(34) 金石滩人选择了后者,用汗水和心血来浇灌金石滩的永远春天。(徐铎《早春金石滩》)

(35)由此,他便有了国际心脏病保护协会永远名誉会长的头衔。(谭元杰《杏林春雨》)

上面两例之所以用无标形式,显然同该偏正短语其他层次必须带"的"有关,不然的话,"金石滩的永远的春天""永远的名誉会长的头衔",不但说起来不顺口,结构上也太拖沓。

2.3 "永远"充当宾语要受到一定的限制,一般都出现在表示时间推移的终点或方向的"到、至、向"等的后面。例如:

(36)八频道19:10《欢乐大世界》现场直播颁奖文艺晚会《忠诚到永远》。(《新民晚报》1995年5月28日)

(37)然而事情已经明确,对儿子他只能以兄弟相称,直至永远。(刘桓《伏羲伏羲》)

(38)现在我有一种践约的满足感,我感到黄河从我心中流过,流向永远。(《黄河,从我心中流过》,《人民日报》1995年7月1日)

除此以外,"永远"还有其他一些也可以算是充当宾语的用法:

(39)同人类一起产生的"卍"字,本来代表着吉祥勇敢和生命的善良意义,可不幸的是,希特勒和纳粹党使用了它,由此,也许是永远。"卍"字将得到某种罪恶和恐怖的意义。(麦顿《希特勒之谜》)

(40)还有一对恋人,把最真诚的爱留在这里,只是为了永远……(周志敏《萧红,欧罗巴回来了》)

2.4 "永远"充当谓语比较少见。一种情况是同"是……的"一起充当合成谓语。例如:

(41)西谚有云:"书比人长寿",文化是永远的,读书也不会是

短暂的,这样看来,文化与读书也将是一个永恒的文明主题。(王建辉《文化与读书》)

另一种情况是直接充当谓语。例如:

(42) 八运圣火熄灭辉煌永远(《解放日报》1997年10月25日头版标题)

下面这例正好这两种方式都出现了:

(43) 苏州是永远的,比许多雷霆万钧的炮声更永远。(王蒙《苏州赋》)

此外,一些并不能真正还原到谓语中心之前的所谓的后置状语,从表述的角度看,也可以认为是"永远"充当了降级谓语,因为它们也表达了相对完整的陈述。例如:

(44) 如果真能那样,我将把今天晚上所见到的一切永远埋在心底,永远。(陈建功《飘逝的花头巾》)

(45) 你背负的因袭的历史包袱封建意识使你走上愚忠的道路,你不敢反抗十二道金牌,你听命于皇上的安排,你痛苦你彷徨你终究还是扭曲了灵魂,走上绝路,辜负了父老兄弟们的期望,于风波亭上于伶仃洋中凋萎飘零寒花葬志幽幽西去,只留下一片遗憾,永远而又永远。(张廷竹《支那河》)

此外,"永远"偶尔还可以充当补语。例如:

(46) 以前对领导,特别是对中央领导,都崇拜无限,敬爱永远。有幸朝见,也必定色勃如也,足足躩如也,紧张得说不出话来,激动得泪不住流,怎敢像我在戏中这么造次?(《新民晚报》1997年8月21日)

3. 发展与变化

3.0 上面我们从语法意义和句法功能两个方面对"永远"进行了较为详细的描写和归纳,这对于全面认识现代汉语"永远"当然是必要的,然而,这样的描写和归纳是远远不够的。因为这只是静态的、表象的描述,而没有从发展变化的、相互联系的角度来考察这一现象,更没有对这一现象进行充分的分析和解释。下面我们就试图在这方面做一些尝试。

3.1 从"永远"所表示的语法意义的动态过程看,我们发现,"永远"的语义辖域已经并正在缩小。从20世纪初至三四十年代,"永远^b"是比较常见的。例如:

(47) 这几年永远不曾接过我伯父一封信,从前听说在宜昌,此时不知还在那边不在。(《二十年目睹之怪现状》第八十回)

(48) 他永远不白受人家的东西,他的手中永远没有宽裕过,因为他永远不算帐,不记帐。(老四 14)

然而自50年代以来的现代汉语中,尤其是80年代以来的当代汉语中,"永远^b"已经很难见到了。凡是三四十年代使用"永远^b"的地方,现在基本上都改用"从来"等其他副词了,尤其是在否定句中。试比较:

(49) 他永远没想到过"趁火打劫"和"浑水摸鱼"。(老四 380)

(50) 他从来没想到自己会有这样的结局,会落到如此的地步。(古建军《迟到的春天》)

在我们所收集到的当代语料中,极少出现"永远^b";即使有,也不是严格意义上的"永远^b"了。例如:

(51) 我心里有永远不开的花,别的花都开了,只有它永远不

开。(张曼菱《唱着来唱着去》)

上面的"永远"固然可以换成"从来",但毕竟不同于"从来",它或多或少还透露出"在任何情况下都是如此"这样一种"从来"所没有的信息。那么,为什么"永远^b"会逐渐萎缩乃至消亡呢?很显然,这是词义自由竞争重新分工,搭配关系调整重新组合的结果。因为在现代汉语中可以表示"从过去到现在"的时间副词,除了"永远"还有"从来、向来、历来、一直、一向"等多个,而"永远"一个词却要表示三种语义关系。为了避免歧义,为了使语言表达更精确,人们在使用中就会自觉不自觉地对同义词进行选择分工,从而使"永远^b"的使用频率越来越低,最终导致"永远"的语义辖域缩小。从另一个角度讲,也就是义项的减少。由此可见,词语的语义辖域的改变,词语的义项的增减,都可以在一个比较短的时间内完成,尽管人们并不一定能很清楚地意识到。从"永远"的三个义项的相互关系看,在当代汉语中,"永远^b"近于绝迹,"永远^a"充当状语的频率相对较低。在我们所统计的五百多万字的新时期文艺作品中,"永远^a"充当状语的概率大约是"永远^c"的六分之一。正因为"永远"的三个义项的用频极不平衡,所以,如果不做大规模的详尽的调查,就很有可能犯以偏概全的错误,将"永远^c"当作整个"永远"。

其实,"永远^a"虽然在状语位置上使用频率不高,在定语位置上还是很常见的。无论是修饰谓词,还是修饰体词,充当定语的"永远"基本上都表示 a 义。例如:

(52) 二十九米高的塔在高原的云端里叙说那场战争,叙说那段历史,叙说人类反法西斯胜利的荣誉,永远的叙说。(梅洁《那座塔和我们的城市》)

(53) 他竟然没有擦去泪花多看一眼,永远的桄榔、椰叶、红槿花。(余秋雨《天涯故事》)

而且,这种现象正有日益增长的趋势,所以,"永远[a]"的出现概率应该说不但没有减少,反而增加了。

总之,为了适应表达的需要,由于语言内部的竞争,"永远"的表义范围已有了相当的改变,语法意义也有了一定的变化。

3.2 从"永远"所具有的句法功能的动态过程看,一个最为明显的特征就是,"永远"的使用范围,或者说句法功能正日趋扩大:广泛充当定语,经常充当宾语,偶尔充当谓语和补语。需要指出的是,"永远"充当定语并不是近年来才有的,这一用法其实早已产生,只是当年使用得很少。例如:

(54)工作!工作!——我们永远的歌声。(叶圣陶《蚕和蚂蚁》)

(55)我们终于享受到永远的快乐。(钱钟书《写在人生边上·论快乐》)

(56)像他这样默默的等着剥皮剉指,只是日军手中玩弄着的一条小虫,耻辱是他永远的谥号!(老舍《四世同堂》)

(57)期想更深地撼动她的情感,成为他永远的奴隶。(曹禺《北京人》)

然而,这一用法近年来发展很快、特别流行则也是事实,尤其是在新闻媒体的标题、文艺节目的名称、商业产品的广告中更是触目皆是。什么"永远的老师""永远的井冈山""永远的朋友""永远的王洛宾""永远的秦池""永远的家"等令人眼花缭乱、目不暇接。

那么,作为原来的一个副词,"永远"为什么会如此频繁地充当定语呢?我们想,大致有三方面的原因。

首先,从语言组合的角度看,相当一些"永远+NP"是定状换位或谓词蕴涵的结果,所谓定状换位,就是指本来应该在状语或定语位置上的词语由于表达的需要被用到了定语或状语的位置上。这种现象在现代汉语中是很普遍的。比如：

随即，巧珍又替她(松松地)挽了一个[松松的]漂亮的发髻。

在那边病榻上，老人[断断续续地]发出(断断续续的)一阵一阵的呻吟。

同样，本来在状语位置上的"永远"，为了强调，也可以转移到定语的位置上。试比较：

(58) 母亲爱我，我也爱母亲；我爱孩子，孩子也爱我。在母亲眼里，我永远是孩子；在孩子眼里，我永远是母亲。

(58′) 母亲爱我，我也爱母亲；我爱孩子，孩子也爱我。在母亲眼里，我是永远的孩子；在孩子眼里，我是永远的母亲。(《新民晚报》1995年12月9日)

所谓谓词蕴涵，就是指在一个降级述谓结构（down graded predication）中，由于谓词的蕴涵，原本谓词的状语同体词中心语成了直接成分，这样状语也就变成了定语。

这种现象在现代汉语中也时有所见。比如含有副词"相当"的偏正短语，就常隐去后面的谓词：

这次事件的发生，在台湾政界引起了相当[强烈]的震动。

它们虽因缺乏科学的组织而归于失败，但在民族运动历史上占有相当[高]的地位。

上面两例中的"相当"，也是因谓词蕴涵而形成的副词兼区别词。⑤同样，为了使语言更为简练，有时也可以隐去含有副词"永远"的偏正短语中的谓词。比如：

(59) 古今中外，几乎所有的优秀文艺作品，都离不开爱情这一人类永远[关注]的主题。

(59′) 古今中外,几乎所有的优秀文艺作品,都离不开爱情这一人类永远的主题。(萧金《世纪之交,我们需要什么》)

其次,从语言运用的角度看,"永远＋NP"的使用是为了追求新颖超常、简洁明快的表达效果。同样的意思,用一种创新的、流行的手法来表示,效果就会不一样。试比较下列两句:

(60) 你是我生命不能更改的历史,你是我生命永远不能替代的情结,你是我梦中永久的家园。

(60′) 你是我生命不能更改的历史,你是我生命永远不能替代的情结,你是我梦中永远的家园。(《新民晚报》1995 年 12 月 31 日)

很显然,后句不但富有时代气息,而且意蕴也比前句深远。再比如:

(61) 生下来还不到三个月,她就得了小儿麻痹症,下肢完全瘫痪,成了父母永远[卸不掉]的包袱。

(61′) 生下来还不到三个月,她就得了小儿麻痹症,下肢完全瘫痪,成了父母永远的包袱。(古月龙《大海的女儿》)

相对说来,谓词蕴涵的句子显得比较简洁含蓄,这无疑是"永远＋NP"大受欢迎的一个重要原因。其他如"永远的思念""永远的教诲""永远的微笑""永远的辉煌""永远的榜样""永远的友谊""永远的事业""永远的品牌"等,也都是如此。

最后,从语言接触的角度看,近几十年来翻译学界有时用"永远的"来对译英语的"eternal",可能也是"永远"实词化的一个原因。⑥譬如"eternal truths""eternal principles""eternal punishment",在某些译者的笔下正是"永远的真理""永远的原则""永远的惩罚"。此外,近年来英语副词"always"的功能也在逐渐改变,比如著名的 Coca-Cola 公司在其行销中国的饮料上,印的品牌就是"always Coca-Cola"(永远的可口可乐)这种副词修饰名词、充当前置定语的搭配方式,对汉语"永远"的组合功能当然也会产生一些影响。

同样,"永远"充当宾语、合成谓语的用法也是早已有之的。例如:

(62) 她手里仿佛拿到了万年不易的一点什么,从汉朝……她的最远的朝代是汉朝……到如今,再到永远,都不会改变,她的眼睛亮起来,颧骨上居然红润了一小块。(老五25)

(63) 但这情形也当然不是永远的,其中的一部分,将以"不顺"而成为"顺",有一部分则因为到底"不顺"而被淘汰,被踢开。(鲁迅《二心集·关于翻译的通信》)

不过,与"永远"充当定语不同,这些用法并没有被广泛接受,至今仍然要受到严格的搭配限制。

4. 几点启示

4.0 通过对"永远"的多角度的考察,我们在理论上至少可以得到以下启示:

4.1 首先,词类的划分,应该以原型范畴(prototype-based category)为基础,以特征范畴(feature-based category)为辅助。譬如从上面所归纳的"永远"的分布总和来看,现代汉语的"永远"似乎是一个多功能词,可以分别归入副词、形容词和时间名词。然而,这种一词多性的分类方法,对于语言的学习和自动化处理并没有多少实际意义。其实,从原型范畴的角度看,"永远"只是一个前加词,是一个由副词向副词兼区别词转化的前加词。因为原型范畴理论认为:实体是根据其属性加以范畴化的;范畴的边界是模糊不清的;同一范畴内各成员之间有典型和非典型之分。而"永远"最典型的功能是充当状语,只是近年来才开始广泛地扩展到定语,所以可以称之为正在形成中的副词兼区别词。至于有时还可以充当宾语和谓语的现象,我们认为,这两种分布虽然也有其语义基础和语用需要;但充当谓语的用例十分罕见,还带有一定的个人言语行为和词类活用的痕迹;充当宾语的用例虽然不少,但其搭配对象基本上是固定的……主要限于动词或介词"到"(占所收集用例的90%以上),也带有一定的习语性;所以,这两种还不能随意类推援例的搭配关系,从原型范畴角度看并没有多少典型意义,暂时还不足以改变"永远"的词性。当然,对于"永远"的非典型分布也应该予以重视——尽量做到描写充分,解释合理。从另一方面看,在具体归类时,又必须考虑词类的各种句法特征,不然就会无从入手,所以,特征范畴仍然是必不可少的辅助鉴别标准。

4.2 其次,无论是词的语法意义还是句法功能,都是一个动态的过程,而不是一个静态的定式。譬如"永远"的语法意义,在半个多世纪中已经发生了相当明显的变化——"永远b"逐渐消亡,"永远c"更趋普及,"永远a"由衰而盛。而"永远"的句法功能更是发生了显著的变化,分布领域逐步扩大,搭配关系日趋自由,句法功能转向多样。如果我们对"永远"的动态过程忽略不计,对"永远"的变化结果视而不见,那么,就不可能真正揭示其意义和用法;同样,如果我们不能用动态的眼光来观察和分析各种已经变化或正在变化的语言现象,所得的结论就不可能是全面的、正确的、符合客观实际的。这就要求我们必须坚持用发展的观点来看待各种错综复杂的语言现象。比如一般都认为副词和名词是不能互为直接成分的,可是近年来"太流氓、很青春、好市侩、特知音""曾经的主人、偶尔的雨天"等说法却与日俱增,大为流行。[7]对于这类现象,仅仅依照一些过时的语法规则斥之为不规范而不予承认,显然是行不通的。科学负责的态度应该是,从语言发展的内在动因入手,给予深入详尽的分析与解释,并做出相应的预测和规范。

4.3 再次,词类研究应该引入连续统的观点。过去人们总是习惯于用离散的、孤立的观点来研究词类,总是希望找出词类内部的周遍性特征以及不同词类之间的明确的区分标准。其实各种词类内部各小类、各成员都存在着程度不等的差异,而不同词类的各小类、各成员之间反而会存在许多相似点和共同点……词类之间在句法-语义方面的差别实际上都是一种以程度强弱为序的连续统。所以,我们应当坚持用连续的、联系的观点来进行汉语词类的宏观和微观的研究。

4.4 最后,词类研究和词语解释不但要有科学的理论指导,而且还必须进行广泛深入的实际调查。无论是编写各类辞书,还是撰写语法书、教科书,都必须具有认真负责的态度,决不能以想当然的态度照搬现有的各种所谓的定论。尤其重要的是,我们应该在理论上思想上充分地认识汉语词类的特点——由于缺乏形态变化,汉语的词类的复杂性要远远超过印欧语系诸语言,许多问题至今尚未解决;要想真正解决一些问题,就必须进行踏实细致的调查工作,而"在这方面,咱们过去做的工作真是太不够了"[8]。

附注

① 参看《现代汉语虚词例释》、黄晓静(2009)、倪重阳(2007)、裘荣棠(1997)、孙全洲(1996)、武克忠(1992)。

② 参看罗竹凤(1991)、袁毓林(1995)。

③ "老四"指《老舍文集》(人民文学出版社,1983年)第四卷,后面的数字指卷的页数,下同。

④《现代汉语八百词》认为"'永远'可以用在动词'没有'前,但是不能用在副词'没有'前",看来是把"永远^c"当作整个"永远"了。

⑤ "两支队伍实力大致相当""一顿酒席吃掉的相当于三个农民一年的收入"中的"相当"是动词,与副词兼区别词"相当"的语义完全不同,是同音同形词。

⑥ 见朱德熙先生在第五次现代汉语语法学术研讨会(1988)上的讲话。

⑦ 有关现象,笔者已有专门论述。可参见本书第二篇第二章和第四篇第二章。

⑧ 见吕叔湘《关于汉语词类的一些原则性问题》,见《汉语语法论文集》,商务印书馆,1984年。

参考文献

北京大学中文系1955、1957级语言班编(1986),《现代汉语虚词例释》,商务印书馆,北京。
黄晓静(2009)《"时间副词+的+名词"结构研究》,上海外国语大学硕士学位论文。
吕叔湘主编(1980)《现代汉语八百词》,商务印书馆,北京。
罗竹风主编(1991)《汉语大词典》(第五卷),汉语大词典出版社,上海。
倪重阳(2007)时间副词做定语的用法考察,《信阳师范学院学报》第2期。
裘荣棠(1997)谈"永远"的形容词用法,《汉语学习》第4期。
孙全洲主编(1995)《现代汉语学习词典》,上海外语教育出版社,上海。
王自强编(1984)《现代汉语虚词用法小词典》,上海辞书出版社,上海。
武克忠主编(1992)《现代汉语常用虚词词典》,浙江教育出版社,杭州。
袁毓林(1995)词类范畴的家族相似性,《中国社会科学》第1期。
中国社会科学院语言研究所词典编辑室编(1996)《现代汉语词典》,商务印书馆,北京。
周洪波(1997)"永远"的词性问题,《语文建设》第7期。
周丽颖(2007)时间副词做定语分析,《汉语学习》第2期。

原版后记

本书是在作者博士论文的基础上修改、补充、扩展而成的,同时也是作者这十多年来对汉语副词研究的一个小结。

20世纪80年代中,我在徐州师范学院读硕士研究生时,就开始对现代汉语副词的一系列问题产生了浓厚的兴趣。此后,我所发表的一些论文和撰写的硕士论文也都是关于副词研究的;当时,导师廖序东先生、张爱民先生曾给了我很大的帮助与鼓励。

90年代初,我考入上海师范大学,师从张斌先生。攻博期间,在张先生的指导下,我的研究方向和主要精力还是在现代汉语副词方面。撰写博士论文时,我曾经拟定过一个有关副词研究的、比较全面系统的计划。然而,真正着手研究,却发现有关汉语副词的问题是如此地复杂与繁多,要在两三年的时间内对所有的问题都进行比较深入的研究,显然是不可能的。后来,我就选择一系列自己有一点心得同时又具有一定研究价值和理论意义的问题,做了专题式的研究。论文答辩时,一方面是限于篇幅,另一方面也是考虑到论文的系统性与协调性,只选取了其中的若干问题。

毕业留校后,我有幸继续得到张先生的指导,并且得到了学校和上海市教委的资助。这些年来,我一直密切关注语言学界前辈和时贤对汉语副词的研究,一面继续学习与借鉴各种现代语言学的理论和方法,一面围绕着现代和近代汉语副词研究这一课题,在博士论文的基础上,从不同的角度切入,做了更加广泛和深入的研究,并撰写了多篇汉语副词研究论文。

本书的绝大多数章节都以单篇论文的形式在《中国语文》《中国语言学报》《语法研究和探索》《语言研究》《语言教学与研究》《世界汉语教学》《古汉语研究》《汉语学报》《辞书研究》等各种语言学杂志和文集上发表过。在编入本书时,为了便于编排和衔接,做了些许修改与调整。同时,不少章节在发表时限于篇幅所做的删节,此次均按原文予以补齐。

本书的写作,始终是在张先生的指导、鼓励、关心下进行的,本书全部完成之后,先生又仔细审读,并惠赐序言。先生的教诲,将使我受益终生。此外,本书的写作也得到了范开泰先生的指教与帮助。胡裕树先生、范晓教授、李玲璞教授、何伟渔教授和潘悟云教授在论文答辩中曾给予我热情的鼓励,并提出过不少中肯的意见。我的师兄弟齐沪扬、张国宪、左思民、金昌吉、李铁根、孙汝建、陈昌来等也都给过我不少关心和帮助,再次一并表示由衷的感谢。

另外还需要说明的是,本书第一篇第四章的第三节,曾经是我和吴继光先生合作完成的;编入本书之际,作者对此表示诚挚的谢意。

最后,我还要特别感谢上海师范大学人文学院院长孙逊教授,以及上海师范大学语言研究所的潘悟云教授和刘丹青教授,没有孙逊先生的鼎力支持和潘悟云先生的热情帮助,本书是很难顺利出版的。

毫无疑问,本书只是作者研究现代和近代汉语副词的一个阶段性的汇报,有关汉语副词的诸多问题,还有待学界同人与作者本人进一步的努力。所以,我非常希望与志同道合的朋友就这方面的各种现象和问题互相切磋和交流。

限于本人的学识和能力,本书肯定会有一些缺点和不足,作者恳切地希望专家和读者惠予赐教。此外,由于本书各章节都曾以单篇论文发表过,其中的某些内容,难免有交叉重复之处;虽然已经做了改动,但仍有少数不尽人意之处,深望读者见谅。

张谊生

2000年6月3日改定

修订本后记

《现代汉语副词研究》出版至今,已经有十三年了,而其中大多数章节从撰写到发表,差不多都快有二十年了。本书是中国第一本研究现代汉语副词的专著,既是作者在张斌先生指导下完成的博士论文,又包括作者博士论文完成后五年内的副词研究成果,还是作者多年研究汉语副词的一个阶段性总结。这本书出版以来,曾经受到了广泛的关注和多方面的好评。陈昌来《十年磨一剑——读张谊生〈现代汉语副词研究〉》(《汉语学习》2001年第2期)、刁晏斌《评张谊生〈现代汉语副词研究〉》(《语言研究》2004年第3期)两文,都曾对本书做过详细的介绍和评价。

这本著作出版以后,作者又撰写并发表了一系列副词研究论文,相继出版了《现代汉语副词探索》(国家社科基金)和《现代汉语副词分析》(教育部人文社科项目)。不过,就总体的学术影响而言,后两本专著恐怕都比不上这本《现代汉语副词研究》,因为本书涉及与汉语副词有关的一系列基本问题,以及长期以来困惑语言学界多年的争议问题,同时也全面探讨了副词研究的方法论问题。所以,对初学者来讲,启发与帮助可能会更大一些。自从本书出版以来,凡是从事汉语副词研究的,包括撰写硕士论文和博士论文的,一般都会认真、仔细地参考本书。无论是学习、借鉴,还是批评、商榷,几乎都不太可能完全绕过本书。关于这一点,从已经发表的论文和完成的硕、博士论文乃至博士后报告的综述和参考文献中,都可以比较清楚地看出来。

当然,这十多年来,语言学界研究副词的许多论著,提到本书时,在肯定、引用、阐发的同时,也有不少学者指出了其中的一些疏漏和问题,尽管有些作者并不完全同意。而且,这些年来作者本人也发现了本书的一些不够完善之处。此外,随着研究的深入,有些问题的研究,作者本人的认识也已有所改变,所以,现在有机会在商务印书馆出版修订本,笔者在尽可能保持原貌的基础上,对全部例句、部分疏漏以及少数可以改动的内容,都做了力所能及的校订、补正与修改。

需要指出的是,科学发展与语言演化永远都是没有止境的,本书作者当年提出的并且看似已经解决的不少问题,现在回过头来看,至少在三个方面可以改进。首先,随着各种西方语言理论的发展与引入,有些问题已经有了更为切实有效的研究方法。其次,随着大规模语料库的建立和语料调查手段的精细化,有些现象的观察与分析,有了更加详尽与精确的数据。最后,随着这二十多年来网络的普及与交际手段的改进,现代汉语副词本身在多个方面都已发生了显著而深刻的变化,当年得出的一些结论自然也应该修正了。然而,这三方面问题牵涉的范围是如此之广,显然不是通过局部修订可以完成的,甚至可以说压根儿就不是本书修订的任务。举例而言,原版第一章后面曾经附有比较详细的附录一"现代汉语副词分类表",随着近年来标注词性的语文词典的出版,有关现代汉语副词的范围及其相关的争议,已经有许多新成果。但是,限于体系与体例,修订本在这方面不可能做全面、彻底的改动,只能在原有基础上做一些局部的增补与调整。

总之,凡是初版存在的一些明显的疏漏,只要条件许可,修订本大都已做了修改;凡是涉及全局的体系问题,关涉副词发展的新用法等,修订本都没有做改动,因为牵一发往往会动全身,局部的改动有时反而会出现矛盾。其实,不少相关问题,在《现代汉语副词探索》《现代汉语副词分析》中我们已有所涉及。而其他一些课题,有些学界也有了新的研究成果,有些笔者目前正在研究,将会在最后一本副词专著《现代汉语副词阐释》中提出我们的一些新的认识。

最后需要指出的是,本书在修订过程中,责任编辑朱俊玄先生认真负责、精心编辑;研究生田家隆同学热心相助、细心校对,作者为此表示由衷的谢意。

张谊生

2013年6月30日改定

图书在版编目(CIP)数据

现代汉语副词研究/张谊生著.—修订本.—北京：商务印书馆，2014（2018.6重印）
ISBN 978-7-100-10137-0

Ⅰ．①现… Ⅱ．①张… Ⅲ．①现代汉语－副词－研究 Ⅳ．①H146.2

中国版本图书馆 CIP 数据核字（2013）第 166462 号

权利保留，侵权必究。

现代汉语副词研究
（修订本）

张谊生 著

商 务 印 书 馆 出 版
（北京王府井大街36号 邮政编码 100710）
商 务 印 书 馆 发 行
北 京 冠 中 印 刷 厂 印 刷
ISBN 978-7-100-10137-0

2014 年 5 月第 1 版　　开本 880×1230　1/32
2018 年 6 月北京第 2 次印刷　印张 13 7/8

定价：42.00 元